格物致知 乐观向上

中央财经大学国防经济与管理研究院

Institute of Defence Economics and Management

北京市高精尖学科战略经济与军民融合交叉学科支持项目
中央财经大学国防经济与管理研究院双一流和特色发展学科专项支持项目
中央财经大学战略经济对抗与经济战争模拟仿真演练中心开放建设项目

战略与防务经济评论

（2021）

中央财经大学国防经济与管理研究院
陈　波　侯　娜 / 主　编
郝朝艳　余冬平 / 副主编

中国财经出版传媒集团
中国财政经济出版社

图书在版编目（CIP）数据

战略与防务经济评论：2021／陈波，侯娜主编．--北京：中国财政经济出版社，2021.6

ISBN 978-7-5223-0528-8

Ⅰ.①战… Ⅱ.①陈… ②侯… Ⅲ.①经济战略-研究-中国②国防经济-研究-中国 Ⅳ.①F120.4 ②E0-054

中国版本图书馆CIP数据核字（2021）第081739号

责任编辑：卢关平　　　　责任校对：理　由

封面设计：孙俪铭　　　　责任印制：张　健

战略与防务经济评论：2021

ZHANLÜÈ YU FANGWU JINGJI PINGLUN：2021

中国财政经济出版社 出版

URL：http：//www.cfeph.cn

E-mail：cfeph@cfeph.cn

社址：北京市海淀区阜成路甲28号　邮政编码：100142

营销中心电话：010-88191522

天猫网店：中国财政经济出版社旗舰店

网址：https：//zgczjjcbs.tmall.com

北京财经印刷厂印刷　　各地新华书店经销

成品尺寸：180mm×250mm　16开　22.25印张　435 000字

2021年8月第1版　2021年8月北京第1次印刷

定价：76.00元

ISBN 978-7-5223-0528-8

（图书出现印装问题，本社负责调换，电话：010-88190548）

本社质量投诉电话：010-88190744

打击盗版举报热线：010-88191661　QQ：2242791300

《战略与防务经济评论》编委会

联系地址：北京市海淀区学院南路 39 号中央财经大学国防经济与管理研究院
邮　　箱：guofangjingji@126.com
电　　话：62288950

卷首语

当今世界正经历百年未有之大变局。新一轮科技革命和产业革命迅猛发展，世界正经历新一轮大发展大变革大调整，大国战略博弈全面加剧，保护主义、单边主义抬头，多边主义、经济全球化遭遇挑战，全球治理面临着复杂形势，国际秩序处在关键路口。战略、安全、防务与经济从来没有像今天这样息息相关。经济力量的对比，是构成国际战略格局与军事、安全的重要因素，也是“大变局”的基础。

战略与防务经济涉及国家战略安全与防务安全领域资源配置，在新的时期越来越重要。为了全面展示我们过去一年在该领域的研究情况，在北京市高精尖学科战略经济与军民融合交叉学科的支持下，我们自2020年起编选出版《战略与防务经济评论》文集。文集主要选择中央财经大学国防经济与管理研究院教师和研究人员、研究生在过去一年内正式发表或出版的部分代表性论文或出版的代表性书籍的书序译序。也将陆续包括参加战略经济和军民融合交叉学科建设的来自我校财政税务学院、金融学院、统计与数学学院、法学院、中国财政发展协同创新中心等多个研究项目或研究团队研究人员的相关研究成果。随着研究深入，也将考虑逐步纳入全国同行在此领域的优秀研究成果。

文集分战略安全、安全经济、军民融合、国防工业、国防研发、国防财政、军事人力等类别，为了保持论文原貌，原则仅对论文格式进行少许改动编排，原则不触及原文的风格和内容，文章来源等也在书中进行了注明。文中所述仅属作者个人观点，不代表学科、研究院、编者或任何其他机构的意见。

编辑本领域学术文集是个探索性尝试，肯定还有很多的疏漏和不足，也请关心我们的读者及时批评指正。

陈　波

2020年3月29日

目　录

战略安全

安全经济

军民融合

国防工业

国防财政

战 略 安 全

美国对华科技遏制战略的实施与制约*

池志培**

摘　要：在大国技术竞争中，国家可以采取自强型或者遏制型的战略。中美贸易摩擦的核心是特朗普政府对中国科技发展采取的遏制型战略。驱动美国向遏制型战略转变的原因是技术在未来国际战略格局中的作用，中国的技术崛起使美国感到了威胁，而同时特朗普政府及其带来的政治混乱又给这种政策的出台提供了条件。美国的立法、行政和司法机构都对中国的技术发展采取了一系列的针对性措施，限制市场、投资、技术、人才，并威逼利诱盟友进行联合围堵。但是也有诸多的因素会约束美国对华的科技遏制战略，包括技术发展对合作的需要、美国的高科技企业对中国市场的需要、国际竞争的压力以及美国对外国科技人才的依赖等。未来的发展走向有赖于这些不同因素之间的消长，中国应该立足于自身科技的发展和国际合作来应对美国的科技围堵。

关键词：中美关系　科技遏制　大国竞争　投资审查　出口管制

中图分类号：D81　　**文献标识码**：A

随着中美贸易摩擦的演进，一个事实日趋明显，即围堵打压中国的科技发展是美国政策的重中之重。虽然美国一直对中国科技发展抱有敌意，但是目前这种全方位的打击和围堵达到了前所未有的程度。在 2017 年后，一部分美国

* 基金项目：本文系国家社科基金青年项目“美欧在对外制裁问题上的战略协作及我国应对策略研究”（15CGJ005）的阶段性研究成果，北京高校高精尖学科“战略经济与军民融合”交叉学科（GJJ2019163）支持项目，并得到了中央财经大学双一流和特色发展引导学科专项（022959918005）的支持。

** **作者简介**：池志培（1984—），男，广东韶关人，中央财经大学国防经济与管理研究院助理研究员，政治学博士，主要研究方向：技术政治、国家安全、美国政治与对外政策。

媒体和学者即将这场科技博弈称为“科技冷战”、“技术冷战”（technology cold war）[①]，而在国内，也不乏学者称之为“科技战”、“技术战”[②]。虽然在2020年初中美第一阶段贸易协议正式签署，但是美国对华的科技遏制并没有停止的迹象，并预计会成为中美长期战略竞争的关键领域[③]。

国际关系研究中的贸易和平理论一般认为，国家（或地区）间日益增长的贸易联系将使得它们之间的冲突减少，因为国家（或地区）间的贸易联系将使得双方发生冲突的成本过高，而这个成本会迫使国家间寻求非冲突的方式解决争端[④]，又或者这个高昂的成本可以使得国家间更好地传递可信信息，使得双方可以理性地避免冲突[⑤]。这些论证的基础无疑是基于贸易对双方均有利的比较优势理论，但是这种传统的理解相对静态地看待贸易中的比较优势，而忽略了贸易关系中的动态因素，尤其是科技进步的影响。如果将科技发展和生产力水平提高考虑在内，特别是一方在其传统上非优势领域的生产力水平提高将影响另一方在双边贸易中的利益[⑥]，在这种情况下，维持贸易联系的经济逻辑甚至将不复存在。同时，比较优势理论对动态因素的忽视还使得其忽略了受到贸易冲击的社会的调整成本，尤其是在科技快速发展下，这个转型调整的幅度可能很大，甚至超过社会的调整能力。在这种情况下，调整的成本可能会超过维持贸易关系的收益，这将使得“贸易和平论”的经济基础不再牢靠。“贸易和平论”的问题还在于将其核心的论证置于经济逻辑，认为

---

① Adam Segal, “Year in Review: Huawei and the Technology Cold War”, *CFR*, December 26, 2018, https://www.cfr.org/blog/year-review-huawei-and-technology-cold-war; Adam Sega, l “Year in Review 2019: The U. S. -China Tech Cold War Deepens and Expands”, *CFR*, December 18, 2019, https://www.cfr.org/blog/year-review-2019-us-china-tech-cold-war-deepens-and-expands.

② 宋国友：“中美贸易战：动因、形式及影响因素”，《太平洋学报》，2019年第6期，第68页。

③ David Ignatius, “The U. S. -China Trade War is Cooling Off. But the Tech War is Heating Up”, *The Washington Post*, November 8, 2019, https://www.washingtonpost.com/opinions/global-opinions/the-us-china-trade-war-is-cooling-off-but-the-tech-war-is-heating-up/2019/11/07/0c13a126-01ae-11ea-9518-1e76abc088b6_story.html.

④ 这是经典的贸易和平论论证，可以追溯到古典时代，如古罗马历史学家普罗塔克也相信国际贸易会带来“合作与和平”。近现代这种理论的代表人物是诺曼·安吉尔（Norman Angell），他在一战爆发前出版了《大幻觉》一书。在当代文献中，这种理论在相互依赖理论和“民主和平论”中得到进一步发展。后来有学者也将国内政治引入其中，如 Patrick MacDonald, “The Purse Strings of Peace”, *American Journal of Political Science*, Vol. 51, No. 3, 2005, pp. 569-582. 当代的全球化贸易有了许多新的特征，比如全球化供应链的出现等，这些新变化的安全影响也有一些讨论。如 S. *Brooks*, *Producing Security: Multinational Corporations, Globalization, and the Changing Calculus of Conflict*, Princeton University Press, 2007.

⑤ 这种基于信息的冲突理论在20世纪90年代中詹姆斯·费伦（James Fearon）提出战争的理性主义理论发布后变得流行，即冲突的潜在的高昂成本提高了双方冲突调解中的信息的可信度。参见：James Fearon, “Rationalist Explanations for War”, *International Organization*, Vol. 49, No. 3, 1995, pp. 379-414; Erik Gartzke and Quan Li, “War, Peace, and the Invisible Hand: Positive Political Ex- ternalities of Economic Globalization”, *International Studies Quarterly*, Vol. 47, No. 4, 2003, pp. 561-586.

⑥ P. Samuelson, “Where Ricardo and Mill Rebut and Confirm Arguments of Mainstream Economists Supporting Globalization”, *Journal of Economic Perspectives*, Vol. 18, No. 3, 2004, pp. 135-146.

经济逻辑将能有效地减少国家间冲突，但这忽略了冲突原因的多元性，也忽视了经济问题的多重意义。当代的经济越来越依赖于科技的发展，但科技的发展却不仅仅是一个经济问题，科技进步有着许多外部性，尤其对于国家安全有着直接的影响。同时，对于大国而言，科技不仅仅是经济和科学发展上的竞争，也是国家地位和认同的核心部分。比如，对于美国而言，科技上的霸主地位是其国家自我认同的非常重要的一部分。而地位和基于认同的博弈则常常带来冲突，因为其本质上是零和的。在科技日渐成为经济核心的今天，“贸易和平论”将遇到越来越大的挑战。而当前美国对中国的科技政策在某种程度上正是例示了这种理论的诸多内在张力。

在这种现实和理论的背景下，对美国对华科技战略的分析就显得很有必要。那么，应如何理解这场科技战呢？本文将首先从概念上剖析科技战，认为其实质是美国对华实施的科技遏制战略，再从中美科技关系发展的角度探讨其动因。结合其实施路径，本文还将讨论其制约因素以及发展趋势。

一、科技战与科技遏制战略：概念与历史

虽然许多媒体和学者都用了“科技战”一词来描述特朗普政府对华的科技政策，并认为围绕技术的争夺是中美贸易战的核心，但是诸多学者对于“科技战”并没有非常清楚的定义和讨论，而是将其视为不言自明的词汇。出于严格讨论的需要，有必要对核心词汇做出讨论，并将其与相近的关键词进行比较。

在中美之间科技关系的部分讨论中，科技战有时指的是中美之间在科技领域的竞争。但如果仅仅是理解为竞争的话却过于笼统，没有揭示其内部的逻辑。毕竟中国与其他国家或地区之间也存在科技竞争，比如与日本、欧盟之间，随着中国的产业发展与转型升级，中国都将与这些技术发展的先进国家之间发生越来越激烈的竞争。但是，人们一般不将这些竞争视为战争。“战争”一词往往意味着相互间的敌意、恶意以及斗争的强度。显然，科技竞争是一个比科技战更大的概念。

从理论上看，科技竞争的目的是改变两方或多方之间科技发展水平差距，落后的一方为了缩小差距，而较先进的一方则希望维持或者扩大差距。而要实现这种目的，一个国家可以增强自身的实力，或者阻止、破坏另一方的发展来使得两方或者多方之间的科技发展水平差距维持在己方可接受的范围。从这个角度看，国家间进

行科技竞争可以有两类战略，即自强型和遏制型战略①。自强型战略是一种内向型的战略，强调在竞争中挖掘自身优势，通过改善自身的不足和持续的改革与投入来实现科技上对对手的超越或者保持优势，如加大对教育的投入，改善科研环境或者吸引更多人才等。相比之下，遏制型战略则强调通过打压对手，阻断对手技术进步的路径来保持自身科技优势。遏制型战略不是通过强大自身，而是通过阻止对手的进步来赢得科技竞争。这正是许多学者谈论的“科技战”或者“技术战”，如朱锋教授认为“美国对华贸易战，升级为‘断供’为目标的科技战，旨在全面打压和阻断中国产业升级、技术创新的历史性进程，重新拉大中美两国力量对比开始缩短的历史进程”。宋国友教授则认为，“美国主动把贸易战延伸至技术战层面，既用技术战对华施加更大压力，又在技术角度限制中国对美长期竞争优势，牵制中国制造升级和技术创新。”② 这些论断体现了遏制型战略的典型特征以及对于竞争方发展的恶意态度。

自强型的科技竞争战略可以在总体科技力量发展水平相近的国家之间采用，也可以在差距较大的国家之间采用，一般双方的竞争也较为良性，对科技进步不抱有零和博弈的心态。而遏制型战略一般只在科技发展水平依然有一定差距的国家之间发生，毕竟通过遏制对手的进步来保持自身的优势必然意味着自身已经处于了领先地位。所以，在科技战或者在遏制型战略中，实施遏制战略的一方往往占有优势，被遏制的一方则处于相对被动的地位。在科技战中，双方的地位是不对等的，而落后的一方要面临着更大的阻力。虽然中美贸易战与科技战经常被一起讨论，但是中国在贸易战中的政策工具要更多，而在科技战中的应对则更为困难，因为在科技领域中国难以直接对美国施加压力③。不管是美国对中国的出口管制还是对中国收购美国科技企业的限制，中国都难以实施对等的反击。从这个角度看，遏制型战略与国际政治经济中的经济制裁比较类似，在施动者与受动者之间都有一种不对称性。而决定遏制成功与否的因素两者也比较类似，即被遏制方或制裁方的发展水平、对

① 对自强型和遏制型战略的区分也参考了冷战结束后美国国内对于应对中国科技发展的两种不同态度。一方认为应通过强化保持美国的优势来维持美国对华科技优势，另一方则认为美国应采取对苏联的科技遏制战略来阻止中国的科技发展。见 Hugo Meijer，*Trading with the Enemy*：*The Making of US Export Control Policy toward the People's Republic of China*，Oxford University Press，2016，pp. 18 – 19. 在当前的美国国内争论中，这两种看法亦有体现，如 Elsa Kania，“America Must Invest in Expertise and Skills to Compete with China”，*The Hill*，July 26，2019，https：//thehill. com/opinion/international/454896 – america – must – invest – in – skills – and – expertise – to – compete – with – china；Li Yuan，“As Huawei Loses Google，the U. S. – China Tech Cold War Gets Its Iron Curtain”，*The New York Times*，May 20，2019. https：//www. nytimes. com/2019/05/20/business/huawei – trump – china – trade. html.

② 朱锋：“贸易战、科技战与中美关系的‘范式变化’”，《亚太安全与海洋研究》，2019 年第 4 期，第 10 页；宋国友：“中美贸易战：动因、形式及影响因素”，《太平洋学报》，2019 年第 6 期，第 68 页。

③ Andrew Kennedy，“Unequal Partners：US Collaboration with China and India in Research and Development”，*Political Science Quarterly*，Vol. 132，No. 1，2017，pp. 63 – 86.

未来关系的预期、可替代途径的获得以及国内政治等①。简单而言，即被遏制方的科技发展水平越高，遏制成功的可能性就越小；对双方未来关系的预期越是悲观，被遏制方试图突破遏制的决心就会越大；同时，如果被遏制一方可以通过其他途径获得先进技术，那么遏制战略成功的可能性也就越小；而要持续进行遏制也需要获得国内各方利益集团的认可。这些要素在美国对华的科技遏制中都有所体现，也说明当下美国对华的“科技战”本质上是对华实施的科技遏制战略。

当然，在现实世界中，一个国家可以同时兼有自强型和遏制型的战略。在中美科技关系发展中，美国自强型和遏制型②战略均有使用，在不同时期又有所变化。在新中国成立后一段时期内，美国对中国科技实施的是全面的遏制战略，但是在两国关系正常化以来，大部分时期均以自强型为主，而在特朗普政府时期则明显又转向了遏制型为主。

在二战结束以后，美国对苏联和社会主义国家采取了遏制战略，并成立了非正式的巴黎统筹委员会（巴统）来实施科技上的全面封锁。作为社会主义阵营的一分子，在新中国成立以后，中国的科技发展也遭到了美国的全面遏制。而且由于朝鲜战争的原因，美国对中国实施的出口管制甚至比对苏联更为严格。即使在巴黎统筹委员会的其他成员对中国放松了出口管制以后，美国依然全面对华禁运，禁止中国获得美国的任何技术。直到尼克松时期，随着中美交往的大门重新开启，两国的科技联系也多了起来。在中国实施改革开放且中美正式建交后的 20 世纪 80 年代，中美之间的科技联系得到了快速发展。1981 年，里根签署命令宣布对华出口产品管制的技术标准可以两倍适用于苏联被全面禁运前的标准。1983 年，中国被定位为“友好的、非盟国”国家而被美国移到了出口管制的 V 组国家，与美国的许多盟友同组，如西欧、日本。但这种关系在 80 年代末戛然而止。

进入 20 世纪 90 年代以后，随着苏联退出历史舞台，美国有些人将中国视为美国未来最大的竞争对手，因此试图回到全面遏制中国科技发展的道路上来。1990 年，老布什总统迫使中国航空技术进出口公司放弃了对西雅图的玛莫克公司

① Gary Clyde Hufbauer, Jeffrey J. Schott and Kimberly Ann Elliott, *Economic Sanctions Reconsidered: History and Current Policy*, 3rd Edition, Peterson Institute for International Economics, 2007.

② 遏制（containment）一词通常与美国冷战时对苏战略相关联，在二战以后由乔治·次南提出并迅速成了美国冷战时对苏联的地缘政治战略，其核心是在全球阻止苏联的地缘扩张，导致美国与苏联分别形成了两个对立且鲜有交流的政治军事经济集团。在科技领域，美国对苏战略也是以遏制为核心，利用美国的出口管制以及巴黎统筹委员会对苏联和社会主义国家实施严格的封锁并一直持续到冷战结束。在苏联入侵阿富汗以后，更是采取了全面禁运的措施。可以说，苏联的科技发展与美国的科技发展始终没有太多的交集。这与中美之间的最初由地缘后来由经贸推动的科技往来完全不同。冷战时美苏的科技关系可参见：Gary K. Bertsch, *Controlling East – West Trade and Technology Transfer: Power, Politics, and Policies*, Durham, NC: Duke University Press, 1988; Michael Mastanduno, *Economic Containment: COCOM and The Politics of East – West Trade*, Ithaca, NY: Cornell University Press, 1992.

（MAMCO）的收购，理由是为了防止中国获得被管制的技术。20 世纪 90 年代中后期，在《纽约时报》围绕着美国对中国出口管制的一系列报道挑动美国国内关注以后，美国国会发布《考克斯报告》，强化了在卫星等技术上的对华出口管制。随着 21 世纪以来中国经济的快速发展和企业壮大，中国对美投资日渐增多，但是美国对来自中国的投资依旧非常警惕。从美国外国投资委员会的年度报告可以看到，从 1994 年到 2017 年，中国企业很少能够收购美国关键技术行业的企业①。

不过，虽然存在着这些遏制型战略政策，从克林顿到奥巴马时期，美国政府对华的科技竞争更多的是强调自强型战略。这集中体现为美国对华出口管制战略中，虽然在特定领域出口管制有所加强，但是整体趋势是在放松。多数美国政府的官员更愿意采用一种被称为“跑得更快”（run faster）的战略，也即自强型战略。其主要观点是通过扩大对华出口，美国科技企业可以获得更多的市场因而获得更多的资金来进行再投入和研发，因而维持领先的优势。特别是在信息技术领域，对中国保持“一到两代”的优势②。同时，美国也注意到了中美之间技术贸易的安全效应，即如果中国使用美国的技术，那么美国在情报收集上能够获得一定的优势③。在这种战略指导下，美国对华的出口管制有所放松。在这一时期，中美之间的科技交流也得到了全方位的发展。中美两国科研人员的交往、中国赴美的留学人员数量等指标都达到了空前的水平。两国的科技发展在这种环境中获得了共赢。

这种双赢的发展在奥巴马政府后期遭到了一些挑战，而在特朗普时期遭到了全面质疑，并引发了一系列的政策调整，美国在出口管制、外国投资管制、人员交往等方面不断设置新的障碍，其对华科技政策全面转向了遏制型战略。

二、美国对华科技转向遏制型战略的原因

特朗普政府时期美国对华的科技竞争全面转向遏制型战略，其原因既包括当前的技术发展阶段，亦包括国际权力格局的变化趋势，也有美国国内的政治动荡。它既是一种理性考量下的战略选择，也是领导人个性和冲动的产物。

---

① Committee on Foreign Investment in the United States，“Re - ports and Tables”，*U. S. Department of the Treasury*，Last Updated：November 22，2019，https：//www. treasury. gov/resource - center/in - ternational/foreign - investment/Pages/cfius - reports. aspx.

② Hugo Meijer，*Trading with the Enemy*：*The Making of US Export Control Policy toward the People's Republic of China*，Oxford U - niversity Press，2016，p. 273.

③ Hugo Meijer，*Trading with the Enemy*：*The Making of US Export Control Policy toward the People's Republic of China*，Oxford U - niversity Press，2016，pp. 191 - 192.

（一）新技术革命的到来

近年来，人类在人工智能、量子通信、新材料、5G 等科技上取得的进步使得许多专家认为我们处在了一个新的科技革命的开始阶段，对这些新技术的掌控将决定未来世界的主导权。俄罗斯总统普京认为，“谁引领了人工智能，谁就成为了世界的主宰”[①]。美国战略与国际研究中心副主席詹姆斯·刘易斯在 2018 年 11 月的报告中认为，在近代，各个大国之间争夺的是领土和资源，而在 21 世纪，大国竞争将更多地聚焦于科学技术等[②]。美国视维护其全球霸权为国家战略的核心目标，而这个目标的实现又基于美国对于先进技术的垄断以及维持对他国的“质”的领先[③]。在当下人们对于新技术革命即将到来的预期下，以及这些领域美国并不一定具备垄断优势的焦虑下，美国更可能做出极端的反应。美国一方面可以通过自身科技发展来维系霸权，另一方面也可以对技术追赶者打压和防范。而在美国国内政治陷入极化和党派混乱争斗的情况下，自强型的政策往往难以实施，如增加教育投入、基础设施建设等往往只是选举时的空谈。在这种环境下，遏制型战略就显得尤为重要。相比之下，欧盟就更愿意采用自强型战略[④]。

（二）中国科技水平的飞速进步挑战美国精英的传统偏见

许多评论家认为中美关系变化的根本驱动力在于中国综合国力的增强及其带来的国际权力格局的变化[⑤]。各种形式的权力转移理论一直是一个重要的视角[⑥]。随着中国国力的增强，两国的关系已经转向了竞争为主。特别是中国经济和科技发展带来的产业升级使得中美双方利益的竞争性增强，作为中美关系一部分的两国技术关系也不例外。但是这种中国发展带来的权力转移和产业变化的说法难以解释美国为何选择了遏制而不是自强型战略，也不能解释美国对中国科技发展表现出的“义愤”感，即认为中国科技发展是依靠“盗窃”、“强制转移技术”、“不公平”等。

---

① James Vincent, “Putin Says The Nation That Leads in AI ‘Will be the Ruler of the World’”, *The Verge*, September 4, 2017, https://www.theverge.com/2017/9/4/16251226/russia-ai-putin-rule-the-world.

② James Lewis, “Technological Competition and China”, *CSIS Report*, November 30, 2018, https://www.csis.org/analysis/technological-competition-and-china.

③ Andrew Kennedy and Darren J. Lim, “The Innovation Imperative: Technology and US-China Rivalry in The Twenty-First Century”, *International Affairs*, Vol. 94, No. 3, 2018, p. 553.

④ European Commission and HR/VP, “EU-China-A Strategic Outlook”, *European Commission*, March 12 2019, https://ec.europa.eu/commission/sites/beta-political/files/communication-eu-china-a-strategic-outlook.pdf.

⑤ 倪峰：“特朗普政府内外政策探析”，《当代美国评论》，2017 年第 1 期，第 18—19 页；楚树龙、陆军：“美国对华战略及中美关系进入新时期”，《现代国际关系》，2019 年第 3 期，第 22—23 页。

⑥ 吴心伯：“后冷战时代中美关系研究范式变化及其含义——写在中美建交 40 周年之际”，《世界经济与政治》，2019 年第 1 期，第 7—8 页。

本文认为美国转向科技遏制与中国近年的发展挑战了美国精英的一些传统偏见并触发了其心理防御机制有关。

在许多抱有自由主义偏见的美国精英看来，由于中国的传统文化和政治制度对于个人的“压迫”，中国没有能力进行科技创新，但是近年来中国科技的发展足以挑战这种偏见。在《纽约时报》等美国主流媒体上不时充斥着中国已经在引领未来的科技上取得领先的各种报道①。美国的政府报告也不时敲响这种警钟。美国国家科学委员会在 2018 年 1 月发布的《科学和技术指标》（Science and Engineering Indicators）中警告美国有将科技领导权输给中国的危险。华盛顿的许多报告中，中国被视为美国科技发展的“同辈竞争者”（peer competitor）争夺科技领导权。这种态度上的剧烈转变凸显了一种对于自身地位的过度焦虑②。新加坡外交官和学者马凯硕指出美国人没有也不可能为中国的崛起“做好心理准备”③。过度焦虑往往会激发心理的自然防御机制，这种防御机制往往是采用否定和污蔑对手的方式，因此在美国政府、媒体和学界都大量出现了对中国“盗窃”美国技术的指责，甚至认为中国的发展全然是依靠这种技术盗窃、强制技术转移或者网络攻击④。这种心态无疑会驱动一种全面对抗的政策，并带有强烈的道德义愤感。

中国的科技进步还挑战了美国精英对于美国制度优越性与“美国例外论”的信仰。美国制度优越性和“美国例外论”的物质基础是其领先的科技发展。没有什么比领先的科技更能直观地体现制度和文化的优越性。而一旦中国通过自身的努力实现了科技发展或者与美国并驾齐驱，那么“美国例外论”就失去了说服力，因为中国将证明另一种发展路径也是可行的。

因此，一方面，在美国看来，中国的科技发展不仅可能会挑战美国的世界霸权，还会动摇对美国制度优越性的信仰。而另一方面，道德优越感又使得妖魔化和全力打压中国的科技发展成为偏好的政策选项。

---

① Edward Wong, “China Launches Quantum Satellite in Bid to Pioneer Secure Communications”, *The New York Times*, August 16, 2016, https://www.nytimes.com/2016/08/17/world/asia/china-quantum-satellite-mozi.html; Cade Metz and Raymond Zhong, “The Race is On to Protect Data from the Next Leap in Computers. And China Has the Lead”, *The New York Times*, December 3, 2018, https://www.nytimes.com/2018/12/03/technology/quantum-encryption.html.

② 魏嘉昕：“戴博：美担心被中国超越 其实中国对美影响力 不成比例”，侨报网，2018 年 5 月 11 日，http://www.uschinapress.com/2018/0511/1131324.shtml. 戴博认为美国对于中国超越其的焦虑和恐慌是前所未有的，苏联、日本的崛起都没有带来过类似的这种焦虑。

③ “全球 13 位顶级专家深度剖析当前中美关系”，《中美印象》，2018 年 8 月 7 日，http://www.uscnpm.com/model_item.html?action=view&table=article&id=16753.

④ Peter Navarro, “Economic Security as National Security: A Discussion with Dr. Peter Navarro”, *CSIS Event*, November 9, 2018, https://www.csis.org/events/economic-security-national-security-discussion-dr-peter-navarro.

（三）美国国内的政治混乱导致极端政策

学界普遍注意到了特朗普个人及其团队的一些典型特征影响了其对华政策，最为重要的方面包括其零和世界观、自恋型人格、反智主义、反建制、小团体决策等[①]。这些特质也使得特朗普及其团队更倾向于采取极端政策。特朗普的上台为美国政策的转变实施提供了现实条件。

特朗普的零和博弈思维使得他更为关注和担心美国竞争优势的消失，并转向更为极端的措施，而其自恋型人格又使得他不能接受外界特别是专业精英的意见，进而采取更为极端的政策。

打着反建制和反传统的旗号上台的特朗普受到了华盛顿政治精英们的普遍敌视。在他竞选时就已经受到许多资深共和党人士的反对，而特朗普也将他们统统排除在自己的执政团队之外。特朗普本人对于专家和专业人士素来抱有很深的敌意，这种敌意促使他任用了许多边缘人士，并排挤了官僚机构中的专业人士。此外，特朗普当选本身是一个“黑天鹅”事件，根据不同媒体的报道，特朗普自己甚至没有预期自己会赢，因此对执政完全没有准备[②]。这几个方面的原因使得特朗普政府缺乏稳固的执政团队，并且缺少专业人士。随着特朗普执政时间变长和仅有的较温和专业官员的离开，负面影响逐渐显现出来[③]。纳瓦罗、莱特希泽以及白邦瑞等抱有浓重阴谋论倾向和枉顾事实的人成为特朗普最重要的对华政策顾问。美国国务院是其中最受影响的部门[④]。在缺少政策专家的情况下，极端化和简单化的政策往往会被推行。这对美国制度能力的伤害，也许会成为特朗普政府对美国长期发展的最大影响[⑤]。而治理能力上的缺陷也使得特朗普政府难以在自强型战略上有所作为。

特朗普对华的强硬给许多对华鹰派的声音提供了政治掩护，使得鹰派迅速把控了舆论场，在华盛顿形成了一个反华大合唱，使得许多即便持有不同意见的人也

---

① 孙海泳：“美国对华科技施压战略：发展态势、战略逻辑与影响因素”，《现代国际关系》，2019 年第 1 期，第 42 页；王一鸣、时殷弘：“特朗普行为的根源——人格特质与对外政策偏好”，《外交评论》，2018 年第 1 期，第 104—119 页；刁大明：“特朗普政府对外决策的确定性与不确定性”，《外交评论 》，2017 年第 2 期，第 72 页。

② Michael Lewis，The Fifth Risks：Undoing Democracy，W. W. Norton & Company，2018；以及诸多媒体报道，如 Sophia Tesfaye，“Crisis of Confidence in Foggy Bottom：State Department Morale in Ruins”，*Salon*，December 12，2017，https：//www. salon. com/2017/12/12/crisis - of - confidence - in - foggy - bottom - state - department - morale - in - ruins/.

③ 周琪：“论特朗普的对华政策及其决策环境”，《世界经济与政治》，2019 年第 3 期，第 76 页。

④ Daniel W. Drezner，“Immature Leadership：Donald Trump and the American Presidency”，*International Affairs*，Vol. 96，No. 2，2020，pp. 383 - 400.

⑤ Daniel W. Drezner，“Present at the Destruction：The Trump Administration and the Foreign Policy Bureaucracy”，*The Journal of Politics*，Vol. 81，No. 2，2019，pp. 723 - 730.

“不说话了”①。因此，那些有意围堵中国科技发展的美国精英获得了前所未有的话语权，并得以推动了一系列技术遏制政策。

如果说前两个原因使得美国的对华科技全面遏制有一定的必然性，那么特朗普上台引发的美国国内政治环境恶化则提供了具体实现的可能。

三、特朗普政府对华科技遏制的实施路径

中美之间的技术交流对中国科技发展有推动作用，它是通过中美的互相投资、市场化合作以及科研人员交流来实现。近年来两国的技术交流更进一步，这一方面是美国企业出于对于中国市场的考量和商业利益的驱动在其中起了重要作用，而且也是美国初创企业对于资金的需求以及两国科技联系加强的结果。另一方面，中国的企业经过多年积累有了更多投资需求和资金。两国科技业之间也有了许多具有桥梁作用的创业者，使得中国对美国的技术投资在近些年有了巨大增加。此外，中美科研人员之间的交流也愈加频繁，中国赴美留学生和研究人员的数量持续快速增长了多年，美国研究机构的研究人员在两国之间往返也成为常态。这些都增加了中美间的技术流动。与之相对，特朗普政府的科技遏制战略就是要在市场、资本、技术和人员的流动上设置障碍。特朗普政府对华科技发展遏制战略的全面实施正体现在美国所采取的一系列“全政府式”打压封锁政策以及在舆论上对中国的妖魔化。

（一）立法手段管制投资、技术出口与市场

立法手段主要是通过美国国会制定法律的手段来限制中美的技术交流。在美国的政治体制中，立法比行政命令、条例有更长远的影响，不易受到政府更迭的影响。所以，虽然处理外交事务的权力一般集中于总统，但是一旦国会就相关问题立法，影响可能更为长久。因此，对于立法手段的考察就很重要。此外，国会的听证会以及议员的质询也包含在这一方式中，作为立法过程的一部分。

① 陆益峰：“兰普顿：美国绝不要低估中国和中国人民的韧性丨中美建交40周年研讨会”，环球网，2018年12月13日，http：//www. whb. cn/zhuzhan/huanqiu/20181213/230117. html. 兰普顿提到在当前的华盛顿的风向下，“很多人不说话了”。很多人并不认可当前的政策，在等待合适的时机。而后在2019年7月3日，美国超过100名知名的外交和国际关系人物在《华盛顿邮报》上发表联名信，认为美国当前的对华政策偏执无效，“中国不是美国的敌人”，虽然未能扭转华府的对华政策，但表明了华盛顿的反华合唱并非铁板一块。参见 M. Taylor Fravel et. al，“China is Not an Enemy”，*The Washington Post*，July 3，2019，https：//www. wash - ingtonpost. com/opinions/making - china - a - us - enemy - is - counterpro - ductive/2019/07/02/647d49d0 - 9bfa - 11e9 - b27f - ed2942f73d70 _ story. html.

美国国会在 2018 年主要通过了两项法案来针对中国的高新技术发展，这两部法案都是附在国防授权法中通过，分别是《外国投资风险评估现代化法案》（Foreign Investment Risk Review Modernization Act，以下简称 FIRRMA 法案）和《出口管制改革法案》（Export Control Reform Act of 2018，以下简称 ECRA 法案）。

FIRRMA 法案主要是为了加强对中国对美国投资的安全审查。美国负责安全审查的机构是美国外国投资委员会（CFIUS），这个机构在改革前是个临时机构，没有固定编制和人员，对审查的发起很被动（需要交易的一方提出），并且对很多的交易没有管辖权，这些导致其很容易被绕开。新的法案虽然没有明确点出中国，但是无论国会的听证会还是专家都明白无误地表明新的规定主要是针对中国的投资。新的法案使得美国外国投资委员会有了固定的编制人员以及预算，并将会对来自中国的绝大多数投资进行强制审查，并包含原来不在审查范围的投资，比如法院破产拍卖、绿地投资、天使投资等以及不涉及控制权的投资。

FIRRMA 法案重点保护美国的关键技术和基础设施。由于该法案规定的各种改革需要时间推进无法立刻全部实施，所以它授权财政部在过渡时期内设立一个试点项目（pilot program）来加强对关键技术的保护，在经过了一年多的试点和准备后，于 2020 年 2 月 13 日起开始实施了正式的细则。FIRRMA 法案及其实施细则明确了关键技术和关键工业的范围以及强制申报的义务。关键技术，除了传统管制的技术外，最重要的是包含了 ECRA 法案中的新兴和基础性技术。FIRRMA 法案的实施将会极大地制约中国对美国的技术投资，并通过限制中美之间的资金流动来达到限制技术流动的目的。

ECRA 法案也是重点针对中国。在新中国成立之后美国即对中国实施了严密的技术封锁，在 1990 年后，一些限制逐步放宽，特别是在某些信息技术上，而在航空技术上有所加强[①]。总体而言，此前这种出口限制的原则是“不允许出口可能对中国军事能力有实质贡献的物项”，出口限制针对的主要是军品和某些两用产品。ECRA 法案则进一步增加了对“新兴和基础性”（emerging and foundational）技术的管制，这些技术是对美国未来技术领导力有影响的技术，而不再只是出于对军事能力的考量。目前，美国商务部对这些“新兴”技术领域范围征求意见，主要是针对如何界定新兴和基础性的技术、有哪些技术应该包含在内、这些技术在国外的发展水平、管制对美国国家安全的影响等。已经列出的“新兴”技术包括 14 类，涵盖了从生物技术、人工智能、量子计算到先进材料[②]。这个清单上的技术与《中国制

① Hugo Meijer，Trading with the Enemy：*The Making of US Export Control Policy toward the People's Republic of China*，Oxford University Press，2016.

② Federal Register，Vol. 83，No. 223，Monday，November 19，2018，Proposed Rules，pp. 58201 – 58202.

造 2025》上规划的技术有着极高的重合度，打压围堵目的非常明确。美国下一步还将制定更为详细的指南以及另一份关于“基础性”技术的清单，然后根据名单加强对于中国出口管制的力度。正如已经提及的，这些技术领域也将成为美国外国投资委员会的“关键技术”清单，限制中国对这些领域的美国技术企业进行投资，涉及这些技术的交易将被强制审查。出口管制还会进一步影响中国赴美科技投资，中国企业在美国设立的研发中心需要申请出口许可才能将技术转移到中国总部。华为在美国的研发中心即已经面临无法将研究成果发回深圳总部的问题①。2020 年 1 月 3 日，美国商务部还对一项新兴技术，即人工智能识别地理图像的软件进行了出口管制。

在《2019 财年国防授权法案》中美国还明确禁止五角大楼采购使用华为、中兴的产品以及包含了华为、中兴配件的产品。虽然在 2012 年美国众议院情报委员会就曾“警告”华为的产品构成对美国国家安全的威胁，但是通过立法形式全面禁止使得这种敌意达到一个新高度。华为进入美国市场的努力也多次受到美国国会议员的阻挠。比如，在 2018 年，多名美国议员联合迫使美国的第二大电信运营商美国电话电报公司放弃与华为的合作，最终导致华为手机不得不放弃美国市场②。

除此之外，还有一些美国议员提出了针对中国的种种法案，不过未能通过。美国参议院还试图重新恢复商务部解除的对中兴的禁令，不过在白宫反对下作罢。

（二）多种行政手段限制人员和技术流动并阻碍中国企业的正常经营

行政方式主要是指白宫和联邦机构采取或推行的各种行政命令和措施，这些政策和手段完全基于总统的命令，因此往往受到总统更迭的影响。在特朗普政府转向技术遏制战略之后，美国联邦政府的各主要部门都推出了各自试图钳制中国技术发展的政策。

美国采用的最重要遏制中国技术发展的行政手段是对中国出口美国的商品施加额外的关税。这些关税的核心目的是迫使中国放弃发展高新技术、进行产业升级的计划③。关税的长期存在还将迫使供应链重组，迫使中美之间“脱钩”，将中国移

---

① Dan Strumpf and Kate O'Keeffe, “U. S. Blocks Some ExportsFrom Huawei's Silicon Valley Unit”, *The Wall Street Journal*, January 10, 2019, https://www.wsj.com/articles/u-s-blocks-some-exports-from-huaweis-silicon-valley-unit-11547119803.

② Diane Bartz, “Exclusive: U. S. Lawmakers Urge AT&T to Cut Commercial Ties with Huawei”, *Reuters*, January 16, 2018, https://www.reuters.com/article/us-at-t-huawei-tech-exclusive/exclusive-u-s-lawmakers-urge-att-to-cut-commercial-ties-with-huawei-sources-idUSKBN1F50GV.

③ Enda Curran and Keith Zhai, “Here's What the U. S., China Demanded of Each Other on Trade”, *Bloomberg*, May 4, 2018, https://www.bloomberg.com/news/articles/2018-05-04/here-s-what-u-s-demanded-of-china-at-the-start-of-trade-talks.

出美国科技发展的链条①。

美国国务院修改了对中国学生和学者的签证规定，将部分自然科学和技术专业学生的签证从 5 年改为 1 年，并加强审查②。白宫甚至有高级官员提出要全面禁止中国留学生赴美③。虽然这个全面的禁令没有被采纳，但是更为严格的专门针对参与特定重大国家战略的中国大学和研究机构的中国学生和学者的签证禁令也已经推出。伊利诺伊大学香槟分校甚至为可能的中国留学生大幅减少购买保险④，显示了美教育界担忧的程度。此外，白宫还考虑进一步扩大限制中国研究人员在美敏感技术行业的工 作⑤。美国联邦调查局局长危言耸听地警示来自中国学术和研究人员对美国的威胁⑥，美国 2017 年《国家安全战略报告 》中明确指出中国获得美国技术的方式中包括“美国大学”⑦。

美国商务部工业和安全局负责两用技术的出口管制，其在 2018 年 8 月新增了对中国 44 个实体的管制名单，主要包括中国的航空和电子通信技术企业和研究机构。名单中的这些实体被认为负面影响了美国国家安全或外交利益，将无法获得在美国管制名单中的技术。该工业和安全局还负责具体实现美国新的出口管制法案中对“新兴和基础性”技术的具体说明。2019 年，美国商务部继续以国家安全及其他理由，将中国的华为、曙光以及许多人工智能企业列入出口管制“实体名单”。2020 年 5 月又加大收紧出口管制规定，进一步限制华为获得关键芯片的能力，同时也将更多中国公司置于出口管制的实体名单。随着新的 ECRA 法案的实施，许多新的技术都将被美国列入监管，这些技术往往是中国企业在美设置的研发中心的重点，这意味着中国企业可能不得不关闭在美研发中心。

---

① 王悠、陈定定：“中美经济与战略‘脱钩’的趋势及影响”，《现代国际关系》，2018 年第 7 期。

② Jeffrey Mervis, “More Restrictive U. S. Policy on Chinese Graduate Student Visas Raises Alarm”, *Science*, June 11, 2018, https: //www. sciencemag. org/news/2018/06/more - restrictive - us - policy - chinese - graduate - student - visas - raises - alarm.

③ Patricia Zengerle and Matt Spetalnick, “Exclusive: Fearing Espionage, U. S. Weighs Tighter Rules on Chinese Students”, *Reuters*, November 29, 2018, https: //www. reuters. com/article/us - usa - china - students - exclusive/exclusive - fearing - espionage - u - s - weighs - tighter - rules - on - chinese - students - idUSKCN1NY1HE.

④ Ellie Bothwell, “Insuring against Drop in Chinese Students”, *Times Higher Education*, November 29, 2018, https: //www. insidehighered. com/news/2018/11/29/university - illinois - insures - itself - against - possible - drop - chinese - enrollments.

⑤ Ana Swanson and Keith Bradsher, “White House Considers Restricting Chinese Researchers Over Espionage Fears”, *The New York Times*, April 30, 2018, https: //www. nytimes. com/2018/04/30/us/politics/trump - china - researchers - espionage. html.

⑥ Kathleen Struck, “US Officials Warn of Chinese Influence in American Higher Education”, *VOA*, October 4, 2018, https: //www. voanews. com/a/us - officials - warn - of - chinese - influence - in - american - higher - education/4600204. html.

⑦ The White House, “National Security Strategy of the United States of America”, December 2017, https: //www. whitehouse. gov/wp - content/uploads/2017/12/NSS - Final - 12 - 18 - 2017 - 0905. pdf, pp. 22, 25.

由于5G通信技术被认为是事关国家安全的核心基础设施，美国多个部门对中国企业华为和中兴进行了围剿和打压。美国联邦通讯委员会（FCC）禁止美国受联邦全面服务基金（U－niversal Service Fund）资助的运营商使用被视为国家威胁的生产商的设备，华为和中兴是其中的主要目标①。美国国防部禁止在美国军事基地的商店销售华为和中兴的手机。中兴被以违反美国制裁禁令为名被美国商务部禁止与美国供应商进行贸易，直接导致中兴停摆数月，直到中国通过外交渠道解决为止。这不仅让中兴背上了沉重的财务负担，更极大打击了全球用户对其信心②，导致了中兴在开拓5G市场上面临额外的困难。而围绕华为的出口管制成了当前世界科技界最大热点事件，美国政府不遗余力地打压华为一直持续至今。

（三）以司法手段威慑弹压中美人员往来与中国企业业务，增加不确定性

在美国的三权体系中司法权属于法院系统，但是执法工具由联邦政府掌控，即美国联邦政府的执法机构，包括司法部以及下属的联邦调查局、联邦检察官等。

美国司法部门采取了一系列措施针对中国，例如以“技术盗窃”为名给中美之间的技术交流制造阴影。在这种压力下，美国国立卫生研究院（NIH）主任在2018年8月去信旗下超过1万家研究机构要求其研究人员澄清与国外的联系，与联邦调查局合作调查来自外国的对知识产权的威胁和干涉③。司法部还以窃取技术或者知识产权起诉了数名中国个人和企业。在此重压之下，陆续有许多学者、研究人员被所在机构解职甚至被起诉。

应该说，美国司法部门对于中国相关的所谓窃取知识产权和技术的行动长期存在，但是现在上升到了前所未有的高度。美国联邦调查局局长表示中国目前是该局反情报收集工作的首要目标④。在2018年11月，时任美国司法部长塞申思（Jeff Sessions）宣布推出“中国计划”，该计划包含司法部、联邦调查局以及联邦检察

① FCC，“FCC Bars Use of Universal Service Funding for E－ quipment & Services Posing National Security Risks”，*FCC News*，No－ vember 22，2019，https：//docs. fcc. gov/public/attachments/DOC－360976A1. pdf.

② Eric Auchard，“U. S. Ban on China's ZTE Forces Telecoms to Rethink Business：Sources”，*Reuters*，July 17，2018，https：//www. reuters. com/article/us－usa－trade－china－zte/u－s－ban－on－chinas－zte－forces－telecoms－to－rethink－business－sources－idUSKBN1K70PP.

③ Jocelyn Kaiser and David Malakoff，“NIH Investigating whether U. S. Scientists are Sharing Ideas with Foreign Governments”，August 27，2018，https：//www. sciencemag. org/news/2018/08/nih－investigating－whether－us－scientists－are－sharing－ideas－foreign－gov－ ernments.

④ “FBI Director Christopher Wray Says China is Agency's Top Counterintelligence Priority”，*CBS News*，September 13，2018，ht－ tps：//www. cbsnews. com/news/fbi－director－christopher－wray－china－a－top－priority－in－u－s－counterintelligence－mission/.

官，专门针对所谓的中国“经济间谍行为”[①]。向加拿大签发逮捕引渡华为首席财务官命令的检察官多诺霍（Richard P. Donoghue）正是这个中国项目里的成员。美国司法部在2019年1月以一系列莫须有的罪名起诉华为，并公开了一系列所谓的“成果”。在2020年2月13日，美国司法部罗织了数项新的罪名进一步起诉华为，甚至使用了用以打击黑社会等有组织犯罪的法律，以为其将来将华为列入金融制裁名单铺平道路[②]。

美国利用本国的法律对中国技术企业的骚扰和打压预计还将继续并加强。即便无法最终定罪，也将利用冗长、昂贵的法律程序来增加中国企业经营发展的不确定性，阻碍它们与西方市场的联系以及在全球其他地区扩展业务。

（四）威逼利诱他国围堵中国

美国试图威逼利诱他国来联合打击中国的高科技企业。这在围绕5G的地缘政治中体现得尤为明显，特别是在对华为的围剿中。美国通过各种渠道施压其盟友及部署了美国军事基地的国家，以华为威胁国家安全为名试图迫使他们在网络和通信设备中放弃使用华为设备[③]。其中“五眼联盟”的情报部门合谋抵制华为的设备[④]。在美国的压力下，其他的美国盟国也增加了对华为的安全审查，有些国家如日本也宣布在政府工程中放弃华为设备。而北约盟友如捷克、波兰等国也陆续采取了不利于华为的行动[⑤]。对于不完全接受美国立场的英国、德国政府，美国政府甚至以切断情报共享为威胁。美国还试图以提供援助来阻止他国采用中国的5G设备。

在美国的压力和鼓动下，西方主要国家加强了对来自中国投资的国家安全审查，使得中国企业对外投资渠道收窄。

---

① Department of Justice, “Attorney General Jeff Sessions Announces New Initiative to Combat Chinese Economic Espionage”, November 1, 2018, https://www.justice.gov/opa/speech/attorney-general-jeff-sessions-announces-new-initiative-combat-chinese-e-conomic-espionage.

② David McCabe, Nicole Hong and Katie Benner, “U. S. Char- ges Huawei with Racketeering, Adding Pressure on China”, *The New York Times*, February 13, 2020, https://www.nytimes.com/2020/02/13/technology/huawei-racketeering-wire-fraud.html.

③ Chris Isidore, “US Reportedly Urges Allies to Block Use of Huawei Equipment”, *CNN*, November 23, 2018, https://www.cnn.com/2018/11/23/tech/huawei-us-government/index.html.

④ NoahBarkin, “Exclusive: Five Eyes Intelligence Alliance Builds Coalition to Counter China”, *Reuters*, October 12, 2018, https://www.reuters.com/article/us-china-fiveeyes/exclusive-five-eyes-intelligence-alliance-builds-coalition-to-counter-china-idUSKCN1MM0GH.

⑤ Adam Taylor, “The List of Countries with Espionage Fears about China's Huawei is Growing Fast”, *The Washington Post*, January 12, 2019, https://www.washingtonpost.com/world/2019/01/12/list-countries-with-espionage-fears-about-chinas-huawei-is-growing-fast/?utm_term=.2156a4bc208a.

四、特朗普政府对华科技遏制的制约因素及发展趋势

美国对华科技遏制战略短期内对中国的科技发展有着一定的影响，尤其是许多科技企业，如中兴、华为等，面临着供应链被打断的巨大风险。越来越多的中国企业和研究机构可能面临关键零部件断供、人员交往中断、资金来源减少、被迫剥离资产等问题。整个科研网络以及供应链的调整注定会有相当的成本。但是这种战略的实施前景并非完全确定，依然受到诸多宏观和微观因素的制约和影响。

特朗普政府对华的科技遏制是美国对华政策的一部分，或者说是中美关系的一部分，所以其发展必然会受到中美关系整体变化的影响。影响中美关系的因素有非常多，但是有两个方面因素对于科技遏制的前景影响最大。

第一，美国对华的科技遏制受制于美国对中美关系的总体评估，即双方的共同利益的大小，以及对于中国的意图的看法。如果美国认为中美之间的利益重合度很低，而又认为中国试图推翻美国领导的世界秩序，那么美国会加强对华的遏制。

第二，美国对华的科技遏制还取决于美国对于中国技术发展及潜力的估量。如果中国技术能力落后，无力威胁美国，或者发展的潜力耗尽，那么美国自然没有动力也无需进行这种科技遏制[①]。而如果中国技术发展已经能够实现自足，并且在关键领域上已经能够接近美国的水平，那么美国的科技遏制战略也就失去了价值，不管是技术限制还是人员、资本的限制都不再具有意义。当中国技术发展水平在起飞阶段并且展现了巨大潜力，让美国感到巨大威胁将至的时候是美国对华科技遏制最为激烈的时候。当前的情形正是处在多年巨额科研投入以后的中国自主高新技术的爆发期，因而也遭到来自美国的最大阻力。因此，美国对华技术能力和潜力的评估是影响其对华科技遏制的一个重要因素。

这两个因素涉及中美之间较为宏观和战略的因素，但美国的科技遏制战略也有较为具体和微观的层次。在这个层次上也有一些制约的因素会影响到美国对华技术遏制及未来的趋势。

---

① 当下即有一些学者认为美国对于中国当前的全面科技遏制是过度反应，原因即是中国的科技只是大而不强，见游润恬："美学者甘思德：仅是'科技肥龙'美国不必过度担心'中国制造 2025'"，《联合早报》，2018 年 12 月 18 日，https：//www. zaobao. com. sg/finance/china/story20181218 – 916697；Ryan Avent，"China is Not the Economic Superpower People Think. That's Why It's Important to Wait it Out"，*The Washington Post*，December 21，2018，https：//www. washingtonpost. com/business/economy/china – is – not – the – eco – nomic – superpower – people – think – thats – why – its – important – to – wait – it – out/2018/12/21/cf9999bc – 03b1 – 11e9 – b6a9 – 0aa5c2fcc9e4_ story. html? utm_ term = . 60ebf6e5bc34.

（一）技术进步需要双方合作

随着全球化研发和生产的发展以及跨国学术研究网络的出现，科技的发展愈发是一个全球合作的过程。这不仅体现在很多超大型的全球科研项目中，比如人造太阳、人类基因组等，也体现在跨国企业在不同国家之间的研发和生产的整合。在美国商务部公布的新兴技术名单中，许多高科技的发展都有广泛的中美合作，比如人工智能方面。中美在人工智能领域拥有各自的优势：美国在基础理论上拥有优势，而中国在数据规模、政府支持、人才数量等方面有优势[①]，所以中国和美国领先的企业都相互在对方国家设立了研究中心[②]。人为切断这种联系对于美国相关领域的发展也会有重大的负面影响[③]。如果一场美国的对华科技遏制迫使全球的科技发展分成两个不同的阵营[④]将不利于技术的进步，而这也包括了美国的技术发展。因此，对华科技遏制对于美国本身技术发展的影响将是美国需要考虑的一个因素。

（二）美国高技术企业的发展需要中国

随着中国日益融入全球市场，成为重要的研发和最重要的生产基地，美国高科技企业对于中国的资金、市场、供应链也有相当大的需求，特别是在市场和供应链上。据统计，尽管 2019 年苹果公司来自中国大陆市场的收入有所下降，但仍占其收入的 17%[⑤]。全世界的智能手机有超过 70% 在中国生产，苹果每年售出的约 2 亿部手机几乎都在中国生产[⑥]。美国的科技巨头高通、博通、美光等来自中国市场的营业收入超过其总营收的一半以上[⑦]。即便对于脸书（Facebook），中国也是其仅次

① Kai – Fu Lee，AI Superpowers：China，Silicon Valley，and the New World Order，Houghton Mifflin，2018.

② Carlos Tejada：“谷歌宣布在中国成立人工智能研究中心”，《纽约时报》中文版，2017 年 12 月 14 日，https：//cn. nytimes. com/business/20171214/google – ai – china/；中关村科技园区管理委员会：“百度硅谷设立人工智能实验室”，2013 年 5 月 2 日，http：//zgcgw. beijing. gov. cn/zgc/yw/qyxw/14763/index. html.

③ James Polit，“Trade War Puts US Tech Sector in Line of Fire”，*Financial Times*，November 26，2018，https：//www. ft. com/content/6ea0f440 – ee0b – 11e8 – 89c8 – d36339d835c0.

④ Kaveh Waddell，“The Future of U. S. – China Tech Fiefdoms”，*Axios*，September 12，2018，https：//www. axios. com/china – and – the – us – parallel – tech – universes – 1536282008 – fb9d4c46 – 88c0 – 4acb – a992 – 511a1fd9e286. html.

⑤ Felix Richter，“The Size of Apple's China Business”，*Statista*，February 18，2020，https：//www. statista. com/chart/13246/apple – china – revenue/.

⑥ Tripp Mickle and Yoko Kubota，“Tim Cook and Apple Bet Everything on China. Then Coronavirus Hit”，*The Wall Street Journal*，March 3，2020，https：//www. wsj. com/articles/tim – cook – and – apple – bet – everything – on – china – then – coronavirus – hit – 11583172087.

⑦ Philip van Doorn，“Apple，Nike and 18 Other U. S. Compa – nies Have \$ 158 Billion at Stake in China Trade War”，*Market Watch*，April 4，2018，https：//www. marketwatch. com/story/trade – war – watch – these – are – the – us – companies – with – the – most – at – stake – in – china – 2018 – 03 – 29.

于美国的第二大收入来源地[①]。美国的科技遏制战略将会使得这些企业的市场萎缩，而市场往往是驱动技术开发的最大动力。没有庞大的用户群体和销售市场，就无法更好地缩减成本和集聚足够的资源进行进一步投资、技术开发。并且，限制对中国的技术转移不仅将降低美国技术企业在华的市场份额，也将降低美国企业的产品在其他国家的市场份额，因为中国的高科技产品在全球终端市场所占的份额巨大，包含美国科技成果的中国产品不仅行销于中国，也销售到全球大部分其他国家。

对华的技术封堵也将给美国企业带来供应链上的挑战。缺少中国的供应链和制造能力，美国高科技产品的规模化生产将受严重影响。根据联合国的数据，2018 年中国的制造业产出占全球的比例（28.4%）已经超过了美国（16.6%）和日本（7.2%）的总和[②]。大规模生产的转移即便可能，也需要非常长的时间，也没有任何国家能够承接这种规模的转移，更不用说还需要配套的各种基础设施。对于像苹果这样的美国科技巨头而言，类似于富士康在中国的产能目前还没有哪个国家能够实现[③]。

此外，不仅美国的科技巨头，美国的新兴技术企业对中国的资金和供应链也有需要。中国实际上给了美国的初创企业接入资金、供应链和市场的最好途径。如果一个美国的初创企业能够获得中国的投资，那么中国的资方会更好地帮助这些初创企业去接触中国的产业链，并帮助其产品在中国与世界其他地区生产与销售。这些资源是一个只在硅谷的技术初创企业所无法获得的，而这些资源将决定一个创新能不能最后走向成熟和推向市场[④]。全面遏制中国科技的发展也将会阻断美国初创企业快速发展的重要路径。

（三）国际竞争的压力限制技术遏制

如同经济制裁一样，科技遏制战略的效果也取决于能否实现多边的管制。美国技术限制和出口管制失败的一个著名例子是 21 世纪初美国对商业卫星技术的单边出口管制。由于怀疑中国从美国商业公司中获得敏感技术来提升卫星和弹道导弹的实力，在 1999 年，美国将商业卫星和相关部件技术按照军品加入出口限制。但是

---

① Paresh Dave and Katie Paul, "Facebook Makes a New AD Sales Push in China after Zuckerberg Criticizes the Country", *CNBC*, January 7, 2020, https://www.cnbc.com/2020/01/07/facebook-makes-a-new-ad-sales-push-in-china.html.

② UN Statistics Division, https://unstats.un.org/unsd/snaama/Basic. 根据美国 Knoema 2020 年 2 月的数据。

③ Charles Duhigg and Keith Bradsher, "How the U.S. Lost Out on iPhone Work", *The New York Times*, January 21, 2012, https://www.nytimes.com/2012/01/22/business/apple-america-and-a-squeezed-middle-class.html?_r=1&hp=&pagewanted=all&mtrref=undefined.

④ Matt Sheehan, "Does Chinese Venture Capital in Silicon Valley Threaten US Tech Advantage?" *Macro Polo*, April 28, 2018, https://macropolo.org/chinese-vc-silicon-valley-threaten-us-tech-advantage/.

同时期的中国和欧洲致力于向国际市场输出商业卫星技术和产品，美国企业由于严格的管制导致成本大大增加而严重影响了国际竞争力，最后导致美国在全球卫星制造市场的份额从 2000 年的约 52% 下降到 2008 年的约 29.5%[①]。而为了避免受到美国出口管制的限制，中国和欧洲都致力于开发替代技术以避免使用美国厂商的零部件，最后欧洲和中国都发展出了相关的技术，给美国卫星企业带来了进一步的市场损失[②]。在市场不断萎缩的情况下，产业规模减小会导致新技术的开发迟滞，美国卫星企业的技术发展也出现停滞。在国际竞争的压力下，奥巴马政府不得不放松了对卫星技术出口的限制。这个例子表明，封堵技术很可能会导致自身在国际市场竞争中落后。这种国际竞争的压力将是美国在进行科技遏制型战略时不得不考虑的因素。

与之相关，由于美国并没有掌控所有的关键技术能力，其对华科技遏制的效果很大程度上将取决于能否联合其他国家构建起一个多边体系针对中国。如果其他国家不愿意加入美国的对华科技遏制联盟，那么美国的技术遏制将使得中国与其他国家的科技合作更加紧密，其他国家的企业将获得原来美国企业所占有的份额，中国的资金也将投入到其他国家的初创企业，这种压力将会迫使美国重新思考其对华的限制。因此美国争取盟友的成效将影响美国对华全面技术遏制的发展趋势。

（四）美国对外来科技人员有巨大的需求

美国虽然是高科技第一大国，但是也非常依赖外来科技人才。据统计，美国科技专业（STEM）研究生项目的学生大部分来自海外，所占比例为 50%—80% 不等。以 2015 年数据为例，美国电气工程专业的研究生 81% 来自海外，计算机科学是 79%，机械工程 62%[③]。不夸张地说，如果没有国际学生，大部分美国学校的理工科项目都难以为继。而来自中国的学生和研究人员在其中占了最大部分，其在获得美国理工科博士学位的国际学生中占 22.4%[④]。对中国籍研究人员的限制将严重影响美国的大学和研究机构以及高科技产业的人才招募。美国大学对于美国政府可能的对中国留学生和研究人员的限制非常敏感[⑤]。而科技公司向来反对对科技移民

① David Damast, "Export Control Reform and the Space Industry", *Georgetown Journal of International Law*, Vol. 42, No. 1, 2010, p. 221.

② 何奇松："美国的卫星出口管制改革"，《美国研究》，2014 年第 4 期，第 19—20 页。

③ The National Foundation for American Policy, "The Importance of International Students to American Science and Engineering", *NFAP Policy Brief*, October 2017.

④ National Science Foundation, "Science & Engineering Indicators 2018", 2018, https://nsf.gov/statistics/2018/nsb20181/.

⑤ Alexandra Yoon - Hendricks, "Visa Restrictions for Chinese Students Alarm Academia", *The New York Times*, July 25, 2018, https://www.nytimes.com/2018/07/25/us/politics/visa - restrictions - chinese - students.html.

的限制。特朗普政府上台以来的反移民政策已经使得美国吸引国际留学生的能力出现下降，外国移民技术人才向加拿大流失①，而其对华科技遏制以及对中国籍的学生和研究人员的限制排外氛围使得美国对科技人才的吸引力进一步下降，最终将伤害美国的高科技行业。对外国人才的需求无疑将是制约美国对华科技遏制战略程度的一个重要因素。

(五) 政府管制能力的不足

现代技术的发展已经远远超出了一个单一的机构足以全面把握的程度。在对华科技遏制实施过程中，美国政府需要对特定技术进行甄别，而这本身将会是一个巨大的挑战。以 ECRA 法案中规定的新兴技术为例，何为“新兴”在实际操作中将面临巨大的操作困难。首先，新兴技术也就意味着相关技术还不成熟，其发展方向和最终产生何种影响并不明确，即便是行业的专家也很难断定技术的哪个部分最终会影响国家安全或者维持美国在该项技术的领先地位。这意味着管制清单的制定不仅存在准确定位核心技术的困难，还面临要不断地跟踪学界最新发展的挑战。其次，许多所谓的新兴技术一开始就是在全球化以及开源的环境中进行，比如人工智能技术，对其进行出口限制并不大具有操作性。最后，在美国商务部公布的征求意见的新型技术清单中，很多都不是新兴技术，例如定位导航技术已有几十年的研究和使用历史，即便是目前的人工智能技术，其原理在 20 世纪 80 年代就已提出。这意味着相关机构对技术的掌握相当有限。如果说美国商务部工业与安全局尚且面临如此多的技术难题，那美国国会议员的情况则更为糟糕。许多学者已经指出美国国会议员的科技知识储备已经远远不足以支撑他们在相关领域的立法能力。在美国第 115 届（2017—2019 年）国会中，只有约 7% 的国会议员有一定的数学和理工科背景②。而为美国国会提供技术咨询的国会技术评估办公室已在 20 世纪 90 年代共和党主导的国会改革中被废弃③。

现代的全球化经济是一个极为复杂的系统，在系统效应下，政府政策的意图与实际效果之间经常发生偏离，政府能力的局限日趋显著。特朗普政府经济政策的一个主要目的是推动美国制造业复兴和回流。但是在一系列经济政策和关税之后，美

① AndrewEdgecliffe - Johnson, “Toronto Tech: Why Canada is Attracting the ‘Best’ People”, *Financial Times*, February 26, 2019, https://www.ft.com/content/de63f33c - 34e6 - 11e9 - bd3a - 8b2a211d90d5.

② Ashley Westerman, “Science, Technology, Math, Engineering and Now Congress”, *NPR*, November 18, 2018, https://www.npr.org/2018/11/18/667944005/science - technology - math - engineering - and - now - congress.

③ Bianca Majumder, “Congress Should Revive the Office of Technology Assessment”, *Center for American Progress*, May 13, 2019, https://www.americanprogress.org/issues/green/news/2019/05/13/469793/congress - revive - office - technology - assessment/.

国制造业不仅没有复兴，反而在2019年陷入了衰退①，寄予厚望的制造业回流也极为有限②。被特朗普视为美国制造业回流标杆工程并被其称为世界“第八大奇迹”的富士康美国工厂，在2018年奠基后至今依然不见踪影③。可以预见，政府能力也将是美国推动对华科技遏制战略的一个重要制约。

（六）政府内部的分歧

即便在特朗普政府全面采用遏制型战略的当下，美国政府内部依然存在强烈不同意见，主张自强型战略的声音依然强大。比如，尽管特朗普政府高官对华出口管制持极为强硬的立场，美国商务部内部的事务官员还是秉持了传统的反对过于严厉管制的态度，更多与商界站在一起。一方面，负责出口管制的鹰派代理副部长在2019年中辞职，一个重要原因是美国商务部内部对于如何实施管制存在巨大分歧，该副部长显然遇到了无法应对的内部反对压力。另一方面，具体管制意见迟迟无法出台，对于所谓基础性技术的管制甚至还没有发布征求意见的公告，一个重要的原因是内部斗争④。在2020年初，美国又传出国防部官员反对实施对华为的更为严格的出口管控，原因是担心过于严格的管制伤害了美国相关行业的发展进而危害美国的国家安全⑤。

更广泛而言，在美国国内，也有许多有识之士认为美国应该将主要精力用于国内振兴⑥。谷歌公司前任总裁和董事长埃里克·施密特（Eric Schmidt）在为美国政府提供建议时，也强调美国政府应该聚焦于国内对科技发展以及教育的政策支撑，甚至还有与中国的科技合作⑦。

综上所述，虽然特朗普政府一意孤行推行对中国科技发展的全面遏制战略，但

---

① Heather Long and Andrew Van Dam, “U. S. Manufacturing was in a Mild Recession during 2019, A Sore Spot for the Economy”, *The Washington Post*, January 18, 2020, https: //www. washingtonpost. com/business/2020/01/17/us – manufacturing – was – mild – recession – during – 2019 – sore – spot – economy/.

② Jim Tankersley, “Trump's Push to Bring Back Jobs to U. S. Shows Limited Results”, *The New York Times*, August 13, 2019, ht – tps: //www. nytimes. com/2019/08/13/business/economy/donald – trump – jobs – created. html.

③ Josh Dzieza and Nilay Patel, “Foxconn's Buildings in Wisconsin are Still Empty, One Year Later”, *The Verge*, April 12, 2020, https: //www. theverge. com/2020/4/12/21217060/foxconn – wisconsin – innovation – centers – empty – buildings.

④ Ana Swanson, “Trump Officials Battle over Plan to Keep Technology out of Chinese Hands”, *The New York Times*, October 30, 2019, https: //www. nytimes. com /2019/10/23/business/trump – technology – china – trade. html.

⑤ Ana Swanson, “Tougher Huawei Restrictions Stall after Defense Department Objects”, *The New York Times*, January 24, 2020, https: //www. nytimes. com/2020/01/24/business/economy/huawei – restrictions. html.

⑥ Ali Wyne, “How to Think about Potentially Decoupling from China”, *The Washington Quarterly*, Vol. 43, No. 1, 2020, pp. 43 – 44.

⑦ “Eric Schmidt: I Used to Run Google. Silicon Valley Could Lose to China”, *The New York Times*, February 27, 2020, https: //www. nytimes. com/2020/02/27/opinion/eric – schmidt – ai – china. html.

是其也面临种种制约因素，美国政府在将来的政策转向具有相当的可能性。尤其是如果发生政府更迭，民主党政府转向更为自强型的政策是可能的，但同时，他们也会更大程度地寄希望于建立西方的对华统一战线①。但即便这样，其他国家对遏制型战略的抵触也将构成重要制约。虽然有诸多因素驱动美国的遏制型战略，包括国会对华强硬的共识、民众对华态度转变、中美之间的竞争关系更为突出等，但是本部分内容也表明这种向遏制型战略的转型并不是一个单向且已然确定的变化，也会遭到国际国内各种力量和因素的制约，是一个正在发展并由不同力量交互作用结局未定的过程。

五、中国的应对

美国对华科技遏制战略既是技术发展趋势与中美战略关系演变的结果，也有特朗普政府及特朗普个人的原因。在两国竞争关系加强的情况下，这种遏制在一定时间内预计还会加剧。虽然现在双方在贸易问题上达成了部分“停火协议”，但美国精英对中国技术发展的担忧可能会驱使美国长期采取遏制型战略。中国的技术进步、经济体量和世界地位迫使中国必须直面这场技术遏制。因此，中国需要首先审视自身的战略优势和不足，发现战略机会和威胁，并采取相应的应对措施。

美国对华技术遏制的最大一个教训，是技术上的自主创新和掌握核心技术的重要性。许多中国企业在被美国禁售零部件以后生产和经营遇到了极大的困难。习近平同志反复强调：“大国重器必须掌握在自己手里。要通过自力更生，倒逼自主创新能力的提升。”② 遏制型战略预设了科技实力的差距，所以消灭了这个差距也就彻底瓦解了遏制战略。在中美这场科技博弈中，中国在关键技术上的突破将使得美国实施遏制战略的意义减少，进而减少采用这种战略的冲动。虽然中国技术的强大在短期内可能会使得美国更加强化对华技术封锁和压制，但是长期来看，如果中国在基础研究和技术上能够取得突破，美国终究会认识到自强型战略的必要性以及与中国科技合作的重要性。

中国需要进一步改革开放。2017 年以来中国的进一步开放举措使得中国市场对

---

① Thomas Wright, “The Quiet Reformation of Biden’s Foreign Policy”, *Brookings*, March 20, 2020, https: //www. brookings. edu/blog/order – from – chaos/2020/03/20/the – quiet – reformation – of – bidens – foreign – policy/.

② “习近平考察三峡工程：大国重器必须掌握在我们自己手里”，新华网，2018 年 4 月 25 日，http: //www. xinhuanet. com/politics/leaders/2018 – 04/25/c_ 1122736705. htm.

于美国企业更有吸引力，让中国产业升级给中美企业都带来机会[①]。对于中国科技企业而言，除了技术研发，在管理制度和团队的国际化和地区化也要做出努力，更加国际化的管理和开放的姿态将最大限度地减少疑虑。

中国需要尽力扩展国际科技合作的渠道。一方面，要加强与美国以外国家的科技合作，扩宽对外投资范围，这样既可破除美国的技术封锁，又能增加美国放弃技术封锁的国际压力。另一方面，中国也要利用现有的国际贸易机构来积极应对美国滥用国家安全理由阻碍正常贸易往来和技术交往的行为。毕竟，现有的国际制度也鼓励发达国家向发展中国家进行技术转移。中国还需要想方设法改善科研环境，引进国际人才，科技之争归根结底是人才之争。中国与美国之间的科技竞争最终也会是两国对于国际一流人才的吸引力的竞争。

尽管特朗普政府采取对华科技遏制战略，但是美国社会对此仍存在着许多疑虑，许多专业人士都认为这种技术围堵对美国并没有好处。前国防部长罗伯特·盖茨（Robert Gates）就主张要用“小院子，高篱笆”（small yard，high fence）的方式来处理关键技术的问题。而欧亚集团的保罗·特廖洛（Paul Triolo）指出美国对华为的封堵实际上对国家安全并没有多大的助益，而只是推高了部署 5G 的成本。享有盛誉的美国外交政策委员会 2019 年的报告《创新与国家安全：保持我们的优势》批评了美国采取的对华科技遏制战略。中国要理性看到美国政策转变过程中的诸多制约因素，并利用这些因素和争取其中理性力量的支持以推动美国政府政策转变。

原载《太平洋学报》第 28 卷第 6 期（2020 年 6 月）。

① 龚婷：“美国对华经贸政策新发展与中美经贸关系前景”，《国际问题研究》，2018 年第 3 期，第 105—107 页。

试析美国的“克制战略”*

池志培　侯　娜**

摘　要：随着美国国内对美国的自由霸权战略的日益不满，一种名为“克制战略”的战略主张日益受到美国精英和社会的重视。“克制战略”的主张者将其历史渊源追溯至华盛顿及亚当斯，指出冷战后美国的国家战略在理论和实践上的诸多纰漏，并将减少美国的军事盟友与海外军事部署和削减军事预算作为其核心政策主张。虽然许多研究者将“克制战略”与“美国衰落论”联系，但“克制战略”的主张者更支持一种对美国国家力量的乐观主义，这也使得其对华政策主张更为平和和理性。“克制战略”在美国未来的大战略中的影响有其现实基础，它对于国家安全战略中军事手段的反思也值得中国在建立海外利益保护机制时参考。

关键词：地区与国别政治　美国　克制战略　军事同盟　军费　战略收缩

自冷战结束后，美国的国家安全和外交界的精英们进行了一系列关于美国大战略的论争。不同的战略主张旨在说明，在冷战后新的世界环境中，美国应该寻求什么样的安全和外交政策目标，并且以什么样的手段和途径来获得。这些争论产生了许多不同的大战略主张，包括：自由国际主义、选择性介入、克制战略、新保守主义、保守国际主义等。其中，主张美国深度介入主导世界事务的主张（或者称“主导论”）在美国冷战后的外交政策中占据主流。他们主张美国领导或者控制世界秩序，并且愿意利用其强大的武力在需要时进行干涉。奥巴马时期的“不做蠢事”（don't do stupid shit）的外交政策表明了对这种干涉主义战略的怀疑，而特朗普的意外当选则凸显了美国社会对华盛顿政治精英的不满，其中，自然也包括对掌控外交

* 本文得到北京高校高精尖学科“战略经济与军民融合”交叉学科（GJJ2019163）、中央财经大学双一流和特色发展引导学科专项（022959918005）资助。笔者诚挚感谢本文的匿名评审和编辑的宝贵修改意见，并感谢美国圣母大学副教授尤金·高兹（Eugene Gholz）与笔者就相关问题进行讨论，文中错漏由作者负责。

** **作者简介：**池志培，中央财经大学国防经济与管理研究院助理研究员（邮编：100081）；侯娜，中央财经大学国防经济与管理研究院副教授（邮编：100081）。

政策的精英的不满。奥巴马也是举着“变革”的旗号上台的，只是奥巴马更为隐晦地拒绝了华盛顿的传统战略[①]。从此角度看，从奥巴马政府到特朗普政府的外交政策，具有一定的连续性[②]。近年来，美国外交政策的这种演变部分响应了冷战以来美国战略界特别是在年轻一代的战略思想家中一个日益受重视的主张即“克制战略”。

“克制战略”的理论主张在理论上是否比其批判的其他战略更有说服力，而其现实影响力的基础又在何处？为了回答这两个问题，本文将通过系统梳理美国冷战后“克制战略”与其他战略主张的论争，用文献分析的方法批判性地分析其理论逻辑与不足，同时基于相关的经济、民调数据以及美国国内政治走向探讨“克制战略”的前景。

一、“克制战略”的提出

冷战结束后，美国的战略思想家们对美国应该采用什么样的大战略进行了持续至今的讨论[③]，“克制战略”即产生于这场讨论中[④]。“克制战略”一词源自由麻省理工学院的哈维·萨博斯基（Havey Sapolsky）教授等人所撰写的文章《回家吧，美国：面对诱惑时的克制战略》（以下简称《回家吧，美国》）[⑤]。文章标题中的“诱惑”源自冷战后美国综合国力，尤其是军力一家独大，美国似乎可以不受限制地以这种力量追求自己的任何战略目标。该文发表在1997年春季期的《国际安全》上，随之受到越来越多的关注，特别是在小布什发动的反恐战争日益陷入泥潭之后，“克制战略”引发更多的讨论。2013年，主张自由国际主义的代表人物达特茅

① Jeffrey Goldberg, “The Obama Doctrine”, *The Atlantic*, Vol. 317, No. 3, 2016, pp. 70 – 90.

② 南开大学韩召颖教授和岳峰博士认为，奥巴马和特朗普奉行的都是特定形式的孤立主义，是对美国的国内外困境的反应，参见韩召颖、岳峰：“金融危机后美国的新孤立主义思潮探析”，《美国研究》，2017年第5期，第9—31页。

③ 特朗普的当选使得对美国大战略的反思和争论再次成为热点，对当前讨论的一个综述，可参见Heather Hurlburt, “More Diplomacy, Less Intervention, but for What? Making Sense of the Grand Strategy Debate”, *Lawfare*, June 7, 2019, https://www.lawfareblog.com/more – diplomacy – less – intervention – what – making – sense – grand – strategy – debate, 2019 – 06 – 08.

④ 对讨论的总结可参见 Barry R. Posen, and Andrew L. Ross, “Competing Visions for US Grand Strategy”, *International Security*, Vol. 21, No. 3, 1997, pp. 5 – 53；国内对美国战略的讨论大多基于这个分类。萨博斯基及其学生尤金·高兹（Eugene Gholz）及达莱尔·普勒斯（Daryl Press）合写的这篇文章发表在波森和罗斯的文章之后，故不在他们的分类中。

⑤ Eugene Gholz, Daryl G. Press, and Harvey M. Sapolsky, “Come Home, America: The Strategy of Restraint in The Face of Temptation”, *International Security*, Vol. 21, No. 4, 1997, pp. 5 – 48.

斯学院教授威廉·沃尔夫斯（William Wohlforth）和斯蒂芬·布鲁克斯（Stephen Brooks）以及普林斯顿大学教授伊肯伯里（G. John Ikenberry）在《国际安全》杂志上发表了题为《不要回家，美国》的文章[①]。2020年，《外交政策》杂志的三四月刊再次以"回家吧，美国?"为主题发表了系列文章[②]。

《回家吧，美国》一文勾画出"克制战略"的主要论证逻辑和政策主张，并成为以后的"克制战略"理论发展的框架。该文中的"克制战略"指的是对使用武力的克制[③]，而后来的"克制战略"主张者一般也从这个意义上理解战略，即国家对军事力量的使用来实现特定目标[④]。"克制战略"的支持者否认自己是孤立主义者，原因即在于"克制战略"并不主张美国从世界事务中抽身出来，而是要严格限制军事力量的使用，同时在政治、经济、文化等方面继续发展美国对全球化进程的参与[⑤]。"克制战略"否定的并不是美国与世界的联系，而是批评其长期以来试图以美国为模板重塑世界的目标以及过于专横和军事化的手段。与特朗普代表的"杰克逊主义"中浓厚的民族主义相比，"克制战略"并不包含前者中的民族主义、贸易保护主义等元素。同时，"克制战略"主张严格限制使用军事力量，而不是放弃，因此也划定了使用军事力量的领域和条件。其主张美国的军力集中于保护全球公共水域，保持海军实力而削减空军和陆军[⑥]。

在"克制战略"支持者看来，不管是民主党的自由国际主义者和共和党的新旧保守主义者，都过于强调美国例外主义及美国对世界事务的主导权和领导权的必要性，都致力于维持美国在第二次世界大战后建立的军事同盟与国际体系[⑦]。实际上，美国需要从"美国例外论"、"不可或缺的力量"（American Exceptionalism/the indispensable power）变回到一个普通国家（normal country）来看待和追求自己的国家利

---

① Stephen G. Brooks, G. John Ikenberry, and William C. Wohlforth, "Don't Come Home, America: The Case Against Retrenchment", *International Security*, Vol. 37, No. 3, 2013, pp. 7 – 51.

② Gideon Rose, "What's Inside: the United States Is Questioning the Global Role It Once Em – braced", *Foreign Affairs*, Vol. 99, No. 2, 2020, p. 8.

③ Eugene Gholz, Daryl G. Press, and Harvey M. Sapolsky, "Come Home, America: The Strategy of Restraint in the Face of Temptation", p. 5.

④ Barry R. Posen, *Restraint: A New Foundation for US Grand Strategy*, Ithaca and London: Cornell University Press, 2014, p. 1.

⑤ Eugene Gholz, Daryl G. Press, and Harvey M. Sapolsky, "Come Home, America: The Strategy of Restraint in The Face of Temptation", pp. 5 – 6; A. Trevor Thrall and Benjamin H. Friedman, "National Interests, Grand Strategy, And The Case For Restraint", in A. Trevor Thrall and Benjamin H. Friedman, eds., *US Grand Strategy in the 21st Century: The Case for Restraint*, Taylor and Francis, 2018, p. 13.

⑥ Barry R. Posen, *Restraint: A New Foundation for US Grand Strategy*, Ithaca and London: Cornell University Press, 2014, pp. 135 – 163.

⑦ John Mueller, "An American Global Order? Or Pax Americana: Has the US Been Necessary?" ISSS – IS Annual Conference, Purdue University, West Lafayette, Indiana, November 11, 2018; Melvyn P. Leffler and Jeffrey W. Legro, eds., *To Lead the World: American Strategy after the Bush Doctrine*, Oxford University Press, 2008.

益，美国并不需要作为一个世界领袖或是世界警察，而只需要维护自己的国土安全和追求繁荣。与现有的战略相比，这种战略更有利于美国的安全与繁荣。在克制主义者看来，对当代美国人而言，“克制战略”虽然可能是崭新的，但实际上美国的奠基者从托马斯 ·潘恩到华盛顿都是主张采取这种国家战略。华盛顿在其告别演说中告诫后来者不要卷入欧洲大国的权力争斗，并为 19 世纪的美国领导者所秉持，昆西 ·亚当斯更是告诫美国人“不要去海外寻找魔鬼并将其摧毁”来向外推广自由和独立，并直至西奥多 · 罗斯福总统才将美国带入自由帝国主义的阶段①。对“克制战略”的支持者而言，“克制战略”是美国历史传统的一部分，并且在美国战略克制的时期，美国与世界的经济、政治联系并没有切断而是快速地发展。

国内学术界对“克制战略”的讨论较少。同济大学教授门洪华对主要的美国大战略进行介绍②，他的介绍主要基于巴里 · 波森和安德鲁 ·罗斯的分类，而此分类因提出较早，故不包含“克制战略”③。其他学者对“克制战略”的讨论，只是将其包含在“孤立主义”（isolationism）或者“退出主义”（retrenchment）之下，涉及其中一两个代表人物。例如，南京航空航天大学袁建军副教授依旧沿用波森和罗斯的分类，将“克制战略”放在新孤立主义中介绍④，并引用“克制战略”代表人物之一圣母大学政治系副教授尤金 · 高兹的言论，但只是概要性地介绍其主张，并没有对其理论逻辑进行深入探讨。复旦大学的赵明昊研究员在其文《迈向“战略克制”：“9 · 11”事件以来美国国内有关大战略的论争》⑤中在一般意义上使用“战略克制”，包含了所有主张美国应该进行一定程度战略收缩的战略，包括“选择性介入”、“离岸制衡”等，与本文讨论的“克制战略”并不相同。与之相类似，上海交通大学的张学昆副教授将当前美国战略大讨论分为“介入”和“收缩”两类，对归入“收缩”一类的战略没有进行进一步区分和介绍⑥。南开大学周恩来政府管理学院韩召颖教授等在 2017 年曾明确提到“克制”战略，但只是简要介绍巴里 · 波森后期的思考，也没有系统地讨论“克制战略”本身的理论逻辑⑦。

---

① William Ruger, 2018. “Not So Dangerous Nation Us Foreign Policy from the Founding to the Spanish – American War”.

② 门洪华：“冷战后美国大战略的争鸣及其启示意义”，《太平洋学报》，2003 年第 2 期，第 18—26 页；复旦大学教授朱明权也采用这种分类法，参见朱明权：《领导世界还是支配世界？冷战后美国国家安全战略》，天津人民出版社 2005 年版。

③ Barry R. Posen and Andrew L. Ross, “Competing Visions for US Grand Strategy”.

④ 袁建军：“霸权、制度与冷战后美国全球战略选择”，《世界经济与政治论坛》，2016 年第 1 期，第 9—10 页。

⑤ 赵明昊：“迈向‘战略克制’：‘9 · 11’事件以来美国国内有关大战略的论争”，《国际政治研究》，2013 年第 3 期，第 133—162 页。

⑥ 张学昆：“美国关于大战略的辩论及其影响”，《国际问题研究》，2016 年第 6 期，第 74—89 页。

⑦ 韩召颖、岳峰：“金融危机后美国的新孤立主义思潮探析”，《美国研究》，2017 年第 5 期，第 9—31 页。

二、“克制战略”的主要内容

“克制战略”中的“克制”是指对美国军事力量使用的克制，该战略主要包括两个方面：一是减少在海外的驻军，包括放弃与美国的盟友的盟约，从欧洲和亚洲撤出。二是大幅减少军事开支。“克制战略”的支持者对上述两大政策主张如何更有利于实现美国利益的论据主要在以下两个方面。

（一）海外军事部署对世界和平和美国的国家利益不利

围绕海外军事部署，“克制战略”主要从两个方面论证：一是美国的海外军事部署和干涉是不必要的，有时甚至有反效果。美国所追求的许多战略目标并不需要动用军事力量。二是美国军事力量的使用在实现其目的上的成本收益不成比例。美国独特的地理位置和战略环境使得维护其国家安全的成本极低，大量在海外部署军队和使用武力的方式从成本收益的角度上看，是非理性的。按照主流的美国战略思维，美国的海外驻军和军事力量主要服务于以下目的：保护盟友维护和平、遏制敌对国家、核不扩散、能源安全、反恐、“民主”推广、提供公共产品等。“克制战略”对美国的这些目的与其军事力量之间的关系进行重新思考，并论证军事力量对于这些目的而言，要么是不必要的，要么是低效的。

1. 军事同盟对世界和平与美国利益无益。美国的海外驻军大部分都是在其盟国，并肩负保卫盟国、威慑潜在威胁的责任。“克制战略”主张从海外撤军，就不得不面对如何评价美国盟友体系的问题，因为从这些国家撤出军队意味着现有盟友体系的瓦解。主流的美国战略思想界认为，美国的盟友体系是第二次世界大战以后美国领导自由世界秩序的基石。因此，当特朗普在竞选和当选后频频挑战美国的传统军事盟友体系时，他遭到来自两党的外交政策精英的强烈反对，而特朗普也不得不一再收回自己的言论或改变政策①。对此，“克制战略”需要从理论上证明：美

---

① 这种现象在特朗普执政的第一年比较明显，华盛顿的传统政治精英都试图扭转他那些最不符合传统的言论或政策。比如，在 2017 年 5 月 25 日的北约峰会上，特朗普拒绝承诺美国对北约盟友的共同防卫责任，而后在各种压力下特朗普又改变了说法。媒体经常将包括国务卿蒂勒森、国防部长马蒂斯及国家安全顾问麦克马斯特等人称为“房间里的成年人（adults in the room）”，意指特朗普的政策不成熟或者任性等。当然，这种“不成熟”很多时候指的是跟华盛顿传统的政策不一致。参见 James Mann，“The Adults in the Room”，*The New York Review of Books*，October 26，2017ISSUE，https：//www. nybooks. com/articles/2017/10/26/trump - adult - supervision/，2020 - 02 - 22. 在特朗普进入第二年任期之后，这些所谓的“成年人”逐渐都离开了他的政府，但是华盛顿的政治精英们还是以各种方法制衡所谓的特朗普的“最坏的”外交政策倾向，这也导致了特朗普的外交政策除了偶尔的狂言以外大致也符合共和党传统，参见 Eliot Cohen，“America's Long Goodbye：The Real Crisis of the Trump Era”，*Foreign Affairs*，Vol. 98，No. 1，2019，p. 138；关于当代共和党的外交战略的讨论，可参见 Colin Dueck，*The Obama Doctrine：American Grand Strategy Today*，Oxford University Press，2015，pp. 155 - 196.

国的盟友体系非但不是美国领导的世界体系基础，而且也无助于美国的战略利益，甚至会有反效果。

如前所述，支持美国军事同盟战略的论者往往认为美国的盟友体系帮助消除美国与盟友即盟友与盟友之间的无政府状态，进而消除了安全困境，大大减少了他们之间发生军备竞赛和军事冲突的可能性，因而维护了和平。同时，美国及其盟友的庞大军事集团也威慑了美国和西方的潜在敌人，如原来的苏联和当今的俄罗斯，使得世界及各主要区域处于实力平衡之中，敌国不敢采取侵略性的政策，因而也维护了世界的和平。但是，在“克制战略”的支持者看来，这种主流观点是没有根据或是依据不充分的。第二次世界大战以后，国家之间的和平在很大程度上是技术发展与全球化进程的结果，与美国的盟友体系关系不大。首先，核武器的部署使大国之间实现“恐怖的平衡”（balance of terror），由于核武器的毁灭性力量，核武国家之间不敢轻易地开启战端；其次，正如很多理论家所证明的那样，全球化进程使各国利益相互依赖加深，也使战争作为政策手段缺少价值。在民族主义兴起的今天，殖民历史已经成为过去，占领一个国家的领土往往会面临当地居民的强烈抵抗而得不偿失。而殖民化所意图实现的获得原料产地和市场的目的，都可以通过更为经济高效的全球市场来实现。同时，20 世纪两次世界大战的惨痛历史教训，也使人们不再轻易卷入战争或者支持战争。因此，上述第二次世界大战后持续的世界和平的原因比美国的盟友体系更有说服力，美国的盟友体系对世界和平并非必要。

“克制战略”的支持者认为，美国的军事盟友体系不但没有像主流观点认为的那样起到维护世界和平的作用，而是以各种方式危害美国的国家利益。首先，在国家安全上，美国的军事盟友存在“搭便车”的问题。对美国盟友而言，美国的保护伞意味着他们可以减少对军事开支的投入。例如，作为世界最大的经济强国之一，日本的军事开支占其国内生产总值的比例（即国防负担）经常维持仅 1% 左右。美国的北约盟国的国防负担则多数不到 2%，甚至在美国的长期多番要求下，仍然没有提升。并且这些国家即便增加军费，也多是加大了人员开支，并没有真正提高其国防能力。而美国为了维持这个盟友体系，也不得不放任这些盟友。这种“搭便车”问题，使美国不得不承担更重的国防负担。冷战结束并没有给美国带来和平红利，其军事开支维持在冷战时期的水平，并由于全球反恐战争创出历史新高（见图1）。随着苏联解体，美国理应退出北约并且不再维持如此庞大的军事开支。因此，在“克制战略”者看来，这些额外的军事开支很大程度就是美国在补贴其盟友。

其次，比“搭便车”更糟糕的是，美国的盟友还可能使美国卷入更多的冲突之中，即国际关系学者讨论军事联盟时常提及的“被牵连”（entrapment）的问题。由于获得了美国的军事保障，会使美国的盟友无所顾忌地卷入冲突中去，如同商业中的道德风险，这潜在地增加了冲突和地区动荡的可能性。由于条约义务，美国还不

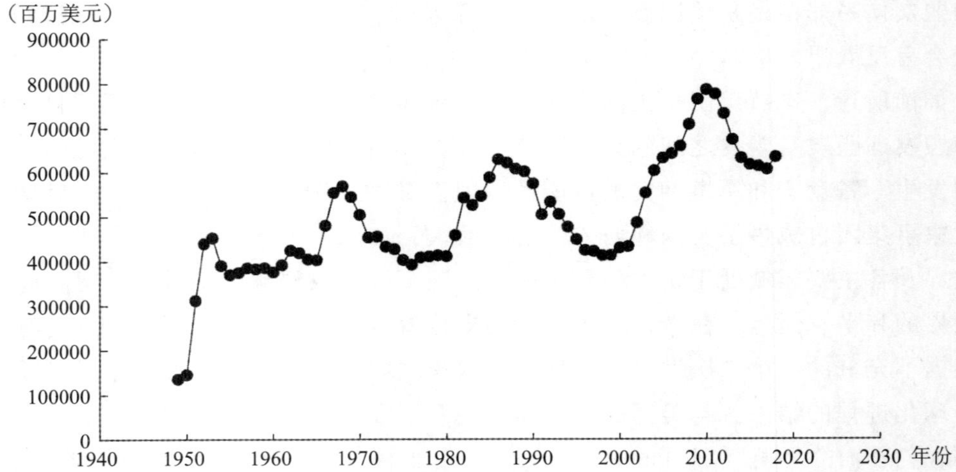

图 1　1949—2018 年美国军费开支（2017 年恒定美元价格）

数据来源：SIPRI Military Expenditure Database，参见 https：//www. sipri. org/sites/de－fault/files/SIPRI－Milex－data－1949－2018_ 0. xlsx，2020－02－22.

得不因为其盟友不负责任的行为，卷入自己不想参与或不应参与的冲突中去。这种风险不仅体现在实际发生的冲突（如果只以直接军事冲突计算，这种牵连的例子很少），而且还体现在战略决策过程中，美国不能作出最有利于自己利益的决策。例如，在近年东亚地区局势升温中，美国的地区盟友反复挑衅中国，使地区稳定受到很大挑战，美国因此不得不卷入与中国直接冲突的危险中去。沙特在也门鲁莽的军事行动则直接将美国卷入这场对美国利益无关紧要的冲突中，美国还不得不对沙特提供支持。因此，美国在中东的盟友体系，实际上并不利于地区局势的稳定，因为美国的政策往往是恶化而不是缓解了局势。在美国国力相对下降的今天，如果美国试图维持全球霸权，其对盟友的需要会越来越强，正如美国希望日本加强军备制衡中国。在这种情况下，如果美国执意要维持其军事盟友体系，就更难以真正限制盟国的行为，那么美国被牵连的可能性就将变得更大①。

此外，还有一个争议点在于美国能否因其盟友体系能否获得其他方面的好处，比如在经济上能否获得盟国的更多的让步。有看法认为，美国的军事主导地位虽然维持起来成本高昂，但是美国能够在其他方面获得补偿，美国的军事霸主地位值得维持。但在塔夫斯大学教授丹尼尔·德雷兹纳（Daniel Drezner）看来，美国虽然为其盟友提供了军事保护伞，但是其盟友并没有在经济利益上做出更多的让步②。这

① David M. Edelstein and Joshua Shifrinson，“It’s a Trap！Risk of Entrapment”，in A. Trevor Thrall and Benjamin H. Friedman，eds.，*US Grand Strategy in the 21st Century*：*The Case for Restraint*，pp. 33－36.

② Daniel W. Drezner，“Military Primacy Doesn’t Pay（Nearly as Much as You Think）”，*International Security*，Vol. 38，No. 1，2013，pp. 52－79.

体现在美国的自由贸易协议上，日本迟迟不愿放开其农产品市场来达成协议。在根本的利益问题上，美国的盟国并不会因为与美国军事结盟放弃自己利益。近年的一个例子是，即便在美国强烈反对的情况下，英国及美国的诸多盟友加入了亚洲基础设施投资银行。美国的盟友并不会因为军事盟约而放弃自己的最大利益，其他所谓军事霸权的好处也经不起理论和现实的严格检验①。因此，美国的盟友体系并非提供世界和平与秩序的基础，也无助于美国的根本利益。

2. 盟友与海外驻军并不能增加核安全。核不扩散一直都是冷战后美国的主要战略目标之一。从理论上讲，核武国家的增加会增加核战争的可能性，更令美国忧虑的是核武器落入恐怖分子之手，使其有机会进行核讹诈甚至进行核恐怖袭击。相对而言，核武国家之间的核战争并不那么可怕，因为美国强大的战略核力量足以威慑。然而，对恐怖分子而言，传统的核威慑并不适用，所以，核不扩散主要是阻止核恐怖主义。为减少核恐怖主义发生的机会，控制核武国家的数量显得尤为重要。因此，维护国际核不扩散机制一直是美国的核心利益。美国的强大军队和盟友体系被认为在遏制核扩散中起了巨大作用。一方面，美国提供的核保护伞使得它的盟友无需获得核武器，并且美国的盟友之间也不会陷入安全困境而追求核武器；另一方面，美国的盟友体系也使得其更有能力阻止其敌对国家获得核武器，例如伊朗、利比亚等。

“克制战略”的支持者却认为这些传统的看法并不成立。首先，核武国家的增加不一定会增加核战争的可能性，从现实角度考量反而有可能会减少核战争的可能性，毕竟核武器的巨大破坏力，使得拥核国家之间发生战争的可能性要更低。此外，“克制战略”并不完全反对有限的核扩散，例如，像德国这样的发达民主国家获得核武器不但不会增加世界危害，反而有利于地区稳定②。

对于美国的盟友体系能否阻止核扩散也是有疑问的。现实例子是以色列、印度、巴基斯坦、朝鲜都得到核武器，而美国并没有能有效阻止。相反，美国及其盟友的遏制及海外干涉，使得受到威胁的国家更坚定地去发展核武器。朝鲜就是其中一个例子，美国在伊拉克和利比亚的军事行动及在日韩的军演，无疑坚定了朝鲜发展核武器的决心。并且，这些认为当前美国的军队和盟友体系可以防止核不扩散的

① Ibid; Daniel W. Drezner and Nancy F. Hite - Rubin, “Does American Military Power Attract Foreign Investment?” in Jeremi Suri and Benjamin Valentino, eds., *Sustainable Security: Rethinking American National Security Strategy*, Oxford University Press, 2016.

② Brandan Green, “Primacy and Proliferation: Why Security Commitments Don't Prevent the Spread of Nuclear Weapon”, in A. Trevor Thrall and Benjamin H. Friedman, eds., *US Grand Strategy in the 21st Century: The Case for Restraint*, pp. 44 - 47.

前提是一国获得核武器是为了国家安全，但如果是出于其他原因发展核武器[①]，比如，如果发展核武器为了获得大国地位，那么，基于以遏制和安全保护为基础的美国海外军事部署及其盟友在防止核不扩散中起到的作用就很弱了。

3. 能源安全并不需要盟友与海外军队部署。保障能源安全特别是石油安全是支持美国保持在全球尤其是在中东军事部署的最重要原因之一，这包括维持石油产能稳定、运输通道畅通等。在经历了20世纪70年代的石油危机后，这种认识更是根深蒂固。

在“克制战略”的支持者看来，这种能源安全的观念是过时的。因为世界能源（石油）市场是一个全球化的市场，有许多不同的生产国，而整个流转运输体系也已经形成网络，任何局部市场的动荡带来的减产都会迅速被其他的产油国增产抵消。美国高兹和达特茅斯学院的普勒斯教授的研究表明，即便是在两伊战争这种两大产油国之间的直接冲突，也没有带来石油市场的长期动荡，两国战争所导致的供应减少迅速被其他产油国增加的产能补充上[②]。同时，各国还普遍建立战略石油储备，完全可以应付短期的外部市场动荡。

另一个支持美国海外部署的论证是，美国的海外驻军保障了对于世界石油安全至关重要的石油运输通道。虽然“克制战略”的支持者也不否认在这方面美国的军事力量起到一定作用，但也认为不需要过度强调。因为石油运输主要依靠海运，而海洋通道非常宽广及油船本身的巨大，都使得任何试图干扰石油运输的尝试难以成功。即便如马六甲海峡这种战略要道也无需过度担心，因为在异常特殊情况下，油船大可绕道，增加的运输和时间成本都可以经过市场的调节在短时间内恢复均衡[③]。

此外，美国在中东的军事部署反而加剧了地区局势的动荡，潜在影响了原油的生产和运输。首先，正如上文所言的，美国的中东盟友会因为美国的军事保护而采取更为激进的政策或行动，而这些都会增加地区局势的不稳定；其次，美国在中东的军事部署催生了很多针对美国的恐怖主义活动，为恐怖组织提供了招募动员的口实，如基地组织是对美国在沙特驻军的直接反应。所有这些局势动荡，恰恰是对能源安全最大的威胁。因此，在能源安全方面，美国的海外军事力量也是不必要的。

4. 海外军事部署对美国的其他战略目的并无助益。“9·11”事件后，美军的

---

① Scott D. Sagan, “The Causes of Nuclear Weapons Proliferation”, *Annual Review of Political Science*, Vol. 14, No. 1, 2011, pp. 225 – 244.

② Eugene Gholz and Daryl G. Press, “Protecting ‘the Prize’: Oil and the US National Interest”, *Security Studies*, Vol. 19, No. 3, 2010, pp. 466 – 467.

③ 在这个方面，高兹本人的观念也有一个变化。在1997年的合著文章中，他认为，美国应在中东保持一定的军事存在，虽然是大幅减少的。但是，在2018年的文章中，他不再认为美国军队还需要留在中东，参见 Eugene Gholz, “Restraint and Oil Security”, in A. Trevor Thrall and Benjamin H. Friedman, eds., *US Grand Strategy in the 21st Century: The Case for Restraint*, p. 59.

海外行动大多与反恐直接相关。在“克制战略”者看来，恐怖主义虽然危害很大，但对美国而言，并不是一个生死攸关的威胁，因此，美国不应该将主要精力投入反恐。同时，用军事力量反恐也是低效的：一方面恐怖分子散布在人群之中，将其发现和消灭等更多依赖的是情报的力量，而不应该是军事力量；另一方面，利用军事力量反恐也容易导致当地人的反感，从而成为恐怖分子招募、动员支持者的驱动因素。并且，即便只是单纯的海外驻军也可能会激起当地人的反对，例如，美国在沙特的海外驻军是本·拉登成立基地组织进行反美恐怖活动的重要原因。因此，就反恐而言，动用军事力量与海外驻军无疑都不是好的策略。

冷战结束后，美国在军事上享有绝对的优势，这使得无论是自由派还是保守派希望利用这个优势来实现自己的外交战略目的，因此，都更加愿意在国际事务中使用武力，其中一个核心目标是推广美国的“民主”制度①。武力推广“民主”最声名狼藉的支持者是新保守主义者，在小布什第一任任期内其影响力达到顶峰。虽然因伊拉克战争的失败有些令他们名誉扫地，新保守主义者依然很大程度上把持着共和党的外交政策。在他们对世界的理解中，美国作为一个不可或缺的国家，应该去塑造世界，推广美式“民主”来实现美国的安全②。为此，他们不惜动用武力和单边主义。但是，社会科学的研究已经表明民主的建立需要各种各样的条件，比如经济条件、政治条件、公民习惯、历史传统等等③。武力强加的民主很难落地生根，在占领军撤出以后往往难以维持下去。“克制战略”者大多持有这一观点。

最后，为了维护世界秩序，有一些国际公共产品必须提供。“克制战略”对此并不否认，只是认为美国提供的公共产品应该是严格限制在提供对海上航运的保护。因此，美国只需维持海军用来保护世界主要的航道安全，应该大幅减少陆军和空军④。

（二）美国应减少军事开支，提升国际竞争力

美国的军费常年维持在了一个非常高的水平，但在缺少像苏联那样一个超级大国对手的情况下，这种高军费是无法从理性角度论证的。在“克制战略”者看来，

① 美国前国务卿奥尔布莱特在讨论人道主义干涉时候曾说过，如果不能使用，那拥有这么强大的军队有什么用？参见 John Diamond，“In Farewell，Albright Jabs at Powell”，*Chicago Tribune*，January 10，2001，https：//www.chicagotribune.com/news/ct - xpm - 2001 - 01 - 10 - 0101100176 - story.html，2017 - 12 - 20.

② 张睿壮：“也谈美国保守主义的外交思想及其对美国对华政策的影响”，《国际问题研究》，2000 年第 2 期，第 44—51 页；张睿壮：“保守主义及其在美国的演变”，《现代国际关系》，2002 年第 11 期，第 37—42 页。

③ David Beetham，“Conditions for Democratic Consolidation”，*Review of African Political Economy*，Vol. 21，No. 60，1994，pp. 157 - 172；Diane Ethier，ed.，*Democratic Transition and Consolidation in Southern Europe，Latin Americaand Southeast Asia*，Springer，2016.

④ Barry R. Posen，“Command of the Commons：The Military Foundation of US Hegemony”，*International Security*，Vol. 28，No. 1，2003，pp. 5 - 46.

这种高军费的不合理之处首先在于美国拥有极佳的地缘政治环境，有两个大洋保护并且邻国都是军事弱国，美国本土并不面临根本国家安全威胁。有人可能认为，在全球化的时代，技术的进步使空间的意义变小，太平洋也许并不能保证美国的安全。但实际上，现有的技术使空间距离缩小的同时，也在加大战略空间，大量的区域拒入技术的发展和武器的装备，使跨洋军事侵略成本变得更加高昂和更不可能①。当然，这种力量同时也应该使得美国更加谨慎地部署海外，对自身军事力量的限度要有更清醒的认识。从国家安全角度来看，美国并不需要维持一支大规模的军队。并且，前部分的论证已经说明，美国也无需部署大量的军队在海外②。这两者已经可以充分说明美国并不需要维持目前庞大的军费水平。

另外，美国缩减的军事开支可以促进美国繁荣。大幅减少的军费开支可以缓解美国的债务危机、用于改善美国破败的国内基础设施、改善民生、投资于技术研发等等，这些都将提升美国的国际竞争力，有利于美国的长期经济发展和繁荣③。尤其是美国的海外军事开支，它有着巨大的机会成本，本应用于美国人的福利，却被浪费在美国的海外军事活动中④。

高军费、大规模的军队及海外行动还有一个隐忧，即强大的军队意味着一个强大的联邦政府，而在美国的政治传统中，大政府本身就被认为是对个人自由的巨大威胁。乔治·华盛顿在离职演说中明确告诫，在任何形式的政府下，庞大的军队对自由都是不利的⑤。这种担心也是美国的国父们反对卷入欧洲大国权力斗争的一个重要原因⑥。海外扩张必然需要国内建立强大的官僚机构来进行战争准备、军费筹集等，而这些机构一旦建立，将难以废除，并最终成为个人自由的威胁。这种担忧也隐约包含在艾森豪威尔关于“军工复合体”的告诫中⑦。

（三）“克制战略”的对华政策主张

随着中国在世界舞台上发挥着越来越显著的影响，美国的不同战略思想都不得

① Patrick Porter, “The Tyrannies of Distance”, in A. Trevor Thrall and Benjamin H. Friedman, eds., *US Grand Strategy in the 21st Century: The Case for Restraint*, pp. 112 – 120.

② John Glaser, “Withdrawing from Overseas Bases: Why a Forward – Deployed Military Posture Is Unnecessary, Outdated, and Dangerous”, *Cato Institute Policy Analysis*, No. 816, 2017, https://www.andrewleunginternationalconsultants.com/files/cato – institute – paper.pdf, 2019 – 07 – 03.

③ Barry R. Posen, *Restraint: A New Foundation for US Grand Strategy*, Ithaca and London: Cornell University Press, 2014, pp. 135 – 163.

④ Ian Bremmer, *Superpower: Three Choices for America's Role in the World*, Penguin, 2016.

⑤ “Washington's Farewell Address 1796”, http://avalon.law.yale.edu/18th_century/washing.asp, 2018 – 04 – 06.

⑥ William Ruger, “Not so Dangerous Nation: U. S. Foreign Policy from The Founding to The Spanish – American War”.

⑦ “Military – Industrial Complex Speech, Dwight D. Eisenhower, 1961”, http://avalon.law.yale.edu/20th_century/eisenhower001.asp, 2018 – 04 – 06.

不面对一个问题，即美国对中国应采取什么战略。从全面对抗到“离岸制衡”，再到“中美共治”，不同的理论逻辑下对中美关系的思考和主张也有不同[①]。在“克制战略”视角下，美国是一群国家中最强大的一个，抛弃了那种认为美国不可或缺或者天赋使命的看法。这种对国家利益的看法，有利于减少中美之间发生冲突的问题领域。因此，“克制战略”比其他的战略更能理解中国的立场和利益。

在政治、经济等事务上，“克制战略”者主张开放和加强与世界的联系，反对保护主义，因此中美在这方面有许多共同的利益。同时，“克制战略”并不强调推广美国的政治制度和价值，因此，潜在地减少中美之间一个冲突点。

在“克制战略”最为关注的国家安全方面，其对中国的政策主张也较为平和。在“克制战略”者看来，由于美国的地理位置和技术优势，中国不可能威胁到美国本土的安全，美国也很难威胁到中国本土的安全。虽然中国的整体技术水平不如美国，但在区域拒入（anti - access/area denial）技术上的发展，使得中国在本土作战时具有一定的优势。因此，中美两国之间不会直接威胁对方的国土安全，有长期和平的基础[②]。波森认为，美国应该关切中国的担忧，放弃挑衅中国的政策，比如，奥巴马时代的“重返亚太”与特朗普的对华政策[③]。同时，要认识到中国国内面临的巨大挑战，中国崛起也需要面对非常复杂的周边环境以及强大的邻国，美国对中国称霸亚洲的担忧实际并没有太多现实基础[④]。因此，“克制战略”支持者一般对中美之间的竞争及美国的长期优势有比较乐观的看法。当前特朗普政府的对华政策

① 主张对抗的早年主要是一些“中国威胁论”者，关于20世纪末前的这些言论的剖析可参见沙奇光：“对西方媒体散布‘中国威胁论’的评析”，《国际政治研究》，2000年第3期，第116—128页。在当前的美国政府中，这类人主要包括一些阴谋论和右翼的政客，如特朗普的贸易顾问纳瓦罗（Peter Navarro）、参议员考顿（Tom Cotton）、卢比奥（Mark Rubio）等。一些新保守主义者也转向这个立场，如前副总统切尼的顾问、普林斯顿大学教授弗里德贝格（Aaron Friedberg）、历史学家卡根、约翰霍普金斯大学教授布兰斯（Hal Brands）等，渲染中国对美国价值和制度的威胁。而主张离岸制衡的主要是一些现实主义者，如哈佛大学教授沃尔特、芝加哥大学教授米尔斯海默（John Mearsheimer）、得州农工大学的莱恩（Christopher Layne）等，可参见 John Mearsheimer, and Stephen M. Walt, “The Case for Offshore Balancing: A Superior US Grand Strate - gy”, *Foreign Affairs*, Vol. 95, No. 4, 2016, pp. 70 - 83；“中美共治”来自一些提出“G2”和“中美国”概念的媒体和学者，如历史学家尼尔·弗格森（Niall Ferguson）、彼得森国际经济研究所的高级研究员和前所长伯格斯坦（C. Fred Bergsten）等。

② Hugo Kirk, “No Bigger Question: How Should the U. S. Handle the Rise of China?” *The National Interest*, September 30, 2016, https: //nationalinterest. org/blog/the - skeptics/no - bigger - question - how - should - the - us - handle - the - rise - china - 17885, 2019 - 07 - 01.

③ Scott Beauchamp, “America Doesn't Need to Lead the Free World”, *The Atlantic*, November 14, 2014, https: //www. theatlantic. com/international/archive/2014/11/posen - grand - strategy - restraint - isis - rus - sia/382730/; Barry R. Posen, “The Rise of Illiberal Hegemony: Trump's Surprising Grand Strategy”, Foreign Affairs, Vol. 97, No. 2, 2018, pp. 20 - 27.

④ Joshua Shifrinson, “The Rise of China, Balance Of Power Theory and US National Security: Reasons for Optimism?” *Journal of Strategic Studies*, 2018, pp. 1 - 42. 类似的看法在其他的“克制战略”者中也常见，比如高兹，参见其在布鲁金斯学会与科赫研究所联合举办的关于对华政策的辩论，“The Future of U. S. - China Relations: A Debate”, May 21, 2018, https: //www. brookings. edu/events/the - future - of - u - s - china - relations - a - debate/, 2018 - 06 - 01.

往往为对中国崛起和对美国长久竞争力下滑的焦虑所驱动，“克制战略”所倡导的克制以及自信都更显得难能可贵。而这也与许多对华冷静思考的美国政界、学界的著名亚洲专家，如傅瑞伟（Charles W. Freeman）、董云裳（Susan Thornton）、史文（Michael Swaine）等人的看法有所类似①。在特朗普政府鼓动的反华声浪之中，2019 年 7 月 3 日，“克制战略”的代表人物与美国政界、学术界的知名国际问题专家一起，签署了发表在《华盛顿邮报》反对特朗普政府的对华围堵战略的百人公开信②。

“克制战略”同时认为，中美之间出现军事对抗的危险在于美国在亚洲的军事同盟体系。如前文所述，“克制战略”对军事同盟的“被牵连”问题异常关注。其特别担心因为美国对军事盟国的保护导致这些盟国过度挑衅中国，使美国陷入不必要的危机中。2009 年后，东亚的日本、菲律宾等在与中国的领土争端问题上都采取了较为激进的政策，这与奥巴马的“重返亚太”政策不无关系③。美国的军事保护承诺使这些国家不用担心自己行为的后果。因此，如果美国放弃其亚洲的盟友体系，注重于提供公共产品将有利于中美的和平。当然，美国在亚洲有长久的利益，美国也不会退出亚洲，所以，最恰当的方式应该是中美互相尊重对方的利益。

综观“克制战略”对中国的看法，它的风险可能在于其战略一旦实施，其过程中不确定性。在从自由霸权战略转向“克制战略”的过程中，如果过渡的方式过于激进，反而会带来地区不稳定因素的上升。而如果美国真的如“克制战略”者所主张的那样重构美国的国家战略，各国的反应以及重新建立起稳定的秩序过程就可能成为地区风险因素释放的过程。而这个过程潜在的巨大风险，在当前的世界事务中已经得到一定的显现。在特朗普上台后，美国从世界事务中猛然抽身的趋势越来越明显，而这成为世界政治经济中一个巨大的风险因素④，包括宣布退出《巴黎协

① 类似之处在于他们都强调了理解中国的合理关切，外交手段的重要性以及美国在中美竞争中的优势。如 Charles W. Freeman，“On Hostile Coexistence with China”，Remarks to the Freeman Spogli Institu – te for International Studies China Program，https：//chasfreeman. net/on – hostile – coexistence – with – china/，2017 – 07 – 03；Susan A. Thornton，“Is American Diplomacy with China Dead?” *The Foreign Service Journal*，July/August 2019，http：//www. afsa. org/american – diplomacy – china – dead，2019 – 07 – 02；游润恬：“美学者甘思德：仅是‘科技肥龙’美国不必过度担心‘中国制造 2025’”，［新加坡］《联合早报》，2018 年 12 月 18 日，https：//www. zaobao. com. sg/finance/china/story20181218 – 916697，2018 – 12 – 30.

② 参与签名的“克制战略”的代表人物包括波森、安德鲁·贝西维奇（Andrew Bacevich）等。参见 M. Taylor Fravel，et al.，“China Is Not an Enemy”，*The Washington Post*，July 3，2019，https：//www. wash – ington-post. com/opinions/making – china – a – us – enemy – is – counterproductive/2019/07/02/647d49d0 – 9bfa – 11e9 – b27f – ed2942f73d70_ story. html? utm_ term = . b715448e2439，2019 – 07 – 04.

③ David M. Edelstein and Joshua R. Itzkowitz Shifrinson，“It's a Trap！Risk of Entrapment”.

④ 在特朗普当选之后，著名的政治风险分析公司欧亚集团公布的 2017 年的全球十大风险中第一位的即是独立的美国，即美国从世界体系中突然抽身。参见 Ian Bremmer and Cliff Kupchan，“Risk 1：Independ – ent America”，January 3，2017，https：//www. eurasiagroup. net/live – post/risk – 1 – independent – america.

定》、破坏多边贸易体制、破坏伊朗核协议等。可以想见，激进的战略转换也会给全球治理和中国利益带来损害。当然，美国减少对世界事务的主导也将给予中国在世界舞台上承担更大角色的机会，但其中风险是中国的国力与承担的世界责任之间的协调。

三、“克制战略”评析

“克制战略”对国际局势以美国大战略的分析在很大程度上是遵循国际关系理论中的现实主义传统，其分析从工具理性角度去审视美国的国家利益与实现手段。不管是对军事盟友、海外干涉还是对核武器的看法等都与现实主义者的分析颇有类似。因此，许多的现实主义者也是“克制战略”的支持者①。

“克制战略”的另一个基础是古典自由主义，它强调小政府、个人自由与个人责任，并对个体有种乐观主义。他们将政府视为压迫的来源，认为政府将妨碍个人自由，因此，政府越大，危害越大。无论是雇员还是预算，美国国防部都是政府最大的部门。因此，如果要建立一个小政府，就必然需要削减其力量②。

“克制战略”也反映了自由放任主义对市场的信念，它的支持者相信市场本身的调节能力能保障经济上的全球化不会受到美国军事收缩的影响，比如，高兹对能源安全分析就反映了对市场机制的乐观——即便美国撤出中东，中东发生动荡，国际原油市场的动荡也会很快自行调节稳定。但对于美国主导论者而言，他们信奉的是某种形式的霸权稳定论（hegemony stability theory）。在他们看来，世界市场和经济秩序作为自由国际秩序的一部分正是基于美国对世界的领导权。他们认为美国作为霸权国家存在可以使得其在无政府的国家社会中建立某种秩序，而美国的军事霸权及其军事盟友网络是其世界领导权的基础，在建立和维持自由开放的自由经济秩序上起着基础性的作用。不论是宏观还是微观层面，美国的盟友体系对维持全球市场与全球治理有着根本性作用。因此，美国主导论者认为美国的军事收缩将会冲击

① 无论“克制战略”还是现实主义都是一个复杂的概念，内部存在差异。“克制战略”与一些现实主义战略支持者的一个重大差别是对中国的态度。“克制战略”对于中国的崛起更为温和，而有些现实主义者，如米尔斯海默与沃尔特（Stephen Walt）主张遏制中国的崛起。参见 Heather Hurlburt，“More Diplomacy，Less Intervention，but for What? Making Sense of the Grand Strategy Debate”.

② Ron Paul，“A Tea Party Foreign Policy：Why the Growing Grassroots Movement Can't Fight Big Government at Home While Supporting It Abroad”，*Foreign Policy*，August 27，2010，http：//foreignpoli - cy. com/2010/08/27/a - tea - party - foreign - policy/，2018 - 06 - 29.

经济全球化、全球市场的稳定性，全球秩序会因之回到弱肉强食的丛林世界[①]。第二次世界大战前美国的孤立主义是他们最惯于引用的例子。“克制战略”与美国主导论者在这方面的差别反映的是对自发秩序或自然秩序的不同看法和信心。

“克制战略”对个体的乐观和信心还反映在对核不扩散的态度上，它支持有限的核扩散，尤其是支持富裕的发达国家获得核武器，并相信这会有利于区域的稳定，因为核武器的威慑力具有战略稳定的作用。“克制战略”也对核武器扩散的多米诺假设持怀疑态度。从根本上来说，这是一种信念，因为支持美国主导战略的支持者会认为，核武国家的增加显然会增加核战争的概率及种种不稳定的危险。这在理论层面来谈似乎也是没有错误的，因为核武国家的数量越多自然核战争的可能性越大，发生意外的可能越大。这与国家数量越多，发生国家之间冲突的几率越大是同一个逻辑。

在很多问题上，战略选择反映的是哲学和世界观的差异，而不仅仅是理性的判断。即便“克制战略”的批评者也不否认这一点：在他们看来，“克制战略”如果实施，将是一场现代历史上前所未有的地缘政治实验和一场赌博[②]。如果说美国的全球霸权带来的恶是可知的，那“克制战略”带来的是不可知的恶[③]。从这个角度看，“克制战略”有一种内在的乐观主义，不管是对于美国的国家力量还是国际秩序。其实，即便美国真的实施“克制战略”，世界也必然可以重新找到新的平衡点并适应，但是过程的长短和成本则见仁见智。各种战略的支持者都能从历史和现有的理论中找到一些支持。这也将导致“克制战略”的支持和反对者之间的争论长期持续下去。

除了具体的政策主张的论证，“克制战略”对于美国历史传统的梳理也有可商榷之处。“克制战略”者认为，美国建国的头一百多年里推行的是“克制战略”。但在这段时期内，美国从建国初的13个殖民地扩大延伸到太平洋西岸，这很难说不是扩张主义的政策。按历史学家保罗·肯尼迪的说法，美国从一开始就是一个帝国主义、征服者的国家[④]。门罗主义是美国为了保护自己不陷入欧洲的大国争斗的战略克制还是新兴大国抢夺地盘的帝国主义呢？一些新保守主义者正是从这个角度批评“克制战略”，历史学家卡根（Robert Kagan）认为美国一直是国际主义的大国，其自由主义传统一直推动其对外扩张，美国只关注于自己内部事务的时期不过是一

---

① Robert Kagan, *The Jungle Grows Back*: *Americaand Our Imperiled World*, Vintage, 2019.

② Thomas Wright, "The Folly of Retrenchment", *Foreign Affairs*, Vol. 99, No. 2, 2020, pp. 13, 16.

③ Stephen Brooks and William Wohlforth, *America Abroad*: *The United States'Global Role in the 21st Century*, Oxford University Press, 2016, p. 195.

④ Emily Eakin, " Ideas & Trends; All Roads Lead to D. C. ", *The New York Times*, March 31, 2002, www. nytimes. com/2002/03/31/weekinreview/ideas – trends – all – roads – lead – to – dc. html, 2020 – 02 – 23.

个神话[①]。即便被"克制战略"者大为推崇的美国总统亚当斯也并非如他们所想的克制主义者，相反一直是个主张在美洲大陆扩张的坚定的扩张主义者[②]。

此外，由于"克制战略"对于国家安全较为狭窄和传统的定义，它对于新兴领域的国家安全，包括经济安全、网络安全、气候变化、大型传染疾病等很少涉及，并没有提出较为独特或者系统的主张，而这也会影响到它在相关国家战略讨论中的相关度和影响力。

最后，需要说明的是，虽然在诸多的讨论美国大战略的文章中经常将"克制战略"与"美国衰落论"相关联，"克制战略"并不以美国衰落为作为理论前提，"克制战略"并非对"美国衰落"的回应，两者之间没有必然联系。首先，"克制战略"的提出是在 1997 年，正是冷战后美国单极实力最强大的时候。当时美国面临的问题是面临太多诱惑去使用其占绝对优势的军事力量，而不是应对美国的相对衰落。其次，"克制战略"者认为，在美国建国直到 20 世纪初的一百多年时间里，美国实施的正是"克制战略"，而这个时间内美国是处于实力相对上升期，因此，"克制战略"与国力无关。从理论上讲，"克制战略"并不需要预设国力的强弱，强大和弱小的国家都可以采用"克制战略"。从现实来看，国力更为强大的德国显然比英法要更为"克制"。因此，战略是一个选择，而不单纯被国力的强弱所决定。当然，在国力相对衰落的时候，"克制战略"会显得更有吸引力和说服力，实施"克制战略"的社会环境也会更为有利，因此有些"克制战略"的支持者也的确从美国相对衰落的角度来论证采用"克制战略"的合理性和必要性[③]。这一点也跟"克制战略"实施的前景密切相关。

四、"克制战略"的前景

从以上分析可以看出，"克制战略"与华盛顿传统的政策倾向相当不一致，某些方面甚至比特朗普的政策更为极端，比如，他们主张大幅减少军费，但即便特朗普般反传统的政客也没有提及削减任何军费。因此，可以预料"克制战略"会遭到

---

① Robert Kagan, *Dangerous Nation: America's Foreign Policy from Its Earliest Days to the Dawn of the Twentieth Century*, Vintage, 2007.

② Hal Brands, "John Quincy Adams Isn't Who You Think He Is", *The Bloomberg*, February 8, 2020, https://www.bloomberg.com/opinion/articles/2020-02-08/john-quincy-adams-isn-t-who-you-think-he-is, 2020-02-23.

③ Paul K. MacDonald and Joseph M. Parent, "Graceful Decline? The Surprising Success of Great Power Retrenchment", *International Security*, Vol. 35, No. 4, 2011, pp. 7-44.

华盛顿建制派精英相当大的反对。但同时，“克制战略”的支持者也有理由为其未来在美国的影响力感到一定程度的乐观。

虽然“克制战略”仍未成为美国外交战略界的主导，但是，美国的战略演变趋势走向要求更为克制，而不是相反。首先，这是国际格局演变的结果。美国的相对实力在下降，2001 年美国的国民生产总值（GDP）占全球的 31.6%，中国占 4%；到 2018 年，美国占比是 23.3%，而中国已经达到 16.1%[①]。相比之下，在 1945 年，即美国建立战后的世界秩序的时候，美国经济占了全球经济的超过一半。所谓的“美国治下的和平”（Pax Americana）所基于的实力格局已经不复存在。这也是为什么近些年来世界秩序出现越来越多的混乱的深层次原因。世界最大的政治咨询公司欧亚集团的总裁、政治学家伊恩·布雷默（Ian Bremmer）在 2010 年即宣称，这个世界已经进入了“零大国时代”（G－Zero World）[②]，即没有大国或大国的集团有能力推动真正的全球议程[③]。2017 年，美国外交委员会主席理查德·哈斯（Richard Haass）在其著作《失序的世界》中[④]，也谈到现有秩序已经难以维系。这种大格局的变迁下，某种形式的战略收缩也许是美国霸权之后的唯一现实选择[⑤]。而如果华盛顿拒绝回应这种结构性变迁的压力，由此带来的结构性冲突会产生越来越多像特朗普这样的民粹领导人，这将加速美国的衰落。在这种情况下，从长期来看，“克制战略”的上升至少是不可避免的。

而在美国精英阶层，也可以明确感知到这种变化。前文已提及在年轻一代的战略家中，“克制战略”已经渐成主流。越来越多的声音在呼吁美国进行战略调整，越来越多的研究挑战目前主流的看法。在华盛顿的政治精英中，主张某种程度“战略克制”的声音也日趋显著。毕竟，从某种程度上讲，从奥巴马到特朗普都是反华盛顿主流外交政策的总统。奥巴马竞选的口号是变革，而从海外战争中退出是其主要的竞选主张和施政要务之一。虽然他没有号召放弃美国盟友，但它对美国盟友体系的弊病，特别对其中东盟友的不满是尽人皆知，他认为美国的中东盟友是借美国之力实现自己狭隘的宗派私利。而在利比亚和伊拉克的失败后，其对在叙利亚使用武力的克制成为其外交政策遗产的决定时刻（the defining moment）[⑥]。因为在拒绝

① Malcolm Scott and Cedric Sam, “Here's How Fast China's Economy is Catching up to the U. S. ”, *The Bloomberg*, May 21, 2019, https: //www. bloomberg. com/graphics/2016 - us - vs - china - economy/, 2020 - 02 - 22.

② 世界大国峰会有 G7、G20，还有认为中美共治的 G2，这里的 G－Zero 意即没有大国。

③ Ian Bremmer, *Every Nation for Itself*: *Winners and Losers in a G－zero World*, Penguin UK, 2012.

④ Richard Haass, *A world in Disarray*: *American Foreign Policyand the Crisis of the Old Order*, Penguin, 2017.

⑤ Paul K. MacDonald and Joseph M. Parent, “Graceful Decline? The Surprising Success of Great Power Retrenchment”, *International Security*, Vol. 35, No. 4, 2011, pp. 7 －44.

⑥ Niall Ferguson, “Barack Obama's Revolution in Foreign Policy”, *The Atlantic*, March 13, 2016, https: // www. theatlantic. com/international/archive/2016/03/obama - doctrine - revolution/473481/, 2020 - 02 - 23.

了以使用化学武器为理由对叙利亚实施打击后，奥巴马明确拒绝了“华盛顿的政策指南”（Washington Playbook），从军事领袖、智库、政客编造的囚笼中解放出来[①]。特朗普对美国盟友体系的公开批评很多时候与“克制战略”支持者类似，而对于美军海外军事行动的强烈反对，也是特朗普的一大标签，甚至也是其赢得支持者的一个重要原因。当然，特朗普政府露骨的民族主义、保护主义倾向为“克制战略”支持者所坚决反对。从奥巴马到特朗普，体现了美国社会对建制派主流政策的不满，而围绕在他们周围的、认同他们观念的很多精英也将是“克制战略”的主张者的潜在盟友。卡托研究所（Cato Institute）、科赫研究所（Charles Koch Insti - tute）、芝加哥大学、麻省理工学院、俄亥俄州立大学、圣母大学、乔治·梅森大学等都活跃着一批主张“克制战略”的研究者，而他们也越来越多地出现在美国大战略的公共辩论当中。而精英圈子的变化最明显地体现在华盛顿最新成立的一个新智库中：索罗斯和科赫两位美国政治两极的民主共和两党的最大金主出人意料地联合出资成立新的智库——昆西研究所（Quincy Institute for Responsible Statecraft），他们致力于推动一个基于外交和克制的全新的美国对外战略[②]。右翼和左翼的政治势力要联合打破冷战后美国的干涉主义、扩张主义战略，推动新的外交战略[③]。

“克制战略”的主张在美国社会中获得较为广泛的支持。民众对海外军事行动的支持率持续走低。当奥巴马将把是否武力干涉叙利亚的决定交给国会时，最直接受民意影响的众议院和普通大众大多都反对动武[④]。当然，对海外军事行动的反对与对美国的盟友体系的支持并不一样，北约在美国国内的支持率还是相当高，在 2019 年盖洛普的一次民调中，有 77% 的受访者支持延续北约[⑤]。同时，虽然远没有到“克制战略”的主张者所希望达到的程度，大部分民众还是支持对军费进行适量削减[⑥]。

---

① Jeffrey Goldberg, “The Obama Doctrine”, p. 78.

② Stephen Kinzer, “In an Astonishing Turn, George Soros and Charles Koch Team up to End US ‘Forever WarPolicy”, *Boston Globe*, June 30, 2019, https: //www. bostonglobe. com/opinion/2019/06/30/soros - and - koch - brothers - team - end - forever - war - policy/WhyENwjhG0vfo9Um6Zl0JO/story. htmlThe? fbclid = IwAR0FSvtCg0G13RBxalbh0DD9OIj2h2NS - 3uSoCG3uiQi9wYnJ7qi3RX9Sqk, 2019 - 07 - 03.

③ 一般而言，“克制战略”的支持者都是共和党人，但是民主党左翼（progressive）的总统候选人——三位参议员桑德斯（Bernie Sanders）、沃伦（Elizabeth Warren）与贺锦丽（Kamala Harris）都支持与“克制战略”相类似的对外战略。参见 Stephen M. Walt, “Socialists and Libertarians Need an Alliance Against the Es - tablishment”, *Foreign Policy*, September 24, 2018, https: //foreignpolicy. com/2018/09/24/socialists - and - libertarians - need - an - alliance - against - the - establishment/, 2018 - 09 - 30.

④ Paul Steinhauser, John Helton, “CNN Poll: Public against Syria Strike Resolution”, *CNN*, September 9, 2013, https: //www. cnn. com/2013/09/09/politics/syria - poll - main/, 2015 - 06 - 21.

⑤ RJ Reinhart, “Majorities of Americans See the Need for NATO and the UN”, *Gallup*, March 4, 2019, https: // news. gallup. com/poll/247190/majorities - americans - need - nato. aspx, 2020 - 02 - 22.

⑥ Peter Carey, “Americans Favor Cutting Defense Spending, Not Adding Billions More, New Survey Finds”, *Salon*, March 24, 2017, https: //www. salon. com/2017/03/23/the - public - favors - cutting - defense - spending - not - adding - billions - more - new - survey - finds_ partner/, 2018 - 03 - 06.

美国社会对国家战略的支持呈现明显的代际不同，越年轻的一代越支持“克制战略”[①]，随着第二次世界大战后“婴儿潮”一代（baby boomer）逐渐退出历史舞台，“克制战略”在大众的支持率也将会进一步上升。

当然，“克制战略”也必然面对建制派的抵抗。美国的海外军事部署与军事同盟体系及庞大的军费开支，都与美国的“军事工业— 军队— 国会”三者组成的利益集团的强力推动有关[②]。在奥巴马和特朗普时代，包括政客、智库、游说集团和媒体等华盛顿精英阶层维护既有战略的力量都非常明显。奥巴马直到第二任任期时才感觉自己获得一些外交政策上的自由，而特朗普任内的政策斗争更是充斥媒体，他不得不一次又一次地放弃其设想的政策。例如，特朗普想从阿富汗撤军，但最后却被军队的将军们说服进行了增兵；他对军事同盟的种种抱怨并没有带来太多政策上的变化；而打着反战立场上台的他后来又不得不依赖蓬皮奥、博尔顿这些华盛顿最声名狼藉的“战争贩子”[③]。波森也失望地批评他只是抛弃了自由霸权中的“自由”，将美国变成了一个非自由主义的霸权（illiberal hegemony），他的战略远非克制[④]。

原载《国际政治研究》2020 年第 2 期。

---

① Brendan Helm and Dina Smeltz, “OK, Boomer: Youth Hesitant to Use Force, Shun US Exceptionalism in Foreign Policy”, *The 2019Chicago Council Survey*, February 4, 2020, https://www.thechicagocouncil.org/publication/lcc/ok-boomer-youth-hesitant-use-force-shun-us-exceptionalism-foreign-policy, 2020-02-23.

② “军事工业— 军队— 国会”利益团体的存在也是许多学者认为即便特朗普也难以改变美国的干涉主义对外战略的最重要原因。参见 Peter Harris, “Why Trump Won't Retrench: The Militarist Redoubt in American Foreign Policy”, *Political Science Quarterly*, Vol. 133, No. 4, 2018, p. 612.

③ Robin Wright, “John (‘Bomb Iran’) Bolton, The New Warmonger In The White House”, *The New Yorker*, March 23, 2018, https://www.newyorker.com/news/news-desk/john-bomb-iran-bolton-the-new-warmonger-in-the-white-house, 2020-02-22; Aaron David Miller and Richard Sokolsky, “Pompeo MightGo Down as The Worst Secretary of State in Modern Times”, *CNN*, October 5, 2019, https://www.cnn.com/2019/10/05/opinions/mike-pompeo-worst-secretary-of-state-miller-sokolsky/index.html, 2020-02-23.

④ Barry R. Posen, “The Rise of Illiberal Hegemony: Trump's Surprising Grand Strategy”, *Foreign Affairs*, Vol. 97, No. 2, 2018, pp. 20-27.

美国财政部国家安全角色的演变、原因及争论*

刘建伟　王付东**

摘　要：美国财政部不仅是美国政府的核心经济部门，还在其国家安全事务中发挥着重要作用。冷战后特别是“9·11”事件以来，美国财政部在国家安全事务中的角色发生了明显的演变，从历史上的“客串演员”升级为今天的“领衔主演”。美国财政部国家安全角色的演变是全球化提速、安全威胁变化、定向制裁理念兴起以及“9·11”事件后的特殊环境共同作用的结果。特朗普执政后，美国财政部更加积极参与国家安全事务，但遭到许多质疑和批评。美国财政部国家安全角色的演变对中国和国际社会带来负面影响，我国需高度重视，通过深化国内改革、加强国际合作以积极应对。

关键词：美国财政部　国家安全　定向制裁　“9·11”事件

美国财政部不仅“负责所有与财金相关的公共事务”，还是国家安全事务的参与者[①]。从历史角度看，美国财政部在国家安全事务中的角色经历了一个明显的演变过程。冷战时期及以前，美国财政部是国家安全事务中的一个配角，仅断续、有限地参与国家安全活动。冷战之后特别是“9·11”事件以来，美国财政部在国家安全事务中的地位和作用大幅上升，俨然从一个“客串演员”升级为“领衔主演”。

---

* 基金项目：本文是北京社科基金项目“本土私营安保公司与我国海外利益保护研究”（16ZGB012）、北京高校高精尖学科“战略经济与军民融合”交叉学科支持项目（GJJ2019163）、中央财经大学标志性科研成果培育项目“经济制裁数据库构建及重大案例汇编（1991—2020）”的阶段性成果。

** **作者简介：**刘建伟，中央财经大学国防经济与管理研究院/财经研究院副研究员；王付东，中国现代国际关系研究院东北亚研究所副研究员。

① U. S. Treasury, “Act of Congress Establishing the Treasury Department”, https://www.treasury.gov/about/history/Pages/act-congress.aspx [2019-05-05].

一、"友情客串"：美国财政部在国家安全事务中的历史角色

国家安全有广义和狭义之分。广义上的国家安全包括国家经济安全，维护国家经济安全就是维护国家安全。从这个角度看，美国财政部自成立伊始就具有维护国家安全的功能，它在采取措施促进经济增长、维护金融稳定的同时也维护了美国国家安全。狭义上或传统的国家安全专指军事或国土安全。从这个角度讲，美国财政部同样具有维护国家安全的功能。维护经济安全是美国财政部的"本职"工作，学界对此早有关注并且讨论充分。本文要探讨的是美国财政部的"非本职"工作，即在军事或国土安全事务中的作用。对此，需要简要回顾美国财政部在历史上参与国家安全活动的基本情况。

早在1812年英美战争期间，美国财政部就因英国强征美国士兵入伍而对其制裁①。1917年《与敌国贸易法》通过之后，美国财政部以及"外国财产托管人"（alien property custodian）获得在战争期间没收和管理敌国财产的授权，并借此授权在两次世界大战的经济战线上积极作为，有力地配合了军事行动。自二战末期开始，美国着手组建新的国际经济体系，即后来的布雷顿森林体系。在该体系的筹建过程中，以哈利·怀特（Harry White）为代表的美国财政部官员兼具设计师和谈判家身份，对于建立以美国为核心的国际经济和政治新秩序发挥了至关重要的作用②。在冷战格局下，财政部长既是美国对社会主义阵营实施经济封锁的重要执行者，也是总统在应对局部战争和重大地缘政治危机方面的首席经济顾问。在1977年《国际紧急经济权力法》通过后，美国财政部的国家安全角色得以制度化。为维护国家安全，美国财政部设计了许多政策工具，既包括"胡萝卜"也包括"大棒"。美国财政部的经济大棒主要针对但不限于社会主义国家，有时还会挥向自己盟国。这方面最具代表性的例子是，美国财政部在1956年"苏伊士运河危机"期间否决了英国向国际货币基金组织发起的贷款申请，并授意纽约联邦储备银行大规模抛售英镑，以此迫使英国停止对埃及采取的军事行动③。

制度建设是美国财政部履行国家安全职能的重要保障。在制度设计方面，美国

① Matthew Goodman, "Restoring Balance to Treasury's Economic Statecraft", *Global Economics Monthly*, Volume VII, Issue 8, August 2018.

② ［美］理查德·加德纳著，符荆捷、王琛译：《英镑美元外交》，江苏人民出版社2014年版。

③ ［美］乔纳森·科什纳著，李巍译：《货币与强制》，上海人民出版社2013年版，第69—74页。

开国元勋们并没有赋予财政部多少国家安全职能和执法权力，这种状态直到美国内战时期才出现一些改变。1865 年，林肯总统签署法律，决定在财政部下面设置美国特勤局（US Secret Service）并赋予其执法权力，以打击当时泛滥成灾的伪造货币和国库券的行为。后来，美国特勤局职权扩大，在金融执法之外又肩负起保护总统及其他政府要员人身安全的责任[①]。1950 年，美国财政部设立海外资产控制办公室（OFAC），标志着其国家安全角色进一步增强。该办公室的前身是美国在二战时期为预防纳粹德国攫取被占领国海外资金而创建的外国资金控制办公室（OFFC），它在朝鲜战争爆发后改为现在名称。作为美国经济制裁体系的“心脏”，海外资产控制办公室管理着美国大多数经济制裁项目且拥有广泛特权，尤其是它在 1986 年建立的“特别指认国民清单”（SDNs）制度已经成为财政部强大权力的一大指征[②]。此外，1975 年成立的美国外国投资委员会（CFIUS）也是财政部参与国家安全事务的重要制度平台。该委员会是一个由财政部、国务院、国防部等九个部门组成的跨部门机构，负责审查外国对美投资的国家安全风险。由于财政部长、财政部投资安全办公室主任分别兼任该委员会的主席、办公主席（staff chairperson），财政部在该委员会中的作用非常突出[③]。

回顾冷战及此前的历史可以发现，美国财政部主要通过三种方式参与国家安全事务：一是以经济战——如没收资产、金融战、经济封锁——配合军事作战；二是以经济制裁迫使他国放弃危害美国安全的政策，如在 1979 年因人质问题制裁伊朗；三是牵头审查外国对美投资，以确保美国军事技术和产业不被竞争对手获取和渗透。在这一时期，与其自身的经济职能相比，以及与国防部、国务院等同级部门相比，美国财政部参与国家安全事务的程度是有限的，具体表现在三个方面：一是美国财政部可资参与国家安全事务的法律授权、组织机构、人员规模和资金投入均非常有限；二是美国财政部仅断续性地参与国家安全事务，主要是在战争、危机期间特别是在那些具有重大经济影响的战争、危机期间才会深入参与；三是美国财政部在国家安全事务中的执行角色——如为落实国会要求或总统命令征收战争税或发行战争债券，远大于决策角色——如参与国家安全委员会决策。简言之，在历史上，美国财政部在国家安全事务中扮演着一定角色，但不过是“客串演员”而已。

---

① Dina Temple - Raston &Harvey Rishikof, “The Department of Treasury: Brogues on the Ground”, in Roger George & Harvey Rishikof eds, *The National Security Enterprise* (second edition), Georgetown University Press, 2017, p. 165.

② 刘建伟：“美国金融制裁运作机制及其启示”，《国际展望》，2015 年第 2 期；U. S. Treasury, “Statement of Under Secretary Sigal Mandelker Before the U. S. House Appropriations Subcommittee on Financial Services and General Government”, https: //home. treasury. gov/news/press - releases/sm624 [2019 - 06 - 10].

③ U. S. Treasury, “Composition of CFIUS”, https: //www. treasury. gov/resource - center/international/foreign - investment/Pages/cfius - members. aspx [2019 - 06 - 05].

二、"领衔主演"：美国财政部国家安全角色的升级

冷战后特别是"9·11"事件以来，美国财政部的国家安全职能大幅扩展，在国家安全事务中的地位不断上升，从原来的"友情客串"稳步升级为"领衔主演"。从部门内部看，尽管美国财政部的主要职能仍然是促进经济增长和维护金融稳定，但它被赋予越来越多的国家安全责任。参与国家安全事务已经成为美国财政部的一项固定职责，而非仅限于战争或危机期间的临时安排。从部门间比较看，在禁毒、反恐、反洗钱、防扩散、网络安全等一系列国家安全议题上，美国财政部发挥的作用不亚于国防部、国土安全部等传统安全部门，甚至在有些情境下超过了后者。具体而言，美国财政部国家安全角色的升级体现在六个方面。

（一）美国财政部明确把维护国家安全当作部门使命和战略目标

根据1993年美国《政府绩效与结果法》，各部门在政府换届之后必须制定新的战略规划，明确本部门使命和战略目标①。比较历届美国财政部的战略规划文件可以发现，自2007年开始，美国财政部对国家安全问题的重视程度明显增加，明确把维护国家安全当作部门使命和战略目标②。在2003—2007年的战略规划文件中，无论是财政部长引言、部门使命还是战略目标都没有直接提及国家安全，尽管部分战略子目标涉及了反恐、制裁等议题。在2007年以后的战略规划文件中，历任财政部长都清晰明确地提及国家安全，并视之为部门基本使命和战略目标。在最新的战略规划文件（2018—2022年）中，美国财长史蒂文·姆努钦在不到三百字的引言中，四次提及（国家）安全，而且直言"财政部在促进美国繁荣和安全方面扮演着中心角色"。这些文本显示，美国财政部已经非常明确地把本部门定位为国家安全事务中的重要成员，甚至（自认为）在其中扮演着"中心角色"。

---

① 2010年美《政府绩效与结果法更新法》（GPRA Modernization Act of 2010）做出进一步规定，如要求各部门公开其战略规划、列出影响本部门绩效的外部因素等，具体法律文本可参见：https：//www. congress. gov/111/plaws/publ352/PLAW - 111publ352. pdf［2019 - 06 - 20］.

② 美国财政部网站仅公开了2003—2018年间的战略规划文件。尽管如此，有不少资料显示，美国财政部确实是从亨利·保尔森主政时期才开始从不情愿到积极主动地实施金融制裁，可参见：Orde F. Kittrie，"New Sanctions for a New Century：Treasury's Innovative Use of Financial Sanctions"，*University of Pennsylvania Journal of International Law*，Vol. 30，Issue 3，2009，p. 12；U. S. Treasury，"Remarks by Treasury Secretary Paulson on Targeted Financial Measures to Protect Our National Security"，https：//www. treasury. gov/press - center/press - releases/Pages/hp457. aspx［2019 - 06 - 25］.

（二）美国财政部长定期参与国家安全委员会会议

美国国家安全委员会依据1947年《国家安全法》成立，是美国国家安全领域中级别最高的跨部门协调和咨询机构，对于美国国家安全和对外政策制定具有举足轻重的作用[①]。判断一个政府部门在美国国家安全事务中的重要性可以看该部门领导人在国家安全委员会中的地位或参与程度。自成立至今，美国国家安全委员会的法定成员虽然有所微调，但基本稳定为总统、副总统、国务卿、国防部长四人。

冷战时期，美国财政部长在国家安全事务中的作用有限，只有在那些具有重大经济影响的突发国家安全事件中才会受邀参与国家安全委员会会议，而且其参与受总统个人偏好影响较大。福特总统在1975年否决了一项关于把财政部长提升为国家安全委员会法定成员的国会议案，理由是“邀请财政部长参与那些涉及经济和货币问题的国家安全委员会会议就足够了，没有必要让他参加国家安全委员会所有活动”[②]。福特总统的意见基本上代表了冷战时代的美国政府关于财政部国家安全角色的主流看法，即它仅仅是国家安全舞台上的“客串演员”[③]。

到了冷战末期，这种主流看法逐渐发生变化。在老布什时期，财政部长已经“通常（normally）会参与国家安全委员会，除非有专门规定要求它不参加”[④]。克林顿总统在1993年发布指令，把财政部长、驻联合国代表、国家安全顾问等列为新成员，令其与法定成员和法定顾问一同参与国家安全委员会会议。自此之后的美国历届总统都遵此惯例，通过指令或者备忘形式把财政部长列为正式成员，例行参加国家安全委员会会议。通过获得定期参与最高级别国家安全政策制定机构会议的机会，美国财政部在国家安全事务中的地位和作用得到显著提高[⑤]。

（三）美国财政部内部国家安全职能部门的级别提高

自开国至冷战时期，美国财政部内部负责国家安全事务的机构主要是海外资产控制办公室和美国特勤局。冷战结束后，金融行业飞速发展并给国家安全提出新挑

① Richard A. Best Jr., “The National Security Council: An Organizational Assessment”, *Congressional Research Service*, December 28, 2011, p. 1.

② Richard A. Best Jr., “The National Security Council: An Organizational Assessment”, *Congressional Research Service*, December 28, 2011, p. 15.

③ 在20世纪80年代，财政部每年最多参加5—6次国家安全委员会会议，而到了2007年，该数字变为每月5—6次，参见：Robert Kimmitt, “The Role of Finance in Combating National Security Threats”, https://www.washingtoninstitute.org/policy-analysis/view/the-role-of-finance-in-combating-national-security-threats1 [2019-06-15].

④ 参见：老布什总统指令（NSD-1，1989），https://fas.org/irp/offdocs/direct.htm [2019-06-02].

⑤ 此外，财政部在美国外国投资委员会的领导地位也得到加强，参见李巍：“美国外资审查制度的变迁及其对中国的影响”，《国际展望》，2019年第1期。

战，美国财政部相应地加强了制度建设，提高了本部门内负责国家安全事务的机构的级别，增强了服务国家安全的能力。最早的调整是 1990 年组建金融犯罪执法网络/局（FinCEN），并赋予其“防止金融体系被非法使用、反洗钱和维护国家安全”的使命。第二次调整是 1992 年设立财政部资产罚没执行办公室（TEOAF），用以管理被罚没资金[①]。

第三次调整与国家安全直接相关，即美国会在 2004 年授权财政部组建一个由次长（under secretary）直接领导的机构——恐怖主义和金融情报办公室，并令其统一领导海外资产控制办公室、金融犯罪执法网络/局，以及当年新成立的恐怖融资和金融犯罪办公室、情报和分析办公室。恐怖融资和金融犯罪办公室由一名助理部长直接领导，负责协调各国政府、国际机构、私人部门等的政策和行动，识别和打击包括恐怖主义、洗钱在内的各种金融犯罪活动。情报和分析办公室也由一名助理部长直接领导，旨在“通过为财政部决策提供及时、相关和准确的情报分析来维护国家安全和保护金融健全性[②]”。值得一提的是，和中央情报局、国防情报局、国家安全局等一样，情报和分析办公室是美国情报体系的正式成员，拥有广泛、特殊的权限，其成立意味着美国财政部成为世界首家拥有独立情报部门的财政部，也巩固了它在国家安全体系中的地位[③]。

（四）美国财政部参与的国家安全议题种类明显增多

冷战时期及之前，美国财政部参与的国家安全议题主要是传统安全问题，如在战争或大国对抗中通过冻结资产、经济禁运等配合军事斗争。由于战争或对抗属于特殊事件，财政部对传统安全问题的参与不具有连续性。冷战结束后，情况发生明显改变。美国财政部在承担原有传统安全职责的同时，还被赋予应对广泛的非传统安全威胁的任务，而且其参与也从断续性变为连续性、常态化。

在克林顿时期，美国财政部不但承担了对伊拉克、海地等国的经济制裁，还在禁毒、防扩散等领域发挥着作用，尽管它主要是配合国务院、商务部等部门的工作。自小布什政府开始，随着金融制裁工具的发展，美国财政部在防扩散问题上的作用增大，成为反恐战线上的关键成员。到了奥巴马时期，美国财政部又被正式赋予应对网络安全威胁、打击跨国犯罪组织的职责，而且还积极参与到传统地缘政治

① 关于金融犯罪执法网络/局的介绍，可参见：https：//www. fincen. gov/what – we – do［2020 – 06 – 02］.

② 关于恐怖主义和金融情报办公室的介绍，可参见：https：//www. treasury. gov/about/organizational – structure/offices/Pages/Office – of – Terrorism – and – Financial – Intelligence. aspx［2020 – 06 – 02］.

③ Dina Temple – Raston &Harvey Rishikof，“The Department of Treasury：Brogues on the Ground”，in Roger George & Harvey Rishikof eds，*The National Security Enterprise*（second edition），Georgetown University Press，2017，pp. 168 – 169 & p. 190；Juan Zarate，Treasury's War，Public Affairs，2013，Chapter 8.

博弈中。这种趋势自特朗普政府上台之后进一步加强，如美国修改对外国投资国家安全审查的程序，大幅增加针对中国投资的审查；以各种国家安全借口扩大特别指认国民清单，如在 2017 年一年就新指认近 1000 名个人或实体，规模比“9·11”事件以来的任何一年都大；退出伊朗核协议，重新施加针对伊朗的金融制裁等[①]。

（五）美国财政部为维护国家安全打造出一个品种齐全的工具箱

随着国家安全威胁类型的增多，美国财政部用以预防和化解威胁的工具箱也日益完善，维护国家安全的能力也随之增强。以金融制裁为例，冷战时期及之前，美国财政部的主要工具是冻结对象国政府的资产，这存在两个缺陷：一是它非常严厉，类似准战争行为，易引起对象国强烈反弹；二是对于那些在美资产少或者无在美资产的国家，其实质意义不大。冷战后，美国财政部的金融制裁策略和措施不断完善，从以前单一的冻结资产发展为涵盖冻结资产、禁止国际金融组织放贷、限制或禁止提供金融服务、在国际金融体系驱逐对象国等严厉程度不等的多种措施。

2014 年以来美国财政部对俄罗斯的制裁是限制提供金融服务的代表案例。为了在精准施压的同时最大程度避免制裁对美国自身、盟友及国际金融市场的负面影响，美国财政部制裁设计得非常精妙，把打击目标局限于俄罗斯金融、防务、能源开发等行业，而且仅仅限制俄相关机构在美金融市场进行长期融资，而非像对伊朗制裁那样冻结这些机构的资产并禁止所有相应交易[②]。对伊朗的制裁则是体系驱逐的典型。为了最大程度施压，美国不仅全面禁止了美伊之间的贸易、金融往来，而且对那些与伊朗开展经济合作的第三国实施次级（secondary）制裁，如禁止为这些国家的企业提供美元清算服务等。由于美元霸权和美国金融市场的不可替代性，绝大多数第三国企业在权衡利弊之后选择配合美国制裁，停止与伊朗开展交易，从而把伊朗从国际金融和经济体系中驱逐了出去[③]。

① Matthew Goodman, “Restoring Balance to Treasury's Economic Statecraft”, *Global Economics Monthly*, Volume VII, Issue 8, August 2018.

② David S. Cohen, “The Evolution of U. S. Financial Power”, https: //www. treasury. gov/press - center/press - releases/Pages/jl9715. aspx [2019 - 05 - 30].

③ 对伊制裁详细介绍见 Juan C. Zarate, “Harnessing the Financial Furies: Smart Financial Power and National Security”, *The Washington Quarterly*, Vol. 32, No. 4, 2009; Sascha Lohmann, “The convergence of transatlantic sanction policy against Iran”, *Cambridge Review of International Affairs*, Vol. 29, No. 3, 2016.

三、美国财政部国家安全角色演变的原因与争论

美国财政部国家安全角色的升级是冷战后全球化提速、安全威胁转型、定向制裁理念兴起以及“9·11”事件后的特殊环境共同作用的结果，既具必然性也有偶然性。与此同时，美国财政部国家安全角色的升级也引起不少争议，美政界学界对于如何定位财政部的国家安全角色存在分歧，这种争议和分歧自特朗普上台之后变得更加激烈。

（一）美国财政部国家安全角色演变的原因

首先，冷战后安全威胁的性质以及美国对安全的认知发生改变，这要求美国财政部更深入地参与国家安全事务。冷战时期，以美苏对抗为代表的国家间军事冲突是国际安全的最大威胁，其他问题如经济安全、恐怖主义、民族宗教纠纷等尚未进入国际安全的主要议程之中。冷战结束后，伴随着苏联的解体、全球化加快加深，原先被两极对抗所抑制掩盖的各种非传统安全问题大量涌现。其中，最具代表性的是恐怖主义问题，它在“9·11”事件之后被美国甚至多国视为核心国家安全威胁。据经济与和平研究所统计，国家内部冲突已经取代国家间冲突成为全球暴力冲突的主要形式，内战与恐怖主义造成的伤亡人数也远远超过传统的国际战争①。

与此同时，美国对安全尤其是经济与安全关系的认知也在变化。以美国学术研究为例，在冷战时期，国际经济学和国际关系学彼此忽视。即便在国际关系学内部，安全研究与国际政治经济学研究也是平行开展，很少互学互鉴。冷战之后，经济学和国际关系学的隔阂逐渐被打破，聚焦国防与安全问题的国防经济学、和平经济学、冲突经济学发展迅猛，成为经济学研究的重要领域。与此同时，经济制裁、经济全球化的和平效应等则逐步成为后冷战时期国际关系研究的热门议题。军事安全威胁降低、非传统安全威胁增加以及美国对经济与安全关系认知的变化意味着，应对国家安全威胁不能像冷战时期那样过度依赖军事、情报和外交部门，还需要发挥经济部门的国家安全职能，这对美国财政部参与国家安全事务提出了新要求，也为其国家安全角色的升级提供了新机会。

---

① T. V. Paul and Norrin Ripsman, “Under Pressure? Globalization and the National Security State”, *Millennium – Journal of International Studies*, Vol. 33, No. 2, 2004, pp. 365 – 366; Institute for Economics and Peace, “Global Peace Index 2018”, pp. 32 – 33, http://visionofhumanity.org/app/uploads/2018/06/Global – Peace – Index – 2018 – 2.pdf [2019 – 05 – 04].

其次，冷战结束后经济制裁理念和国际金融体系的发展为美国财政部深度参与国家安全事务创造了条件。传统的经济制裁理念即全面制裁一味追求最大化施压，强调全面切断制裁双方的经贸联系。然而，以20世纪90年代初国际社会对伊拉克制裁为标志，传统经济制裁模式面临巨大困境，它不但效果不佳还引起大量的非故意后果，如加剧被制裁国腐败、人道主义问题以及刺激黑市交易等。在此背景之下，定向制裁理念逐步兴起，它强调制裁对象和措施要有所选择，在最大程度打击负有责任的个人或群体的同时，尽力避免殃及无辜民众①。自提出之后，定向制裁迅速成为国际制裁的主导理念。联合国和欧盟自20世纪90年代中期之后再没发起过全面制裁，美国现阶段制裁也以定向制裁为主。不过，定向制裁利弊兼有，它在强调精准性的同时也限制了制裁的严厉性，进而影响到制裁有效性。一个例外是定向金融制裁，特别是美国发起的定向金融制裁。一方面，由于具有强大的金融情报能力，美国定向金融制裁能够做到“打得准”；另一方面，借助市场机制和美国金融霸权，充分利用金融机构厌恶风险和重视声誉的天然偏好，美国定向金融制裁又可以做到“打得疼”，从而兼顾了制裁的精准性和严厉性②。通过创造性地使用定向金融措施，美国财政部在反恐、防扩散、应对地缘政治危机等方面的作用不断增强，甚至实现了军事和外交手段都难以实现的目标③。

再次，国际金融体系的大发展和美国的金融霸权是美国财政部得以深度参与国家安全事务的重要背景条件。自20世纪80年代开始，受新自由主义经济理论驱动，发达国家的金融自由化进程加速，发展中国家金融市场也主动或被动地扩大开放④。随着冷战结束，苏联和东欧国家融入国际金融市场，一个真正意义的全球金融体系宣告诞生。在该体系中，纽约是全球金融市场的中心，美元充当着交易清算货币，这给作为美国甚至全球金融监管者的美国财政部提供了巨大的权力资本。通过冻结资产、限制金融市场进入、拒绝美元清算服务等，美国财政部能够产生巨大的经济、安全和地缘政治影响。而且，随着信息通讯技术的进步和金融科技的发展，美国财政部措施的影响能够迅速传到世界各地，时效性大大提高。全球金融透

① 关于定向制裁的介绍可参见：Arne Tostensen & Beate Bull, “Are Smart Sanctions Feasible?” *World Politics*, Vol. 54, No. 3, Apr., 2002, pp. 373 - 403.

② Daniel Drezner, “Targeted Sanctions in a World of Global Finance”, *International Interactions*, Vol. 41, No. 4, 2015; Juan C. Zarate, “Harnessing the Financial Furies: Smart Financial Power and National Security”, *The Washington Quarterly*, Vol. 32, No. 4, 2009.

③ 有观点认为金融制裁对于伊朗核协议的达成、朝鲜返回谈判桌发挥了作用，参见：Juan C. Zarate, “Harnessing the Financial Furies: Smart Financial Power and National Security”, *The Washington Quarterly*, Vol. 32, No. 4, 2009; David S. Cohen, “The Evolution of U. S. Financial Power”, https://www.treasury.gov/press-center/press-releases/Pages/jl9716.aspx [2019-05-30].

④ 关于发达国家金融自由化进程可参见：［美］琼·E. 斯佩罗、杰弗里·A. 哈特著，吴义学译：《国际经济政治学》，人民出版社2017年版，第57—63页。

明度的提高、反洗钱机制的完善和美国金融情报能力的加强则为美国财政部识别可疑金融交易提供了便利，其打击毒枭、恐怖组织及其他违法行为的能力得到增强[①]。正因金融权力显著加强，美国财政部才得以自诩处于美国国家安全的中心位置。

最后，"9·11"事件后的特殊环境为美国财政部获得深度参与国家安全事务的授权起到了重要的推动作用。在美国财政部国家安全角色扩大过程中，有三项法律（规）文件具有里程碑意义：一是2001年9月23日小布什总统签署的第13224号行政命令，它授权财政部只要有合理的怀疑（reasonable suspicion）就可以冻结支持恐怖主义的个人或实体的资产，而无需掌握坚实的法律证据；二是2011年9月26日通过的《爱国者法》，其第311条授权美国财政部长将特定金融机构指定为"主要洗钱关切对象"，进而有权要求美国内金融机构汇报与上述机构的金融交易，甚至关闭后者的通讯账户；三是2011年9月29日联合国安理会通过的第1373号决议，它要求各国通力合作，防止和制止资助恐怖主义的行为，其通过为美国财政部扩大国家安全职能提供了国际道义和法律支持[②]。从法律角度看，这些文件存在不少争议，有侵犯公民基本权利之嫌，在平常时期很难获得通过。但在"9·11"恐怖袭击的背景之下，这些文件得到美国内外的普遍理解和支持并迅速获得通过。事后来看，这些原本仅仅针对反恐问题的文件具有重要的示范效应，它们为美国财政部后来在其他国家安全议题上——如防扩散、应对地缘政治冲突——获得授权提供了"判例"基础。

（二）美国财政部国家安全角色演变引发争论

支持美国财政部国家安全角色升级的主要包括财政部恐怖主义和金融情报办公室的现任及卸任官员、政府鹰派人士以及部分智库学者，他们认为定向金融措施是一种非常有效的国家安全和对外政策工具，在很多情况下比传统的军事安全部门的

---

① U. S. Treasury, "Remarks by Treasury Secretary Paulson on Targeted Financial Measures to Protect Our National Security", https://www.treasury.gov/press-center/press-releases/Pages/hp457.aspx [2019-06-25]; Orde F. Kittrie, "New Sanctions for a New Century: Treasury's Innovative Use of Financial Sanctions", *University of Pennsylvania Journal of International Law*, Vol. 30, Issue 3, 2009; The Political Economy of Global Finance_ A Network Model; David S. Cohen, "The Evolution of U. S. Financial Power", https://www.treasury.gov/press-center/press-releases/Pages/jl9716.aspx [2019-05-30]; Juan C. Zarate, "Harnessing the Financial Furies: Smart Financial Power and National Security", *The Washington Quarterly*, Vol. 32, No. 4, 2009.

② Dina Temple-Raston & Harvey Rishikof, "The Department of Treasury: Brogues on the Ground", in Roger George & Harvey Rishikof eds, *The National Security Enterprise* (second edition), Georgetown University Press, 2017, pp. 170-173; U. S. Treasury, "Fact Sheet: Overview of Section 311 of the USA PATRIOT Act", https://www.treasury.gov/press-center/press-releases/Pages/tg1056.aspx; 国务院："关于执行联合国安理会第1373号决议的通知"，http://www.gov.cn/gongbao/content/2001/content_61169.htm [2019-06-13].

行动更有效也更接近“前线”，因此在国家安全事务中具有不可替代的作用[①]。基于这种理由，支持者主张进一步巩固甚至扩大美国财政部在国家安全事务中的角色，如呼吁修改《国家安全法》，把财长升格为国家安全委员会的法定成员；在此基础上，要求财政部更加积极主动地使用美国金融权力来实现国家安全目的，如扩大对俄罗斯、中国金融机构的金融制裁[②]。

针对美国财政部不断扩大的国家安全角色，美国内也有不少批评和质疑声音。早在 2008 年就有学者警告指出，美国并没有完全掌握定向金融措施给美国安全和经济健康带来的长期影响，对该措施的误用、滥用会制约其可信性和有效性[③]。由于美国财政部在特朗普时期更为积极主动地涉足国家安全事务，近来批评和质疑声音趋于增多，其中一些甚至来自财政部内部，如美国前任财长雅各布·卢多次撰文指出，特朗普政府对美国经济和金融权力的使用是侵略性和适得其反的，会损害未来美国的全球地位和有效行动能力。甚至现任财政部官员也抱怨，“姆努钦财长并不知道他掌握着如此多的权力，他仅仅喜爱使用金融大棒而已”[④]。总结来看，质疑和批评主要包括以下理由：一是不认可财政部动用金融权力取得的成绩，认为美国依靠财政部的经济战和金融战赢得了技术上的胜利却输掉了全局；二是认为财政部金融权力处于美国国家硬实力的边缘而非核心，它最多是美国硬实力的补充，绝对替代不了军事安全措施；三是认为美国财政部国家安全角色的扩大既是美对外干预主义的表现，反过来也会刺激美干预主义倾向，而这不符合美国核心国家利益；四是认为美国财政部过度使用金融权力会给对象国及美国自身带来一系列负面的、非预期的后果[⑤]。正是考虑到美国财政部金融权力的局限性，有学者呼吁美国财政

---

① 认为定向金融制裁高效的观点，参见：Deploying Sanctions while Protecting Human Rights：Are Humanitarian “Smart” Sanctions Effective；David S. Cohen，“The Evolution of U. S. Financial Power”，https：//www. treasury. gov/press - center/press - releases/Pages/jl9716. aspx［2019 - 05 - 30］；Juan C. Zarate，“Harnessing the Financial Furies：Smart Financial Power and National Security”，*The Washington Quarterly*，Vol. 32，No. 4，2009；认为美国财政部处于国家安全战线前线的观点，参见：Dina Temple - Raston &Harvey Rishikof，“The Department of Treasury：Brogues on the Ground”，in Roger George & Harvey Rishikof eds，*The National Security Enterprise*（second edition），Georgetown University Press，2017，p. 180.

② Robert Kimmit，“Give Treasury Its Proper Role on the National Security Council”，*The New York Times*，July 23，2012；U. S. House Hearing，“Assessing the Use of Sanctions in Addressing National Security and Foreign Policy Challenges”，https：//financialservices. house. gov/calendar/eventsingle. aspx? EventID = 403652［2019 - 06 - 22］.

③ Sue Eckert，“The Use of Financial Measures to Promote Security”，*Journal of International Affairs*，Vol. 62，No. 1，2008.

④ Jacob Lew & Richard Nephew，“The Use and Misuse of Economic Statecraft”，*Foreign Affairs*，November/December，2018；Matthew Goodman，“Restoring Balance to Treasury's Economic Statecraft”，*Global Economics Monthly*，Volume VII，Issue 8，August 2018.

⑤ Michael Scheuer，“The Limits of U. S. Financial Warfare”，*The National Interest*，September/October 2013；Elizabeth Rosenberg et al. ，“The New Tools of Economic Warfare”，*Center for a New American Security Report*，April 15，2016，https：//www. cnas. org/publications/reports/the - new - tools - of - economic - warfare - effects - and - effectiveness - of - contemporary - u - s - financial - sanctions［2019 - 06 - 10］.

部应该克制使用金融大棒，在维护国家安全和促进经济增长两大功能之间寻求再平衡①。

四、结　论

自冷战结束以来，美国财政部在国家安全事务中的地位提高、作用增大，这种趋势在特朗普政府时期得到进一步延续。美国财政部国家安全角色的升级与国际政治格局转型、经济全球化趋势以及安全威胁性质变化密切相关，反过来又对国际政治、经济和安全形势产生一系列深刻影响。美国财政部积极使用定向金融措施的做法具有国际示范效应，在一定程度上促使欧盟、加拿大、澳大利亚等国家和地区重视使用金融制裁、加强对外国投资进行安全审查。在新形势下，发挥财政金融部门的国家安全功能具有必要性，但是过度强调和运用金融权力具有较大负面影响，它将助长各国保护主义势力，制约经济全球化走向深入，进而损害全球和平稳定的经济基础。

从我国角度看，美国财政部国家安全角色升级的负面影响明显，中国企业遭受美国金融制裁的风险增加，对美投资将面临更多困难，从而为中美关系增加新的考验。对于具有国际业务的市场主体来讲，加强企业内部合规制度建设是大势所趋，无论有无涉美业务，注重研究和跟踪美国法律法规和财政部部门规章都具有重要经济价值和战略意义。当然，考虑到中美关系持续下行的趋势，应对美国定向金融措施，企业自身努力的作用终究有限，政府的积极作为是必不可少的。从中短期看，我国一方面应完善防范和应对外部金融制裁的制度体系，近期商务部出台的不可靠实体清单就是一个有益尝试；另一方面应加强国际协作，形成制约美国滥用金融霸权的统一战线。美国财政部之所以能够在国家安全事务占据一席之地，最重要的是因为美国具有金融霸权，即美元充当着国际货币、美国金融市场是国际金融市场的心脏。因此，从长远来看，在总体国家安全观指导下，深化我国财政金融体制改革，加快人民币国际化进程，实现国内金融市场的开放、繁荣和稳定，才是应对美国金融权力最有效的方法。

原载《财政科学》2020 年第 8 期。

① Matthew Goodman, "Restoring Balance to Treasury's Economic Statecraft", *Global Economics Monthly*, Volume VII, Issue 8, August 2018.

基于 NTI 核安全指数的全球核安全态势分析*

侯　娜　车丽娟**

摘　要：核安全是国家安全的重要组成部分，基于 2012—2018 年消减核威胁倡议组织（NTI）发布的核安全指数对全球核安全走势与我国核安全状况进行系统分析，旨在全面把握核安全形势，有效维护核安全。总体来看，一方面各国通过改善核材料和核设施的保护措施等工作，减少了核材料被盗窃现象，提高了核材料运输过程中的安全性、响应能力以及现场网络安全等；而另一方面全球核安全工作依然存在诸多问题，网络安全虽然有所改善但仍不足以应对不断扩大和迅速演变的网络威胁，风险环境的恶化严重制约着核安全工作的进展。本文通过详细分析核安全指数各个指标的全球变化态势与具体现实情况，提出了维护核安全的相关对策与建议。

关键词：NTI 核安全指数　核安全　核材料盗窃排名　核安全观

中图分类号：D815　　**文献标识码**：A

消减核威胁倡议组织（NTI）核安全指数是两年期的一个评估全球范围内核安全状况的指数，通过确定各个国家在保护核材料和核设施方面所采取的步骤和措施来评估其核安全进展情况，主要分为 3 个独立的排名：拥有武器级核材料国家的核材料盗窃排名、没有武器级核材料国家的核材料盗窃排名，以及拥有核设施国家的破坏排名。本文主要对拥有武器级核材料国家的核材料盗窃排名进行分析。核材料盗窃排名通过核材料数量和地点、采取的安全控制措施、履行全球规范的程度、国

---

* 本文获得北京高校高精尖学科“战略经济与军民融合”交叉学科（GJJ2019163）支持项目、中央财经大学双一流和特色发展引导学科专项（022959918005）的资助。

** **作者简介**：侯娜，中央财经大学国防经济与管理研究院副教授；车丽娟，中央财经大学国防经济与管理研究院硕士研究生。

内承诺和能力以及国内政治风险环境 5 个类别来进行评估打分，具体包括 20 个一级指标和 61 个二级指标，每个国家的总分（0—100）是各个类别的加权总和，每个类别评分为 0—100，其中 100 分代表某国在该项评估中处于最有利的核安全条件，0 分则表示处于最不利的安全条件。NTI 核安全指数的评估始于 2012 年，与核安全峰会同步进行，2016 年核安全峰会进程结束，但该项工作仍在延续，目前核安全指数重点关注因风险环境恶化而使核安全受到危害的进展情况。从风险环境指标的结果来看，全球政治的不稳定程度正在加剧，腐败现象普遍存在，同时恐怖主义团体的存在和其能力也在不断增强，严重制约着核安全工作的进展。

全面、系统及深入地把握与分析全球核安全总体态势与我国核安全状况，对于应对各种核安全挑战、维护核安全具有重要的现实意义。本文基于 NTI 核安全指数，聚焦持有核材料国家，对全球核安全走势、不同地区核安全状态与我国核安全的具体状况三个层面进行详细分析，并提出相应的对策建议，旨在为各国更好地维护核安全提供参考。

一、全球核安全走势

NTI 核安全指数的分析结果表明，目前全球核安全的走势主要体现在以下三个方面：一是各国普遍加强了提高核安全的相关工作；二是因风险环境的恶化而使核安全依然受到挑战；三是核材料和核设施对抵御网络威胁的能力依然有待提高。

（一）各国普遍加强提高核安全的相关工作

2018 年 NTI 指数报告指出，在核材料盗窃排名中，拥有武器级核材料的国家仅在 2016—2018 年两年间就总共采取了 82 项改善核安全状况的行动，主要体现在核材料的数量和地点、安全控制措施、全球规范、国内承诺和能力、风险环境等方面，包括现场实物保护，会计和审查程序，减轻核设施的内部威胁，加强运输期间的人身安全、响应能力以及核设施的网络安全等。同时，2012—2018 年的 NTI 核安全指数结果显示，6 年来，许多国家已经做出承诺，支持核安全条件的广泛改善，从而提升了国内承诺和能力指标得分，这个方面表现最突出的是中国与日本，指标得分提升幅度最大（见图 1）。

在 22 个拥有武器级核材料的国家中，排名前 5 的国家是澳大利亚、瑞士、加拿大、德国和日本，而排在末位的 5 个国家依次是以色列、印度、巴基斯坦、伊朗和朝鲜。除了比利时、美国和南非的核材料盗窃得分较 2016 年有所下降，法国、

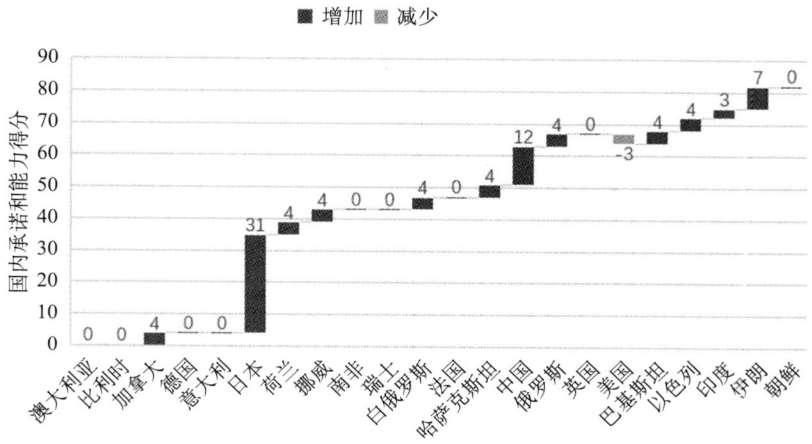

图 1　2012 年和 2018 年各国国内承诺和能力得分比较①

英国和朝鲜的核材料盗窃得分与 2016 年保持不变之外，其余 16 个国家的核材料盗窃得分均与 2016 年相比有所提升，其中，提升幅度最大的是中国和日本，分别提高了 11 分和 10 分。与 2012 年相比，除了朝鲜之外，其他国家的核材料盗窃得分均有所提升，说明各国在核安全工作方面的努力取得了一定的成果，从而减少了核材料的盗窃机会。但是截至 2018 年，核材料盗窃得分 80 分以上的国家只有 10 个，说明各国核安全工作依然存在很大的提升空间（见图 2）。

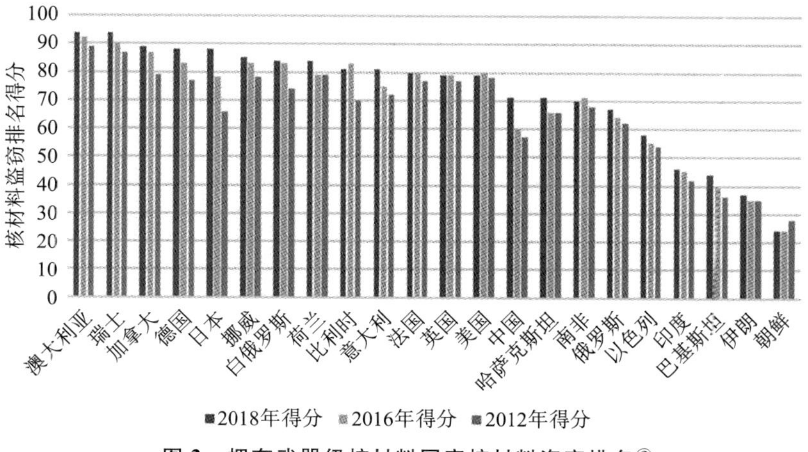

图 2　拥有武器级核材料国家核材料盗窃排名②

① 根据 2012 年和 2018 年 NTI 核安全指数报告数据整理得到，参见 NTI Nuclear Security Index，“Building a Framework for Assurance，Accountability，and Action”，January 2012 and September 2018，https：//www. nti. org/analysis/reports/.

② 根据 2012 年、2016 年和 2018 年 NTI 核安全指数报告数据整理得到，参见 NTI Nuclear Security Index，“Building a Framework for Assurance，Accountability，and Action”，January 2012 January 2016 and September 2018，https://www. nti. org/analysis/reports/.

具体而言，各国在核安全工作方面的改进主要表现在以下几个方面：

1. 减少核材料数量和存放地点。2014 年 NTI 核安全指数报告指出，根据美国国家核安全管理局提供的信息，自 2012 年 NTI 指数发布以来，奥地利、捷克、匈牙利、墨西哥、瑞典、乌克兰和越南 7 国已移除其拥有的全部或大部分武器级核材料，因此参与 2014 年 NTI 核材料盗窃排名的国家从 32 个降至 25 个[①]。2016 年 NTI 核安全指数报告指出乌兹别克斯坦在 2015 年消除了它的武器级核材料[②]。与 2016 年相比，2018 年的核材料盗窃排名中少了阿根廷和波兰，仅有 22 个国家，这是因为这两个国家已经将其领土内所有高浓缩铀清除或处置了，减少了恐怖分子和罪犯获得武器级核材料的机会。

从 2016 年以来，有 6 个国家减少了拥有的核裂变材料的数量和地点，分别是日本、荷兰、瑞士、哈萨克斯坦、德国和比利时，由于一个国家的核材料和存放场地越多，隐含的被盗风险就越大，所以这在一定程度上减少了核材料被盗窃的机会（见图 3）。

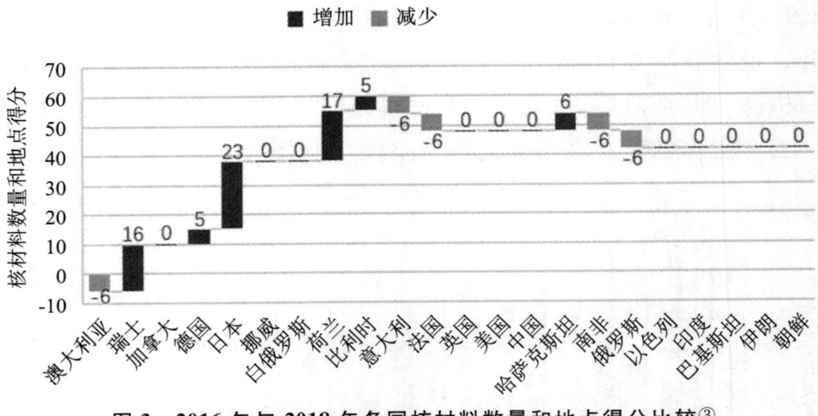

图 3　2016 年与 2018 年各国核材料数量和地点得分比较[③]

2. 加强安全控制措施。22 国的核材料安全控制措施得分表明，大部分国家都加强了对核材料和核设施的安全和控制措施，至少没有一个国家的状况变得更坏。安全控制措施的改进主要包括现场实物保护、控制和审查程序、内部威胁防范、运输期间人身安全、响应能力等方面。具体来看，澳大利亚、哈萨克斯坦、巴基斯坦

---

① NTI，“Building a Framework for Assurance，Accountability，and Action”，January 2014，https：//media. nti. org/pdfs/2014_NTI_Index_Report. pdf.

② NTI，“Building a Framework for Assurance，Accountability，and Action”，January 2016，https：//media. nti. org/pdfs/NTI_2016_Index_FINAL. pdf.

③ 根据 2016 年和 2018 年 NTI 核安全指数报告数据整理得到，NTI Nuclear Security Index，“Building a Framework for Assurance，Accountability，and Action”，January 2016 and September 2018，https：//www. nti. org/analysis/reports/.

采取措施提高了人身安全；加拿大、中国、德国、日本、巴基斯坦通过了新的法律法规来减少内部威胁，此种措施减少了授权访问人员窃取核材料或可能援助恐怖分子或罪犯的风险；中国、日本、哈萨克斯坦、荷兰、俄罗斯改进了有关核材料在被转移和最容易被盗时的相关保护措施规定，从而提高了运输过程中核材料的物理安全性；比利时、意大利、挪威采取了可以帮助政府在核材料被盗时追回材料的分层安全系统措施，从而提高了反应能力。所以，这些国家的安全控制措施得分均有所提升，6 年来核安全和控制措施得分提升幅度最大的是比利时、日本和德国（见图 4）。

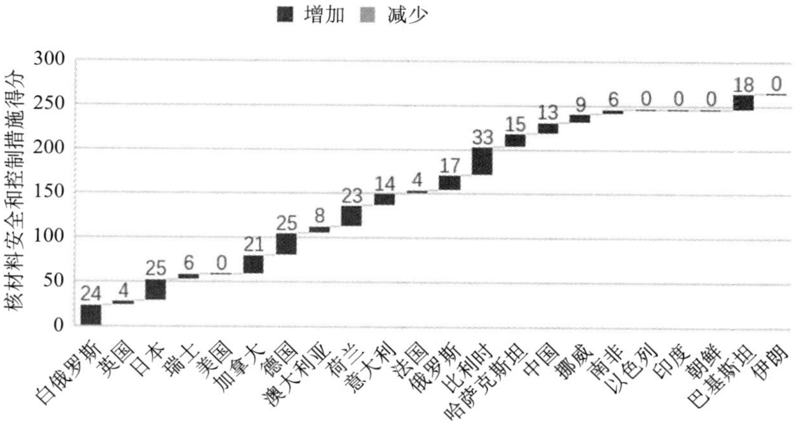

图 4　2012 年与 2018 年各国核材料安全和控制措施得分比较①

3. 加强全球规范。全球规范是通过国际法律承诺、自愿承诺和国际保证等方面来体现的。2014 年核安全峰会也指出，越来越多的国家认识到需要国际架构或全球体系使所有国家对共同的标准和最佳做法负责②。从核安全指数报告来看，6 年来，除了哈萨克斯坦、荷兰、俄罗斯、英国、朝鲜、伊朗之外，所有的国家在加强全球规范中都做出了一定的努力，得分均有所提高，其中提升幅度最大的是意大利、日本和中国。其中，在 2016—2018 两年间，意大利、巴基斯坦通过签署 2005 年《国际核材料实物保护公约》（CPP）修正案或《制止核恐怖主义行为国际公约》（ICSANT），对核材料安全做出了国际法律承诺。中国、以色列、瑞士以双边或多边援助、向国际原子能机构（IAEA）核安全基金捐款的形式，对核安全做出

① 根据 2012 年和 2018 年 NTI 核安全指数报告数据整理得到，参见 NTI Nuclear Security Index，"Building a Framework for Assurance，Accountability，and Action"，January 2012 and September 2018，https://www.nti.org/analysis/reports/.

② NTI，"2014 Nuclear Security Summit：Significant Progress But More to Do"，April 2014，https://www.nti.org/newsroom/news/nss-2014-significant-progress-more-do/.

了新的自愿承诺。中国、德国、意大利通过主持国际安全同行审议来建立安全的国际自信，同行评议是一个强有力的工具，不仅可以提高自身的安全性能，也可以使别国对一个国家致力于不断改进安全的承诺产生信心（见图5）。

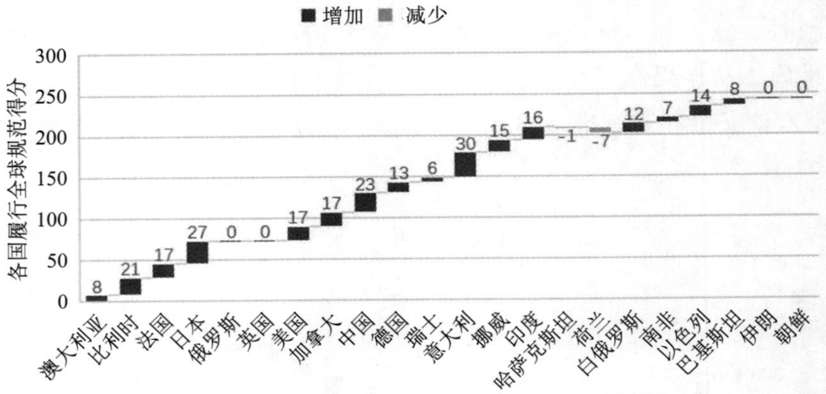

图5　2012年与2018年各国履行全球规范得分比较[①]

（二）风险环境不断恶化，核安全工作危机四伏

风险环境指标衡量政治稳定、有效治理、腐败的普遍性以及该国是否感兴趣并有能力非法获取核材料的群体。政治稳定和有效治理是核材料和核设施进行安全管理和妥善控制的基础，高度腐败可能会导致一个国家在核安全措施上的妥协，恐怖分子、犯罪集团或对非法获取核材料感兴趣群体的存在会影响一个国家的核安全风险背景。与2012年相比，2018年在22个拥有武器级核材料的国家中，日本、美国、南非、比利时、朝鲜的风险环境得分有所下降，这与其国内发生劳工暴力和公民示威等社会动荡的可能性增加有关。例如，在美国，社会动荡加剧、政府主要部门的辞职和空缺以及政党政治的日益两极分化使风险环境有所恶化。在比利时，面临着恐怖组织可能实施核恐怖主义行为的风险。而挪威、以色列、白俄罗斯、中国的风险环境得分提升较多，其中挪威在风险环境指标评分中位居第一，说明这些国家的政府制定和维持核安全政策的能力有所提高。尽管如此，2018年核安全指数结果依然表明，在2016—2018年两年间，由于政治不稳定、风险治理效率低下以及恐怖组织的存在及其行为能力的增加，导致很多国家的风险环境得分有所下降，核安全前景令人担忧（见图6）。

① 根据2012年和2018年NTI核安全指数报告数据整理得到，参见NTI Nuclear Security Index，“Building a Framework for Assurance，Accountability，and Action”，January 2012 and September 2018，https：//www. nti. org/analysis/reports/.

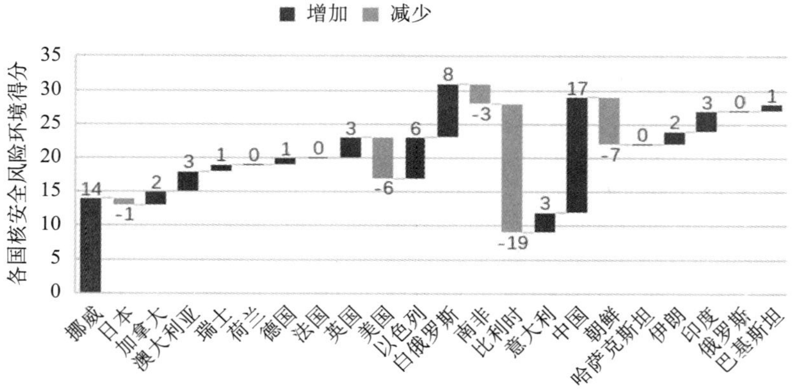

图 6　2012 年与 2018 年各国核安全面临的风险环境得分比较①

（三）抵御网络威胁的防御依然不足

核材料和核设施很容易受到网络攻击，例如核设施的“门禁系统”可能会受到损害，从而使企图获得核材料或破坏核设施的人获准进入。审核系统可能会被操纵，这样盗窃材料的行为就不会被注意到。反应堆冷却系统技术可能被故意禁用，导致福岛一样的灾难发生等等。因此，网络安全是防止核材料盗窃和核设施破坏的重要组成部分，然而，NTI 核安全指数结果显示，各国“对核材料和核设施网络安全威胁的防御仍然不足”。NTI 指数中的网络安全指标主要关注国内法律、法规或许可证规则是否规定了措施来保护关键的数字资产，并对网络安全进行评估，确保已经制订事故响应计划。

NTI 指数显示，在拥有武器级核材料或核设施的国家中，有 1/3 缺乏 NTI 指数所衡量的基本网络安全法规，自 2016 年以来，只有亚美尼亚、澳大利亚、加拿大、捷克、德国、意大利、日本、哈萨克斯坦、挪威、斯洛文尼亚、西班牙和英国改进了网络安全法规，只有澳大利亚、白俄罗斯、加拿大、芬兰、法国、德国、匈牙利、荷兰、罗马尼亚、韩国、英国和美国等 13 个国家的网络安全评级为满分 5 分，说明这些国家颁布了指数中所衡量的条例。拥有大量网站的国家更有可能实施网络核监管，例如，美国获得满分 5 分，俄罗斯获得 4 分，拥有少量核材料和设施的国家如阿尔及利亚、阿根廷和孟加拉国等属于尚未制定网络核法规的国家，因此在网络安全指标上只得了 0 分。总体来看，得分较高的国家有所增加，但各个国家在核材料和核设施的网络安全工作方面依然有很大的改进和努力空间（见图 7）。

① 根据 2012 年和 2018 年 NTI 核安全指数报告数据整理得到，参见 NTI Nuclear Security Index，“Building a Framework for Assurance，Accountability，and Action”，January 2012 and September 2018，https：//www. nti. org/analysis/reports/.

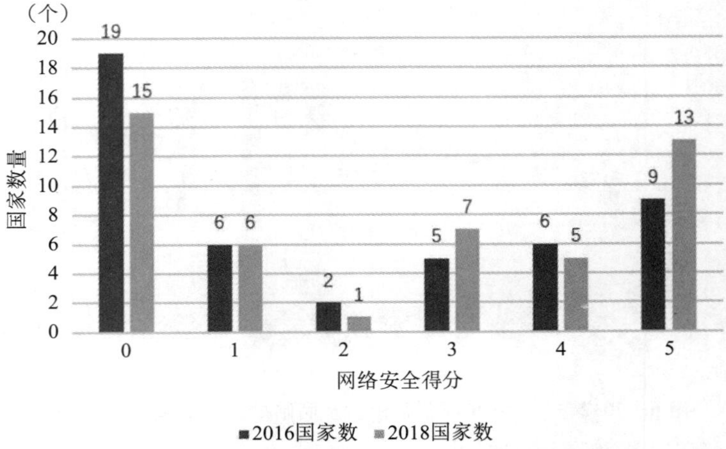

图 7　2016 年与 2018 年各国核材料和核设施的网络安全得分①

注：该图由作者根据 2016 年和 2018 年 NTI 核安全指数报告数据整理所得。

二、不同地区的核安全状况

NTI 核安全指数总体分析结果表明，全球范围内的核安全工作有了一定的改善，但地区问题依然比较突出，不同地区的核安全状况差异较大。按地区将参与排名的国家进一步分析显示，欧洲大部分国家和美洲国家的核安全排名靠前。亚洲国家中日本和中国的核安全工作进展迅速，但朝鲜、印度、巴基斯坦、伊朗等国的核安全排名靠后，这在一定程度上受到地缘政治的影响，如朝鲜半岛局势、印巴冲突以及伊朗核问题等。

（一）亚洲

在东亚地区，2012 年以来，日本通过减少核材料数量、改进内部威胁预防措施以及运输过程中的物质安全条例和网络安全条例等措施，在 2018 年排名第 14 位，提升最快，目前影响日本核安全的主要因素是大量武器级核材料和存放地点。中国 2018 年排名与 2016 年相比提高了 11 分，是提升最快的国家，中国不仅显著改善了核材料运输过程中的人身安全，2017 年国际原子能机构国际实物保护咨询服务

① 根据 2016 年和 2018 年 NTI 核安全指数报告数据整理得到，参见 NTI Nuclear Security Index，"Building a Framework for Assurance，Accountability，and Action"，January 2016 and September 2018，https://www.nti.org/analysis/reports/.

（IPPAS）项目的成功举办，也增强了国际社会对中国核安全状况的信心，提升了中国在自愿承诺指标上的得分①。朝鲜排在最末位，可能是受到没有公开核安全法律法规的影响，朝鲜可以通过签署和批准关键的国际协议来改善核安全条件，其核安全状况主要受到政治稳定、治理和腐败因素的不利影响②。

在南亚地区，印度和巴基斯坦在核材料盗窃评分中排名较靠后，核安全状况主要受到武器级核材料数量和储藏地点不断增加、腐败的挑战以及对非法获取核材料感兴趣团体的存在等因素的影响。印度和巴基斯坦作为两个事实核国家，其所拥有的军事实力不容小觑。2019 年两国间的冲突加剧。印巴冲突受到广泛关注的一个原因是两国的军事力量不对等，巴基斯坦处于劣势，这有可能增加爆发核战争的潜在风险③，加之有可能会发生恐怖袭击，整个国际社会都表现出对两国是否会因为冲突升级而使用核武器的担忧。

在中亚地区，2016 年以来，哈萨克斯坦通过加强对核设施现场实物的保护，确保运输材料安全符合国际原子能机构准则，改善了核安全状况。哈萨克斯坦可以通过加强内部威胁防范措施和加强网络安全监管，进一步改善核安全状况。

在中东地区，伊朗和以色列在核材料盗窃评分中都十分靠后，没有公布核安全法律法规是对得分产生负面影响的原因之一。这两个国家的核安全状况均受到政治稳定、治理水平、腐败以及国际争端和紧张局势的不利影响。国际上对伊朗核协议存续的前景问题持不同态度，然而，一旦伊朗退出核协议，开始高丰度浓缩铀活动，将对之前的国际核不扩散体系带来一定程度的挑战，并会加剧地区紧张形势④。2018 年以来，伊朗核协议的存续问题一直广受关注，特朗普单方面宣布退出伊朗核协议之后不断对伊朗进行军事、经济以及外交施压。作为回应，伊朗于 2019 年 5 月宣布中止伊朗核协议部分承诺⑤，9 月开始对离心机进行测试，加大了未来违约的可能性⑥。之后，伊朗又进行了重启铀浓缩设施并继续加大离心机研发等措施，但总的影响可控⑦。2020 年态势进一步升温，伊方表示，若欧洲方面继续实行“不当行为”，伊朗将会退出伊朗核协议，但若欧洲方面继续遵守相关义务，保证伊朗合法利益，伊朗将会继续遵守伊朗核协议⑧。

① NTI, “Building a Framework for Assurance, Accountability, and Actio”, September 2018, https://www.nti.org/analysis/reports/.

② A. 3. 热宾：“维护朝鲜半岛缓和局面的几个问题”，《东北亚学刊》，2019 年第 5 期，第 43 页。

③ “印巴冲突引发核战争的风险有多大?”，中国网—智库中国，http://www.china.com.cn/opinion/think/2019-03/08/content_74548638.htm.

④ 田文林：“美国退出伊核协议的原因与影响”，《国际石油经济》，2018 年第 9 期，第 12 页。

⑤ “伊朗部分中止伊朗核协议”，《国外核新闻》，2019 年第 5 期，第 10—11 页。

⑥ 郭志锋：“伊朗第三次违反伊核协议规定”，《国外核新闻》，2019 年第 9 期，第 31 页。

⑦ 郭志锋、戴定：“伊朗启动第四阶段退出伊核协议措施”，《国外核新闻》，2019 年第 11 期，第 31 页。

⑧ “伊朗威胁退出核不扩散条约称英法德解决机制不合法”，环球网，https://world.huangiu.com.

（二）欧洲

在西欧地区，英国、瑞士、德国、法国、荷兰、挪威、比利时与意大利 8 个国家参与了核材料盗窃排名。总体来看，欧洲核安全状况有所改善，且大多数国家核材料盗窃排名比较靠前。其中，核安全条件最好的是瑞士，自 2012 年以来一直排在第 2 位，2018 年评分进一步提高并与澳大利亚同级，这是因为瑞士将核材料数量减少到不足 5 公斤，修订了转移核材料的政策，同时还向国际原子能机构核安全基金提供了财政或实物捐助。德国的风险环境评分虽然因为腐败风气盛行有所下降，但因其对内部威胁预防和网络安全措施的加强，总体核安全条件有所上升，在核材料盗窃评分中排名第 4 位。比利时核材料盗窃评分较 2016 年有所下降，主要是受到核恐怖主义的威胁，但是其核安全方面的工作也是可观的，不仅特别部署了武装反应小组到核电站现场，而且核材料总库存也在下降，安全控制措施在进一步加强。挪威排名第 6 位，2016 年以来，挪威通过培训执法人员以应对核安全事故，加强核网络安全措施，改善了核安全状况。意大利、法国和英国的核材料盗窃排名分别为第 9 位、11 位和 12 位，核安全状况主要受到大量武器级核材料或治理方面的不利影响。

在东欧地区，白俄罗斯在核材料盗窃得分中排名第 7 位，较 2016 年稍有提升，主要表现在国内承诺能力的增强。俄罗斯排名第 17 位，2016 年以来，俄罗斯通过加强核材料运输安全提升了核安全水平。然而，白俄罗斯、俄罗斯的核安全状况均受到大量核材料和存放地点、治理挑战以及有能力非法获取核材料集团的不利影响。俄罗斯排名靠后的另一个原因是 2014 年乌克兰危机之后，美俄关系陷入僵局，两国频繁地进行军事演习，其中包括对核武器的使用等，这是继冷战之后美俄发生的新一轮对峙。

（三）美洲

加拿大在核材料盗窃得分中排名第 3 位，自 2016 年以来，加拿大通过采用新的内部威胁缓解措施和要求核设施制定网络事件应对计划等改善了核安全状况。美国的核材料盗窃评分较 2016 年有所下降，其核安全状况主要受到大量核材料、存放地点数目以及政治稳定和管理挑战的不利影响。2018 年 11 月 16 日，美国战略与国际研究中心发布了《中国与新的战略核军备竞赛：推动中国建立新的核运载系统、核武器和战略的力量》报告，分别对中国、美国、俄罗斯目前的核武器现代化进程进行详细分析，并预测了核军备竞赛的未来趋势。总体来说，从核库存来看数量是减少了，但是美俄两国之间的核军备竞赛还远未结束，这对中国也将产生很大的影响。2019 年 8 月，美俄《中导条约》正式失效，该条约对限制核武器的发展具有很重要的作用，其失效意味着全球的核战略稳定有可能因此被破坏，军备竞赛升级，发生冲突的可能性增大①。

（四）其他地区

澳大利亚是大洋洲唯一参与排名的国家，其核设施很少，核材料数量有限，加之其广泛的安全控制措施以及对全球准则的承诺，核安全条件较好，因而在核材料排名中位居榜首，同时，澳大利亚的法规要求更新基础设施以防止潜在的威胁，进一步提高了自 2016 年以来的得分。

南非是唯一参与核材料盗窃排名的非洲国家，在核材料盗窃评分中排名第 16 位，南非的核安全状况受到治理和腐败挑战以及大量核材料的不利影响，其核安全状况可以通过规定核安全责任和改进运输安全来改善。

三、我国的核安全状况

NTI 核安全指数显示，自 2012 年以来我国的核安全状况在各个指标评估中都有很大的提高，但排名依然处在中等偏下，分析我国在核安全方面取得的成就及存在的问题，对更加有针对性地维护核安全、确保后续工作的有效进行有一定的现实意义。

（一）指数分析的结果

从 2012—2018 年的核安全指数分析结果看出，中国的核材料盗窃得分总体呈现一个向上的趋势，在拥有武器级核材料的 22 个国家中排名（中国 2012 年的排名是拥有武器级核材料的 32 个国家中的第 27 位）是第 14 位，特别是全球规范和国内承诺和能力这两项指标的得分提升很快且超过了参与核材料盗窃排名国的平均水平。然而核材料数量和场所、核安全和控制措施、风险环境三个指标得分变化不大。NTI 核安全指数表明，中国的核材料面临的风险因素主要是核材料总量大且存放的地点场所比较分散，防范内部威胁的措施不力，这在一定程度上降低了中国的排名。但正如核威胁倡议组织负责人斯托特兰德所言，评估体系是一个全球综合和统一的适用标准，对一些国家的特殊情况有可能不适用，导致排名有失偏颇，但排名不是最重要的，NTI 发布核安全指数的主要目的是提醒各国应尽早加强核安全风险的防范，防患于未然，让国际社会进一步认识到保护核安全是全球之责任，而非

① 《环球时报》："美称中国核安全排名落后日本专家：难以理解"，人民网，http：//sd. people. com. cn/n/2014/0226/c172839 - 20649680. html.

一国之担当（见图8、图9）①。

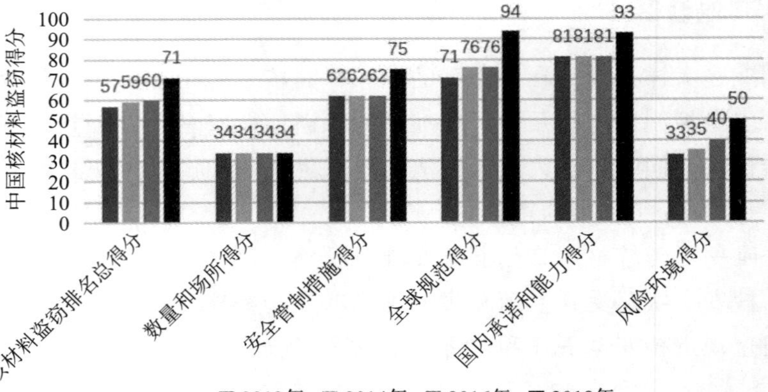

图8 2012—2018年中国核材料盗窃得分比较②

注：该图由作者根据2012—2018年NTI核安全指数报告数据整理所得。

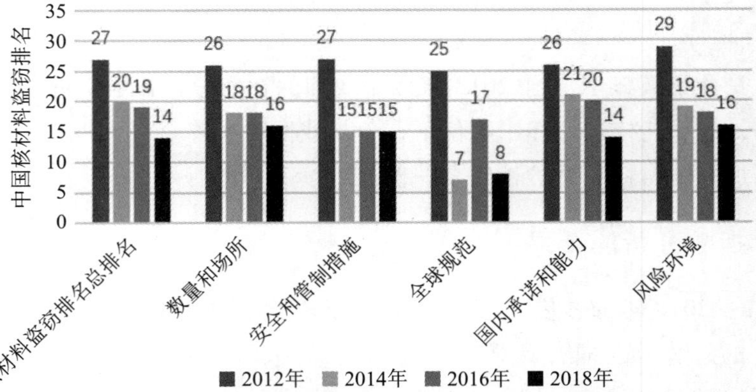

图9 2012—2018年中国核材料盗窃排名比较③

注：该图由作者根据2012—2018年NTI核安全指数报告数据整理所得。

（二）加强核安全措施的成果

中国一直在采取各项措施加强核安全。中国是第一个宣布“不首先使用核武器”的国家，于1992年加入《不扩散核武器条约》，此后改善了出口管制，包括

① 《环球时报》：“美称中国核安全排名落后日本专家：难以理解”，人民网，http://sd.people.com.cn/n/2014/0226/c172839-20649680.html.

② 根据2012年、2014年、2016年和2018年NTI核安全指数报告数据整理得到，参见NTI Nuclear Security Index，“Building a Framework for Assurance，Accountability，and Action”，January 2012，January 2014，January 2016 and September 2018，https://www.nti.org/analysis/reports/.

③ 同②。

颁布了有关核材料和核两用物品出口的法规，即《中华人民共和国核出口管制条例》以及《核两用品及相关技术出口管制条例》，1993 年 7 月，中国正式承诺，在自愿的基础上，向国际原子能机构通报所有核材料的进出口、核设备及相关非核材料的出口情况。1998 年中国正式批准了国际原子能机构附加议定书，承诺向该机构申报与无核武器国家进行核合作的有关情况①。2006 年和 2007 年又对之前颁布的两项出口管制条例进行了修订，2010 年又批准了《制止核恐怖行为国际公约》，2012 年出台了《核进口政府承诺管理办法》。这些法规条例的实施都对核安全工作的进一步开展产生了巨大的作用。

作为核能与核技术应用大国，核安全是我国国家安全的重要内容。2014 年 3 月，习近平主席在荷兰海牙举行的第三届以“加强核安全、防范核恐怖主义”为主题的核安全峰会上指出，要构建“发展和安全并重、权利和义务并重、自主和协作并重、治标和治本并重”的中国核安全观。同年 4 月，习近平主席在中央国家安全委员会上首次提出了“总体国家安全观”的概念，将核安全正式列入国家安全体系。2015 年 7 月 1 日起实施的《中华人民共和国国家安全法》第三十一条明确规定国家坚持和平利用核能和核技术，加强国际合作，防止核扩散，完善防扩散机制，加强对核设施、核材料、核活动和核废料处置的安全管理、监管和保护，加强核事故应急体系和应急能力建设，防止、控制和消除核事故对公民生命健康和生态环境的危害，不断增强有效应对和防范核威胁、核攻击的能力。

与此同时，核攻击、核扩散、核事故和核恐怖主义具有跨越国界的影响，核安全风险在世界范围内长期存在，核安全已经成为威胁全球安全的重大挑战，关乎到世界和平发展和人类的共同命运。2016 年，习近平主席在华盛顿核安全峰会上的讲话中强调：“确保核安全应该强化国际合作，推动协调并进势头。核恐怖主义是全人类的公敌，核安全事件的影响超越国界。在互联互通时代，没有哪个国家能够独自应对，也没有哪个国家可以置身事外。在尊重各国主权的前提下，所有国家都要参与到核安全事务中来，以开放包容的精神，努力打造核安全命运共同体。”② 中国在此基础上落实的很多政策措施，充分体现了中国作为一个大国的国际担当。从 2015 年对伊朗问题的中美合作（改造伊朗阿拉克的重水反应堆），到在北京建设的核安保示范中心，再到近两年核立法工作取得的重大进展（2017 年出台《中华人民共和国核安全法》并积极推进《原子能法》的制定进程），中国一直都在致力于促进全球的核安全国际合作，为防止国际核扩散、核事故作出了巨大贡献。

---

① 杜衡：“中国防扩散出口管制政策研究（1949—2009）”，上海外国语大学硕士学位论文，2009 年，第 11 页。

② “习近平在华盛顿核安全峰会上的讲话（全文）”，新华网，http：//www.xinhuanet.com/world/2016－04/02/c_ 1118517898.htm.

近年中国在核安全方面的工作取得明显进展。截至2019年6月，中国已经颁布了《民用核设施安全监督管理条例》、《民用核安全设备监督管理条例》、《核材料管制条例》和《核电厂核事故应急管理条例》等9部行政法规，发布部门规章30余项和安全守则100余项，制定了与核安全相关的国家标准和行业标准共1000余项，31个省、自治区、直辖市制定了地方性法规文件200余篇[①]。中国不仅强调在核安全方面的国际合作，更体现出作为国际核安全事业的引领者和大国风范。2019年9月3日，国务院新闻办公室发表首部《中国的核安全》白皮书，指出党的十八大以来，中国的核安全事业进入安全高效发展的新时期。在核安全观引领下，中国逐步构建起法律规范、行政监管、行业自律、技术保障、人才支撑、文化引领、社会参与、国际合作等为主体的核安全治理体系，核安全防线更加牢固[②]。

四、核安全方面存在的问题及对策建议

根据NTI核安全指数对全球核安全走势以及中国核安全具体状况的分析表明，在全球范围内各国普遍加强了核安全改善工作步伐，但依然存在很多问题亟待解决，诸如国际范围内以及各国内部核安全相关法律法规的缺乏、核材料的监管不足、全球面临的恐怖主义风险增加、风险环境的恶化、核材料和核设施面临的严峻网络威胁。基于此，本文归纳与总结出防范核安全风险、有效维护核安全的几点对策建议。

（一）健全核安全法律法规体系

核安全指数报告指出，必须在国际范围内加强核安全法律基础，想要建立各国都能实施的共同指导方针，所有国家都必须加入《制止核恐怖主义行为国际公约》和《核材料实物保护公约》，通过遵守和参与核安全国际条约和准则，加强现有的法律框架，使之成为全面全球核安全体系的一部分。各国应签署和批准重要条约，在批准前自愿履行条约要求，落实国际原子能机构核安全指导。

在致力于核安全的改善工作上，中国在向先进国家吸取经验的同时也极为关注国际上提出的最新安全要求，在此基础上进一步完善立法工作，走在世界前端。但

① “中国首部核安全白皮书发表（全文）”，新浪网，http：//mil. news. sina. com. cn/china/2019 - 09 - 03/doc - iicezueu3038098. shtml.

② “国务院新闻办发表《中国的核安全》白皮书”，中国政府网—国家能源局，http：//www. nea. gov. cn/2019 - 09/06/c_138370967. htm.

是，中国的核安全法律体系和美、法等国相比，缺乏顶层设计、统筹协调等问题，应进一步完善[①]。中国还应该进一步完善国际公约、加强国内涉核法律法规和刑事立法之间的紧密衔接，向构建核安全保障刑事法网的方向努力[②]。

（二）改善核材料和核设施的国家管理

核安全指数报告指出，随着核能的使用在全球范围内蔓延，必须保持核能在利用过程中的安全。各国应努力最大限度地减少使用可携带的核材料，并在可能的情况下减少或消除这些材料的储存。核材料的运输应该设计和实施物理保护系统，严格履行国际原子能机构《关于核材料和核设施实物保护的核安全建议》中的要求[③]。没有安全保障的核材料很容易遭到偷窃或在黑市上销售，加之恐怖组织曾公开宣称希望使用核武器的事实，令情况变得十分危险。更有数据显示，在 1997—2016 年这 20 年间，全球共发生了 2230 起涉及核材料或其他放射性材料的非法转运、非法拥有和使用案例。这其中也有一些走私团伙向宗教组织、极端组织贩卖放射性材料的事件[④]。在最近 15 年内，此类案件更是愈演愈烈，从 2003 年开始，几乎每年都有 100 起以上的类似案件发生，而在 2006 年更是达到了 280 多起[⑤]。《2017 年国际恐怖主义态势报告》中指出，恐怖组织正把网络攻击的目标转向重要基础设施，企图制造技术性事故和生态灾难[⑥]。由此看出，全球面临的核恐怖主义威胁很大。

因此，各国应该建立严格的保护措施和安全系统，同时，根据现存的核材料质量和数量等，进行分层次和分类管理。对于存储核材料的场所应该严格把关，比如守护人员必须经过专门训练并配有一定装备，以应对可能发生的紧急情况，进出场所都必须持有专门证件，对那些接触过核材料的人员都应该进行彻底检查，对所有的库房或容器都应该有相应的标签或记载，并随时检查是否有未被授权的挪动等行为的发生。负责核安全与保障的组织必须跟上新出现的物理技术和数字技术，这些

---

① 胡帮达："中国核安全立法的进展、问题和对策"，《科技导报》，2017 年第 13 期，第 57 页；刘冲："中国核安保的形势及政策"，《现代国际关系》，2016 年第 3 期，第 5 页。

② 贾健、杨雪嵋："核安全刑法保障的缺陷与立法完善"，《广西警察学院学报》，2019 年第 6 期，第 12 页。

③ IAEA, "Security of Nuclear Material In Transport", 2015, https://rowman.com/isbn/9789201020154/security-of-nuclear-material-in-transport-iaea-nuclear-security-series-no.-26-g.

④ 张继龙、周志波、高雪梅、刘立坤、田川："核法证学：打击非法贩卖核材料的利器"，《科技导报》，2016 年第 15 期，第 63 页。

⑤ 沈同强、张文宇："认清当前核安全威胁形势，提升军队核应急处置能力"，《核安全》，2018 年第 3 期，第 12 页。

⑥ 宋汀、曹伟："2017 年上半年国际恐怖主义态势报告"，《中国信息安全》，2017 年第 9 期，第 16 页。

技术可能会增强对核监测、安全和保障构成威胁①。同时，核安全指数报告还指出，各国政府应努力在保持政治稳定和有效治理的同时减少包括腐败、犯罪和恐怖主义在内的非法活动。有政治风险因素的国家应加倍致力于核安全，以确保其材料和设施得到妥善保障。

（三）加强网络安全，重视核安全管理体系建设

NTI 核安全指数结果显示，大多数国家对网络安全威胁的防御仍然不足。2010 年攻击伊朗核设施的震网病毒向整个世界展现了网络攻击的威力巨大，随着核设施越来越依赖数字系统，每个国家都有责任和义务来应对这种来自网络空间的新型威胁，从而保护国内的核设施免受网络攻击，对于国内一些敏感的数字资产必须加强保护，安装报警系统、闭路监测系统等一些可以探测到外来人员闯入的设备是极为必要的。有报告指出，成功阻止网络攻击的一个路径是以系统漏洞为中心，网络运营商不再对攻击者的花样攻击做出持续的反应，而是通过减少系统的漏洞来提高安全性②。同时 NTI 核安全指数指出，各国应该进一步提高网络核专家的质量和数量。核安全白皮书中也明确指出，要实行核安全、辐射安全以及辐射环境管理三个方面的统一有效的独立监管，建立总部机关、地区监督站、技术支持单位“三位一体”的核安全管理体系，加强监督检测工作，培养壮大核安全方面的专业人才队伍③。

（四）防范核恐怖主义，加强国际合作

核能发展本身的特性决定了维护核安全并不是单个国家的事情，在一个国家发生大型核事故，将会影响到很多国家，必须加强国际合作。NTI 指数报告也指出，核恐怖袭击世界上任何一座城市都将是一场灾难，因此确保可用于武器的核材料的安全是最关键的一步④。各国应该最大限度地截断可能的核材料流失途径，不断加强打击核走私活动的力度，致力于建立一个国际层面的核安全体系，以守好防范恐怖组织的国际防线。2017 年 4 月 25 日，消灭核威胁倡议组织和中国现代国际关系研究院联合举办了一场以场景为基础的桌面模拟活动，重点讨论中美两国如何加强

① Martin P. G., Tomkinson N. G., Scott T. B. The future of nuclear security: Commitments and actions – Power generation and stewardship in the 21st century [J]. *Energy Policy*, 2017, 110: pp. 325 – 330.

② NTI, “A New Approach to NuclearComputer Security”, June 2015, https://media.nti.org/pdfs/A_New_Approach_to_Nuclear_Computer_Security_xBVv4RR.pdf.

③ “中国首部核安全白皮书发表（全文）”，新浪网，http://mil.news.sina.com.cn/china/2019 – 09 – 03/doc – iicezueu3038098.shtml.

④ NTI, “Building a Framework for Assurance, Accountability, and Action”, January 2012, https://www.nti.org/analysis/reports/nti – nuclear – materials – security – index/.

合作，应对潜在的核危机。与会者一致认同继续加强美中关系的重要性，中国应与其他国家开展合作，防止潜在危险局势升级[①]。中国尤其重视国家间关于核安全政策和管理的交流与合作，已与法、美、俄、日、韩以及“一带一路”沿线国家签订了 50 多份核安全协议，并积极分享这方面先进的技术与经验，不断为加强核安全工作贡献智慧和力量，世界各国更应该携手并进，共同推动核安全治理工作的进程，打造核安全命运共同体[②]。

原载《和平与发展》2020 年第 3 期。

① NTI, “Joint Simulation Encourages U. S. – Chinese Cooperation to Address Nuclear Crises”, May 8, 2017, https: //www. nti. org/newsroom/news/joint – simulation – encourages – us – chinese – cooperation – address – nuclear – crises/.

② “中国首部核安全白皮书发表（全文）”，新浪网，http: //mil. news. sina. com. cn/china/2019 – 09 – 03/doc – iicezueu3038098. shtml.

新时代生命安全与治理变革[*]

白云真[**]

摘　要：新冠肺炎等生命政治议题，是以人民安全为宗旨的总体国家安全的重要组成部分，既考验着我国治理体系和治理能力，更彰显着新时代中国特色社会主义制度优势与自信。为此，有必要以唯物史观和中国生命安全与治理历史性实践为基础，借鉴哥本哈根学派的安全化及其言语行为方法、福柯有关生命政治及其治理技艺，分析生命、健康、卫生等人口因素及其治理考验，阐述其中富有中国智慧的安全化进程及其治理实践，进而从治理主体、治理机制、治理手段、治理能力等方面提出生命安全与治理变革的对策性思考。在生命安全化进程中治理技艺必须基于中国总体国家安全，力求做到自我治理、家庭治理（社会治理）、国家治理与全球治理（天下治理），统筹行政治理与安全治理，推进经济治理与财政治理，提升伦理和知识治理，改进数字和信息治理。

关键词：新冠肺炎　生命安全　总体国家安全　政治化　安全化　公共治理　国家治理体系

中图分类号：D032　　**文献标识码：**A

如若我们要更密切地审视艾滋病、非典型肺炎、新冠肺炎等生命政治议题，那么就有必要考虑安全化及其治理技艺问题，着眼于国家治理体系和治理能力中对自我和他人的治理这一根本议题。在福柯看来，“现代的政治问题是完全与人口紧密相连的。其系列是：安全机制—人口—政府治理和人们所说的‘政治’这个领域的开放，所有这些，我认为都构成了应当加以分析的系列”[1]95。全球时代生命健康和公共卫生不仅是刻不容缓的治理实践问题，也是义不容辞的理论创新问题。一方

---

* 基金项目：北京高校高精尖学科“战略经济与军民融合”交叉学科支持项目（GJJ2019163）。

** **作者简介：**白云真（1975—），男，山东临沂人，中央财经大学政府管理学院副教授，国防经济与管理研究院兼职研究员，博士，博士后，主要研究方向为政治经济学与国家安全。

面，要发挥新时代我国治理体系和治理能力的制度优势，因时而变地推进国家治理体系和治理能力现代化；另一方面，要聚焦生命安全化及其治理实践经验，既要为生命安全化和治理挑战提供智力支持，也要进一步推动国家安全以及治理理论与方法创新。

唯物史观从主体意义上把握人所处的客观现实，以政治经济学视角审视上层建筑、国家形式，为我们理解生命安全议题领域的国家治理体系和治理能力提供了世界观和方法论。它将社会的人类作为解释与实践的立脚点，强调人活动或实践的历史性，人的基本物质生活需求制约着生命安全化及其治理技艺，因而治理实践必须着眼于解决生命性存在及其物质生活的矛盾。中国国家治理体系和治理能力植根中国大地，具有深厚的中华文化根基，体现了中国共产党人对国家治理体系和治理能力现代化的历史性探索。“中国特色社会主义制度和国家治理体系具有深厚的历史底蕴，具有多方面的显著优势，具有丰富的实践成果。”[2]因此，马克思主义的世界观、方法论，以及中国共产党人的国家治理实践，为生命安全化及其治理提供了根本遵循与历史借鉴。

因为生命安全涉及健康、卫生等议题领域存在性威胁的主观认知和判断，所以值得关注的是以巴瑞·布赞为代表的哥本哈根学派所强调的安全化过程中的公共政策和公共治理。在其看来，“理论上，任何公共议题都处于从非政治化（意指国家并未予以解决，而且该议题也没有以任何其他方式成为公众争论和决策的议题）到政治化（意味着该议题成为公共政策的一部分，需要政府决策和资源分配或者更少见的是一些其他形式的公共治理），再到安全化（意味着该议题作为一种存在性威胁而存在，需要采取紧急措施，并为超出正常政治程序范围的行为提供正当性）的这一范围的光谱之中”[3]23-24。哥本哈根学派将安全议程拓展到社会安全等领域，将安全指涉对象扩展到个体，并且区分了政治化与安全化。此外，福柯以生命政治关注健康等人口因素所实施的治理技艺，强调对人的治理实践所使用的政治经济学和人口统计学手段。某种意义上，福柯不但强调在东方文明寻找对人进行管理的观念源头，而且以生命政治命题延展了马克思主义有关人的主体性论述。当然，我们要摒弃福柯所暗含的新自由主义治理模式，反而可借此回到唯物史观及其政治经济学，进而与生命政治中的治理实践承接起来，因为福柯长于理论批判，却拙于实践理性。笔者并不试图将生命安全化及其治理纯粹建立在理论和方法上，而是建立在不断变化的治理实践及其经验的基础上。那么治理技艺在实践上必须立足于中国社会政治文化语境，基于中国总体国家安全及其物质精神需要、中国治理当代实践，力求践行“修齐治平”治理观，夯实治理技艺的政治经济基础以及伦理知识基础。

一、生命安全的人口因素及其治理考验

在全球时代，个人以及政府在行为和组织方面都发生了深刻变革。“全球性至少在五个方面使我们超越了现代性的种种假设。这五个方面是：由全部人类活动造成的全球性的环境后果；由具有破坏性的武器导致的安全感的丧失；通讯系统的全球性；全球性经济现象的涌现，以及全球主义的反省性——在有这种反省性的地方，人们和各种团体都以全球作为自己确定信仰的参照系。”[4]9 在这一全球性进程中，中国日益深入参与到全球政治经济信息诸多领域全方位的互联互通之中。在中国这一多民族国家中，人口与政府都是重要的必要因素，因而也是生命安全化及其治理考验的影响因素。以唯物史观观之，无论是安全化的指涉对象，还是治理主体，都是活生生的人，因而我们需要将安全化视为人的治理实践去理解，从人的主体去理解生命安全治理所形成的新治理秩序。

（一）生命安全的人口因素

随着快速的城镇化、全球化、信息化等，动荡、危险也与其相伴而来，尤其是传染病及其防治日益超越传统国家疆界。如今，在工业社会、信息社会等形态并存的中国，人与人之间的联系更具流动性和个体化。相比于乡土社会，中国人当下更处于城市社会之中。“传染病的传播速度与受影响的人口网络结构和病毒的毒性具有极大的相关性。”[5]18 至关重要的是，在生命安全中人并不是孤立的个体，而是一个群体的方方面面。“全部人类历史的第一个前提无疑是有生命的个人的存在。因此，第一个需要确认的事实就是这些个人的肉体组织以及由此产生的个人对其他自然的关系。”[6]519 可以说，无论是普通民众，还是医务人员，首先必须能够生活下去，“但为了生活，首先就需要吃喝住穿以及其他一些东西”[6]531。那么，生命安全化就需要注意人的基本需要这一事实的全部意义和范围，并给予应有的重视。只要观察与理解人能动的生活过程，才能从社会中人的角度去思考生命安全的人口因素。“这些个体根本上来说只以生物学的方式与他们所生活在其中的物质性发生关系。”[1]28 由此，人的一切行为要素都需要被纳入生命安全化进程中的治理范畴加以考虑。

福柯认为：“与治理相关的是一种由人和东西构成的复合体。也就是说，治理所处理的东西实际上就是人，只不过这个人是与财富、资源、物资、领土这些东西关联和交织在一起的人。”[1]125 在生命安全化中，与治理相关的是那些与传染病相关的人及其足够的生活物资、医疗保障等，因而有必要将人口纳入政治、安全与治理的总体战略中。由于人这一社会关系的总体性或整体性，因而生命安全化需要整体的权力机制和治理体系。有别于常规的行政治理和经济治理，生命安全某种程度上预示着治理安全化、社会化。生命安全所涉及的治理是对人的治理，因而本质上首先应当考虑每个人要做什么，进而需要将其理解为一种调节，因为只能通过每个人的努力，公共治理才能有效运行。如今，人们日益跨越国界而参与到跨国交往与事务之中，参与到全球时代的大规模流动中，成为鲍曼所称的“流动性社会”的一员，不仅仅局限于整个国家范围，全球时代生命安全化进程的治理实践呈现出新的区域和全球考量。“在更直接的层面上，现代发达的空中交通助长了全球范围内人与人之间疾病的交互传染。”[7]118在风险和威胁面前，每个人都身处休戚与共的命运共同体之中，由此将催生一种超越领土疆界的新治理形式。

（二）生命安全治理考验

在生命安全这一特殊议题中，经济发展等以往的优先目标相对而言并不是公共治理的优先事项，从而使治理对象从具体的个人转向了群体的生命和命运问题。然而在生命安全这一议题领域的治理实践中，决策者往往承继着过往的治理目标，使用着原有的治理主体、治理机制、治理手段、治理知识等，无法适时应变突发性生命安全事件。当涉及人民生命安全与身体健康的群体行为和生活成为治理目标时，新的国家治理理性和国家治理理由便出现了。

1. 生命安全治理目标。政治稳定和经济发展往往是过往的优先治理目标，生命安全议程则处于次要或边缘的治理事项之中。中国地方决策者最初没有及时地将人的健康和卫生视为存在性威胁，没有太多地顾及社会秩序与民众生存的非传统安全，没有及时地从常规政治转向国家安全议程，尽管中央高层领导在各种讲话和报告中一直都强调要具有风险意识，防止出现“灰犀牛”、“黑天鹅”等事件，要求中央各部门以及各级政府做出切实可行的预案。习近平再三强调要提高防控能力，着力防范化解重大风险。2016 年 8 月 19 日，习近平在全国卫生与健康大会上发表重要讲话时指出，预防是最经济最有效的健康策略，要坚定不移贯彻预防为主方针，努力为人民群众提供全生命周期的卫生与健康服务。2018 年 1 月，习近平在学习贯彻党的十九大精神专题研讨班开班式上列举了 8 个方面 16 个具体风险，强调像“非典”那样的重大传染性疾病，也要时刻保持警惕、严密防范。

传染病防治不仅仅是公共卫生议程，而且关涉国家安全、国际安全。总体国家安全观坚持以人民安全为宗旨，重视国民安全、社会安全等非传统安全，然而在具体实践中涉及决策者的主体间性理解。在哥本哈根学派看来，什么是存在性威胁取决于对安全威胁的主观理解。“‘安全’是使政治超越既定的游戏规则，而将问题框定在一种特殊的政治或在政治之上的行动。因此，安全化可以被视为一种更极端的政治化。”[3]23但公共卫生相对还是处于弱势地位，因此起初人的健康和卫生问题往往并没有被成功地政治化，更不用说安全化了。当然，这也涉及谁是安全化的行为体问题，政府抑或个人。

2. 生命安全治理机制。人的健康和卫生所提出的问题并不仅仅是与统治权这一形式相联系的政治权力问题，而是控制流通问题，是人口的安全问题，也就是中国境内外人的生命安全问题。在福柯看来，广义的流通“包括移动、交换、接触、散布、分配”[1]80。由于危及健康和卫生的传染病，一大群人因此受到生活所特有的整个过程的影响。对人口的理解和分析需要将其视为各种要素和关系的总和，即与人这一生物类别有关，也与全面的干预性治理措施有关，以改变人们的生活和行为方式与态度。“治理的目的则存在于它治理的事物中，存在于对治理所指导的过程的完善和强化中；治理的工具不再是法，而是多种多样的策略。”[1]129由此，国家治理需要不再拘泥于个人与组织之间墨守成规的规则和程序，而是以特定政策工具以决定性的方式重塑生命安全化进程中的社会关系，加强劝说与引导，避免恐慌。“对人口的治理是与统治权的作用完全不同的东西，这种不同是彻底的，直至个人行为的最细微处。我觉得，这里所说的是两种截然不同的权力布局。”[1]83因此，有别于司法法律的规训性惩罚机制，调节性安全机制显得更为必要。面对更广泛的人口中出现的且会持续一段时间的生命安全问题，除了传统治理模式中的惩戒机制之外，政府必须建立与之不同的机制，以从总体上或整体上对生命安全的决定性因素加以干预。“通过总体机制，来获得总体平衡化和有规律的状态；简单说就是对生命，对作为类别的人的生理过程承担责任，并在他们身上保证一种调节，而不是纪律。”[8]270生命安全完全依靠惩戒机制难有成效，需要以疏通机制为要。

3. 生命安全治理知识。由于人口因素成为关键性政策议题以及对其加以调节所需的机制，因而在生命安全中国家治理的重心发生了位移，由此治理被纳入生命领域的整体之中。如福柯的生命政治学的概念所表明的，作为人这一生物类别的大众受到生命特有的整体过程的影响。这一过程“与所有经济和政治问题相联系，构成了知识的首要对象和生命政治学控制的首要目标”[8]266。这时人的生命安全与身体健康在政府权力机制与治理道术方面成为最重要的政策议程，需要政策工具。“政策工具有赖于一种有关威胁的背景知识及其应对威胁的方式。”[9]16然而在生命安全化之初，中国地方决策者时常没有摆脱知识及其短视与自私的束缚，特别是他们并不明白掌握了权力并不等于掌握了治理的艺术。因此，这需要一些新的治理知识，需要特定的知识实施治理，即福柯所称的医学公共管理或公共卫生管理。“由于针对人口、针对活着的人的生命权力，由于这个权力的新技术，出现了一种连续的、有学问的权力，它是‘使人活’的权力。”[8]269有关安全手段及其特性的知识，反映了公共行动所旨在应对的某种威胁。当然，即使我们对生命安全有很深刻的理解，然而若没有关于政策工具的有效知识，政策工具也无法取得有效的效果。

在生命安全化进程的公共治理中，政府不仅要守土有责，而且要负担起生命的责任，然而最初中国地方决策者往往受制于自己偏狭的政治观，缺少必要的专业知识。“为了以一种理性的和反思性的方式进行有效的治理，政府必须把所有关于人口的观察资料和知识都考虑进来。”[8]137 尤其是，政府应承担起公共卫生治理的责任，协调医疗、集中信息并且规范知识，进而确定公共治理的领域与范围。专业知识对于公共治理是必不可少的，否则公共治理必然会受阻，即使专业官员和学者提供相应的建议。“公共卫生官员和生物科学家等知识群体最适合激发关于疾病的不稳定潜力的更多创新思维，但他们通常不关注微生物挑战的安全相关方面。相比之下，这些行动者倾向于将注意力集中在病媒传播能力、致病性流行病学和疫苗研发等问题上，而这些问题都无助于改变决策者和政策规划者的威胁认知。”[7]131 行政决策者需要在广泛搜集信息与征求意见的基础上审慎地进行判断。然而中国地方决策者往往遵循法律法规的指令性规则，而对于指导性规则无所适从，固守教条主义，有常无变，缺乏变通和审慎。

总而言之，在生命安全化进程中政府所接触到的并不完全是社会，也不是个人肉体，而是“复杂的实体，按人头数算的实体，如果不是无限的，至少也不一定是可数的。这就是‘人口’的概念。生命政治学与人口有关，人口作为政治问题，同时作为科学和政治问题，作为生物学问题和政治问题”[8]269。人口成为治理的最终目的或手段，而超越了所有其他东西或目标。如受马克思影响的批判安全研究者所认为的，安全从根本上而言最终指向“人类的身体、物质性存在和经验”[10]23。生命安全意味着对每个具体个人全方位的负责，而且要引导他们走向健康的生活。虽然制度是公共治理的重要因素，但并不是决定性因素，决定性因素是人而不是制度。然而在生命安全化起初，治理艺术仅仅被限于行政制度性治理中，或者说很大程度上并没有依托行政性制度加以管控，从而某种程度上呈现出国家治理与自我治理等不同治理形式相脱节的现象。

二、生命安全化进程及其治理实践

一切治理方案只能是战略性和计划性的，往往在偶然性事件来临时行不通，需要根据时势相机而动。然而，由于生命安全化及其公共治理本质上是社会实践，因而生命安全化进程及其治理需要在人的实践中及其理解中才能得到合理的解决和有效的控制。生命安全化的言语行为并不仅仅是策略性提示，而是治理实践之始。人民战争的隐喻预示着中国政府与社会以整体的眼光和方法，运用整体化的权力开展公共治理，因而只有以总体性治理策略为出发点，我们才能理解新时代中国特色社会主义的制度优势。

（一）生命安全化进程与动力

在生命安全议题领域中，领会生命安全化进程与动力具有更重要的意义。在这一进程中，党中央把非典型肺炎、新冠肺炎等传染病视为对人民生命和身体健康的威胁，将其纳入安全的议题并采取紧急措施。哥本哈根学派认为，安全化进程类似于语言理论中的言语行为。“安全并不是指更真实的东西；话语本身就是行为。”[11]53生命安全化进程体现了以特定的言语行为调整、适应、劝导与说服、动员的过程。国家领导人往往界定着某一议题是否属于安全范畴，而且以安全化这一手段解决这一议题的存在性威胁。“言语行为的性质与个人或群体密切相关，并受到他们的资源和对重要受众的影响的强烈影响。”[12]154安全化就是使得非典型肺炎、新冠肺炎等被党中央宣布为存在性威胁而成为国家治理主体所涉及的安全问题，以显示政府决心，增强抗疫信心。正所谓，“志以发言，言以出信，信以立志，参以定之”[13]532。

像战争是政治的继续一样，生命安全就是政治，本身就是政治性行动，因而在生命安全化进程中政治动员对象逐渐扩大。2020 年 1 月 20 日，习近平作出重要指示，要求各级党委和政府及有关部门要把人民群众生命安全和身体健康放在第一位，制定周密方案，组织各方力量开展防控，采取切实有效措施，坚决遏制疫情蔓延势头。国务院总理李克强主持召开国务院常务会议，进一步部署新冠肺炎疫情防控工作。安全化的一个关键进程，就是一国政府有能力将生命安全的威胁传递给更多的人。特别是在春节当天，即 2020 年 1 月 25 日，习近平主持中共中央政治局常务委员会，研究新冠肺炎疫情防控工作。

由于战争与传统国家安全观密切相关，因而战争的隐喻意味着生命安全高度的政治化和安全化。特别是 2020 年 2 月 10 日，习近平在北京调研指导新冠肺炎疫情防控工作时要求，紧紧依靠人民群众，坚决打赢疫情防控的人民战争、总体战、阻击战。人民战争的隐喻象征着思想和行为在生命安全领域的运作方式，形成民族大众的集体意志，受众则通过辨别和判断隐喻及其所言说的主题内容来判断党中央的意图。在打赢疫情防控人民战争这一根本性、全局性、关键性重大问题上，生命安全化及其公共治理要一切为了人民、一切依靠人民，动员党政军民学共同努力，汇聚起维护国家安全的强大力量，夯实公共治理的政治社会基础。

一般而言，国家是任何安全化进程中的关键行为体。“亚洲的安全化基本上是国家行为，意味着国家在决定哪些议题安全化、何时安全化以及安全化的方法中起到重要作用。”[14]247事实上，生命安全化是由不同行为体社会建构而成的。各级领导者定期的公共言论，特别是高级领导者对于安全化进程是至关重要的。整个政府都行动起来，言说起来。除了党中央国务院之外，其他各级政府也许会将生命安全提到全面考虑的水平。非典型肺炎、新冠肺炎等被界定为安全事务，意味着这一议题比其他任何议题都更为重要，获得绝对优先讨论和应对的地位。为此，政府要求以非常方式加以管控，打破了常规例行的政治规则和运行机制。安全化进程是对非典型肺炎、新冠肺炎等传染性疾病共有的集体反应和认识过程，意味着要求采取紧急行动或非常措施。

中国政府将非典型肺炎、新冠肺炎等生命安全议题视为国家安全问题，而非仅仅是健康问题。一般而言，疾病如若任其蔓延，可进一步“（1）削弱公众对政府应对能力的信心；（2）扭曲经济增长；（3）破坏维系特定整体的基本结构；（4）加剧区域紧张和猜疑；（5）以生物战争和生物恐怖主义从战略上挑战区域和国际体系现状”[7]117。传染性疾病等生命安全议题不仅关系到人民健康、社会安定，而且影响到国家长治久安。由此，党中央把人的健康和卫生这一议题安全化了，进而将人的生命安全与生物安全、粮食安全、社会安全、经济安全等整合在总体国家安全框架之中加以思考。

（二）生命安全治理实践

安全化的举措可以界定为“把一个问题公开地说成是国家的威胁，并伴随着采取行动的策略”[15]。仅仅从威胁角度谈论不足以构成安全化行为，也需要政策行动。如若人的健康和卫生成为国家安全问题，那么国家需要考虑如何使威胁的认知体现在政策行动之中，以及政治措施是否与安全需要相一致。正是由于对生命安全这一特殊问题的认识及其从政治、经济治理领域中相对分离出来，治理问题才最终得以暂时在统治权的法律框架之外加以思考和计划。

生命安全化意味着需要一种新治理方式，以采取紧急措施，重新配置资源，改变政治习惯，保持信息流通。布赞等认为，“安全言语行为并不是通过说出安全这个词来定义的。至关重要的是，必须确定需要采取紧急行动或特别措施的存在性威胁，并得到大量受众的接受”[3]27。安全化的政策工具是政治性的，因而公共治理工具的选择及其成效取决于政治因素，需要大规模协调、政治动员。那么政府需要聚力于纯粹人口方面的后果，维持总体平衡，贯彻防治结合、联防联控、群防群控。“传统上集中于狭隘的、以国家为中心的国内体制结构将必须扩大和发展，以适应对更广泛的社会利益产生影响的挑战。在国防、司法、情报、公共卫生、农业和环境等历来各司其职的机构之间，也将需要加强合作，并需要新的行政职能来协调这种多方面的反应。”[7]131尤其是以习近平为核心的党中央强调要把人民群众生命安全和身体健康放在第一位，把生命安全作为最重要的工作，总揽全局、协调各方，发挥治理的整体效能。正是由于生命安全化进程中公共治理具有全面的总体性治理特征，因而多部门统筹协调，形成联防联控机制。

生命安全化及其治理是立足于我国国家治理体系和治理能力现代化的历史性实践。“在安全化进程中，先前的安全考量或已有的行动框架很重要。”[14]249生命安全治理涉及管控、维持、分配和重建社会关系，涉及利益相关者的数量、生活必需品、健康、人的共存和流通。公共治理需要在一个相对强有力的场域里展开，在一个由必要的、足够的程序构成的制度中解决物质生存问题，有能力提供必需的粮食、用品和住宿等。对于生命安全治理而言，最宝贵、最重要的是全方位的保障。生命安全治理要为活着的人及其环境，尤其是生存环境负责，调整具体政策，动员与供给资源，体现出新时代我国治理体系和治理能力的制度优势。

三、生命安全治理变革路径

非典型肺炎、新冠肺炎等生命安全问题凸显了个人与社会所面临的威胁和不安全，为思考治理技艺提供了背景性事件。除了应急机制、问责机制等，笔者认为生命安全治理需要从治理观念、治理机制、治理手段、治理能力等方面加以推进，持经达变地推进“人心惟危，道心惟微；惟精惟一，允执厥中”这一动态平衡的治理哲学的创新性实践，遵循毛泽东在《实践论》中所强调的辩证唯物论的知行统一观，形成总体性治理体系，避免新自由主义治理模式。

（一）践行“修齐治平”治理观

生命安全治理实践应该与中国传统的“修齐治平”四位一体治理观念和实践形成一个连续的统一体，使自我治理、家庭治理（社会治理）、国家治理、天下治理（全球治理）实质地连续性构成整体性生命安全治理。国家治理往往强调和确立这些治理之间的实质性分离，然而在国家治理现代化及其治理艺术中，治理任务可同时在自我治理上至天下治理、自天下治理下至自我治理两个方向拓展和延伸，从而保证各种不同治理形式的连续性。一方面，国家治理者首先要学会如何治理自己，然后学会如何治理家庭，最后才能成功地治理国家；另一方面，当国家治理运转良好时，家庭与个人应该把国家良好治理的原则传递到个人行为和家庭治理中。

在生命安全治理中，每个人都应该被治理，而且应该进行自我治理，不管其年龄、身份和地位。关注自我不仅是个生活原则，而且是个非常重要的治理实践。生命安全治理的关键在于家庭治理，因为生命安全化及其治理的效果与人口的聚集本身密切相关。在生命安全治理时，由于家庭卫生压力等，“家庭成为人口内部的要素和治理人口的基本中继”[8]135。因而生命安全治理需要植根于中国社会文化，以此探寻家国同构的当代治理模式，使家庭成为生命安全治理的有力治理主体，尽管生命安全现象不能化约为家庭个别现象的简单相加。在生命安全中，由于传染性疾病的威胁性以及不同国家之间的经济利益冲突，全球治理特别是全球卫生治理显得更为迫切，也颇为复杂。“卫生治理的首要和最明显的目标，是通过治疗疾病和防止小暴发成为全球大流行，减少疾病对人类的负面影响。”[16]130为此，中国与日本、韩国以及世界卫生组织等一起探讨加强跨国和地区联防联控机制，联合采取适当的、必要的跨国治理措施，有效地阻止传染性疾病跨国扩散，共同维护好地区和全球公共卫生安全，以“构建卫生领域人类命运共同体……提升公共卫生事件应对能力”[17]。

（二）统筹行政治理与安全治理

生命安全治理技艺需要克服不同治理形式之间彼此分离的障碍，因而这需要将其置于一系列总体进程中加以考察。一般而言，生命安全更有赖于调节机制，然而传统行政治理的惩戒机制并非与其完全相分离，而是相辅相成的。“在大部分情况下，权力的惩戒机制和权力的调节机制，针对肉体的惩戒机制和针对人口的调节机制是相互铰接在一起的。”[8]274规训性的惩戒机制仍然在生命安全治理中发挥作用，而且行政治理在一些领域和方法上有所变化。一方面，行政治理需要以惩戒机制规范个人及其家庭的行为。如新加坡对疑似者、有密切接触史者 实施“强制休假令（Leave of Absense）”和“居家隔离令（Stay－Home Notice）”等，旨在减少社区传播。另一方面，行政治理需要以惩戒机制对生命安全治理中的虚报瞒报、弄虚作假、失职渎职等现象加大严肃问责力度。

传染病不仅影响到人们的生命安全和身体健康，严重冲击公共卫生治理体系，而且会引起诸多恐慌，进而影响到总体国家安全。其中关键在于，生命安全治理体系不仅要有国防安全和情报背景的卫生医疗人员，而且应有专门应对生物武器恐怖主义和生物武器战争的人员。

（三）推进经济治理与财政治理

生命安全治理的深入推进，需要进行各项必要和可能的经济建设，因为有效的经济治理才能争取物质条件，以确保生命安全治理的物质供给，保障人民群众的生活，激发生命安全治理主体的积极性，凝聚社会力量。如果不以经济治理开展经济建设，生命安全治理的物质条件就没有保障，安全治理主体在生命安全治理中就会感觉疲惫。生命安全治理有赖于一系列物质条件及其支撑，那么要有效解决生命安全治理，就必须从物质权力关系角度思考财政治理之策，解决人民的吃饭问题，控制生产和计划以分配资源。民以食为命，以货为资。因此，经济治理的政策原则就是进行一切可能和必须的经济建设。

财政治理是国家治理的基础和重要支柱，而且财政资源在生命安全治理中也会起到基础性的物质保障作用。财政治理不仅旨在满足特定历史时期的共同政治需要和共同经济需要，而且需要不断满足增长的社会共同需要，如教育、公共卫生等。如马克思所言："用来满足共同需要的部分，如学校、保健设施等。同现代社会比起来，这一部分一开始就会显着地增加，并随着新社会的发展而日益增长。"[18]433 政府财政卫生支出，尤其是疾病预防财政体系和应对流行病突发的财政能力尤为关键。

"一国的财政政策与行为不仅需要解决其自身的共同需要，而且随着跨国交往的日益频繁，越来越需要解决跨越国境的、特别是人类发展的共同需要，从而为地区与全球提供公共产品，推动构建人类命运共同体。"[19] 为解决人类命运的共同挑战，中国积极地向那些卫生系统较弱的国家提供适当的财政支持，以维护地区和全球公共卫生安全，推动构建人类命运共同体。

（四）提升伦理与知识治理

生命安全治理是由人来实施和改变的，那么，其中的关键就在于人的责任心及其行政伦理，因而人需要伦理地思考生命安全治理，以专业知识提升生命安全治理的成效。"葛兰西认为，历史唯物主义虽然常常将政治行动与经济领域相联系，但是它承认政治行动离不开伦理与文化的有效支持，而历史经济主义却将一切事情化约为技术利益和物质利益。"[20]198 那么，治理并不仅仅是把法律施加于人，而是以一些特别的手段将人引向合适的目标。治理并不完全按照法律政治模式加以控制，而且需要依据伦理知识模式关注自我、关注他人，以实现自我治理。如福柯所言："这一自我的文化尤其还具有祛病和治疗的功能。它更接近于医疗模式，而不是教育模式。"[21]82

加强生命安全治理不仅需要行政伦理，而且需要特定的治理知识，才能敏锐地洞察，精准地判断。"政治运作靠的是头脑，不是身体或心灵的其他部分。"[22]101 除了必要的协调和集中化的复杂制度之外，生命安全治理也有赖于大众的社会生物学的过程，即在人口的生物学过程中加以调节，进而实现生命安全治理目标。治理技艺不仅与国家行政治理的宏大机构有关，也与此行政机构相关联的知识相关。"为了以一种理性的和反思性的方式进行有效的治理，政府必须把所有关于人口的观察资料和知识都考虑进来。”[1]137治理者应当具备对生命安全及其能够达到且也应当达到的目标的知识、为达到这些目标所必需的解决事情的知识。

因此，有必要的是，力求生命安全治理中生物学知识与政治权力运用有机结合起来，利用领土国家或行政国家转向人口国家过程所产生的治理知识及其生物政治学思想体系，承担起整体生命的伦理责任。中国传统学问并不区分政治、经济、医学等，而是融为一体的。《黄帝内经》主张，上医治国，中医治人，下医治病。消除生命安全所面临的威胁，意味着政治学向生物学、治理知识向医学的重大转折，以保卫人们的生命安全，维系社会秩序的稳定。所以治理技艺之道，需要将医道与政道结合起来，以礼治、法治、人治探寻对人进行治理的方式和方法，摈弃新自由主义治理模式，以中国治理理念、中国治理智慧、中国治理方案彰显生命安全治理自信。

（五）改进数字与信息治理

生命安全治理不仅要效法、践行阴阳之道、辩证之治，而且要和于术数，以数据为始，与其相适应。至关重要的是，生命安全治理并不仅仅是对病毒感染者的排斥或隔离，而是阻止其传染的问题，做到应收尽收。因此，需要知道多少人感染了，什么年龄，死亡率、治愈率。“无论如何，正是当规训对治理人口变得重要起来的时候，规训才变得前所未有的重要，被赋予了极高的价值；对人口的治理并不仅仅意味着集体的、大规模的现象以及这些现象的总体效果层面，它还意味着对人口进行治理的深度和细节上。”[1]139因而，生命安全治理应建立起真实高效的数据收集、统计、反馈机制。

信息是生命安全治理中决策和治理的基础，因为生命安全治理的宏观机制需要微观基础的支撑。除了疾病信息调查、监测、疫情报告与评估机制，信息治理需要遵循信息适当公开透明的原则，防止信息盗窃、信息渗透，控制观念流通、意志流通和命令流通。然而信息搜集、处理、掌控、分配、传播是更大范围的社会政治环境的一部分。“规划与自由之间的选择一直是一种意识形态的建构。…… 一个灵活的、控制论式的中央计划系统，与数字化的个人偏好相连接，并将其输入到更大的框架中。”[23]生命安全信息治理不能仅仅停留在信息治理的技术方案上，要突破完全“自上而下”、“条块分割”的信息治理模式，清除信息治理的形式主义和官僚主义，从而能够以此反映社会动态变化，确保真实信息的有序、有效流动。

四、结语

确保人民群众生命安全和身体健康是治国理政的一项重大任务，而且生命安全关系到中国政府治理能力，那么只有致力于变革的治理技艺才能解决人的生命、健康、卫生这一特殊生命安全问题。在生命安全中，治理的基本内容应该是人们相互依存的一切形式，也即人所具有的社会性。人的生命、健康、卫生不仅是社会安全问题，而且是政治经济问题。国家治理形式“既不能从它们本身来理解，也不能从所谓人类精神的一般发展来理解，相反，它们根源于物质的生活关系，这种物质的生活关系的总和”[24]591。由此，从政治经济学来看，生命安全化及其治理有赖于行政和物质基础，因而行政治理和经济治理的有机统筹是重中之重。

尤其是，稳健、均衡的财政治理体系，需践行“正德、利用、厚生、惟和”的中国财政哲学观，遵循财政治理的逻辑而非纯粹市场的逻辑，明确中央政府与地方政府所承担的公共事务及其相应的支出责任，适时调整旨在加大一般性转移支付且完善横向转移支付的治理体系，赋予地方政府履行公共事务的财政能力，以确保公共财政收支与国家安全治理能力相一致，稳定公共债务和财政赤字，以较为足够的财政支出应对突如其来的生命安全危机，保持国家财政平衡、社会财富均平。

为此，有效的生命安全治理必须诉诸于一系列治理技艺，对诸个体进行监管与协调，对其状况进行诊断，对他们的心理结构和特殊病例进行分类。如果没有明确地和连续不断地参照，并调整规范，生命安全化及其治理就无法有效运行。与生命安全有关的治理技艺不仅涉及观念，更是一种现实，既关系到政治知识、治理技艺，也关系到治理理论创新、实践创新。生命安全治理实践是由共有观念和知识社会建构而成的，因而生命安全治理不能简单地理解为国家对生命的调节，实质上是作用于人口及其所处的环境，需要参照和利用治理知识这一工具，以调节性机制为主导的方式加强公共治理。“从今以后，健康，每个人每天的健康将成为公共管理应该长期考虑和干预的一个问题。”[1]430那么，国家治理体系与治理能力无法与生命安全的现实相分离，需要实践性伦理关怀，预示着公共治理的总体性转型。

参考文献：

［1］米歇尔·福柯．安全、领土与人口［M］．钱翰，陈晓径，译．上海：上海人民出版社，2018.

［2］习近平．坚持和完善中国特色社会主义制度、推进国家治理体系和治理能力现代化［J］．求

是，2020（2）：4-9.

［3］BUZAN B.，WAEVER O.，WILDE J. D. *Security: A New Framework for Analysis*［M］. Boulder and London：Lynne Rienner Publishers，Inc.，1998.

［4］马丁·阿尔布劳．全球时代——超越现代性之外的国家和社会［M］．高湘泽，冯玲，译．北京：商务印书馆，2001.

［5］尼尔·弗格森．广场与高塔［M］．周逵，颜冰璇，译．北京：中信出版社，2020.

［6］马克思，恩格斯．马克思恩格斯文集：第1卷［M］．北京：人民出版社，2009.

［7］CHALK P. *Disease and the Complex Processes of Securitization in the Asia-Pacific*［M］//CARALLERO-ANTHONY M.，EMMERS R.，ACHARYA A. Non-Traditional Security in Asia：Dilemmas in Securitisation. London and New York：Routledge，2006.

［8］米歇尔·福柯．必须保卫社会［M］．钱翰，译．上海：上海人民出版社，2018.

［9］BALZACQ T. *Securitization Theory: How Security Problems Emerge and Dissolve*［M］. New York and London：Routledge，2011.

［10］JONES R. W. *Security, Strategy, and Critical Theory*［M］. Boulder and London：Lynne Rienner，1999.

［11］WAEVER O. *Securitization and Desecuritization*［C］//LIPSCHUTZ R. D. On Security. Columbia：Columbia University Press，1998.

［12］RAMIAH I. *Securitizing the AIDS Issue in Asia*［M］//CARALLERO-ANTHONY M.，EMMERS R.，ACHARYA A. Non-Traditional Security in Asia：Dilemmas in Securitisation. London and New York：Routledge，2006.

［13］左丘明．春秋左传集解［M］．杜预，集解．李梦生，整理．南京：凤凰出版传媒集团，凤凰出版社，2010.

［14］ACHARYA A. *Securitization in Asia: Functional and Normative Implications*［M］//CARALLERO-ANTHONY M.，EMMERS R.，ACHARYA A. Non-Traditional Security in Asia：Dilemmas in Securi-tisation. London and New York：Routledge，2006.

［15］SJOSTEDT R. Exploring the constructionof threats：the securitization of HIV/AIDS in Russia［J］. *Security Dialogue*，2008（1）：7-29.

［16］ZACHER M. W.，KEEFE T. J. *The Politics of Global Health Governance: United by Conttagion*［M］. New York and Hampshire：Palgrave Macmillan，2008.

［17］边景景，杨文选．新冠肺炎危机治理下的人类命运共同体构建研究［J］．江苏海洋大学学报（人文社会科学版），2020（2）：9-18.

［18］马克思，恩格斯．马克思恩格斯文集：第3卷［M］．北京：人民出版社，2009.

［19］白云真，曹明星．新市场财政学的研究议题与未来趋向［J］．经济与管理评论，2019（5）：127-137.

［20］罗伯特·考克斯．社会力量、国家与世界秩序［M］//罗伯特·基欧汉．新现实主义及其批判．郭树勇，译．北京：北京大学出版社，2002.

［21］米歇尔·福柯．什么是批判？/自我的文化［M］．潘培庆，译．重庆：重庆大学出版社，2017.

[22] 马克斯·韦伯. 学术与政治 [M]. 冯克利，译. 北京：三联书店，1998.

[23] PIJL K. V. D. Democracy, planning, and big data: a socialism for the twenty - first century [J]. *Monthly Review*, 2020 (11): 28 - 41.

[24] 马克思，恩格斯. 马克思恩格斯文集：第2卷 [M]. 北京：人民出版社，2009.

原载《江苏海洋大学学报（人文社会科学版）》2020年第6期。

安全经济

美国两用物项出口管制：最新进展与可能影响*

陈　波　张晓洁**

摘　要：两用物项出口管制是美国维护其所谓国家安全和外交政策利益的重要工具之一。近年来随着中国经济和科技实力的稳步提升，以信息和通信技术为代表的高科技行业迅猛发展，美国高附加值的高科技产业面临着来自中国企业的严峻挑战。因此，特朗普政府加强了对我国的两用物项出口管制，不仅颁布了新的出口管制法案，频频将中国实体纳入实体清单，还加强了对华出口审查，整体呈现出长臂管辖愈发频繁、管制程度更趋严格、管制针对高科技行业的特点。美国对华两用物项出口管制无疑对两国的高新技术产业发展、技术创新、贸易平衡都会有负面影响，我国相关企业应切实做好准备和加强应对。

关键词：出口管制　两用物项　高技术产品

出口管制越来越成为国际社会对出口国别和出口商品实行控制的主要手段之一，政府通过出口管制，以直接或间接的方式防止本国某些敏感的商品、技术和服务通过各种途径流通或扩散至目标国家，借以实现本国的安全、外交和经济利益。美国是较早实行出口管制制度的国家，近年来在两用物项出口管制方面进行了一系列改革，进一步以国家安全为名强化了出口管制手段的运用，对国际社会特别是我国相关领域已经产生了较大影响。

* 本文系北京高校高精尖学科“战略经济与军民融合”交叉学科（GJJ2019163）支持项目、中央财经大学双一流和特色发展引导学科专项项目（022959918005）阶段性研究成果。

** **作者简介：**陈波，中央财经大学国防经济与管理研究院院长、教授、博士生导师；张晓洁，中央财经大学国防经济与管理研究院硕士研究生。通讯作者：张晓洁，电子邮箱：2296523826@ qq. com。

一、美国两用物项出口管制制度

两用物项出口管制是美国出口管制体系的重要组成部分，该管制主要着眼于那些既适用于商业用途又适用于军事或扩散用途的商品，通常也被称为“双重用途”物品。经过多年发展，美国已经形成了较为完整的两用物项出口管制体系：一是拥有相对健全的两用物项出口管制法律体系，同时拥有针对两用物项的商品管制清单（CCL）。二是拥有专门管理两用物项出口管制的机构——商务部工业与安全局（BIS），国土安全部、司法部、能源部等部门也与工业与安全局相互作用，共同参与两用物项出口管制的执法和管理。三是拥有相对健全的出口许可政策。美国商务部共发放三种许可证：一般许可证、单项有效许可证、多次有效许可证。四是参与多边出口管制体系。考虑到单边管制的低效性，美国积极寻求与他国和国际组织的合作，参与了瓦森纳安排、导弹及其技术控制制度、澳大利亚集团和核供应国集团等多边出口管制体系（见表1）。

表1　美国两用物项出口管制体系

管理体制组成	具体管制制度或手段
法律法规	《2018年出口管制改革法案》（ECRA）、《1977年国际紧急经济权力法》（IEEPA）
实施条例	《出口管理条例》（EAR）
管制清单	商业管制清单（CCL）、被拒绝者清单（DPL）、未经验证清单（UVL）、实体清单（EL）
审批机构	商务部工业与安全局（BIS）
多边管制体系	瓦森纳安排（两用品）、导弹及其技术控制制度（MTCR）、澳大利亚集团（CBW）、核供应国集团（NSG）
出口许可证	一般许可证、单项有效许可证、多次有效许可证
执法机构	出口管制办公室（OEE） 国土安全部：移民海关执法局（ICE）、海关边防保护局（CBP） 司法部：联邦调查局（FBI）
处罚措施	刑事：100万美元罚款/20年监禁 民事：取消出口权利

资料来源：Congressional Research Service（2019）.

（一）法律框架

1977年10月28日，美国国会颁布《1977年国际紧急经济权力法》（IEEPA），该法案赋予了美国总统在和平时期处理国家经济紧急事务的权力，授权总统可在美国国家安全、外交政策或经济受到来自外部的不寻常和非常规威胁时宣布国家进入紧急状态，然后实施出口管制。1969 年，美国颁布了新的出口管制法律——《1969 年出口管理法》（EAA），该法案重视美国的经济利益、缩短受管制产品范围、要求美国加强与巴统组织的合作。作为执行该法律的一个指南，美国商务部还制定了《出口管理条例》（EAR），其中按管制的宽严程度将除加拿大以外的所有国家分为七个组，分别实行不同的管制措施。《1969 年出口管理法》于 1979 年进行了全面修订，一度成为美国商务部管理两用商品、软件和技术出口与再出口的基础。该法在 1994 年被废除后，美国总统只能根据《1977 年国际紧急经济权力法》的授权颁布一系列行政命令和紧急声明来保证出口管制机制的有效性。

为了给两用物项出口管制提供永久的法律基础，部分也是为了限制中国高科技产业的迅速发展、维持美国的技术优势，美国于 2018 年 8 月宣布《2018 年出口管制改革法案》（ECRA）正式生效。该法案有四个主要特点：一是扩大出口管制的范围，特别增加对“新兴和基础技术”管制；二是加严出口管制审查制度，建立跨部门审查机制；三是加强对中国、白俄罗斯、缅甸等禁售武器国家的许可审查；四是加大对违反出口管制行为的审查，比如将最高民事处罚罚款从每次 295141 美元提至每次 30 万美元。这次改革凸显了美国出口管制越来越严的趋势（魏简康凯，2018）。

（二）管制机构

长期以来，美国的出口管制主要由国务院、商务部、国防部、能源部等部门共同负责，其中美国商务部出口管理局（BXS）在出口管制中担任着最为重要的角色。2002 年 4 月，美国将出口管理局更名为工业与安全局，主要负责两用物项出口管制，扩大了商务部出口管制的责任（见图 1）。

工业与安全局负责美国两用物项的出口管制，包括出口管理部和出口执法部。出口管理部由五个办公室组成，主要负责为出口商提供咨询服务、多边出口管制、再出口管制、出口许可证、对关键技术和国防工业部门进行初步研究和分析、评估双重用途出口管制对美国利益的影响等；出口执法部由三个办公室组成，主要负责管理并执行《出口管理条例》的反抵制规定、评估各种信息（包括公开信息和政府特许信息）来支持出口执法（EE）事务、从各种渠道收集涉嫌违反出口管制法律的证词和证据等。

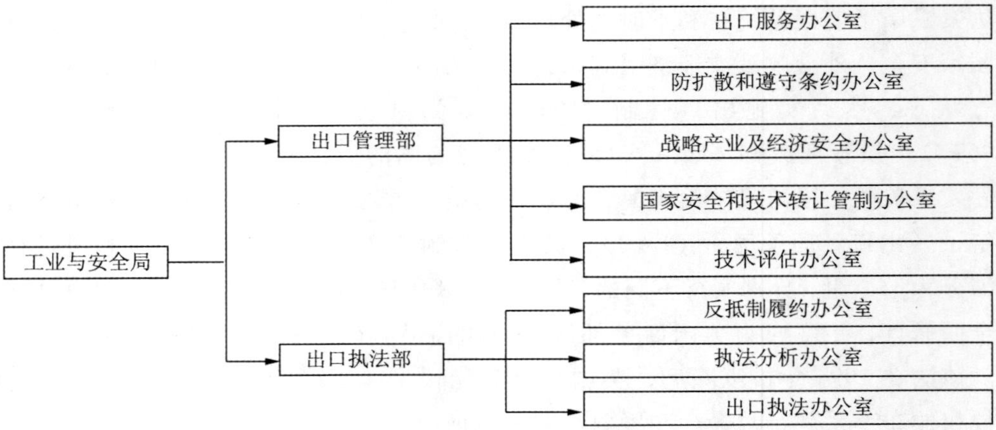

图 1　美国工业与安全局的组织架构

资料来源：美国工业与安全局网站，https：//www. bis. doc. gov/indexphp/documents/about - bis/692 - bis - organization - chart/file.

（三）管制清单

《出口管理条例》基于最终用户和最终用途来管制商品、服务和技术的出口。《出口管理条例》中有一个基于最终用途的工具是管制清单，这个清单上列出的商品、服务和技术的用途对国家安全极为重要，分为军品管制清单和商品管制清单，其中商品管制清单上列出的都是军民两用品，专门针对两用物项出口管制。《出口管理条例》有三种基于最终用户的工具，分别是被拒绝者清单、未经验证清单和实体清单，这些清单上列出了受工业与安全局管制的国家实体。

1. 商品管制清单。为了进行两用物项出口管制，美国商务部制定了商品管制清单，其中包括了 2400 多种受管制的物项，并且将这些物品分为十大类（见表 2），每个类别又细分为五大产品组（见表 3）。

表 2　商品管制清单类别

序号	类别
0	与核有关的原材料和设备（nuclear & miscellaneous）
1	材料、化学制品、微生物与毒素（materials，chemicals，microorganisms and toxins）
2	材料加工技术（materials processing）
3	电子产品（electronics）
4	计算机（computers）
5	通讯与信息安全（telecommunications and information security）
6	传感器与激光器（sensors and lasers）

续表

序号	类别
7	导航与航天设备（navigation and avionics）
8	海洋探测设备与技术（marine）
9	航空推进系统（aerospace and propulsion）

资料来源：美国工业与安全局网，https：//www. bis. doc. gov/index. php/regulations/commerce – control – list – ccl.

表 3　　商品管制清单五大产品组

序号	产品组
A	系统、设备和组件（systems，equipment and components）
B	检测、试验和生产设备（test，inspection and production equipment）
C	材料（material）
D	软件（software）
E	技术（technology）

资料来源：美国工业与安全局网站，https：//www. bis. doc. gov/index. php/regulations/commerce – control – list – ccl.

除这十大类别之外，其他受美国商务部管制且未在商品管制清单中列出的商品都将列入 EAR99 项目。EAR99 项目中的物品通常是低技术的消费品，只要商品不被运送给受制裁的目的国、实体或被禁止的最终用户，且不被用于特定的最终用途，一般不需要许可证。

2. 其他清单。工业与安全局还设置了被拒绝者清单（denied persons list，DPL）、未经验证清单（unverified list，UVL）和实体清单（entity list，EL）三种清单来严格限制美国的技术出口。

被拒绝者清单中的实体或个人一般是因为违反《1977 年国际紧急经济权力法》而被列入，美国企业与个人不能向被列入的实体和个人出口任何“受管制物品”。美国出口商向未经验证清单中的实体出口、再出口或转移美国商品或服务前，需要进行额外的尽职调查，监控出口物项的最终用途。

美国工业与安全局于 1997 年 2 月首次发布了实体清单，旨在向公众通报一些实体，认为这些实体可能出口、再出口或转移美国物品用于制造大规模杀伤性武器、恐怖主义或其他违背国家安全的活动。目前，被列入实体清单的理由已经扩展至受美国国务院制裁以及从事与美国国家安全和外交政策利益背道而驰的活动。该清单是工业与安全局实施两用物项出口管制的有力工具，已被使用数十年。实体清单在《出口管理条例 》的 744. 11（b）部分，美国国内如果要出口、再出口或转移《出口管制条例》上的商品或服务至被列入该清单的实体时需要额外的许可申请。《出口管制条例》中也规定了被列入清单的实体申请取消的程序，如果实体不再从事与美国国家安全和外交政策相悖的活动，则可能被移出实体清单。

（四）许可政策与执法情况

1. 许可政策。涉及国家安全、外交政策、核不扩散、恐怖主义等的两用物项的出口需要从美国商务部获得出口许可证。是否需要申请许可证则取决于出口货物的技术特征、送往目的地、最终用途和最终用户等等。

美国商务部发放三种类型的出口许可证：一般许可证，针对重要的商品和技术，审批较为宽松；单项有效许可证，针对运送到特定国家的特定产品，有效期一般为两年；多次有效许可证，有效期较长但审批较严格，获得这种许可证的出口商可以多次出口货物而只需一次申请（彭爽，2012）。

2. 执法机构。对于两用物项出口管制，美国商务部工业与安全局是主要的执法部门，负责调查相关违规行为。除此之外，还有其他部门负责执行两用物项出口管制法律和条例，比如国土安全部负责在边境检查并调查可能的违规行为，司法部负责调查可疑的两用物项出口管制违规行为，能源部参与审查递交给商务部的出口许可申请，财政部对某些国家实施出口限制和禁运等。出口执法协调中心（EECC）负责协调国务院、财政部、商务部、国防部、司法部、能源部、国土安全部以及国家情报局之间的出口管制执法工作，还可以筛选所有许可证申请。

二、美国对华两用物项出口管制的最新进展

《2018 年美国国防战略概要 》中，美国认为中国试图取得亚太地区的霸权，未来可能取代美国获得全球主导权，因而将中国视为长期战略竞争对手。同时出于对中国技术进步显著的顾忌，美国频频对中国实施两用物项出口管制，不再满足于利用实体清单和许可政策对某些实体进行管制，而是在法规层面全线收紧。2018 年 5 月 29 日，特朗普明确表示要对中国加强出口管制，最新行动主要包括以下三个方面：一是签署新的出口管制法案，实施出口管制改革；二是将更多的中国实体纳入实体清单，限制其进口美国的商品、软件和技术；三是加强对华出口许可审查，降低出口许可批准率。

（一）立法情况

2018 年 8 月 13 日，《2018 年出口管制改革法案》签署生效。该法案试图扩大出口管制的范围，特别是增加了生物技术、人工智能和机器学习技术、数据分析技

术、微处理器技术等 14 个新兴技术，这些技术对国家安全极为重要，也对《中国制造 2025》计划具有战略意义。美国非常重视此次改革，下设“新兴技术和研究咨询委员会”专为出口管制提供技术咨询，以认定未来五到十年可能开发的“新兴和基础技术”及其外国可得性。由于涉及技术的问题十分复杂，工业与安全局不仅为新兴技术指导委员会招募新成员，希望他们能针对新兴技术的出口管制提供专业指导，还向公众征询意见，出台了一份针对新兴技术出口管制法规的提案建议，尤其注重如何定义新兴技术。2020 年 1 月 5 日，工业与安全局首次将“用于自动分析地理空间图像的软件”纳入管制范围，这也是首个被纳入管制范围的新兴技术。

2020 年 4 月 27 日，商务部修改了《出口管理条例》，删除了民用许可证豁免（CIV）。此项规定修改前，美国出口商向 D:1 组（包括中国）的大部分民用最终用户出口或转移基于国家安全原因受到管制的物项时，可以不申请许可证；规定修改后，所有 D: 1 组别的国家将不再享受民用许可证豁免。2018 年依据民用许可证豁免出口到中国的美国产品价值高达 1. 149 亿美元。因此可见，中国以后想要进口美国的产品、技术和服务将更加困难。

（二）实体清单

美国工业与安全局对中国实施两用物项出口管制的常用手段是将相关实体或个人列入“实体清单”，使得美国企业或个人向被列入清单的实体和个人出口、再出口或转移商品管制清单上的商品、服务和技术时必须进行额外的许可申请。中国实体被列入实体清单的数量自 2018 年起出现暴发式增长，截至 2019 年 12 月 31 日，实体清单中有 174 个中国实体及其 56 个附属机构，创历史新高。如表 4 所示，这 174 个实体主要分为科研机构、政府部门、高校、企业及相关人员。

表 4　　受管制实体机构分类　　单位：个

机构类型	数量
科研机构	30
政府部门	18
高校	6
个人	18
企业	102

资料来源：美国工业与安全局网站，https：//www. bis. doc. gov/index. php/documents/regulations - docs/2326 - supplement - no - 4 - to - part - 744 - entity - list - 4/file.

这 30 个科研机构均是航空航天、计算机、电子等领域的重点机构，其中占比较大的是中国航天科技集团和中国电子科技集团旗下的研究所。18 个政府部门基本上都是新疆的公安局。实体清单中企业占比最多（102 个），有 92 家企业所属行业类别为电子、计算机、通信、贸易、金融、光学、碳素、机械、化工、核电和航空航天，还有 10 家企业属于房地产、物流等其他服务业（见图 2）。

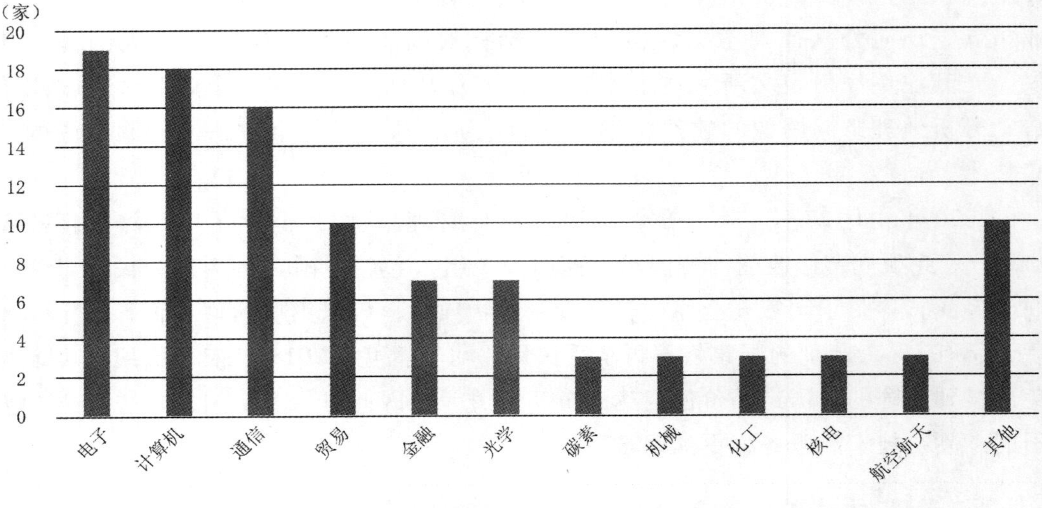

图 2　实体清单上中国实体行业分类

资料来源：美国工业与安全局网站，https：//www. bis. doc. gov/index. php/documents/regulations – docs/2326 – supplement – no – 4 – to – part – 744 – entity – list – 4/file.

综合表 4 和图 2 可以看出，被列入实体清单的实体大多属于电子、计算机、通信、航空航天领域，这些企业和科研机构很多都拥有自主产权，能够实现进口替代。其中，海思半导体有限公司在我国占据芯片龙头地位，也是全球领先的半导体公司，其生产的麒麟 9905G 是我国首款自主研发的 5G 芯片；华力创通是我国计算机仿真领域的领先企业，其研发出来的半实物仿真系统 HRT – 1000 核心技术被广泛应用于航空航天、船舶、发动机等领域；华为在全球建立了多所实验室和研究所，拥有许多自主研发的核心技术，包括手机芯片、GPUTurbo 技术、鸿蒙系统等；中国航天科技集团公司承担了我国全部的运载火箭、应用卫星、载人飞船等宇航产品的研发任务，拥有许多核心技术的自主知识产权，“神舟”系列、“长征”系列和新一代气象卫星风云四号均由其公司研制。实体清单中的贸易公司大多是因为进行了航空航天、电子领域的交易，金融公司多为华为旗下的子公司，光学公司大都为生产销售光学仪器、光电技术和产品、激光类的产品和服务的公司。

近年来，美国以各种各样的理由将中国企业列入实体清单，限制其进口美国的商品、软件和技术，表 5 中是一些中国企业受管制的案例。

表 5　　　　中国企业受管制案例

时间	企业	受管制理由（美方说辞）	处罚措施
2016－03－07	中兴通讯	违反美国两用物项出口管制法律，未经许可向伊朗转出口受美国出口管制的美国电子产品	将中兴通讯及其三家关联公司纳入实体清单
2016－03－17	杰瑞国际	未经美国财政部、外国资产控制办公室的许可，非法将美国原产的油田设备转移到伊朗	被列入实体清单
2016－06－21	Ninehead Bird 半导体公司	非法将美国通信设备出口到伊朗	被列入实体清单
2018－10－30	福建晋华集成电路有限公司	即将生产的 DRAM 技术可能源于美国，量产之后会威胁到美国军用系统供应商的长期经济利益	被列入实体清单
2019－05－13	台州煤层气未来新材料科技有限公司	进口了有关复合泡沫塑料制造的受管制技术	被列入实体清单
2019－05－16	华为及其 68 家子公司	违反《1977 年国际紧急经济权力法》，向伊朗提供经济服务和笔记本电脑	被列入实体清单
2019－06－24	中科曙光、成都海光集成电路有限公司等 5 家公司	违反美国国家安全和外交政策利益	被列入实体清单
2019－07－22	珠海振戎	购买伊朗的石油	无法在美国管辖地区内从事外汇、银行、资产买卖等业务
2019－10－07	大华科技、科大讯飞、海康威视、旷视科技等 8 家公司	从事与美国外交政策利益背道而驰的活动，对少数民族实施高科技监视活动	被列入实体清单，禁止该公司与美国企业合作

资料来源：根据美国联邦公报、美国商务部网站信息整理而得。

从受管制原因来看，中国实体被列入实体清单的主要原因是美国认为该实体违反美国国家安全和外交政策利益、违反美国出口管制相关法律、与受管制实体进行交易。从受管制企业来看，2019 年被纳入该清单的企业主要从事集成电路、半导体、人工智能领域，其中最受关注的是通信领域的龙头企业——华为。2019 年 5 月 16 日，美国商务部将华为及其 68 家子公司列入实体清单，8 月 19 日又将 46 家华为关联企业也纳入实体清单中。2019 年 6 月 24 日被纳入实体清单的是我国领先的超级计算机制造商——中科曙光，以及为其设计微芯片的 3 家子公司。2019 年 10 月 7 日被纳入实体清单的大华科技、旷视科技等 8 家企业均是我国人工智能与安防技术领域的领先企业。

通过上述对实体清单的分析可知，美国对中国的出口管制涵盖了各个科研机构、政府部门、高校和各个行业的高科技企业。一旦被纳入实体清单，就相当于遭到美国的技术封锁和国际供应链隔离。而中国企业在通信、计算机、电子领域仍然缺乏核心技术，许多关键的零部件、技术都依赖从美国进口，一旦美国切断供应来源，公司的生产和经营都会受到极大的影响。

（三）许可情况

美国还通过发放出口许可证来对中国实行两用物项出口管制，所以对华出口许可情况也可以反映美国对华的管制程度。2014 年至 2018 年美国工业与安全局对华出口许可情况，如图 3 所示。2018 年美国工业与安全局审查了 410 份对中国的出口申请，占全球 1007 份申请的 40.7%，获得批准的申请总数为 350 份（占申请总数的 85.37%）。而中国在 2017 年和 2016 年获批出口许可证的数量分别为 799 份和 771 份，通过率分别为 97.44%、94.49%。由此可知，2018 年中国获批两用物项出口许可证的数量大幅下滑，同时许可批准率也有大幅下降。

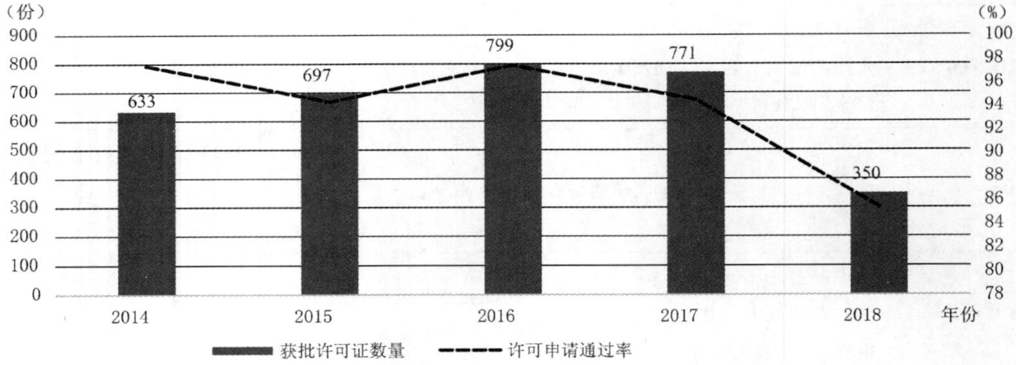

图 3　2014—2018 年美国工业与安全局对中国出口许可情况

资料来源：美国工业与安全局 2018 年许可统计公报，https：//www. bis. doc. gov/index. php/documents/technology - evaluation/ote - data - portal/licensing - analysis/2410 - 2018 - statistical - analysis - of - bis - licensing - pdf/file.

三、美对华两用物项出口管制的趋势特点

根据美国现行的两用物项出口管制制度和对华管制的最新进展，可以看出，美

国对中国两用物项出口管制有以下显著特点：

（一）长臂管辖愈发频繁

实体清单与商品管制清单协同作用，使得美国对管制对象实施全方位的打击。美国的出口管制具有广泛的域外效力，也就是会援引国内法对他国实施“长臂管辖”。对于被列入实体清单的实体，不仅美国公司不能与其进行限制领域的交易，其他国家的公司如果与其在限制领域内进行交易也会被美国处罚，处罚手段包括警告、行政罚款等，严重时甚至被当作刑事犯罪来对待。从案例（见表5）中我们也可以看到，近些年来许多中国企业都是因美国对伊朗的管制而被列入实体清单的，例如，中兴通讯因向伊朗出口美国的通信设备、杰瑞国际因将美国原产的油田设备转移到伊朗而被列入实体清单。由此可见，美国采取“长臂管辖”的措施愈加频繁。

（二）管制程度更趋严格

美国对中国的出口管制愈加严苛。在企业和个人层面上，近些年来被列入“实体名单”的中国企业和个人的数量有所攀升，截至2019年年底中国被纳入的实体多达174个，其中华为关联企业占据多数。在产品和技术层面上，一是美国新颁布的《2018年出口管制改革法案》将对《中国制造2025》计划具有战略意义的新兴技术纳入管制范围；二是2018年美国对华出口总额为1203亿美元，比2017年下降7.4%（96亿美元）；三是美国工业与安全局对华出口申请的批准率从2017年的94.49%下滑到2018年的85.37%，中国获批出口许可证的数量也从2017年的771份下降到2018年的350份；四是美国取消民用许可证豁免，出口商向中国实体出口、再出口、转移产品将更加困难。

（三）管制针对高科技行业

美国对中国进行两用物项出口管制主要针对航空航天、计算机、通信、电子等高科技行业。在近几年被管制的企业中，中兴通讯、华为都是中国通信行业的龙头企业，华为更是5G网络的领先供应商。科大讯飞、海康威视都拥有业内领先的人工智能核心科技。被纳入实体清单的很多企业都具有自主研发，实现进口替代的实力。同时这些行业又与中国《中国制造2025》等相关国家战略有很强的联系。因此，美国想要通过出口管制阻挠中国高科技发展、维持本国技术领先优势的意图愈发明显。

四、美国加强对华两用物项出口管制的可能影响

美国在逆全球化的道路上越走越远，不断加强对华两用物项出口管制，严重破坏了世界经济秩序，对两国的高新技术产业发展、技术创新、贸易平衡都会有负面影响。

（一）对中国的影响

1. 高科技产业发展受阻。美国加强对高科技产品的出口管制一定程度上会阻碍中国高科技产业的发展。将华为纳入实体清单对5G网络的设备构建和推行造成了一定程度的推迟。人工智能是未来最具前景的产业，也是经济增长的重要驱动力，美国也是该产业的技术领头羊。美国将中国领先的人工智能企业纳入管制范畴，会阻碍技术合作与技术引入，进而影响行业发展。受管制的企业不能从美国进口芯片、元器件和技术等等，对其生产和经营造成了极大的阻碍，也扰乱了其在国内和国外的供应链。

2. 阻碍中国技术进步。美国试图通过出口管制来实现对中国高科技产业进行技术封锁，阻碍中国的技术进步。中国目前还处于技术追赶期，技术引入可以加速中国的技术创新，但是因为遭到美国的高技术出口管制，中国丧失了许多技术引进的机会，增加了创新的潜在投入成本，推迟了技术进步。

（二）对美国的影响

1. 削弱技术领先优势。美国加强对华高技术出口管制或许会适得其反，削弱自身的技术领先优势。一是鉴于新兴技术领域人才的全球化，美国人工智能和量子计算等领域的研发工作长期以来都是通过国际产业界和学术界的共同合作完成的，该领域的技术发展依赖于跨国界的合作研发，出口管制严重阻碍了跨国的技术交流与合作，不利于技术创新。二是美国加强出口管制并不能抑制中国高新产业创新发展的趋势，反而会促使中国高新产业更倾向于内部依赖型创新模式、加大国内研发投入（姜辉，2018），长期来看反而有利于中国的技术创新。

2. 贸易逆差可能继续扩大。美国具有显著的技术领先优势，根据比较优势理论，在高技术方面，美国应为技术输出国，中国应为技术输入国，但实际上美国对华的高技术产品（advanced technologyproducts，以下简称ATP）贸易逆差已存在数十年之久。如图4所示，2018年美国对华出口ATP总额达到391亿美元，相比2017年增长了9.8%，而美国对华ATP进口额为1738亿美元，ATP贸易逆差为1346亿美元。2018年美国从中国进口ATP最多的类别是信息通信类，进口额为

1571 亿美元。造成这种“反比较优势”的原因之一就是美国对华实施严格的高技术出口管制（卫平，2018）。如果美国继续加强对华高技术出口管制，可能会造成对华高技术出口额更少，贸易逆差继续增大，破坏双边贸易的健康发展。

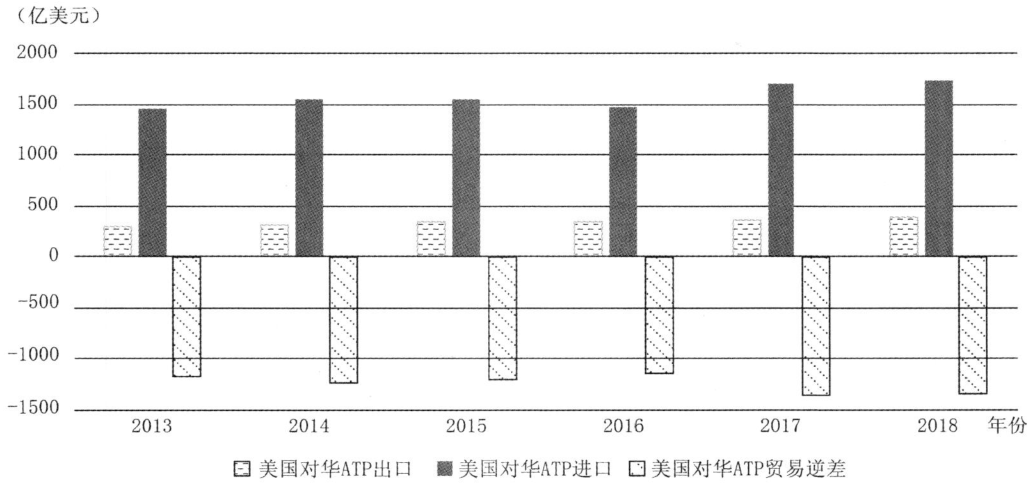

图 4　2013—2018 年美国与中国 ATP 贸易情况

资料来源：美国工业与安全局 2018 年中美贸易统计分析报告，https：//www. bis. doc. gov/index. php/country - papers/2441 - 2018 - statistical - analysis - of - us - trade - with - china - pdf/file.

3. 美国企业恐丧失全球竞争力。很多高新技术具有广泛的国际可用性，如果从其他国家也可得到类似技术，那么美国实行单边管制的有效性将大大降低。美国企业若丧失竞争优势，在全球市场上的份额也将被竞争对手抢走。出口管制有可能会对美国的小规模公司造成更大的影响，因为大型企业更有能力承担贸易不稳定的后果和在岸生产的成本，然而那些初创公司和小型企业更加依赖稳定的国际供应链，较难克服这些障碍。

五、应对之策

美国频频对中国进行两用物项出口管制，将许多企业列入实体清单，从而阻碍中国进口一些重要的商品、服务和技术，这不仅对那些受制企业，更对中国整个经济都有着巨大的影响，中国必须要采取行动维护国家安全利益。

（一）企业层面

1. 做好出口管制合规工作。企业应该设置专业的出口合规人员，为公司的出口提供专业意见来降低被美国管制的风险和被管制后的处罚程度。首先，出口合规人员需要关注进口商是否为美国的受管制对象并关注进口商对于出口物项的最终用途，尽量避免与受管制的企业或个体进行交易。其次，美国对华管制的通知一般由美国联邦公报和工业与安全局来宣布，美国联邦公报中会公布实施管制的生效日期、受管制实体、受管制原因、实施措施以及被列入实体清单后的许可证审查政策，美国工业与安全局也会实时更新实体清单。了解这些信息、分析实体被列入清单的原因是公司规避风险、降低经济损失所必要的。

2. 加强与别国的技术交流。虽然出口管制使得中国丧失了许多引进美国先进技术的机会，但却不能阻碍企业与其他国家的技术交流。一方面，企业加强与其他国家的技术合作或技术引进有助于企业实现技术突破；另一方面，被纳入实体清单的企业可以拓宽供应渠道，从其他国家进口所需要的材料、部件和技术。

3. 加快关键技术的自主研发。现阶段中国仍处在世界高技术产品价值链的低端，美国又限制对华人工智能、集成电路、半导体等技术的出口，阻碍中国高科技产业的发展。高科技企业加大研发投入、加快关键技术的自主研发，早日实现技术自主创新能力，是解决困境的最佳途径。

（二）政府层面

1. 加强“不可靠实体清单”建设。在美国实行贸易保护主义，试图围堵中国、实施技术封锁的背景下，中国也必须采取适当的反制措施。其中“不可靠实体清单”将是应对美国两用物项出口管制的开始。2019 年 5 月 31 日，中国商务部宣布将建立“不可靠实体清单”。基于非商业目的，对中国实体封锁、断供或其他歧视性措施，对中国相关产业造成实质损害，对国家安全构成威胁或潜在威胁的外国法人、其他组织或个人将列入其中。这一做法能够维护中国企业的合法权益、维持正常的经济秩序、保护多边贸易体制，中国应持续加强这一清单建设。

2. 加强与美国的战略性谈判。中美常年存在贸易逆差，在高科技领域仍然如此。美国加强出口管制不仅会削弱本国技术优势、拉大贸易逆差、丧失本国企业竞争力，还会使本国贸易受损。如果美国对华出口管制放松至对法国的水平，则年均贸易损失可以减少 3348.55 亿美元（姜辉，2019）。所以中国应该积极与美国进行沟通协商，加强与美国的战略性谈判，强调出口管制的经济代价，督促美国放松出口管制，促进两国技术合作交流。

参考文献：

［1］姜辉．美国出口管制的贸易损失效应及对我国的启示［J］．上海经济研究，2019（03）：120－128.

[2] 姜辉. 美国对华出口管制的技术创新模式选择效应 [J]. 工业技术经济, 2018 (12): 138 - 146.

[3] 刘斌, 李秋静. 特朗普时期美国对华出口管制的最新趋势与应对策略 [J]. 国际贸易, 2019 (03): 33 - 42.

[4] 彭爽, 曾国安. 美国出口管制政策的演变与启示 [J]. 理论月刊, 2014 (01): 185 - 188.

[5] 彭爽. 出口管制研究 [D]. 武汉: 武汉大学, 2012.

[6] 彭爽, 张晓东. 论美国的出口管制体制 [J]. 经济资料译丛, 2015 (02): 24 - 41.

[7] 汤伟洋, 刘润雨. 美国修改出口管制规则, 进一步升级对华管制——取消民用许可证豁免并加强对涉军用户的出口管制 [EB/OL]. (2020 - 05 - 07) [2020 - 06 - 09]. http: //www. gjjmxh. com/gjjmxh/Article/ShowArticle. asp? ArticleID = 4043.

[8] 滕钢. 中国出口商品管理法律制度研究 [D]. 北京: 对外经济贸易大学, 2001.

[9] 魏简康凯. 美国出口管制改革对中国的影响及应对 [J]. 国际经济合作, 2018 (11): 33 - 36.

[10] 杨宇田, 陈峰. 列入美国技术出口管制部门受限名单的企事业单位分析 [J]. 情报杂志, 2018, 37 (10): 90 - 96.

[11] 张辉. 论中国对外经济制裁法律制度的构建——不可靠实体清单引发的思考 [J]. 比较法研究, 2019 (05): 141 - 153.

[12] 中华人民共和国商务部. 中国将建立不可靠实体清单制度 [EB/OL]. (2019 - 05 - 31) [2020 - 01 - 05]. http: //www. mofcom. gov. cn/article/i/jyjl/e/201905/20190502868927. shtml.

[13] Bureau of Industry and Security. Program Offices [EB/OL]. [2019 - 10 - 27]. https: //www. bis. doc. gov/index. php/pro - gram - offices.

[14] Bureau of Industry and Security: Commerce Control List (CCL) [EB/OL]. [2019 - 10 - 25]. https: //www. bis. doc. gov/index. php/regulations/commerce - control - list - ccl.

[15] Bureau of Industry and Security. 2018 Statistical Analysis of US Trade with China [EB/OL]. [2020 - 03 - 05]. https: //www. bis. doc. gov/index. php/country - papers/2441 - 2018 - statistical - analysis - of - us - trade - with - china - pdf/file.

[16] Congressional Research Service (CRS). The U. S. Export Control System and the Export Control Reform Initiative [EB/OL]. (2019 - 04 - 05) [2019 - 10 - 16]. https: //crsr - eports. congress. gov/product/pdf/R/R41916.

[17] Federal Register. Addition of Certain Entities to the Entity List [EB/OL]. (2019 - 10 - 09) [2020 - 01 - 06]. https: //www. federalregister. gov/documents/2019/10/09/2019 - 22 210/addition - of - certain - entities - to - the - entity - list.

[18] U. S. Department of Commerce. Commerce Tightens Restrictions on Technology Exports to Combat Chinese, Russian and Venezuelan Military Circumvention Efforts [EB/OL]. (2020 - 04 - 28) [2020 - 06 - 09]. https: //www. commerce. gov/index. php/news/press - releases/2020/04/commerce - tightens - restrictions - technology - expor ts - combat - chinese - 0.

原载《国际贸易》2020 年第 10 期。

美国次级经济制裁：发展趋势与常用对策*

刘建伟**

摘　要：次级经济制裁是主导制裁国对那些与原始被制裁国存在经济联系的第三方所实施的制裁。过去十多年，美国次级经济制裁使用“常态化”，在实施过程中极为重视金融手段，已经造成重大国际政治经济影响。各大经济体主要采取四种策略予以应对：“制裁预阻”、“遵守阻却”、“国际裁决”和“技术规避”。然而，这些策略对各国企业和公民提供的保护有限，无法根本性地阻止美国滥用次级经济制裁及其负面影响。受美国国内形势变化和偶发国际事件的影响，当今各经济体有效应对美国次级制裁的难度明显变大。克服这种困难离不开国际合作，也需要各大经济体加快改革，尽早形成切实可行的反制力量。

关键词：次级经济制裁　域外管辖　世贸组织　遵守阻却

一、美国次级经济制裁的发展趋势

次级经济制裁（secondary economic sanctions）是主导制裁国对那些与原始被制裁国存在经济联系的第三方所实施的制裁。其目的在于胁迫第三方参与本国制裁，加大对原始被制裁国的压力。在过去十多年，美国频繁使用次级制裁，造成一系列重大国际政治经济影响。

---

* 本文是国家社科基金青年项目“美欧在对外制裁问题上的战略协作及我国应对策略研究”（项目编号：15CGJ005）、北京社科基金项目“本土私营安保公司与我国海外利益保护研究”（项目编号：16ZGB012）、北京高校高精尖学科“战略经济与军民融合”交叉学科（项目编号：GJJ2019163）支持项目和商务部国际贸易经济合作研究院“经济制裁基本理论研究”的阶段性成果。作者感谢《国际经济评论》编辑部及匿名评稿人提出的宝贵建议。

** **作者简介**：刘建伟（1985—），男，法学博士，中央财经大学国防经济与管理研究院副研究员，Email：jw-liu@ cufe. edu. cn。

（一）次级制裁及其逻辑

同等条件下，多边制裁的有效性高过单边制裁。为了更好实现制裁目标，主导制裁国通常会积极争取更多国家参与制裁，即寻求多边制裁。然而，实施制裁要付出政治和经济代价，这是阻碍第三方参与制裁的重要因素。对此，主导制裁国有两种基本应对思路：一是开展外交游说，如借助国际法和国际道义来说服第三方自愿承担制裁成本；二是威胁进行惩罚，逼迫第三方参与本国制裁。第二种就是次级制裁的逻辑——主导制裁国（威胁）限制或切断本国与第三方的经济交往，以此迫使后者参与本国制裁，从而达到给原始被制裁国最大化压力的目的。一言以蔽之，对原始被制裁国的制裁称为初级或一级制裁，对第三方的制裁则称为次级制裁。

从法律角度看，次级制裁是一种“长臂管辖”。有学者总结指出，美国经济制裁法律通常通过三种方式实现域外效力——扩大属人管辖范围、增加属物管辖，以及直接把第三国国民或企业列入制裁对象，第三种即次级制裁①。从这个意义上讲，次级制裁属于域外制裁（extraterritorial sanctions），而且是最严厉的域外制裁。关于次级制裁的合法性存在学术争论，但大多数国家和学者反对美国滥用次级制裁，认为这种“没有国界的制裁”违背了国际法基本原则和国际社会整体利益②。

（二）美国次级制裁的演变

自“9·11”事件特别是2010年《全面制裁伊朗、问责和撤资法》颁布之后，美国开始重用次级制裁，在措施上推陈出新、不断细化，在目标上从反恐、防扩散拓展到应对大国战略竞争，由此产生了一系列深远的国际影响。

第一，美国次级制裁使用“常态化”。在2010年以前，美国较少使用次级制裁。1982年欧苏天然气管道制裁、1996年《赫尔姆斯—伯顿法》与《达马托法》制裁是美国次级制裁的经典案例，但均因盟国的激烈反对而被废止或搁置。近十年来，以伊朗核问题为契机，美国频繁发起次级制裁，使用次级制裁已俨然从一种“个案”演变为“常态”。近年美国针对伊朗、俄罗斯、朝鲜、委内瑞拉、叙利亚颁布的制裁法律全部含有次级制裁条款，行政部门以此为据颁布的法规条例也明确规定了次级制裁内容（见表1）③。美国议员把次级制裁看作美国的主权权利，学界

---

① 杜涛：“欧盟对待域外经济制裁的政策转变及其背景分析”，《德国研究》，2012年第3期，第18—31页。

② 王淑敏：“国际投资中的次级制裁问题研究”，《法商研究》，2015年第1期，第165—172页；刘道纪、高祥：“美国次级制裁合法性问题研究”，《南京社会科学》，2018年第10期，第102—105页。

③ 美国当前大多数制裁文件都宣称，被列入黑名单的个人实体的支持者也将遭受制裁，其中一些更是明确点出制裁适用于“外国企业”。相关法律法规参见美国财政部制裁项目网站，https：//www. treasury. gov/resource - center/sanctions/programs/pages/programs. aspx［2019 - 12 - 20］.

则掀起研究次级制裁的热潮。

表 1　包含次级制裁条款的主要美国法律

被制裁国	年份	法律名称
古巴	1992	《古巴民主法》
	1992	《赫尔姆斯—伯顿法》
委内瑞拉	2014	《保护委内瑞拉人权和市民社会法》
叙利亚	2012	《降低伊朗威胁和叙利亚人权法》
伊朗	1996	《伊朗制裁法》（原《伊朗利比亚制裁法》，2006 年改为现名）
	2000	《伊朗、朝鲜和叙利亚不扩散法》（原为《伊朗不扩散法》，2006 年改为现名）
	2010	《全面制裁伊朗、问责和撤资法》
	2012	《国防授权法》
	2012	《伊朗自由和反扩散法》
	2012	《降低伊朗威胁和叙利亚人权法》
	2017	《反击伊朗破坏稳定行为法》
俄罗斯	2014	《支持乌克兰自由法》
	2017	《反制俄罗斯在欧洲和欧亚地区影响力法》
朝鲜	2016	《推进朝鲜制裁与政策法》
	2017	《阻断朝鲜及升级制裁法》

资料来源：作者根据美国财政部海外资产控制办公室资料整理，参见 https：//www. treasury. gov/resource - center/sanctions/programs/pages/programs. aspx ［2020 - 01 - 20］.

第二，美国次级制裁倚重金融工具①。"9 · 11" 事件之后，美国积极尝试金融反恐，通过国内立法、制度建设和国际合作等多方面努力来切断恐怖主义组织的融资渠道。此后，随着伊朗、朝鲜核问题的升级，美国又把金融制裁应用到防止大规模杀伤性武器扩散之中。得益于反恐、防扩议题的特殊性、美国的金融霸权、当今经济的金融化以及金融机构天然的避险偏好，金融制裁取得超出美国预期的效果②。受此鼓励，当今美国次级制裁特别重视利用金融手段，逐步发展出三种次级金融制裁模式：针对特定议题（如反恐、防扩与禁毒）的"切断融资渠道式"制裁，针对中小国家（如朝鲜、伊朗与叙利亚）的"体系驱逐式"制裁，针对主要大国

① 根据《伊朗制裁法》，除金融措施之外，其他类次级制裁措施还包括限制向第三国出口、禁止第三国企业参与美国政府采购、冻结第三国企业或个人资产，以及禁止第三国公民入境美国等。这些措施在美国次级制裁中发挥着一定作用。不过，与次级金融制裁措施相比，上述措施威力相对有限。例如，如果美国在次级金融制裁中采取禁止美元交易、禁止环球同业银行金融电讯协会（SWIFT）提供电文服务等措施时，即便没采取其他类次级制裁措施，相关活动也难以开展。

② Juan, C. Zarate, "Harnessing the Financial Furies: Smart Financial Power and National Security", *The Washington Quarterly*, 32: 43 - 59, 2009.

（如俄罗斯）的“精准破坏式”制裁[①]。当前美国的主要次级制裁项目大都明确规定了金融制裁内容，而且措施精细、灵活多变，既有涵盖力度较小的措施如限制借款额度、剥夺参与政府债务行业资格，也包括异常严厉的措施如禁止提供美元清算服务、拒绝进入美国金融市场[②]。

第三，美国次级制裁产生重大政治经济影响。面对美国次级制裁，首当其冲的是第三方企业。近年来美国大大加强了执法力度，所涉企业要么被罚以重金，要么因被禁止获得美国技术、产品、服务或市场而陷入困境。而且，出于政治目的，美国许多制裁文本故意保持一定程度的模糊性。加之无法像美国企业一样及时、准确地获得当局释疑，存在合规困惑的第三方企业常常选择全面退出相应业务或国家，形成过度遵守美国制裁政策的局面[③]。此外，美国频繁动用次级制裁还对国家间关系产生冲击。与上届政府相比，特朗普政府在实施次级制裁时单边色彩更为浓重，较少顾及主要大国关切甚至盟友利益。在此背景下，不仅中俄等国旗帜鲜明地反对美国次级制裁，欧盟在制裁问题上也明确与美国拉开距离，认为兹事事关欧盟对外政策自主性，“首次开始严肃思考如何规避甚至反制美国制裁”，甚至提出一些以前难以想象的建议，如建立欧版“海外资产管理办公室”以对等惩罚美国企业[④]。

---

① “切断融资渠道式”制裁在反恐融资领域最具代表性。根据美国总统第 13224（2001）号行政命令等法律法规，任何为恐怖分子提供资助、交易服务的机构或个人都将受到制裁。这种制裁模式的重心在于阻止恐怖分子通过正规金融系统、非正规金融系统（如哈瓦拉）以及新金融科技筹措、转移资金。“体系驱逐式”制裁以对伊朗制裁最具代表性，它通过禁止伊朗参与美国主导的全球金融体系进而阻止伊朗参与全球经济体系，来实现对伊朗经济封锁的目标。“精准破坏式”制裁以对俄罗斯制裁最具代表性。由于俄罗斯经济体量大、融入全球金融体系程度深，使用上述两种模式制裁俄罗斯对美国、欧盟以及全球金融市场的负面影响巨大。因此，美国对俄金融制裁的策略是“定点破坏”，针对俄罗斯特定行业、特定企业实施有所克制的制裁，如仅仅禁止美国人或机构购买俄罗斯企业中短期债务。可参见 U. S Department of the Treasury，“Statement of Assistant Secretary Marshall Billingslea Before the U. S. House Committee on Foreign Affairs”，Sep. 13，2018，https：//home. treasury. gov/news/press－releases/sm480［2020－01－05］.

② 具体可参考美国总统特朗普宣布重启伊朗制裁的第 13846 行政命令。

③ Ellie，Geranmayeh and Manuel L. Rapnouil，“Meeting the Challenge of Secondary Sanctions”，*ECFR Policy Brief*，June 25，2019，https：//www. ecfr. eu/publications/summary/meeting_ the_ challenge_ of_ secondary_ sanctions［2020－01－09］；Samantha，Sultoon and Justine Walker，“Secondary Sanctions’ Implications and the Transatlantic Relationship”，*Atlantic Council Issue Brief*，Sep. 2019，https：//www. atlanticcouncil. org/wp－content/uploads/2019/09/SecondarySanctions_ Final. pdf［2020－01－09］.

④ Ellie，Geranmayeh and Esfandyar Batmanghelidj，“How Europe Can Block Trump”，*Foreign Policy*，May 16，2018，https：//foreignpolicy. com/2018/05/16/how－europe－can－block－trump/［2020－01－09］；Ellie，Geranmayeh and Manuel L. Rapnouil，“Meeting the Challenge of Secondary Sanctions”，*ECFR Policy Brief*，June 25，2019，https：//www. ecfr. eu/publications/summary/meeting_ the_ challenge_ of_ secondary_ sanctions［2020－01－09］.

二、国外常用应对策略

面对美国次级制裁，各大经济体采取多种方式进行应对，其策略大致可归纳为四种："制裁预阻"、"遵守阻却"、"国际裁决" 和 "技术规避"[①]。当然，现实中各大经济体一般会综合使用上述策略，以期最大程度地降低美国次级制裁的负面影响。

（一）制裁预阻

国会和总统是美国经济制裁的主要发起者。一般而言，美国会针对特定议题、国家或事件制定法律，授权或要求行政部门实施制裁。依据国会立法，美国总统通常会颁布行政命令正式发起制裁，陈述制裁缘由，规定制裁措施，划定制裁对象范围，并授权财政部等部门制定实施细则，进一步落实制裁。依据美国发起经济制裁的基本特点，（潜在）被制裁对象往往"闻风而动"、提前行动，通过外交谈判和政治游说，预先阻止美国制裁。

在立法阶段，预阻策略包括开展外交谈判，借助美国国内权力制衡机制，说服美国行政部门主动介入制裁立法，阻止制裁或降低其严厉程度；雇佣美国政治游说集团，直接面向议员积极活动，阻止国会通过相关法律或条款。以《2017 年反击俄罗斯在欧洲与欧亚地区影响力法》为例，该法最初版本包含大量次级制裁内容，如要求对参与俄罗斯深海、极地和页岩石油开发以及能源管道建设的外国企业进行严厉制裁，欧盟企业特别是德国企业首当其冲。对此，欧盟及各主要成员国反应强烈，在公开批评、威胁诉诸世贸组织的同时积极开展外交及游说活动，最终迫使美国国会在该法最终版本中修改相关条款，要求总统在发起制裁前应"与美国盟友进行协调"，同时给予总统较大的自由裁量权，从而照顾了欧盟的利益，缓和了美欧双方的紧张局势[②]。

在执行阶段，预阻策略主要体现在争取总统的弃置权（waiver）或豁免权。尽管国会和总统均拥有发起制裁的权力，但总统权力更胜一筹，原因在于《美国宪法》把负责对外及国家安全事务的权力优先赋予总统，而且制裁法律大都给予总统

---

① 除了这四种策略之外，诉诸外交抗议与谈判、以制裁反制制裁也是应对美国次级制裁的手段。不过，目前作者仅仅在新闻报刊或智库报告中看到与这两种手段相关的报道或建议，尚未发现相应的一手或权威材料。

② Dominik, Tolksdorf, "U. S. Sanctions Law and Western Coordination on Russia Policy", *Kennan Cable*, No. 29, Dec. 2017, https://www.wilsoncenter.org/sites/default/files/kennan_ cable_ 29_ -_ tolksdorf. pdf [2020 - 01 - 09].

大量自由裁量权，如在特定条件下总统可弃置或终止制裁。因此，在制裁法律颁布之后，被制裁对象通常会采取外交或公关活动，争取美国行政部门豁免。与历届美国政府相比，注重“交易艺术”的特朗普政府更加频繁使用制裁，同时也更加乐于善于敢于围绕制裁问题与被制裁对象开展交易，这就促使（潜在）被制裁对象更加重视游说公关活动。2018 年下半年，刚果（金）政府并未因其选举和人权问题而遭美国进一步制裁，很多说客把该事件称为政治游说成功的典型代表[①]。

（二）遵守阻却

企业是最基本、最重要的经济制裁执行主体。主导制裁国争取第三方企业参与制裁有两种方式：一是游说施压第三方政府，促其实施类似制裁，限制或禁止其企业与被制裁对象开展经济往来；二是直接面向第三方企业，迫使它们遵守主导制裁国的制裁政策，切断或降低与被制裁对象的经济往来。当今美国次级制裁越来越倚重第二种方式，这是因为它更有效率、更易成功——第三方政府在选择是否配合主导制裁国制裁时需兼顾政治利害和经济得失，第三方企业则仅需评估经济利益增损。

美国次级制裁直接面向第三方企业，其成功与否依赖于企业的配合，而这又依赖于企业基于自身利益的判断。正因如此，各经济体应对美国次级制裁的第二种策略——“遵守阻却”同样面向企业，它通过颁布法律来改变本国企业对自身利害得失的判断，进而阻止美国次级制裁发挥效力。据不完全统计，自 20 世纪 70 年代以来，至少有 17 个国家（或集团）如欧盟、英国、加拿大、墨西哥、南非出台了针对美国次级制裁的法律，实施遵守阻却策略[②]。

各国或地区的遵守阻却策略大同小异。以欧盟为例，其第 2271（1996）号条例规定了四项措施：第一，阻止遵守，即禁止欧盟企业遵守美国次级制裁法律法规；第二，拒认判决，即拒绝承认依据美国次级制裁法律法规作出的判决；第三，索回损失，即赋予欧盟企业寻求（因美国次级制裁而造成的）损失赔偿的法律权利，赔偿将通过获取或出售那些诉诸美国次级制裁法律并给欧盟企业造成损失的企业或个人的资产来实现；第四，报告义务，即要求欧盟企业在受到美国次级制裁影响时及时告知欧盟委员会[③]。第 2271（1996）号条例是欧盟在 1996 年回击美国针

① Kenneth, P. Vogel, "Targets of U. S. Sanctions Hire Lobbyists with Trump Ties to Seek Relief", *The New York Times*, Dec. 10, 2018.

② Deborah, Senz and Hilary Charlesworth, "Building Blocks: Australia's Response to Foreign Extraterrito - rial Legislation", *Melbourne Journal of International Law*, 2: 69 - 121, 2001.

③ Harry, L. Clark, "Dealing with U. S. Extraterritorial Sanctions and Foreign Countermeasures", *University of Pennsylvania Journal of International Economic Law*, 25: 455 - 489, 2004.

对古巴、利比亚和伊朗的次级制裁的产物。在特朗普政府退出《伊朗核协议》之后，欧盟委员会在 2018 年 6 月 6 日更新了该条例。

（三）技术规避

第三种策略是技术规避，包括降低美国技术及产品价值在最终产品中的比例，以外国强制为由对违反美国制裁法律的行为进行无罪辩护，对集团公司进行改革，把法律风险较高的业务隔离出来等①。由于美元在国际贸易、各国外汇储备中占据主导地位，禁止提供美元及相关服务，如 SWIFT 的金融电文服务，构成美国次级制裁的终极武器②。因此，从一定意义上讲，技术规避策略的核心在于规避以美元为核心的国际支付体系。

欧盟自 2018 年开始酝酿的新支付机制就体现了这种技术规避策略。2018 年 5 月，美国单方面宣布退出《伊朗核协议》，并逐步重启对伊朗的制裁（含次级制裁）。为维护自身利益及挽救《伊朗核协议》，2019 年初欧盟三大国英法德联合推出一项新支付机制“支持贸易交换工具”（INSTEX）。在传统支付机制下，欧盟公司与伊朗公司在开展贸易往来时既有货物流动也有资金支付，后者自然会涉及美元或 SWIFT，从而难免遭受美国制裁。在新支付机制下，双方开展贸易时只进行货物交换，资金支付仅仅发生在欧盟公司之间和伊朗公司之间，从而规避了美国金融制裁（见图 1）。欧盟新支付机制在 2019 年 6 月付诸实施，7 月完成首次交易，其参与国在 9 月底扩大到 11 个。

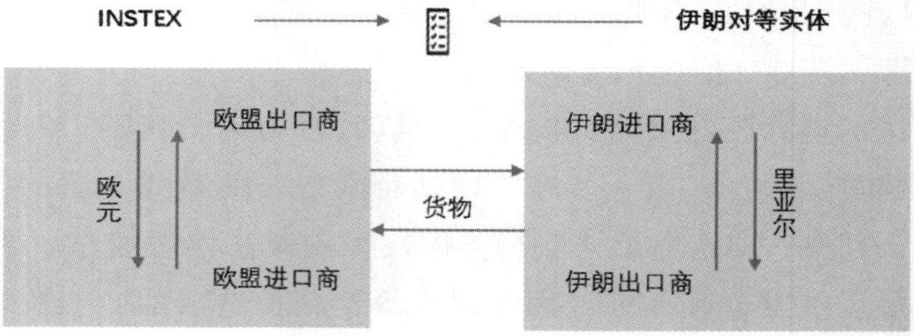

图 1 欧盟伊朗新支付机制

资料来源：Mason，Fulling，“Understanding the Europe – Iran Special Purpose Vehicles”，https：//sayari. com/blog/europe – iran – special – purpose – vehicles/［2020 – 01 – 10］.

---

① Aarshi，Tirkey，“US Secondary Sanctions：Framing an Appropriate Response for India”，*ORF Issue Brief*，Jan. 2019，https：//www. orfonline. org/research/us – secondary – sanctions – framing – an – appropriate – response – for – india – 47232/［2020 – 01 – 10］.

② 李晓：“美元体系的金融逻辑与权力”，《国际经济评论》，2018 年第 6 期，第 52—71 页。

其他经济体的技术规避策略包括去美元化、去 SWIFT 化和使用加密货币。自 2014 年以来，俄罗斯在对外贸易中力推降低美元支付的比重，最大石油公司俄罗斯石油公司在 2019 年 10 月表示其出口合同不再使用美元，转而使用欧元结算①。此外，随着金融科技的发展，像古巴、朝鲜、委内瑞拉等一些受到美国严厉金融制裁的国家还尝试通过比特币等加密货币进行购物或转账，以此规避美国经济制裁。

（四）国际裁决

最后一种策略是诉诸国际经济组织进行裁决。1996 年 10 月，针对包含次级制裁内容的美国《赫尔姆斯—伯顿法》，欧盟在世界贸易组织（以下简称世贸组织）中启动争端解决程序，指控该法损害了《关税与贸易总协定》、《服务贸易总协定》赋予欧盟成员国的权利。美国认为对外政策和国家安全议题不在世贸组织管辖范围之内，原计划以“国家安全例外”条款进行辩护，但在争端解决小组组建之后最终决定不参与此案。

这一案件给成立不久的世贸组织提出严重挑战，如果裁定美国胜诉，允许以“国家安全例外”为由实施制裁，这将产生示范效应，引起其他成员纷纷效仿；如果裁定欧盟胜诉但美国不予承认，这同样是一个危险的先例，而且会增强美国反世贸组织的声音②。由此可见，无论结果如何，该案件都将损害新生的世贸组织的权威性和影响力，而这是美欧双方均不希望看到的。正因如此，经过多轮谈判，双方选择各退一步，美国决定弃置《赫尔姆斯—伯顿法》及《达马托法》中涉及次级制裁的条款，欧盟则承诺放弃在世贸组织发起的争端解决进程③。

1996 年，针对《赫尔姆斯—伯顿法》的次级制裁条款，加拿大和墨西哥也表示要在《北美自由贸易协定》框架之下发起针对美国的争端解决程序，但随美欧谈判取得进展而予以搁置④。除欧盟之外，俄罗斯也曾在 2014 年威胁要针对美国对俄制裁在世贸组织启动诉讼程序，但后来随着双方制裁与反制裁的升级而不了了之。自 1996 年以来，真正再次就美国制裁在世贸组织启动争端解决程序的是委内瑞拉，它在 2019 年 4 月正式要求就美国制裁建立争端解决小组。

---

① 中国也积极推进人民币国际化进程，人民币跨境支付系统自 2015 年上线以来稳步拓展。截至 2019 年 12 月末，该系统直接、间接参与者数量从上线时的 195 家增至 936 家，覆盖全球 94 个国家和地区。

② Kenneth，A. Rodman，*Sanctions Beyond Borders*，Lanham：Rowman & Littlefield Publishers，2001.

③ 杨永红：“次级制裁及其反制”，《法商研究》，2019 年第 3 期，第 164—177 页；Alexander，Layton and Angharad M. Parry，“Extraterritorial Jurisdiction_ European Responses”，*Houston Journal of International Law*，26：309 - 326，2004.

④ Harry，L. Clark，“Dealing with U. S. Extraterritorial Sanctions and Foreign Countermeasures”，*University of Pennsylvania Journal of International Economic Law*，25：455 - 489，2004.

三、对国外常用对策的评估

上述四种策略各具特色、侧重点各不相同，能够对各国及企业提供一定程度的保护作用，但无法从根本上应对美国次级制裁带来的负面影响。纵向比较来看，由于美国国内理论、实践层面的变化以及受到偶然历史事件的影响，当今各经济体有效应对美国次级制裁的难度显著增大。

（一）国外常用对策的效果总体有限

第一，制裁预阻。从理论上讲，事前预防胜于事后应对，阻止美国次级制裁的制度化胜于解决具体制裁个案，因而制裁预阻是应对美国次级制裁策略体系中的第一环，也是关键的一环。从立法阶段看，美国国会制裁立法程序透明、内容公开，而且明确规定有公众参与的环节，这为可能受美国次级制裁影响的各方表达意见、实施影响提供了合法合规的机会。不过，与美国行政部门相比，国会偏好于推动次级制裁，且对制裁的外交影响不甚关心，改变国会议员制裁立场的难度很大、空间有限。与美国政治制度、价值观相近的盟友如欧盟、以色列等在影响美国立法进程中具有天然优势，经验也较为丰富。即便对于盟友而言，完全阻止美国国会出台次级制裁法律也难度极大，像《2017 年反击俄罗斯在欧洲与欧亚地区影响力法》虽然照顾了欧盟利益，但并非意味着美国一遇到欧盟反对就会放弃制裁。

在执行阶段，美国总统有权决定何时制裁、如何制裁、制裁谁等广泛事项，（潜在）被制裁者有机会通过外交谈判、政治交换、经济让利防止被列入制裁名单。然而，影响美国行政部门制裁决策难度同样不小，一是美国总统实施制裁的自由裁量权存在限度，其弃置权的应用面临严格的法律约束；二是为了防止（潜在）被制裁对象提前规避、保证制裁效果最大化，行政部门的制裁决策通常秘密进行，（潜在）被制裁对象难以提前获知相关制裁信息；三是（潜在）被制裁者需要足够的政治经济牌可打，方能换取制裁豁免①。

第二，遵守阻却。制定阻却法律是目前应对美国次级制裁最通行的一种策略。从欧盟角度看，近期更新阻却法律首先是一项传递政治信号的方式。对于美国，阻却法律意味着欧盟明确、强烈的反对立场，宣告各成员国决意以集体方式回应美国次级制裁；对于伊朗，它意味着欧盟关于挽救《伊朗核协议》的立场是严肃、认真

① 例如，《2017 年反击俄罗斯在欧洲与欧亚地区影响力法》明文规定了限制总统撤销对俄制裁的条款。

和团结的；对于欧盟企业，它传递的则是欧盟对维持欧伊贸易往来的官方支持，而且有数据显示这种支持的确能产生正向影响。在2019年初的一项调查中，有54%的受访跨国公司管理人员认为，欧盟阻却法律对于它们投资伊朗的决策具有积极影响[①]。其次，从微观层面看，阻却法律的存在为同时在美国和伊朗具有业务的欧盟企业争取美国制裁豁免提供了辩护依据，毕竟企业需要同时遵守母国和东道国的法律。

不过，从另一个角度看，阻却法律的逻辑存在缺陷，作用也非常有限。阻却法律的逻辑是通过禁止本国企业遵守美国法律的方式使后者无法实际发挥效力。换言之，阻却法律目标针对美国，限制的却是本国企业，这将置本国企业于两难境地——遵守本国法律将面临美国制裁，遵守美国制裁法律又面临本国惩罚。由于如下两个因素，陷入两难困境的大型企业往往两害相权取其轻，选择遵守美国制裁，甚至为避免风险干脆从相关国家退出业务。其一，美国对违法行为的罚款额动辄数亿美元，其力度远远大于其他各国，而且针对美国政府的罚款，外国企业很难利用阻却法律中的条款进行索赔[②]。其二，美国次级制裁在过去二十多年大幅扩展，其中的金融制裁措施足以把黑名单上的外国机构隔离于全球金融体系之外，这对于外国大型企业特别是银行业起到非常大的震慑作用。由此可见，阻却法律可能对那些极其依赖被制裁国市场的中小型企业起到一定保护作用，但无法阻止大型企业和金融部门选择从被制裁国撤离。

第三，技术规避。INSTEX无论是在技术层面还是在政治层面都面临较大的不确定性。从技术层面看，INSTEX的本质是一种易货交易机制，其运行能否持续取决于欧伊之间的贸易平衡。然而，贸易平衡是一种理想状态，在现实中很难实现，更难持续。以当前INSTEX仅支持的欧伊药品、医疗器械和农产品交易为例，2017年前11个月，欧盟从伊朗进口了2.92亿欧元的食品，向伊朗出口了2.98亿欧元的食品；欧盟从伊朗进口了0.29亿欧元的药品及医疗器械，向伊朗出口了8.51亿欧元的药品及医疗器械[③]。双方贸易明显失衡，自然会制约INSTEX的顺利运行。

从政治层面讲，一旦交易扩展到美国次级制裁豁免之外的领域，INSTEX及其参与者就有可能被美国列入制裁名单，面临资产被冻结、无法入境美国及进入美国市场的危险。正因如此，欧洲大型企业特别是银行业并不愿冒丢失美国市场的风险

---

① Richard, Goldberg, "Europe's Sanctions - Blocking Threats Are Empty", *Foreign Policy*, Feb. 20, 2018, https://foreignpolicy.com/2018/02/20/europes-iran-deal-threats-are-empty-trump-iran-eu/ [2020-01-09].

② 郭可为、胡婕："美国金融制裁的机制及对策"，《中国工商银行研究报告》，2019年第59期，第1—12页，https://v.icbc.com.cn/userfiles/Resources/ICBC/fengmao/download/2019/mgjr20190708.pdf [2020-01-10].

③ 杨望、赵璐菁："INSTEX支付系统真的能绕过SWIFT吗?"，2019年5月20日，https://finance.sina.com.cn/money/forex/forexroll/2019-05-20/doc-ihvhiews3119141.shtml [2020-01-10].

贸然参与 INSTEX 机制。离开了银行部门的参与，欧盟进出口商在 INSTEX 机制下的支付结算也很难运转。即便在得到美国制裁豁免的领域，欧伊交易也并不顺畅。自成立至今，双方仅仅“通过 INSTEX 进行了一笔 400 万美元的交易，伊朗的一个省买了药，但从那以后就再也没有交易发生”①。对此，伊朗充满怨言，俄罗斯常驻欧盟代表弗拉基米尔·奇若夫（Vladimir Chizhov）则直言 INSTEX 失败了。

总之，欲使 INSTEX 机制发挥作用，欧伊之间尚有大量技术细节需要解决，同时还需要更多国家参与并给予政治支持。在此之前，INSTEX 机制很难发挥实质影响，最多是为那些重视伊朗市场、在美业务少的欧洲中小企业提供了一种选择权，或者是向伊朗和美国传递欧盟政治信号罢了②。

第四，国际裁决。是否具有明确的政治目的是区分经济制裁和贸易战的关键。利用世贸组织应对这种带有鲜明政治诉求的经济制裁问题自然难以取得成效。

首先，世贸组织相关协议设有“例外条款”，允许成员在特殊情况下对世贸组织基本原则进行例外处理，这为美国辩护其经济制裁提供了一定的法律依据。

其次，世贸组织争端解决机制非常繁杂，包括磋商、调解、专家组、上诉审查和执行等多道程序，走完全部程序往往需要一年甚至更长时间。在此期间，制裁可能已经给被制裁国造成巨大伤害，诱发制裁的相应事件或问题也可能已经发生重大改变③。

最后，世贸组织争端解决机制特别是其中的报复制度存在缺陷，很难对美国经济制裁政策产生实质影响。在世贸组织胜诉无非意味着获得了实施报复的权利，但这种权利只有对欧盟这种经济体量与美国大致相当的成员才具有意义，遭受美国制裁的弱国、小国往往无力实施报复，因为报复会给它们本身带来很大的负面影响。而且，即便弱国、小国不惜自损实施报复，也往往难以对美国造成足以使其改弦易辙的巨大损失④。

因此，从历史上看，在世贸组织框架下挑战美国经济制裁的例子并不多，即便是 1996 年欧美围绕《赫尔姆斯—伯顿法》的争端，最终也是依靠外交和政治谈判而非世贸组织解决的。当今有些被制裁国如俄罗斯、委内瑞拉等威胁把美国制裁诉

① 中华人民共和国商务部：“伊央行称 INSTEX 似乎需要美国许可”，2019 年 10 月 24 日，http://www.mofcom.gov.cn/article/i/jyjl/j/201910/20191002907219.shtml [2020-01-09].

② Ellie, Geranmayeh and Manuel L. Rapnouil, “Meeting the Challenge of Secondary Sanctions”, *ECFR Policy Brief*, June 25, 2019, https://www.ecfr.eu/publications/summary/meeting_the_challenge_of_secondary_sanctions [2020-01-09].

③ 程大为：“乌克兰危机中经济制裁的合法性分析”，《WTO 经济导刊》，2014 年第 12 期，第 88—89 页；宋淑华：“WTO 争端解决机制的基本程序”，2015 年 7 月 1 日，http://chinawto.mofcom.gov.cn/article/dh/cyjieshao/201508/20150801085176.shtml [2020-01-09].

④ 张军旗：“论 WTO 争端解决机制中的报复制度”，《上海财经大学学报》，2002 年第 1 期，第 38—43 页。

诸世贸组织，更多的是出于争取国际同情和道义支持的考虑，而非真正期待通过这种方式阻止美国经济制裁。

（二）为何应对美国次级制裁变得更难？

在历史上，西方各国多次成功阻止美国实施次级制裁，如 1982 年迫使里根政府放弃天然气管道制裁、1998 年迫使克林顿政府搁置《赫尔姆斯—伯顿法》和《达马托法》中的次级制裁[①]。然而，时至今日，各国已很难阻止美国次级制裁，原来效果显著的策略俨然失灵了，欧盟自 2018 年以来无力应对特朗普政府重启的伊朗制裁就是明证。应对美国次级制裁难度增加，其原因主要包括如下三点。

第一，美国国内关于域外管辖合法的共识增强。过去几十年，域外管辖问题在美国经历了一个明显的"合法化"、"制度化"的过程。美国法学界倾向于承认域外管辖的合法性，认为只要满足一些基本条件如属地或属人原则，域外管辖就是合法的[②]。在实践中，美国政府——从联邦法院到行政机构再到美国国会——也不断扩大管辖权的适用范围。而且，与经济制裁相比，美国在反垄断、出口管制等领域实施域外管辖的努力更早也更具成效[③]。美国域外管辖扩张的大趋势自然反映到经济制裁领域。近年来的一个新变化是，美国国会常常"反客为主"，积极推动次级制裁"法制化"，甚至通过立法来限制总统废止或搁置次级制裁的权力。域外管辖的合法化、法制化意味着美国关于次级制裁的国内共识增强，也意味着预阻美国次级制裁的难度增加了。

第二，美国执行次级制裁的能力大幅提升。受三个因素的影响，美国执行次级制裁的能力明显增强。首先，得益于定向制裁理念，当今美国次级制裁的矛头直接对准外国企业，而非像以前那样要求第三方政府出台政策来要求本国企业遵守美国制裁。通过借助市场机制，从影响市场主体决策判断的角度入手发力，这在很大程度上降低了美国的执行成本。其次，美国制裁的效力依赖于外国企业遵守与违反美国制裁的比较成本。在一个全球经济日益金融化、网络化、信息化的时代，受益于美元、美国金融市场和金融机构在国际金融体系中的主导地位，美国可以轻松给外

---

① 具体案例可参见 Kenneth, A. Rodman, *Sanctions Beyond Borders*, Lanham: Rowman & Littlefield Publishers, 2001.

② Jeffrey, A. Meyer, "Second Thoughts on Secondary Sanctions", *University of Pennsylvania Journal of International Law*, 30: 905 - 968, 2009; Susan, Emmenegger, "Extraterritorial Economic Sanctions and Their Foundation in International Law", *Arizona Journal of International & Comparative Law*, 33: 631 - 660, 2016.

③ Kenneth, R. Feinberg, "Economic Coercion and Economic Sanctions", *The American University Law Review*, 30: 323 - 348, 1981; Deborah, Senz and Hilary Charlesworth, "Building Blocks: Australia's Response to Foreign Extraterritorial Legislation", *Melbourne Journal of International Law*, 2: 69 - 121, 2001.

国企业尤其是金融机构制造重大损失，从而迫使它们选择遵守而非违反美国制裁[①]。最后，在恐怖袭击、核扩散等一系列突发紧急事件的影响下，国会通过《爱国者法》、《澄清域外合法使用数据法》等法律，为美国执法机构获取外国企业、个人信息大开绿灯，并且积极推动经济制裁机构和制度建设，大幅提高了执行次级制裁的能力[②]。

第三，应对美国次级制裁难度增加还与一些特殊历史事件相关。第一件是"9·11"事件。面临惨重的人员伤亡和紧迫的反恐形势，各大国对美国针对恐怖主义问题的次级制裁采取了默认甚至支持态度。第二件是伊朗核问题。2007 年之后伊朗核开发进程提速，给主要大国特别是欧盟各国带来巨大安全威胁。在紧迫的安全压力之下，加之奥巴马政府连续多年的外交努力，欧盟并没有像以前一样激烈反对美国对伊次级制裁，而且本身也发起了针对伊朗的经济制裁。欧盟的默许、配合甚至效仿打开了美国次级制裁的"潘多拉魔盒"。正是以美欧对伊制裁为起点，美国次级制裁立法和实践出现大幅增加[③]。2018 年特朗普政府退出《伊朗核协议》、重启对伊次级制裁并严重损害欧盟政治和经济利益，这是欧盟各国未曾预料到的，许多决策者也坦言如果能预知特朗普上台当时会对美国次级制裁更加警惕[④]。从一定程度上讲，欧盟在 2007—2015 年默许美国对伊次级制裁的影响是不可逆的。在美国次级制裁立法增多、应用娴熟之后再进行抗议和抵制已经变得非常困难。

---

① 李晓："美元体系的金融逻辑与权力"，《国际经济评论》，2018 年第 6 期，第 52—71 页；Henry，Farrell and Abraham L. Newman，"Weaponized Interdependence"，*International Security*，44：42 - 79，2019.

② 美财政部最早的调整是在 1990 年组建金融犯罪执法网络/局（FinCEN），并赋予其"防止金融体系被非法使用、反洗钱和维护国家安全"的使命。为完成这一使命，该局的具体职责包括接收并储存金融交易数据、为执法目的分析和分发上述数据、与外国和国际组织开展相关合作。第二次调整是 1992 年设立财政部资产罚没执行办公室（TEOAF），用以管理被罚没资金。第三次调整与国家安全最为直接相关，即美国国会在 2004 年授权财政部组建一个由次长（under secretary）直接领导的机构——恐怖主义和金融情报办公室，并令其统一领导海外资产控制办公室、金融犯罪执法网络/局，以及当年新成立的恐怖融资和金融犯罪办公室、情报和分析办公室。值得一提的是，和中央情报局、国防情报局、国家安全局等一样，情报和分析办公室是美国情报体系的正式成员，拥有广泛和特殊权限，其成立意味着美财政部成为世界首家拥有独立情报部门的财政部，也巩固了美财政部在国家安全体系中的地位。

③ Samantha，Sultoon and Justine Walker，"Secondary Sanctions' Implications and the Transatlantic Relationship"，*Atlantic Council Issue Brief*，Sep. 2019，https：//www. atlanticcouncil. org/wp - content/uploads/2019/09/SecondarySanctions_ Final. pdf [2020 - 01 - 09].

④ Ellie，Geranmayeh and Manuel L. Rapnouil，"Meeting the Challenge of Secondary Sanctions"，*ECFR Policy Brief*，June 25，2019，https：//www. ecfr. eu/publications/summary/meeting_ the_ challenge_ of_ secondary_ sanctions [2020 - 01 - 09].

四、结论与展望

特朗普政府重用次级制裁已给各国政府、企业造成困扰和损失。基于美国国内对域外管辖、次级制裁效力等认识的变化，有理由判断今后的美国政府依然会重视次级制裁。国际社会一致反对美国次级制裁，采取了诸多措施加以应对。不过，这些应对策略只能对本国企业和个人提供有限的保护。客观来讲，在当前国际政治经济结构之下，各国短期内确无有效、可行的应对之策。企业加强合规建设、政府积极为企业争取制裁豁免可能是当下最可行的止损方式。

从长远来看，要切实有效地应对美国次级制裁，各国需团结合作，增强反制和威慑能力。美国次级制裁之所以威力巨大，一是因为美国具有美元和金融霸权，二是因为各国和企业存在“集体行动的困境”。正如美国前财长雅各布·卢警告指出，“如果其他国家联合起来反对美国制裁，华盛顿将发现它陷入要么制裁所有人要么放弃制裁的困境”[①]。值得一提的是，受特朗普单边政策的冲击，无论中俄还是欧盟都开始严肃思考应对美国次级制裁的问题，并展现出加强合作、相互支持的意向。从更根本性的角度讲，像中国这样体量的经济体需要不断扩充、增强反制美国次级制裁的工具箱和能力，包括稳步推进本币的国际化、开放并激发本国金融市场活力、建立类似于美国的经济制裁机构和机制等。总而言之，要从根本上制约美国滥用次级制裁，既需国际合作、协调应对，还需提升实力、建立可信威慑力量。

原载《国际经济评论》2020 年第 3 期。

① Jacob, J. Lew and Richard Nephew, “The Use and Misuse of Economic Statecraft”, *Foreign Affairs*, 139 – 149, November/December, 2018.

美欧经济制裁研究：发展脉络与前沿议题*

刘建伟**

摘　要：美国与欧盟是经济制裁研究的两大学术重镇。在简要探讨了美欧关于经济制裁的界定之争之后，系统回顾了美欧经济制裁研究的发展脉络，指出它发端于20世纪二三十年代，在二战后开始初步的理论化努力，自20世纪80年代之后迅速深化。近年来美欧经济制裁研究的前沿议题包括国内政治制度对经济制裁发起、持续和效果的影响，威胁但未付诸实施的制裁，以及经济制裁对对外投资、媒体开放等方面的影响等。随着当今经济制裁实施主体、主导理念和措施手段的变化，美欧学界主流的经济制裁理论面临挑战，研究外延也需要进一步拓展。

关键词：经济制裁　制裁威胁　国际合作

中图分类号：F115；D815　　**文献标识码：**A

作为当代最重要的两大经济制裁发起者，美国与欧盟同样是经济制裁研究的学术重镇。从历史角度看，美欧经济制裁研究经历了一个明显的起步、发展和转向的过程，其演变既是国际政治历史发展的一种体现，又对不同时期的国际政治现实走向产生深远影响。回顾美欧经济制裁研究的历史脉络对我们理解双方经济制裁政策的走向以及国际政治的发展趋势具有重要意义。

* 基金项目：国家社科基金青年项目“美欧在对外制裁问题上的战略协作及我国应对策略研究”（15CGJ005）；北京社科基金项目“本土私营安保公司与我国海外利益保护研究”（16ZGB012）；北京高校高精尖学科“战略经济与军民融合”交叉学科（GJJ2019163）支持项目的阶段性成果。

** **作者简介：**刘建伟（1985—），男，法学博士，中央财经大学国防经济与管理研究院副研究员。

一、美欧学界对经济制裁的界定

对于美欧学者而言，经济制裁是一个重要却又令人感到困扰的术语。早在20世纪90年代，大卫·鲍德温就曾感慨道，人们在使用经济制裁一词时存在如此多的差异，以至于我们有足够理由来避免使用它。但不幸的是，在研究经济治国方略的文献中，经济制裁一词屡见不鲜，我们又难以避免地会用到它。比较各种经济制裁概念可以发现，美欧学界围绕经济制裁的界定之争主要表现在三个方面。

（一）经济惩罚与经济激励

与中文里的“制裁”不同，“sanction”在英文中不仅有“制裁、惩罚”的含义，还有“支持、许可”的意思。基于此，有些美国学者把制裁分为积极制裁和消极制裁，前者主要通过经济激励来改变对方的特定政策或行为，而后者则主要依靠经济惩罚来影响对方[1](p19-38)。不过，尽管积极制裁的提法曾广受关注，但当今大多数美欧学者已极少使用该词，在提及制裁时专指消极制裁，即一种限制贸易往来、金融流动的惩罚性措施，如冻结资产、限制进出口、禁止投资等。

（二）工具属性与价值属性

在英文中，制裁具有明确的价值属性，它不仅是对违反规则者的惩罚，更是一种对不道德、挑战道德良知以及危害共同体集体利益的“错误行为”的惩处[2](p306)。时至今日，在主权国家内部，人们仍然承袭这种传统，把制裁视为对违法行为的惩罚。甚至在国际政治中，也有学者从这层意义上定义制裁，如玛格丽特·多柯西认为“国际制裁应该被定义为针对违背国际准则或国际义务之行为所威胁或实施的惩罚”[3](p9)。根据这种界定，西方国家对苏联发起的战略禁运就不能被视为制裁，阿拉伯联盟对以色列及其盟国、贸易伙伴实施的抵制同样不能被称为制裁。此外，学者根据正义战争理论提出的“正义制裁”概念同样反映了制裁的价值属性。

然而，虽然制裁具有价值属性，但美欧国家及学者大都把它当作实施经济胁迫的手段、一项对外政策工具，或者说一种经济治国方略。在国际实践中，西方大国更多的是出于一己私利发起经济制裁，而非单纯地维护国际法或国际道义。而且，国际法与国内法有别，一国如果没有签署、批准某项国际条约、协定就没有义务遵守其规定的相关要求。一些被视为违反了国际法的行为，在其他国家看来可能并非如此。

（三）经济目的与政治目的

经济制裁目的的性质是什么？对这一问题的回答对于区分经济制裁、贸易战与经济战至关重要，同时也在美欧学界引起过较大争论。在有些学者看来，经济制裁的目的既可以是政治性的，也可以是经济性的。例如，加利·霍夫鲍尔等人的经济制裁数据库就收录了这样的案例——1965 年美国对智利发起制裁，强迫后者把铜的单价降低 0.02 美元并保证未来不会抬价。

罗伯特·佩普则严厉批评混淆政治与经济目的的做法，认为经济制裁不同于贸易战，其目的是政治性而非经济性的。首先，面对经济制裁和贸易纠纷，对象国基于完全不同的逻辑进行决策。对象国根据财富最大化原则来决定是否在贸易纠纷中做出让步，但通过权衡经济损失的政治影响来决定如何回应经济制裁发起国的要求。其次，在贸易战中，使用武力的可能性基本可以排除。但对经济制裁而言，它既可以是武力的替代，也可以是武力的前奏。最后，如果对出于政治目的和出于经济目的的经济限制措施不加区别，把数量庞大的国际经济谈判也纳入经济制裁的范畴，那么其研究范围就大规模地拓宽了[4](p93-95)。

二、美欧经济制裁研究的历史脉络

美欧学界对经济制裁的探讨源远流长，但成规模的学术研究开始于 20 世纪二三十年代，发展于二战之后至 20 世纪 80 年代。自此之后，美欧对于经济制裁问题的辩论更加激烈，研究领域进一步拓宽，研究方法不断多元化科学化。

（一）研究的发端：20 世纪二三十年代

在 20 世纪二三十年代，饱受过第一次世界大战之苦的美欧各国“和平主义”思潮盛行。由美法外长发起、签字国涵盖欧美主要大国的《凯洛格—白里安公约》规定，各缔约国应废弃战争，不再以战争作为推行国家政策的工具。一旦有侵略者挑起战争，国际社会应该联合应对。其中，对侵略者共同实施经济制裁是国际社会联合应对侵略的一项重要手段。那么，经济制裁能否以及如何承担起止战维和的重任呢？在此背景下，针对经济制裁奏效的前提条件、经济制裁的内涵、法理依据、类型与问题等，欧美学术界包括政界展开了第一次经济制裁大讨论[5][6](p44)[7](p735-752)。

本时期是美欧经济制裁研究的起步阶段，相关探讨密切关注当时国际形势，侧重对策而非学理分析，不追求发展经济制裁的一般性理论。在研究方法上，相关研究几乎全为定性分析和规范分析，如法律文本解读、案例研究、过程追踪等。注重在国际法框架之下进行解读是本时期研究的一大特色，英国及《国际事务》杂志则是经济制裁研究的主要阵地。尽管本时期最重要的一个案例——国际联盟制裁意大利以失败告终，但使“制裁能够起到维护和平、威慑侵略的重要作用”是当时美欧学界和政策界的一个基本共识。

（二）初步的理论化尝试：第二次世界大战后至20世纪80年代

自20世纪二三十年代到第二次世界大战结束，美欧实施经济制裁的案例并不多。二战之后，特别是到了20世纪60年代，经济制裁才越来越多地被用于应对国际政治纠纷。在本阶段，联合国安理会开始对南罗德西亚和南非实施制裁。面对频繁发起的经济制裁，人们自然要问“经济制裁有效吗”？围绕这一问题，美欧学界展开了第二次经济制裁大讨论，其核心论题是制裁有效与否。不过，本阶段的研究结论比较悲观，大多数学者给出了否定的回答。“经济制裁难以奏效”成为20世纪六七十年代美欧制裁研究的一大共识。例如，彼得·华伦斯坦系统地研究了1932—1967年间的18次经济制裁，认为只有两次——1933年英国制裁苏联和1960（1962）① 年美国（美洲国家组织）制裁多米尼加——取得成功[8](p248-267)。而且，判定成功的标准仅仅是对象国在被制裁后满足了发起国的要求，至于这种让步是否由制裁引起则无法确定。

至于制裁为何难以奏效，本时期的研究大致给出了三种解释。第一，弗雷德里克·霍夫曼以英国（国际联盟）制裁意大利、英国（联合国）制裁南罗德西亚为案例，比较了发起方实施制裁的政治进程，认为发起方在感到需要“做些事情”但又不愿“做太多”时才会选择使用制裁这种工具。如果感到问题特别严重时，相关国家不会选择使用制裁，因为它“起作用太慢、太复杂又不保险”。因此，这就出现一个悖论，一旦制裁付诸实施，其宣示的目标就注定难以实现，因为决定实施制裁（而非其他手段）本身就意味着制裁方的动力不足[9](p140-160)。第二，玛格丽特·多柯西的研究也得出制裁难以迫使相关国家遵守国际规范的结论。不过，她认为国际制裁难以奏效的原因有二：一是制裁面临执行难题，各个发起国在制裁目标设定、措施选择、严厉程度、成本分担以及制裁监督方面存在的分歧制约了各国执行制裁的程度；二是对象国拥有多种应对制裁的方法，诸如采取规避措施、实施反制制裁、求助第三方、对外宣传等，通过积极应对，对象国可以化解制裁压力。第三，传统制裁理论认为经济制裁与对象国国内政治团结存在负相关性，经济制裁造

① 1960年是美国开始制裁多米尼加的时间，1962年是美洲国家组织制裁多米尼加的时间。

成的损失越大，对象国国内越不团结。在批评该理论基础上，约翰·加尔通提出修正后的制裁理论，并解释了为何制裁常常难以奏效。他认为，在外部制裁面前，对象国国内可能出现的不是政治分裂，而是政治团结。如果对象国民众认为制裁针对的是本国所有人而非统治阶层，他们在制裁之前就对发起国存在负面情绪，或者认为本国行为是正确的且没有更好的选择，那么制裁就会激起政治团结，使制裁难以奏效[10](p378-416)。

除了有效性问题，也有学者探讨了制裁的经济影响、形式、目标或功能。如罗宾·伦威克就曾指出，尽管对意大利、南罗德西亚的国际制裁失败了，但它在传递发起方反对对象国行为的信号方面却发挥了作用，因而不能因为制裁未能改变对象国的行为而忽视制裁的价值。总体来看，与前阶段相比，本时期的美欧经济制裁研究具有如下几个特点：一是寻求发展关于经济制裁的一般理论，为经济制裁研究提供整体分析框架；二是研究议题非常集中，重点探讨经济制裁的有效性，而且一致认为制裁未能奏效；三是研究方法十分相似，以比较案例分析为主，以对意大利、南罗德西亚、南非制裁为主要分析案例。同时，伴随着行为主义的兴起，一些新的方法如定量分析、计算机模拟也被用来分析经济制裁问题。

（三）研究持续深化：20世纪80年代至新世纪初

自20世纪80年代至21世纪初，经济制裁的实施频次迅速增加。根据加利·霍夫鲍尔等统计，20世纪80年代共计发生31次制裁，90年代则达到52次。整个50年代一共才有13次制裁，而1992年一年就发生了13次制裁。多边制裁增长更为迅猛。以联合国制裁为例，安理会在整个冷战时期仅仅发起两次制裁，而在1990—1999年十年间就对伊拉克、南斯拉夫、利比亚等12个国家实施了制裁[11]。与此对应，美欧学界对经济制裁的关注也大幅增加，并表现出一些新的特征。

第一，经济制裁辩论“白热化”。针对20世纪六七十年代形成的主流共识即“制裁无效”，M. S. Daoudi和M. S. Dajani率先提出质疑，拉开第三次经济制裁大讨论——也是最激烈、最具火药味辩论的序幕。两位作者对主流共识提出质疑，认为经济制裁是有用的、有效的。当然，该结论依据的不是“宣称”的目标，而是“制裁能够慢慢侵入对象国，假以时日可对其造成极大伤害……国际经济制裁犹如癌症，它杀死对象国经济结构中难以用肉眼发现的微小细胞，这些细胞的不断死亡将腐蚀对象国政治生态，使其难以满足国内日常需求，从而削弱对象国国内团结，并最终致其崩溃”[12](p296-298)。

更大的挑战来自加利·霍夫鲍尔等。此前关于经济制裁的分析大都基于单个或者少数几个案例，由此得出的结论单从方法论上讲就难以令人信服。加利·霍夫鲍尔等则建立了一个自1914年至今、包括100多个经济制裁案例的数据库，并以此为基础，利用统计分析方法系统地研究了经济制裁的有效性及其影响因素。他们研究发现，在所有115次制裁中，有40次取得成功，制裁成功率达到34%，远比主流共识想象的要高[4](p99)。由于这是首次对经济制裁进行大样本检验，加利·霍夫鲍尔等人的研究及其制裁数据库影响巨大，成为此后美欧制裁研究的必引之作。

加利·霍夫鲍尔等的研究一石激起千层浪，把经济制裁大讨论的激烈程度推升到一个新的水平。最尖锐的批判来自罗伯特·佩普，他指出加利·霍夫鲍尔等人的研究存在两个严重的方法论缺陷：一是没能严格区分基于政治目的的经济制裁和由经济利益引发的普通贸易纠纷；二是没能把武力因素剥离开来，把实际上是由武力手段引起的对象国行为改变当成制裁的功用。经过重新评估，罗伯特·佩普认为，在被加利·霍夫鲍尔等视作成功的40次制裁中，只有5次可以算作成功，制裁成功率不足5%。罗伯特·佩普的尖锐批判引起不小的震动。以《国际安全》杂志为主要平台，争论双方围绕经济制裁的界定、成功的标准、争议性案例、制裁的价值展开了数个回合的论战。

就此次制裁大讨论，大卫·鲍德温发文指出，学者们虽相互争论却“询问着不同的问题、使用着不同的概念、在不同分析语境下展开讨论……一句话，他们在谈论不同的事情”。他认为制裁研究的深化需要事先考虑如下四个方面：一是必须承认“制裁是否奏效”与“是否应使用制裁”是两个不同的问题；二是必须承认成本因素的重要性；三是必须承认有必要比较不同政策手段的利害得失；四是必须承认“成功”作为一个维度多元概念的复杂性。用狭隘的行为主义术语对成功进行简单界定的做法忽视了成本因素，并把冲突视为零和博弈，这是不充分的。如果不考虑以上四点，再多制裁辩论也难以产生具有政策启示的知识（policy - relevant knowledge）[13](p80-107)。大卫·鲍德温一文敏锐地点出了本阶段制裁研究的弊病，指出了未来研究需要注意的问题，也为持续多年的第三次制裁大讨论画上句号。

第二，新兴研究议程：制裁合作与聪明制裁。冷战后，多边制裁数量迅速增多。然而，多边制裁是否比单边制裁更有效呢？或者说，国际合作是制裁取得成功的必要条件吗？在单边制裁中，对象国一般能够很容易找到替代方。因此，长期以来，美欧学界通常认为多边制裁更有助于实现对外政策目标。然而，本阶段的经验研究却得出完全相反的结论——多边制裁并不比单边制裁有效，甚至效果更差。对此，威廉·垦普斐和安东·洛温伯格利用公共选择的视角给出了解释，多边制裁联盟执行合作的困难以及对象国在制裁背景下形成的国内利益制约了多边制裁的政治影响[14](p37-58)。此外，还有学者探讨了制裁合作的条件。丽萨·马丁指出，制裁合作的形成与维持依赖于主导发起国通过自我施加的成本并借助国际制度做出的可信承诺[15](p406-432)。丹尼尔·德雷兹内同样发现国际组织对于制裁合作至关重要，没有制度支持的合作不但无用甚至有害。如果没有国际组织的支持，受国内政治压力和其他发起国家意图不确定性的影响，发起国将从制裁合作的承诺中后退，并最终瓦解制裁联盟[16](p73-102)。

除此之外，由于传统经济制裁模式常常带来大量负面后果并因此饱受指责，美欧学界开始探索如何使制裁变得更聪明，如何在严厉惩罚对象国当权阶层的同时最大限度地避免伤及无辜民众，也即“聪明制裁”或“定向制裁”。美欧学界对聪明制裁的探索取得很大政策影响。进入新世纪以后，欧盟和联合国实施的所有制裁都是定向制裁，全面制裁无论从理念上还是政策上都逐渐成为历史。

第三，研究方法多元化科学化。以加利·霍夫鲍尔等人的研究为始，定量分析成为经济制裁研究的主流方法之一。加利·霍夫鲍尔等建立的经济制裁数据库则为后来学者提出和检验假说提供了条件。此外，博弈论也在经济制裁研究中被广泛应用，用于发展和验证关于制裁有效性、制裁时长以及制裁合作等广泛议题的理论。为提高研究的科学性和可信性，本时期还出现不少综合运用多种方法开展研究的作品，它们通过博弈论提出理论模型，然后再使用回归分析和案例研究进行验证。在这方面，丽萨·马丁的《强制合作：解释多边经济制裁》和丹尼尔·德雷兹内的《制裁悖论：经济治国方略与国际关系》可视作经典之作[17]。

三、美欧经济制裁研究的前沿议题

进入21世纪之后，各国、各国际组织仍频繁利用经济制裁来应对重大国际事件。与此对应，美欧学界对经济制裁研究的热度也有增无减，除了继续探讨制裁的有效性、人道主义影响和制裁合作等传统议题之外，还重点研究了国内政治制度对经济制裁的影响、威胁（但未付诸实施的）制裁等问题。

（一）国内政治制度与经济制裁

根据民主和平论，国内政治制度是影响冲突与和平的重要因素。影响国际冲突的国内政治制度是否同样会对国际经济冲突——经济制裁产生影响呢？对此，有学者借助关于民主和平的制度理论，给出了肯定回答。学者发现，民主国家比非民主国家更易于实施经济制裁。民主国家之所以更倾向于实施制裁，一是因为民主国家“支持联盟”（winning coalition）的规模更大，其对外政策决策需要反映更多利益集团的利益；二是因为与非民主国家不同，民主化、人权也是民主国家对外政策的重要目标，这自然增加了它们实施对外制裁的倾向性[18](p641-660)。但是，由于拥有共同的政治制度、价值观和利益，民主国家之间很少相互制裁，其制裁对象主要是非民主国家。

国内政治制度也对经济制裁的持续时长具有重要影响。有学者研究了不同政体类型中的领导人更替对经济制裁时长的影响并发现，如果制裁双方均为民主国家，经济制裁持续时长与领导人更替无关。但是，如果双方均为非民主国家，领导人更替则对经济制裁持续时长具有显著影响。这种差异的原因在于，政体类型不同，则领导人“支持联盟”的规模不同，或者说领导人代表的利益群体大小不等。民主国家领导人“支持联盟”的规模较大，在领导人更替之后，新老领导人“支持联盟”即使不同也存在很大重合。因此，领导人更替不会对该国经济制裁政策产生重大影响。相反，在非民主国家，由于“支持联盟”很小，领导人更替常常意味着“支持联盟”的完全改变。领导人“支持联盟”的改变将带来经济制裁政策（或应对经济制裁的政策）的重大变化[19](p154-172)。

除了影响经济制裁的实施与持续，国内政治制度还影响经济制裁的效果。有学者提出一种经济制裁的制度理论，认为民主与非民主国家“支持联盟”的组成和规模不同，民主国家的“支持联盟”较大，对民主国家的制裁容易引起政策改变，也即制裁容易奏效；非民主国家的“支持联盟”较小，对非民主国家的制裁难以伤及拥有巨大决策影响力的“支持联盟”，因而难以转化为政治压力，也即制裁难以奏效[20](p841-878)。苏珊·艾伦的研究得出了类似的结论，认为经济制裁可能会引起对象国国内的反政府活动，但它受到对象国国内政治结构的制约。如果对象国是专制国家，经济制裁很难引发大规模平民政治运动。只有对象国存在一定程度的政治开放性和政治参与机会，对其制裁才可能提高其国内民众参与反政府活动的意愿[21](p916-944)。还有研究专门考察了经济制裁对专制政体稳定性的影响，把专制政体进一步区分为个人（personalist）政体、一党制政体、军政府政体，发现个人政体更易受到外部制裁的影响并做出让步，而后两者的稳定性受制裁影响不大，它们通过增税、资源再分配等方式反而能够在制裁背景下巩固统治[22](p335-359)。

（二）威胁（但未付诸实施的）制裁

在过去大半个世纪的时间里，美欧学界对经济制裁问题的探索从未间断。然而，过去的研究存在一个重大弊病，即只关注真正付诸实施的经济制裁而忽视了威胁（但未付诸实施的）制裁即制裁威胁。这一弊病也常被称为选择偏见，它严重限制了人们对经济制裁有效性的认识。

丹尼尔·德雷兹内指出，由于制裁威胁大多是在闭门谈判中而非公开发出的，加上它们后来并没有真正付诸实施，人们自然会产生选择偏见，容易看到实施的制裁而非制裁威胁。通过统计分析195例制裁（包括威胁和实施的制裁），作者发现有相当数量的制裁仅仅停留在威胁阶段，它们因对象国让步而没有真正付诸实施[23](p643－659)[24](p319－338)。该发现具有重大理论和政策意义，它首先证明了过去几十年的经济制裁研究是有显著缺陷的，人们因忽视制裁威胁而低估了制裁的有效性。频为学者们使用的霍夫鲍尔等人的经济制裁数据库也是有问题的，制裁威胁仅仅占其总数据的4.4%。在政策方面，这一研究则使政策决策者重新审视经济制裁的价值，更加倚重经济制裁特别是制裁威胁在应对国际纠纷中的作用。

针对霍夫鲍尔等人数据库的不足，T. 摩根等在2009年重新开发了一个经济制裁数据库，涵盖了自1971—2000年888个案例，既包括实施的制裁也包括制裁威胁。等到2014年，该数据库得以进一步更新，覆盖时间扩展为1945—2005年，制裁案例数也提高到1412个。通过对新数据库的分析，T. 摩根等获得一些新的发现，如制裁成功率明显高于传统认识，制裁发起频率在20世纪90年代达到峰值，制裁平均持续时长仅为2.43年（比人们感觉到的要短）、多边制裁缓慢增多等[25](p91－110)。

（三）美欧经济制裁研究外延的拓展

第一，从经济制裁的纵向周期——“发起、执行、解除”来看，本阶段的研究从原来重视执行阶段（如有效性、合作、影响）扩展到兼顾发起和终结阶段，包括制裁发起的影响因素、制裁结束的条件等。第二，从研究内容来看，美欧经济制裁研究得出一种内生化趋势，即从仅仅关注有效性、功能与目标、制裁合作，发展到把制裁本身之外的内容纳入经济制裁研究范围之内，如经济制裁对美国对外直接投资的影响、对对象国媒体开放性的影响、经济制裁与内战持续时间的关系等。从这亮点来看，经济制裁仍然是一个充满巨大研究潜力的国际政治议题。

四、小结

就社会科学而言，理论研究与时代背景及政策实践紧密相关。在过去一个世纪，国际政治发生多次巨变，经济制裁实践也出现较大变化，美欧关于经济制裁的理论研究自然会随之变化。近十多年来，美欧次级（secondary）经济制裁和金融制裁明显增多；美欧经济制裁的主流理念完成转变，从全面经济制裁转为定向制裁或聪明制裁；国际经济制裁的主体趋于多元，除了美国、欧盟、联合国之外，一些新兴经济体也时常发起经济制裁。这些新的变化既挑战着传统的经济制裁理论，也孕育着新的理论增长点。具体而言，新兴经济体发起的经济制裁与美欧经济制裁存在哪些区别？如何评估次级制裁和金融制裁的有效性？在定向制裁理念兴起之后，如何权衡经济制裁的有效性和人道主义影响？当前美欧经济制裁研究对这些问题的解答并不充分，需要理论界做出进一步的探讨。

参考文献：

[1] David A. Baldwin. The Power of Positive Sanc. tions [J]. *World Politics*, 1971, 24, (1).

[2] Kim Richard Nossal. International Sanctions asInternational Punishment [J]. *International Organiza. tion*, 1989, 43, (2).

[3] Margaret P. Doxey. *International Sanctions inContemporary Perspective* [M]. London: Macmillan Press, 1996.

[4] Robert A. Pape. Why Economic Sanctions DoNot Work [J]. *International Security*, 1997 , 22, (2).

[5] Evans Clark. Boycotts and Peace. *A Report bythe Committee on Economic Sanctions* [M]. New York: Harper&Brothers, 1932.

[6] W. Arnold – Forster. The Problem of Internation. al Sanctions [J]. *Journal of the British Institute of International Affairs*, 1926, 5, (1).

[7] Thomas H. Holland. The Mineral Sanction asan Aid to International Security [J]. *International Affairs*, 1936, 15, (2).

[8] Peter Wallensteen. Characteristics of EconomicSanctions [J]. *Journal of Peace Research*, 1968, 5, (3).

[9] Fredrik Hoffmann. The Functions of EconomicSanctions: A Comparative Analysis [J]. *Journal of Peace Research*, 1967, 4, (2).

[10] Johan Galtung. On the Effects of International Economic Sanctions, With Examples from the Case ofRhodesia [J]. *World Politics*, 1967, 19, (3).

[11] David Cortright, George A. Lopez. *The Sanctions Decade: Assessing UN Strategies in the 1990s* [M]. Boulder, CO: Lynne Rienner Publishers, 2000.

[12] Peter Kressler. Economic Sanctions: Ideals and Experience by M. S. Daoudi and M. S. Dajani [J]. *Southern Economic Journal*, 1985, 52, (1).

[13] David A. Baldwin. The Sanctions Debate and the Logic of Choice [J]. *International Security*, 2000, 24, (3).

[14] William H. Kaempfer, Anton D. Lowenberg. Unilateral Versus Multilateral International Sanctions: A Public Choice Perspective [J]. *International Studies Quarterly*, 1999, 43, (1).

[15] Lisa Martin. Credibility, Costs, and Institu. tions: Cooperation on Economic Sanctions [J]. *World Politics*, 1993, 45, (3).

[16] Daniel W. Drezner. Bargaining, Enforcement, and Multilateral Economic Sanctions: When is Cooper. ation Counterproductive [J]. *International Organization*, 2000, 54, (1).

[17] Daniel W. Drezner. *The Sanctions Paradox: Economic Statecraft and International Relations* [M]. Cambridge: Cambridge University Press, 1999.

[18] David Lektzian, Mark Souva. The Economic Peace Between Democracies: Economic Sanctions and Domestic Institutions [J]. *Journal of Peace Research*, 2003, 40, (6).

[19] Fiona McGillivray, Allan C. Stam. Political In. stitutions, Coercive Diplomacy, and the Duration of Economic Sanctions [J]. *The Journal of Conflict Resolution*, 2004, 48, (2).

[20] David Lektzian, Mark Souva. An Institutional Theory of Sanctions Onset and Success [J]. *The Journal of Conflict Resolution*, 2007, 51, (6).

[21] Susan Allen. The Domestic Political Costs of Economic Sanctions [J]. *The Journal of Conflict Resolution*, 2008, 52, (6).

[22] Abel Escribà – Folch, Joseph Wright. Dealing with Tyranny: International Sanctions and the Survival of Authoritarian Rulers [J]. *International Studies Quarterly*, 2010, 54, (2).

[23] Daniel Drezner. The Hidden Hand of Economic Coercion [J]. *International Organization*, 2003, 57, (1).

[24] Steve Chan. Strategic Anticipation and Adjustment [J]. *International Political Science Review*, 2009, 30, (3).

[25] T. Clifton Morgan, Navin Bapat, Valentin Krustev. The Threat and Imposition of Economic Sanctions, 1971 – 2000 [J]. *Conflict Management and Peace Science*, 2009, 26, (2).

原载《湖北社会科学》2020年第3期。

美国外国投资风险审查制度的演变与改革*

池志培**

随着全球化的发展，跨国投资在世界经济中占据了越来越重要的地位。而伴随着跨国投资的增加，其安全影响也越来越不可忽视，因此对外国投资的安全风险审查逐渐成为保护国家利益的一个重要政策工具。美国在 2018 年通过的《国防授权法》中附带通过了《2018 年投资风险审查现代化法》（*The Foreign Investment Risk Review Modernization Act of* 2018），这意味着美国将进一步改革完善其外国投资国家安全审查政策工具以应对新的国际竞争。由于中美竞争日益激烈，中国对美投资是美国外国投资国家安全审查的重点关注对象，因此，这次改革将对中国对美投资产生长期影响。本文首先回顾美国投资审查制度的建立和发展过程，分析其演变的驱动因素，而后聚焦《2018 年投资风险审查现代化法》及其内容，并介绍美国的投资审查体系以及制约其对外国投资国家安全审查的因素。

一、美国外国投资风险审查制度的萌芽

美国对外国投资风险审查制度的萌芽期从美国立国开始至 20 世纪 70 年代初，在这个阶段政府对外国投资基本没有限制，而对外国投资的安全风险的担忧和限制也往往仅仅限于战争时期，并没有设立专门的机构和专门的制度进行审查，这主要是由当时美国经济发展及其世界地位的变化所决定的。

美国传统上更为强调外资的积极作用，直到第一次世界大战（以下简称一战）

* 本文是北京高校高精尖学科“战略经济与军民融合”交叉学科基金项目（GJJ2019163）和中央财经大学双一流和特色发展引导学科基金项目（022959918005）的阶段性研究成果。

** **作者简介**：池志培，中央财经大学国防经济与管理研究院助理研究员、博士。

前并没有对投资进行限制。作为一个移民国家，美国经济发展依赖于欧洲的经济资源流入。在第一任财政部长汉密尔顿时期，美国即确立了对外国投资的门户开放（open door）政策，该政策由此成为美国的传统之一。在建国后至内战前，外国对美国投资主要集中于美各级政府债券。1870 年后，随着美国经济的腾飞，外国对美国投资主要集中于铁路、制造业、畜牧业等。在整个经济起飞期，美国并没有遭到其他当代发展中国家所面临的资本短缺问题，来自“旧世界”的资金源源不断，直到 1914 年第一次世界大战爆发前，美国都是世界上最大的债务国。虽然在独立战争时没收过保皇党及英国的财产，但直到一战前美国并没有对外国投资进行专门限制。当然，美国的宪法以及联邦、州的法律都给了行政和立法机构管理商贸的权力，理论上它们可以对外国投资及其商业活动进行管理。

第一次世界大战期间，出于战争需要美国对外资建立了战时管理制度。1917 年，美国开始实施《1917 年对敌贸易法》，冻结了被关押的德国移民以及德国公司在美资产。在第一次世界大战中，美国意识到无线电在战争中的作用，所以在第一次世界大战结束后，出于国家安全的考虑，美国海军认为不应将无线电通信置于外国公司手上，因而推动通用电气成立美国无线电公司收购了英国马可尼公司在美国的资产。

从第一次世界大战结束到 20 世纪 70 年代初，美国仍很少关注外国投资的安全影响。这一时期，特别是在第二次世界大战结束时，主要世界大国除了美国都陷入经济困难中，美国处于相对经济实力最强大的时期，欧洲乃至世界的经济都依赖于美国的资金支持，比如美国扶持欧洲的“马歇尔计划”。在这种情况下，进入美国的外国投资规模有限，而且都是来自美国的西方盟友，因此美国对外国投资的安全影响关注很少。

二、美国外国投资风险审查制度的初步建立与完善

美国外国投资风险审查制度的初建和完善时期从 20 世纪 70 年代一直到 21 世纪头 10 年。第二次世界大战结束后随着各大国的经济复苏，美国经济实力相对下降，对外资的需求越来越大。同时，美国的外国投资也出现了一些新变化，其来源国不再局限于美国的西方盟友，而是出现了新的投资大国。种种变化推动了美国对外国投资风险审查制度的初步建立和逐步完善。

(一) 美国外国投资风险审查制度的初建

20 世纪 60 年代以后，随着西欧、日本经济的复苏和美国经济的相对衰落，流入美国的外国投资不断增加，美国的国际收支平衡逐步转入赤字，为了平衡贸易赤字以及国内的低储蓄率，美国需要更大量的外资流入。1973 年石油输出国组织对美国及其以色列盟友禁运石油后，石油价格暴涨，导致这些国家有了大量剩余资本可以投资美国。这些新的投资大国不同于美国的西方盟友，它们在战略、政治、制度及文化上与美国有较大的差异，使得美国对它们的投资更为警觉，美国国内开始出现担忧被阿拉伯国家收购的声音。因此，1973 年后国会多次要求立法限制外国投资，并提出应建立一个委员会来限制外国投资以保护美国的经济利益和国防①。1974 年和 1976 年，美国国会分别通过了《1974 年外国投资研究法》和《1976 年国际投资调查法》。这两部法律规定，由总统负责收集外国投资的信息并向国会提供收集到的信息，而对于外国投资的信息监控是作为对外国投资安全审查制度的运行基础②。在国会的压力下，1975 年福特总统签署第 11858 号行政命令，建立美国外国投资委员会。第 11858 号行政令规定了美国外国投资委员会的基本结构，即由财政部长的代表作为委员会主席，其他重要内阁部长指派一名代表作为委员会成员③，这些代表的级别不低于助理部长级。该委员会负责监察在美的外国投资，包括财务投资和直接投资，提供指引，审查是否符合美国利益，并为国会相关立法提出建议；所有收集和提交的信息都应保密，并只被用于第 11858 号行政命令授权该委员会的行为；该委员会的资金来自外汇平准基金，但第 11858 号行政令只批准了一年的资金。不过，成立以后，美国外国投资委员会鲜有运行，在 1975—1980 年间只召集过 5 次④。实际上，在中国对外投资大幅增加之前，世界上的主要资本流出都来自于高收入国家，这些国家大多是美国的盟友，因此美国对外国投资的国家安全影响的担心更多是媒体和攻击政敌的需要，总统对外国投资委员会不重视也就不奇怪了。而且相对于国会，总统对国内经济发展承担更多的直接责任，而美国的经济发展又依赖于外资流入，总统自然也就不情愿推行阻碍外国投资的措施。

---

① Robert H. Mundheim, and David W. Heleniak, *American Attitudes toward Foreign Direct Investment in the United States*, J. Comp. Corp. L. & Sec. Reg., Vol. 2, No. 4, 1979, p. 222.

② “中国外资并购国家安全审查论”，https://www.xzbu.com/4/view-5674059.htm.（上网时间：2020 年 3 月 13 日）。

③ 美国外资投资委员会成员，包括国务院、财政部、国防部、商务部、总统安全事务助理以及国际经济政策委员会执行主任。1980 年，卡特总统将美国贸易代表也纳入该委员会，并用经济顾问委员会主席取代了国际经济政策委员会执行主任的席位。

④ James K. Jackson, “The Committee on Foreign Investment in the United States”, *CRS Report*, Updated December 17, 2019, p. 6.

除制定专门的外国投资法，1977年美国国会还通过了《1977年国际紧急经济权力法》，赋予总统在和平时期宣布国家经济紧急事务的权力。由此，总统拥有了实施临时的对特定投资的安全审查权以及采取其他必要措施的权力。

20世纪80年代以后，《艾克森—佛罗里奥修正案》及其实施条例的颁布，标志着美国外国投资风险审查制度初建完成。1985年广场协议之后，日元大幅升值，日本对外投资的需求也更大。而此时美国国际收支赤字不断扩大，对外来投资的需求不断增加。因此，日本对美国的投资大幅增加。在这种情况下，美国国内出现了要警惕日本投资的声音。同时，流入美国的外资进入了许多美国认为维持其大国地位所需的核心行业，如高科技领域，引起了美国对其带来的国家安全影响的担忧。1986年日本富士通公司发起对美国飞兆半导体公司（Fairchild Semiconductor）的收购邀约，这让国防部和国会担心美国的国防工业将会依赖于日本的半导体，因而里根政府不得不发起了国家安全审查[①]。不过，对于该收购，美国总统并没有直接阻止的权力，除非宣布它对美国国家安全构成极大威胁而动用紧急状态权力[②]。虽然随后在政治压力下，富士通和飞兆中止了交易[③]，但这次事件暴露的制度缺陷推动美国国会在1988年通过了附在《1988年综合贸易与竞争法》中的《艾克森—佛罗里奥修正案》（*Exon - Florio Amendment*），该修正案确立了美国的外资安全审查制度，修订了《1950年国防生产法》中的相关条款，明确授权总统干涉任何威胁美国国家安全和对“核心商业”的接管、兼并、收购、合营或许可协议。根据该修正案，对于一项外资并购，如果总统认为有充分证据表明享有控制权的外国实体可能采取威胁美国国家安全的措施，并且除了美国《1977年国际紧急经济权力法》外，其他法律规定不能提供充分、适当的权力保护美国国家安全，则总统有权阻止该项外资并购[④]。里根总统将这个权力交给了美国外国投资委员会，但《艾克森—佛罗里奥修正案》并没有直接授权美国外国投资委员会，因此它没有独立的法律地位，运行完全依赖于总统。1990年，老布什总统首次使用《艾克森—佛罗里奥修正案》赋予的权力，迫使中国航空技术进出口公司放弃了对西雅图的玛莫克公司（MAMCO）的收购，因为他认为该收购会使中国获得受管制技术[⑤]。

---

① Norman Black, “Fairchild - Fujitsu Merger Triggers National Security Review”, https://apnews.com/e9b121b056db20d50cd0f22583b8ddff.（上网时间：2020年1月2日）。

② Marc Greidinger, “The Exon - Florio Amendment: A Solution in Search of a Problem”, *Am. UJ Int'l L. & Pol'y*, Vol. 6, No. 2, 1990, pp. 114 - 115.

③ David E. Sanger, “Japanese Purchase of Chip Maker Canceled after Objections in U. S.”, *The New York Times*, March 17, 1987, Section A, p. 1.

④ “中国外资并购国家安全审查论”, https://www.xzbu.com/4/view-5674059.htm.（上网时间：2020年3月13日）。

⑤ Andrew Rosenthal, “Bush, Citing Security Law, Voids Sale of Aviation Concern to China”, *The New York Times*, February 3, 1990, Section 1, p. 1.

1991 年，美国财政部颁布了《艾克森—佛罗里奥修正案》的具体实施细则，建立了美国外国投资委员会审查的基本流程。该流程规定，审查由交易方自愿提交通告开始，即该委员会所有审查都是自愿的。交易方一般都会“自愿”提交通告，因为如果没有经过审查就完成交易，那么即便交易完成了，美国外国投资委员会仍可以启动审查并强制剥离资产，所以出于谨慎考虑公司也会主动要求审查。不过，有许多交易并不在美国外国投资委员会的审查范围内，比如法庭拍卖的资产、非控股的投资等，这些在后来的改革中被视为制度漏洞。可以说，《艾克森—佛罗里奥修正案》及其实施细则的颁布，标志着美国外国投资风险审查制度的基本框架已经建成。

（二）美国外国投资风险审查制度的完善

为有效应对可能威胁美国国家安全的外国投资，在《艾克森—佛罗里奥修正案》之后，美国陆续采取了一些措施来完善外资安全审查制度。1993 年，国会在通过该年的《国防授权法》时附带通过了《伯德修正案》。该修正案规定，如果满足以下两个条件，任何收购、合并和接管交易都必须强制接受美国外国投资委员会的审查：（1）外国收购方为某国政府控制或者代表某国政府；（2）交易的结果会使得外国投资者获得美国一个经营实体的控制权，而这个控制权会影响美国的国家安全。《伯德修正案》通过规定特定情况下国家安全审查的强制性义务，增强了美国对外国政府持股企业并购美国公司的监察。

进入 21 世纪后，又有几起外国收购引起了国会的强烈关注，其中尤以 2006 年的阿联酋的迪拜港口世界（Dubai ports world）从一家英国公司手中收购 6 个美国港口管理权的交易为甚。迪拜港口世界是一家由阿拉伯联合酋长国政府持有大部分股份的控股公司。收购前，它自愿向美国外国投资委员会提出了申请，请求对该并购行为进行国家安全审查。美国外国投资委员会在 30 天之内即给予了批准，而并没有如同《伯德修正案》所要求的那样对外国政府持股的投资进行 45 天的安全调查[①]。对此，国会表达了强烈反对，认为迪拜公司是外国政府所有，应该适用《伯德修正案》进行调查，而美国外国投资委员会认为收购方为外国政府，但迪拜港口世界的控制对美国国家安全不构成威胁。众议院拨款委员会迅速通过决议阻止交易，而小布什则威胁要使用否决权。为了避免卷入美国国内政治的漩涡，迪拜港口世界放弃了交易。

国会对迪拜港口世界收购案的强烈反应使得小布什政府在处理当年的另一起收

① “中国外资并购国家安全审查论”，https://www.xzbu.com/4/view-5674059.htm.（上网时间：2020 年 3 月 13 日）。

购案时开启了另一个先例：法国的阿尔卡特收购美国朗讯科技公司的交易虽然被批准，但是美国政府与阿尔卡特达成了特殊安全安排（special security arrangement），该安排限制了阿尔卡特接触朗讯公司研究部的机密研究以及美国通信基础设施，而如果美国政府发现阿尔卡特将来实质违反了这个安排将撤销对收购的同意。这意味着美国外国投资委员会的审查并不是一个最终审查，即使交易前通过了它的审查也不意味着未来不会再受到审查而影响正常运营，这使得美国外国投资委员会的阴云会一直笼罩在任何收购交易上，没有确切的结束日期，所以不难预料这招致了商界的普遍反对。

一系列的争议促使美国国会通过了《2007 年外国投资和国家安全法》，并由小布什在 2008 年 1 月签署行政命令实施。《2007 年外国投资和国家安全法》的主要变化包括：以法律形式确定了美国外国投资委员会的成员；要由国家情报总监评估交易的安全风险；在未来交易中，财政部需要与另一个与交易相关的内阁部门共同领导审查；涉及外国政府、国家安全以及关键基础设施的交易必须经过 45 天的强制调查，除非财政部部长或者副部长以及其他的领导部门确认没有国家安全威胁；美国外国投资委员会可以要求缓解协议（mitigation measure，如前文提及的阿尔卡特与美国政府的特殊安全安排）；每年提供给国会公开和加密各一份的外国投资风险审查实施的报告。《2007 年外国投资和国家安全法》旨在澄清《艾克森—佛罗里奥修正案》中所规定的国家安全审查的范围，同时增加了美国外国投资委员会审查的透明度，强化了它的报告要求。2008 年 12 月 22 日，作为《2007 年外国投资和国家安全法》实施细则的《关于外国人收购、兼并和接管的条例》开始生效，进一步澄清了美国外国投资委员会的审查规范。这些专门立法和规定，一方面赋予了美国外国投资委员会的国家安全审查权，另一方面也限制了它的权力滥用[①]。

到了 21 世纪初，随着中国经济的发展，中国对外投资快速增加，对美投资也快速增加，尤其近年来对科技产业的投入增加很快[②]，这引起了美国国内的强烈关注。奥巴马两次动用总统权力阻止了涉及中国资本的收购交易，分别是 2012 年中国三一集团两位高管持有的罗尔斯公司（Ralls Corporation）对美国四家小风场公司的收购和 2016 年中国福建宏芯基金对德国半导体公司爱思强（Aixtron）的美国业务的收购。特朗普政府上台以来，对中国投资的怀疑更甚。在中美贸易与技术战的背景下，美国在 2018 年通过了《投资风险审查现代化法》法案。

---

① “中国外资并购国家安全审查论”，https：//www. xzbu. com/4/view－5674059. htm.（上网时间：2020 年 3 月 13 日）。

② Thilo Hanemann and Daniel H. Rosen，“High Tech：The Next Wave of Chinese Investment in America”，https：//asiasociety. org/sites/default/files/C /China_ Hi_ Tech_ Report_ 0. pdf.（上网时间：2020 年 3 月 13 日）。

（三）美国外资风险审查在 21 世纪初的实施情况

随着美国外资风险审查制度的完善，《2007 年外国投资和国家安全法》规定了政府必须提供外资审查的年度报告，所以自 2008 年起美国政府开始提供国家安全审查数据。2008 年的第一个报告提供的数据回溯到 2005 年。而由于数据收集、整理和提供具有一定的滞后性，2019 年底的最新数据截至 2017 年。

从表 1 数据可以看到，外国投资者提交给美国外国投资委员会的通告数量受经济周期的影响较大，2005—2008 年逐年上升，但在 2008 年金融危机后跌入谷底，之后又回升。相比之下，美国外国投资委员会发动国家安全调查的数量却一直呈上升趋势，没有受到经济波动的影响。这表明美国的外资国家安全审查有持续强化的趋势。特朗普政府上台后的 2017 年不管是通告数量、发起国家安全调查还是被调查后主动撤回数量都有非常明显的增加。可见，特朗普政府的经济民族主义对于投资者情绪影响是很大的。

表 1　美国外国投资委员会 2005—2017 年国家安全审查总体数据

单位：次

年份	通告数量	审查时撤回通告	调查数量	调查时撤回通告	总统决定
2005	64	1	1	1	0
2006	111	14	7	5	2
2007	138	10	6	5	0
2008	155	18	23	5	0
2009	65	5	25	2	0
2010	93	6	35	6	0
2011	111	1	40	5	0
2012	114	2	45	20	1
2013	97	3	48	5	0
2014	147	3	51	9	0
2015	143	3	66	10	0
2016	172	6	79	21	1
2017	237	7	172	67	1

资料来源：美国外国投资委员会历年提交给国会的年度报告，https：//www. treasury. gov/resource – center/international/foreigninvestment/Pages/cfius – reports. aspx.（上网时间：2020 年 3 月 14 日）。

在多年的实施中，被总统直接阻止的交易截至目前只有 5 次，老布什时期 1 次，奥巴马和特朗普时期各 2 次。但这并不能说明美国对外国投资的审查不严格，而更有可能是，预料到难以通过审查的交易没有自愿提交通告，或者是提交的通告在到达总统前已经主动撤销了。

从行业分布来看，制造业与金融、信息和服务业这些涉及美国高科技以及优势产业的行业是主要审查对象，各占 40% 左右，矿物、公共事业和建筑占 15% 左右，而批发、零售和贸易则在 10% 以内。显然，行业本身的差距会影响美国外国投资委员会行业重点的审查，毕竟批发、零售和贸易对国家安全构成的威胁要小于高新技术行业（见表 2）。

表 2　美国外国投资委员会审查交易的行业分布（2007—2017 年）　单位：次

年份	制造业	金融、信息和服务业	矿物、公共事业和建筑	批发、零售和贸易	总计
2007	60（43%）	58（42%）	11（8%）	9（7%）	138
2008	72（46%）	42（27%）	25（16%）	16（10%）	155
2009	21（32%）	22（34%）	19（29%）	3（5%）	65
2010	36（39%）	35（38%）	13（14%）	9（10%）	93
2011	49（44%）	38（34%）	16（14%）	8（7%）	111
2012	47（39%）	36（33%）	23（20%）	8（7%）	114
2013	35（36%）	32（33%）	20（21%）	10（10%）	97
2014	69（47%）	38（26%）	25（17%）	15（10%）	147
2015	68（48%）	42（29%）	21（15%）	12（8%）	143
2016	67（39%）	68（40%）	18（10%）	19（11%）	172
2017	82（35%）	108（46%）	28（12%）	19（8%）	237
总计	627（41%）	541（35%）	238（15%）	131（8%）	1543

资料来源：美国外国投资委员会历年提交给国会的年度报告，https：//www. treasury. gov/resource－center/international/foreign－ investment/Pages/cfius－reports. aspx.（上网时间：2020 年 3 月 14 日）。

通过比较表 3 和表 4 发现，对于投资国来说，被美国外国投资委员会审查的交易数量与投资额基本成正比，但是中国的情况比较特殊。从对美投资额来看，中国虽然投资都没有进入前十名，但中国企业在 2012 年后连续成为审查最多的国家。以 2017 年为例，中国对美投资额约 395 亿美元，日本为 4843 亿美元，但中国被审查的交易为 60 次，而日本只有 20 次。

表 3　　　　美国外国投资委员会审查交易的主要来源国　　　　单位：次

国家	2005 年	2006 年	2007 年	2008 年	2009 年	2010 年	2011 年	2012 年	2013 年	2014 年	2015 年	2016 年	2017 年	总计
英国	24	23	33	48	16	26	25	17	7	21	19	7	18	284
中国	1	0	3	6	4	6	10	23	21	24	29	54	60	241
加拿大	6	8	21	6	9	9	9	13	12	15	22	22	22	174
日本	3	6	1	8	4	7	7	9	18	10	13	13	20	119
法国	9	9	7	12	7	6	14	8	7	6	8	8	14	115
以色列	1	9	6	12	5	7	6	4	1	5	3	3	4	66
澳大利亚	2	7	9	11	1	3	4	3	0	4	4	4	5	57
荷兰	0	4	7	2	4	2	7	6	1	8	5	3	7	56
德国	2	4	6	3	1	2	3	4	4	9	1	6	7	52
瑞士	1	1	6	4	0	2	1	5	3	7	2	0	7	39
新加坡	2	3	1	1	0	1	2	2	3	6	3	2	6	32

资料来源：美国外国投资委员会历年提交给国会的年度报告，https：//www. treasury. gov /resource – center /international /foreign – investment/Pages/cfius – reports. aspx. （上网时间：2020 年 3 月 14 日）。

表 4　　　　主要国家对美国投资额（2008—2018 年）　　　　单位：百万美元

国家	2008 年	2009 年	2010 年	2011 年	2012 年	2013 年	2014 年	2015 年	2016 年	2017 年	2018 年	合计
英国	447529	414590	400435	446077	485785	510795	479373	522954	535083	540922	560914	5344457
日本	234748	238140	255012	274283	301183	350395	371874	401835	418331	469047	484392	3799240
加拿大	168746	188943	192463	205225	214314	222989	273896	323207	380730	453127	511176	3134816
德国	173843	183966	203077	213601	197438	213256	251009	281295	294257	310190	324151	2646083
瑞士	157121	140819	180642	198050	199125	220349	245188	241008	283212	309363	309673	2484550
法国	141922	158924	189763	197785	214712	197338	202682	233547	256011	275470	292721	2360875
澳大利亚	37399	36760	35632	59362	51138	49127	56404	65259	69276	66736	66250	593343
新加坡	25801	20757	21517	16819	18701	17082	20665	21585	23579	22360	19665	228531
中国	1105	1624	3300	3598	7076	7855	10071	14714	40447	39518	39473	168781
以色列	6752	8122	8714	9290	7361	7041	6175	6865	12289	11940	13602	98151

资料来源：The U. S. Bureau of Economic Analysis，https：//www. bea. gov/international/di1fdibal. （上网时间：2020 年 3 月 14 日）。

在年报里面，美国外国投资委员会还专门提供了各国国家交易获得美国关键技术的情况。由于特朗普政府的重视，2019 年的报告将关键技术交易的情况回溯至 1994 年。一般而言，这些关键技术的收购方都是美国的盟友国家，如加拿大、英国、日本等。虽然中国经济的体量巨大，但是中国投资获得的美国关键技术数量微乎其微。

三、2018 年美国外国投资风险审查制度的改革

2018 年的外国投资安全审查制度改革是在美国发动对华贸易和科技战的背景下发生的，其主要驱动因素是美国感受到了来自中国科技进步的威胁。2017 年，美国国防创新小组在一份题为《中国的技术转移战略：中国在新兴技术领域的投资如何使得一个战略竞争者获得美国创新的皇冠之珠》报告中提出了对美国的外资审查制度进行改革的建议，该报告在华盛顿的政策圈里被广泛传阅。2018 年，美国贸易代表办公室在对华 301 调查报告《对根据 1974 年贸易法第 301 条进行的有关技术转让、知识产权和创新的中国的行为、政策和做法进行调查的结果》中指控中国政府引导和不公平地推动了中国公司系统性地投资于美国的公司和资产以获得知识产权和先进技术①。美国国会和媒体也在不断夸大中国如何利用私人投资获得美国的关键技术。参议院共和党党鞭约翰·科宁（John Cornyn）更称中国武器化了对美国的投资，"抽空了美国公司的工业能力"②。在这种氛围下，美国国会迅速通过了《投资风险审查现代化法》，以此完善已有的美国外国投资委员会机制，使美国能够更好地限制外国、尤其是中国对美国高科技产业的投资。

（一）《投资风险审查现代化法》的主要内容

1.《投资风险审查现代化法》扩大了外国投资国家安全审查的范围。改革前的制度只涉及外国投资控制美国的法人、公司、资产的情况，而在改革后对于那些非控制性的交易也可以进行审查，只要该交易可以使得投资方获得美国非公开的技术信息、参与了管理等。在这种情况下，投资于技术初创公司的外国风险投资基金也会被审查。而只有在投资方是完全被动的情况下，即只是投资于投资基金，投资基金又由美国人管理，而投资方没有任何管理权的情况下才能豁免。改革前，发起美国外国投资委员会的调查是交易方自愿的，只有在同时满足《伯德修正案》中规定的两个条件时才强制进行国家安全审查；而《投资风险审查现代化法》规定，只要

① Office of the United States Trade Representative, "Findings of the Investigation Into China's Acts, Policies, and Practices Related to Technology Transfer, Intellectual Property, and Innovation under Section 301 of the Trade Act of 1974", https://ustr.gov/about-us/policy-offices/press-office/press-releases/2018/march/section-301-report-chinas-acts,（上网时间：2020 年 1 月 19 日）。

② Cory Bennett and Bryan Bender, "How China Acquires 'the Crown Jewels' of U.S. Technology", https://www.politico.com/story/2018/05/22/china-us-tech-companies-cfius-572413.（上网时间：2020 年 3 月 7 日）。

涉及外国政府在收购一方中有直接或者间接的实质利益，就需要强制进行国家安全审查。关于实质利益的定义则由美国外国投资委员会决定，但也规定了纯财务投资的利益和少于 10% 的投票权不算实质利益。美国外国投资委员会还可以要求对其他类型的交易进行强制审查。改革前，国家安全审查关注于涉及关键基础设施（国家安全重要的地点，如军事基地、港口、机场等附近的地产）、关键技术以及敏感个人信息的交易。其中，关键技术在《国防生产法》中定义为国防相关的技术，但在《投资风险审查现代化法》中则包含了出口管制中的“新兴和基础性技术”，这些技术由跨部门的机制来确定。

2.《投资风险审查现代化法》改革了美国外国投资委员会的架构。在改革前，美国外国投资委员会没有固定的机构人员和经费支持。改革后，它每年将获得 2000 万美元的拨款，并可对被审查的公司收取费用，该费用由交易的金额确定，不多于交易金额的 1% 或者 30 万美元，并根据通货膨胀调整。由此，美国外国投资委员会由临时机构变成了常设机构，并拥有固定的经费支持，大大增强了它的管理能力和行动能力。同时，国会对美国外国投资委员会提出了更多的要求，比如，至 2026 年财政部需每两年提交中国在美投资的报告。而如果美国外国投资委员会的成员与被审查的交易有利益冲突，则需要回避。最后，国家安全审查的时间从 30 天延长到了 45 天。

3. 国会明确了在考虑国家安全风险时候需要涵盖的一些因素。这些因素包括：是否来自特别关注国家；一个外国法人或者政府的交易的累计效应或者交易模式；外国法人遵守美国法律法规的记录；交易对于美国满足国家安全需要的能力的影响，特别是对于国防技术关键的人力资源可获得性的影响；与敏感的个人信息和网络安全脆弱性相关的问题。《投资风险审查现代化法》对于国家安全的理解超越了传统的解释，比如美国公民的信息被视为国家安全的一部分，这带来了“国家安全”过度泛化的风险。

4. 聚焦于中国以及关键技术竞争。《投资风险审查现代化法》允许对“特别关注国”执行歧视性政策。“特别关注国”指的是，“具有被证明或已宣布的战略目标是获得可能影响美国在国家安全领域领导地位的某种关键技术或关键基础设施”的国家。实际上，《投资风险审查现代化法》在起草阶段，明确列出了中国，只是在后来删除了。此外，有资金可以投资美国的除了发达国家和石油富国，也仅有中国，而其中也只有中国被列为美国的战略对手。从法案起草的背景、国会议员的言论以及立法过程中的听证与辩论中都可以发现，《投资风险审查现代化法》最关注的是与中国的技术竞争。虽然投资审查以往也针对中国，比如在美国总统阻止的 5 个交易中，有 4 个是来自中国公司的收购，但是将竞争技术领导权作为明确的主要目的置于大国竞争中却是首次，这表明美国在将外国投资的国家安全审查作为技术霸权博弈的工具。

（二）外国投资国家安全审查的流程

美国外国投资委员会对外国投资交易的审查流程有两大部分（见图 1）。首先是非正式的审查。在正式审查前，交易方可以与委员会沟通，了解潜在的问题，并提前做好预案，使得整个流程更可控。如果交易方是上市公司，这种可控性就更为重要了，因为监管风险处理不慎会带来股价的剧烈动荡。此外，因为是非正式的，所以没有时间上的限制。而一旦开始了正式的审查流程，那么每一步都是有时间限制的。非正式审查的存在实际上对于交易方与监管方都有好处[①]。美国外国投资委员会也鼓励交易方与该委员会提前沟通，尤其是在缓解措施上的谈判。

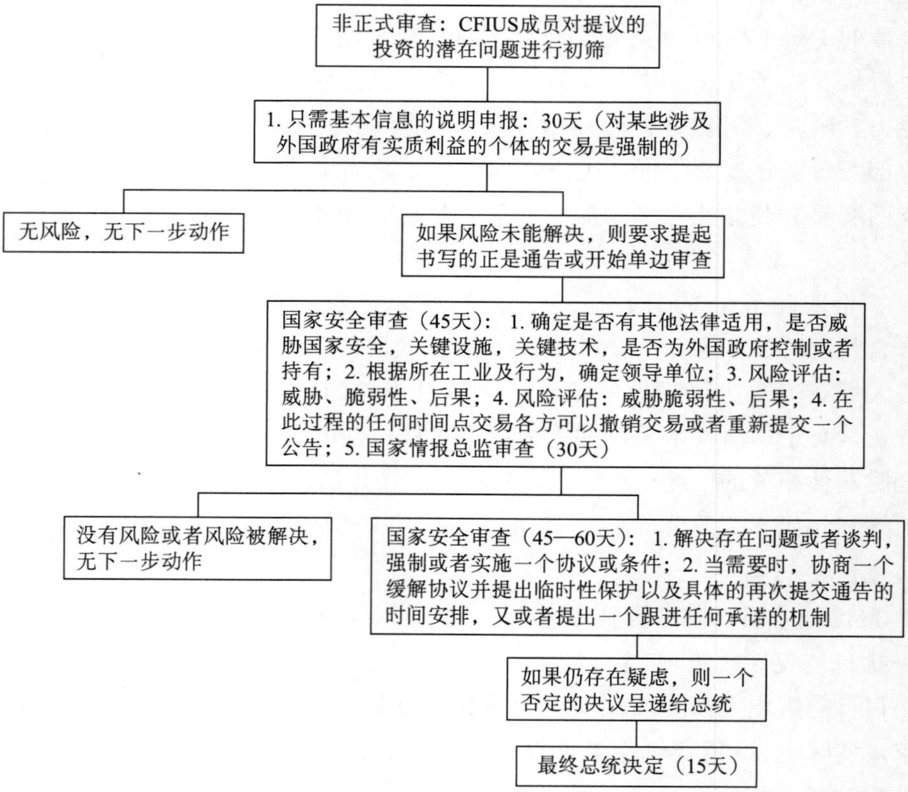

图 1 美国外国投资国家安全审查流程

资料来源：James K. Jackson，"The Committee on Foreign Investment in the United States"，*CRS Report*，Updated December 17，2019，p. 15.

---

① James K. Jackson，"The Committee on Foreign Investment in the United States"，*CRS Report*，Updated December 17，2019，pp. 16 – 17.

《投资风险审查现代化法》引入了一个只需填报基本信息的说明申报（declaration filing）。这是一个简化申报流程，只需要 5 页的简化申报，在 30 天内即可获得结果。如果被拒绝了，那么将进入完整的国家安全审查。

正式的国家安全审查阶段长度是 45 天，由交易方提交书面通告开始；之后 30 天，国家情报总监向美国外国投资委员会提交相关的分析评估报告；如果国家安全审查依然不能决定，那么就会开启 45 天的国家安全调查，并且在特殊情况下可以延长 15 天；如果在完成国家安全调查后，依然没有裁定交易是否构成国家安全风险，那么交易将提交给总统裁决。

（三）《投资风险审查现代化法》的实施

在《投资风险审查现代化法》通过以后，2018 年 10 月 11 日，美国财政部颁布了临时规定，特别针对关键技术和知识产权实施一个试点项目（pilot program），从 2018 年 11 月 10 日开始。而在 2019 年 9 月 17 日，财政部公布了《投资风险审查现代化法》全面实施的具体规定草案，并开始接受公众的反馈。在 2020 年 1 月 13 日，美国财政部推出了全面实施的最终规定，并从 2020 年 2 月 13 日起正式生效。

2018 年的试点项目先行执行了《投资风险审查现代化法》中规定的一些变化，主要包括：（1）将审查时间从 30 天延长到 45 天；（2）更新一些定义，如“关键技术”和“交易”；（3）增加属于强制审查范围内的交易，如非控股性对关键技术的投资；（4）授予财政部长在极端情况下延期 15 天的权力；（5）增加民事处罚的情况。

2020 年公布的最终规定基本保留了试点项目的框架，但也作了一些修订和完善：（1）设立了白名单国家，包括澳大利亚、加拿大和英国，这些国家的公民基本享有跟美国公民一样的地位，它们的投资满足一定条件可以豁免安全审查，有效期为两年，两年后再由财政部决定；（2）明确了“实质利益”的定义；（3）明确了“个人信息”的定义；（4）规定了审查所需要提交的材料[①]。这表明工业界对政府的游说有一定的效果，但是比改革之前更为严格的大趋势则没有改变。

在试点项目实施以后，美国财政部即已经采取行动去实施审查。2019 年，美国外国投资委员会对中国的北京昆仑万维科技公司收购美国同性交友网站基达（Grindr）的交易表达关注，理由是涉及敏感的个人数据，而后昆仑公司不得不将

① 关于美国外国投资安全审查的完整规定，可参见 U. S. Department of The Treasury，“CFIUS Laws and Guidance”，https：//home. treasury. gov/policy - issues/international/the - committee - on - foreign - investment - in - the - united - states - cfius/cfius - legislation.（上网时间：2020 年 12 月 18 日）。

基达剥离出去。另一家美国公司患友（Patientslikeme）也被以同样的理由要求其中国母公司碳云智能将其剥离[①]。而且，美国外国投资委员会在其报告中也披露，它首次对违反缓解合同的公司进行了惩罚，罚款 100 万美元。2020 年 3 月有媒体报道，仅仅是因为在中国的业务巨大，美国外国投资委员会就试图阻止德国半导体公司英飞凌公司对美国赛普拉斯半导体技术公司的收购[②]。上述事实，证明了美国对中国的提防及其外资审查的方向。

四、美国外国投资国家安全审查的制约与趋势

随着《投资风险审查现代化法》的逐步实施，美国对外国投资的国家安全审查将更趋严格，特别是针对中国的趋势已经比较明显。美国外国投资委员会获得了独立人员和预算成为了常设机构，这种转变将使审查和执法更加日常化和严格化。但是，未来美国国家安全审查也面临诸多问题。

（一）国家安全审查的严格性与吸引外资需求之间的矛盾

当前，美国依然是一个有着庞大的国际收支逆差和极低的储蓄率的国家，这种宏观因素意味着它不得不吸纳外资来维持经济增长。这就构成了美国对外国投资国家安全审查的第一个内在矛盾，或者说制约因素，即国家安全审查的严格性与吸引外资需求之间的矛盾。在 2017 年后一系列对中国投资的妖魔化和加大限制后，中国对美投资出现了断崖式的下跌，2018 年的投资比 2017 年下跌了 83%[③]，2019 年再比 2018 年下跌 60%[④]。不仅仅是中国，特朗普政府民族主义的经济政策使得美国对于外国投资者的吸引力下降，2018 年外国投资净流入占美国 GDP 的比例有明显的下降（见图 2），而这还是在美国出台了大规模的减税措施，经济处于繁荣期的情况下。与此同时，美国还必须面对来自其他国家吸引外资的激烈竞争，发展中国

① Christina Farr and Ari Levi，“The Trump Administration Is Forcing This Health Start - up That Took Chinese Money into a Fire Sale”，https：//www. cnbc. com/2019/04/04/cfius - forces - patientslikeme - into - fire - sale - booting - chinese - investor. html.（上网时间：2019 年 3 月 6 日）。

② Saleha Mohsin，David McLaughlin and Jenny Leonard，“Trump Advised to Halt Infineon Deal Amid China Security Risk”，https：//news. bloomberglaw. com/tech - and - telecom - law/trump - advised - to - halt - infineon - deal - amid - china - security - risk - 2.（上网时间：2020 年 3 月 7 日）。

③ Matt Egan，“The Chinese Investment Boom in America Is Over”，https：//www. cnn. com/2019/01/14/investing/china - foreign - direct - investment/index. html.（上网时间：2019 年 1 月 20 日）。

④ 笔者计算所得，数据来自 Derek Scissors，“Chinese Investments in the US —Handout”，https：//www. aei. org/multimedia/chinese - investments - us - handout/.（上网时间：2020 年 2 月 19 日）。

家在 2018 年吸引的外资占比达全球的 54%，达到了历史新高①。因此，美国经济宏观上对于外资的依赖将限制其国家安全审查的限度。

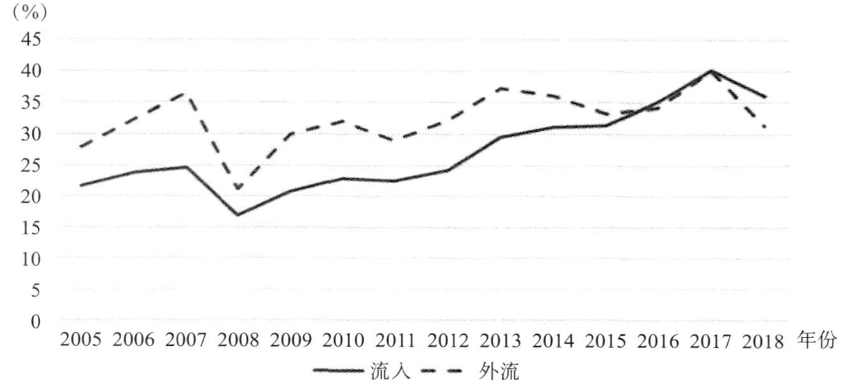

图 2　美国流入和外流 FDI 存量占 GDP 的比例

资料来源：OECD data，https://data.oecd.org/fdi/fdi-stocks.htm.（上网时间：2020 年 1 月 19 日）。

（二）平衡美国对外投资和外国对美国投资的矛盾

美国除了是吸引外国投资的第一大国，也进行大量的对外投资。从图 2 的历史数据来看，多数时期美国对外直接投资的存量要大于流入的外国投资存量。这就意味着美国的投资同样需要外国市场。如果美国持续限制外国投资，那么外国对美国投资的大门也会关闭。特别是美国对中国投资过度限制的情况如果长期得不到改善，那么中国对美国的投资采取额外限制的可能性也会增加。而中国是全球数一数二的投资目的地，而且是增长最快的主要经济体和消费市场，美国的对外投资难以忽视中国。

（三）对外国风险投资的限制以及出口管制新规的叠加将使美国初创公司失去来自中国的投资

虽然在财务上失去中国的投资可能没有太大影响，毕竟硅谷是全球投资人的圣地，但是失去来自中国的投资将影响美国初创公司的发展。《投资风险审查现代化法》对关键技术过于宽泛的理解，以及对投资者接触技术信息的限制，使中国的投资人无法协助美国初创公司更好地应用中国成熟的供应链体系生产原型产品，并进行改进和大规模生产。而且，出口管制对于技术转移出美国的限制，更进一步使中

① 凌馨“：联合国报告：中国去年继续成为全球第二大外资流入国”，http：//www.xinhuanet.com/fortune/2019-06/13/c_1124617515.htm.（上网时间：2020 年 1 月 2 日）

国投资人对投资美国的研发失去兴趣，因为即便研发成功也无法将技术分享给中国公司。美国的研发能力与中国的生产能力本来能够产生很好的协同效益，生产本身也能改进研发，但是随着美国投资审查和出口管制的双重挤压，两国的这种协同效益将会更难以获得。

（四）收紧对技术的国家安全审查很可能导致技术研发更多地转移到第三国

在当今世界，大型科技公司的影响力越来越大，为了利用和协同各国资源，这些公司可能会选择将技术去政治化和去国家化，将企业或者技术转移至中立国家以获得最大的投资和技术扩散收益。美国如果坚持收紧对技术的国家安全审查，那么技术研发将可能更多地转移到第三国。在 2019 年，RISC－V 基金会为了获得更多的公司投入研发推广新的芯片架构，决定将其总部由美国迁移至瑞士[①]。而更多的初创公司可能会转移到加拿大或其他地区，以便能吸引到更多的风险投资以及利用全球科技发展的协同效应。随着技术越来越多地掌握在非国家的个人或机构手中，美国过分的限制将使其离开美国，而这也是美国强化国家安全审查所需要顾及的因素。如果流失了更多的技术和人才，那么国家安全将会被削弱而不是被增强，国家安全审查就走向了它的反面。

从美国对外国投资国家安全审查的变革来看，这种审查的演变很大程度上是国际经济形势和美国在其中的地位所推动的，在新的大国竞争时代，它也将成为一个重要的大国博弈工具。任何国家都不可能垄断技术的发展，也不可能精于所有技术，而是需要进行全球资源的整合，这就需要进行对外投资、兼并和收购来推动创新和发展。现有的研究也表明，技术公司之间的投资与整合，特别是在收购方和被收购方之间存在知识重叠情况，对于技术创新颇有益处。而对于投资的限制也限制了供应链优化的潜力，毕竟公司的垂直整合需要进行投资。因此，对外国投资的国家安全审查就可以成为一个重要的政策工具，因为它提供了截断一个重要的技术发展和优化路径的方法。但是，对外国投资的国家安全审查有着相当的复杂性，有可能起到反效果。不管怎样，大国总会想方设法地利用这个工具，直到它带来的损失要明显大于收益。

原载《国际研究参考》2020 年第 3 期。

① Stephen Nellis and Alexandra Alper, "U. S. – based Chip – techGroup Moving to Switzerland over Trade Curb Fears", https://www. reuters. com / article / us – usa – china – semiconductors – insight / u – s – based – chiptech – group – moving – to – switzerland – over – trade – curb – fears – idUSKBN1XZ16L.（上网时间：2020 年 1 月 2 日）。

美国出口管制改革与实施*

池志培　张晓洁**

摘　要：随着中美经济竞争的加剧，美国的出口管制日益成为焦点。作为其维护其技术霸权的最重要工具之一，美国近年来对本国的出口管制制度进行了一系列改革，特别是2018年通过的《出口管制改革法》。该法为美国的两用品出口管制制度提供了永久法律基础，并特别增加了对新兴技术和基础性技术的管制要求。该法逆转了冷战以后出口管制总体逐渐宽松的趋势，而法律的改革内容主要针对中国，为中美之间的高科技贸易增加了新的阻碍。本文主要梳理该法的重点内容和特征，并就迄今的实施情况做一介绍。基于不同机构、个人对于新兴技术管制的实施条例的反馈，本文将系统分析美国实施新的出口管制法律所面临的制约因素并判断其未来趋势。

关键词：出口管制　战略竞争　新兴和基础性技术　美国政治

中图分类号：D815　　**文献标识码：**A

中美暴发贸易战以来，在技术领域的竞争越来越占据双边关系中的重要地位，作为美国对中国科技发展打压最重要的政策工具，出口管制也日益成为了一个热点话题。美国现代出口管制制度自一战以来经历了一个世纪的发展，已然成为了美国维护其技术霸权主义的重要工具。而在对华鹰派势力的推动下，美国在《2019财年国防授权法》（NDAA）中附加通过了《出口管制改革法》（The Export Control Reform Act of 2018），对两用品的出口管制进行了冷战结束以来最大的变革。这次变革改变了冷战结束后逐步放宽出口管制体制的趋势，对未来的中美大国竞争以及世界科技、经济发展有着潜在的重大影响。在这种背景下，对美国出口管制改革的

* 本项目属北京高校高精尖学科“战略经济与军民融合”交叉学科（GJJ2019163）支持项目、获得中央财经大学双一流和特色发展引导学科专项（022959918005）资助。

** **作者简介：**池志培，中央财经大学国防经济与管理研究院助理研究员；张晓洁，中央财经大学国防经济与管理研究院硕士研究生。

内容、条例实施以及发展趋势的研究就显得十分必要[①]。

一、美国《出口管制改革法》出台的背景

在2018年《出口管制改革法》出台之前，美国出口管制条例的法律基础是1979年颁布的《出口管理法》，但该法律在1994年过期，故除了2000年短暂延长了一年，其他大部分时间都是总统利用《国际紧急经济权力法》（IEEPA）宣布紧急状态来维持出口管制条例（EAR）的实施。美国国会也曾长期致力于通过相关的法律，比如1996年、2001年、2012年国会都提出了出口管制法案，为出口管制条例的实施提供法律基础，并改革美国的出口管制体系，但是由于美国国内的政治斗争，特别是主张放松管制与加强管制的不同派别之间的斗争，使得这些法案最后都不了了之。不过，出口管制改革还是通过总统发布行政命令的方式进行了一些改革，特别是奥巴马政府上台后提出的一系列出口管制改革计划（export control reform）并取得了一定成效。而在2018年，《出口管制改革法》终于被纳入《2019财年国防授权法》中并生效。这个法律是一次重大改革，是在一系列国际国内的背景下通过的。

（一）中国崛起以及技术政治的兴起

首先，国际体系层次的背景是中国的崛起以及技术成为了国际竞争的中心。经历了多年快速的经济发展，中国与美国的实力差距大为缩小，尤其是经济实力，中国已经远超当年的苏联。中国经济实力的上升不仅引起了全世界的关注，也吸引了美国政客的注意力，愈来愈多的美国精英认为中国将是美国霸权的最大挑战，而在许多人眼中，中国在经济甚至是技术上已经成为了美国的同辈竞争者。冷战结束后，美国对中国的出口维持总体有所放松的底线，是要对中国保持"一到两代"的优势[②]。而美国有些精英则担心按照目前的发展趋势，美国恐难以维持其领先优势。因此，在特朗普政府高级官员的煽动以及智库的助推之下，华盛顿掀起了一阵反华浪潮，在这种氛围下，主要针对中国的《出口管制改革法》也取得了两党的支持并顺利成为法律。

---

① 如无特别说明，本文讨论的出口管制涉及的是两用品的管制，由商务部的工业与安全局（Bureau of Industry and Security）负责。军品等其他管制目前没有大的变动。

② Meijer Hugo, *Trading With the Enemy: The Making of Us Export Control Policy Toward the People's Republic of China*, Oxford University Press, p. 273.

此外，近年来人工智能、量子计算机等先进技术的发展，使得人们日渐相信一场新的技术革命即将到来。而掌握了这些先进技术的国家将能掌握人类的未来。如果说以往的大国竞争更多的是地缘政治的争夺，那么未来的大国竞争将更多是技术的竞争。在维持美国技术优势的信念下，出口管制法律的制定就有了战略上的紧迫性。

（二）特朗普政府的国家安全战略变化

深陷中东战争多年的美国厌倦了反恐战争对自身实力的消耗，开始尝试转移战略重心。奥巴马政府时期，这种重心转移体现在“重返亚太”战略中，要将美国的战略部署从中东转向亚太。而当强烈批判美国的中东干涉战略的特朗普政府上台后，也强化了这种战略转移，并在 2017 年的《国家安全战略报告》中明确提出美国国家安全战略的重点是大国竞争，尤其是与中国的竞争。而后推出的《美国国防战略报告》、《核安全态势报告》等也强调了这种大国竞争，使得美国对华政策抱持强烈的零和博弈态度。因此，加强出口管制也成为了美国应对中国科技崛起的重要战略。

（三）美国国内政治对所谓中国技术转移的关注

特朗普对华发起的贸易战虽然因贸易逆差而起，但核心问题却是中美之间的科技竞争。国际社会对中美科技竞争的关注源自于 2017 年美国国防创新小组（Defense Innovation Unit X，简称 DIUx）的一份名为《中国的技术转移战略：中国在新兴技术领域的投资如何使得其获得美国创新的皇冠之珠》的报告。这份报告最初是保密的，但是在美国公布了所谓的“301 报告”之后，这份报告的内容也在 2018 年 3 月公开，以配合“301 报告”共同影响舆论①。其中 DIUx 的两个研究者分析了中国从美国转移技术的手段，并认为这些手段需要得到遏制，而改革投资安全审查、出口管制是最为重要的措施。这份报告在华盛顿精英圈里得到广泛传阅，而国会议员和政府高级官员也纷纷引用其内容。而报告的显著影响还体现在其主要内容几乎最终都变成了法案。而在《出口管制改革法》通过之前仅仅举行了一次听证会，也体现了美国的政治精英在该问题上立场的高度一致。

（四）特朗普政府的民粹主义倾向与不同声音消失

特朗普自竞选开始就高举民粹主义大旗，攻击华盛顿的政策精英，认为华盛顿

① 美国贸易办公室的“301 报告”于 2018 年 3 月 22 日公布，而 DIUx 放置在网上的报告文件显示是在 2018 年 3 月 24 日创建的。DIUx 报告的影响力还体现在它所提出的三个方面的政策建议都得到了采纳，包括对外国投资审查法律的修改、出口管制法律的改革以及对中国赴美学者签证的限制。

是一个腐朽的沼泽，因此遭到华盛顿精英的轻视和反对。即便在特朗普成为共和党候选人之后，仍有大量的共和党精英联名反对他，因此当选后他也拒绝选用这些人进入政府。特朗普与政策精英的紧张关系及其对专业能力的轻视，使得他在内阁及高官人选上选择有限。他任内官员的高流动率以及丑闻频发，与他依赖于边缘人物以及缺少有能力的管理团队密切相关。缺少真正的管理人才也使得特朗普政府的政策更为简单化和激进化。同时，传统上主张对华实行宽松管制的国务院和商务部官员也为鹰派官员所削弱。因此，主张对华加强管制的声音主导了特朗普政府内部的讨论。

（五）美国高科技公司的影响力下降及在华竞争日趋激烈

出口管制法律往往给受影响的公司增加沉重的负担，但是其收益却是非常分散和不可见的，所以利益受损的公司往往有巨大的动力来游说反对相关法律的出台。在美国 2018 年的出口管制改革中，受影响最大的是集中在硅谷的高科技公司，但是这些公司却未能游说和影响政府和国会，这与以硅谷为代表的新兴高科技公司近年来与华盛顿的关系日益紧张密切相关。首先，硅谷的高科技公司与华盛顿有着巨大的文化差异，这使得双方的关切难以相互理解，关系日渐疏远。2018 年爆发的谷歌等公司员工对于本公司参与国防项目的抗议即为例证。当然，硅谷的高科技公司在日益受到监管威胁下也加大了对华盛顿的游说努力，但是这种努力与传统的华尔街或者制药公司相比仍显不足。2017 年互联网公司花费了 6870 万美元用于游说，而油气能源公司则花费了约 1.2 亿美元，制药公司约 2.7 亿美元。而且，高科技公司的游说也呈碎片化，有多个不同的组织参与而未形成合力[①]。

其次，以硅谷为代表的高科技公司在 2016 年的总统选举中几乎一边倒地支持希拉里和民主党，这使得特朗普意外胜利以后它们直接影响政府决策的能力不足。硅谷精英中唯一支持特朗普的是彼得·蒂尔（Peter Thiel），但他对中国充满敌意，支持加强出口管制。

再次，脸书、苹果以及谷歌等高科技公司近年来深陷各种丑闻，而华盛顿掀起了对高科技公司的口诛笔伐，尤其是在 2016 年的大选中脸书大规模泄露用户个人信息，扮演了极不光彩的角色。而亚马逊、谷歌等公司也被指控垄断和非法限制竞争。华盛顿掀起了一波加强对高科技公司管理的浪潮。在这种背景下，这些高科技公司也并不愿意公开挑战政府并大力反对这些以国家安全为名的改革。

最后，特朗普经常在推特上点名攻击个别公司，包括通用、波音、亚马逊等都

① Jamie Davies, "Lobbying on the up as Silicon Valley Feels the Regulatory Squeeze", Telecoms. com, January 23, 2019, http://telecoms.com/494881/lobbying-on-the-up-assilicon-valley-feels-the-regulatory-squeeze/.

不止一次被其公开批评，给公司股价带来压力。因此，许多公司都不愿意公开反对特朗普的政策。

此外，虽然中国市场的日益完善以及中国企业在产业链上的向上移动，原本着力推动减少对华出口管制的美国公司在中国也面临着日益激烈的竞争，这使得它们更缺少动力去游说华盛顿减少对华的管制。

二、改革的主要内容与特征

在时隔近半个世纪之后，美国在 2018 年终于通过了新的《出口管制改革法》，体现了国际局势与美国国内政治的新变化，这个法律的主要内容和特征体现在以下几个方面。

第一，目的是全面保持美国的技术优势。1979 年的《出口管制法》规定了出口管制的目的是为了防止美国的技术用于增强美国对手的军事潜力和力量、限制会显著增强危害美国国家安全的国家或国家团体的军事潜力的物品和技术。对华管制也是为了限制中国军事能力的提升。在冷战时期，美国与主要对手苏联之间的竞争主要是军事竞争，而非科技竞争，因为当时的苏联和中国在科技上都不能与美国相抗衡。但是随着近年中国科技实力的发展，美国自身的科技霸权受到了挑战，而科技霸权是美国全球霸权的基础。因此，《出口管制改革法》中对美国国家安全的范围进行了更为全面的界定，即“要求美国维持在科学、技术、工程和制造业部门，包括对创新至关重要的基础技术中的领导”[①]。该法还明确规定在发放出口许可时必须考虑其对于国防工业基础的影响。同时，申请出口许可的个体也需要对其所出口产品的国防工业基础影响进行说明。2018 年 10 月底，美国将福建晋华集成电路公司加入出口管制的实体名单，美国商务部给出的理由是晋华大规模生产存储芯片会导致该商品过于廉价，使得美国的相关产业难以为继，而美国军队必须能够从其国内公司采购存储芯片。这种以影响美国公司生存能力为理由的出口管制标志着对相关法律的使用严重扩大化。

虽然为了避免出口管制泛化，《出口管制改革法》规定了管制仅针对那些对国家安全有重要影响的物项，但在特朗普政府对中国的一系列政策中，体现了对国家安全过度宽泛的理解，从而不可避免地导致出口管制范围的扩大。

---

① Export Control Reform, US Code, Title 50, Ch. 58, § 4811(3), https://www.law.cornell.edu/uscode/text/50/chapter-58.

第二，引入了对新兴技术和基础技术的管制。《出口管制改革法》要求成立一个由总统领导的跨部门（国务院、商务部、能源部、国防部）机构来确定新兴技术和基础技术。DIUx 关于中国技术转移的报告认为传统贸易管制的一个主要缺陷在于它针对的是产品而非技术，而在当前科技进步飞快的时代，等到产品成熟再对其进行管制已经无法阻止新兴技术流入他国了。同时传统上出口管制与投资审查是相分离的，通过 2018 年的改革，这些新兴技术和基础技术也与投资安全审查中的关键技术相关联。确定新兴技术与基础技术的联合机构也需要考虑外国投资委员会（CFIUS）审查中确定的关键技术和其他信息。但是法律并未明确规定出口管制的严格程度，只是说最低限度上对将这些新兴技术和基础技术出口到美国实行禁运的国家要求许可。这一条款实际是针对中国的，因为美国对中国实施武器禁运，所以无论如何中国都在限制范围。此外，在对这些技术的出口和再出口申请许可的时候，申请方还必须进行相关的信息披露，对主要利益相关的外国实体进行情况说明，这也是为了提防中国投资在世界各地的公司获得美国的技术。此外，法律也说明了管制新兴技术和基础技术时需要考虑的三大因素，即技术在外国的可得性、对美国国内的影响以及单边管制的有效性。

第三，为美国的出口审查制度提供永久的法律基础，并增加了工业与安全局（BIS）的权力。自 2001 年 1979 年的《出口管制法》再次过期以后，美国的出口管制制度仅依赖于总统基于紧急状态法的授权，缺少永久的法律基础导致部分刑罚标准较低、限制执法人员的权力①。同时，依赖于总统的行政命令也增加了出口管制条例的不确定性，不利于其说服其他国家配合美国的出口管制②。这次改革增强了工业与安全局的权力，特别是赋予其设置临时管制（interim control）的权力，这使工业与安全局可以在法规制定之前针对特定的交易和技术进行管制，可以在管制特定交易的同时不管制特定的技术类别，也可以在不将交易方列入实体名单的情况下管制特定的交易。

第四，逆转了冷战结束以来出口管制日益放松的趋势。在冷战结束以后，除了卫星技术外，在美国业界游说以及部分政府官员的联合推动下，美国出口管制改革一直是趋于放松管制的。其中信息和通信产业构成了推动放松管制的中坚力量③。美国政府对中国也采取了一些放松管制的措施，比如 2007 年推出的合格最终用户项目等。但是在这次改革中，加强管制的声音占据了主导地位，信息和通信产业首

① 比如，在原有的制度下，执法人员无法得到法院的授权去侦听违法出口管制的实体。

② Ian F. Fergusson, *The Export Administration Act: Evolution, Provisions, and Debate*, pp. 13 – 14, https://fas.org/sgp/crs/secrecy/RL31832.pdf.

③ Hugo Meijer, *Trading With the Enemy: The Making of Us Export Control Policy Toward the People's Republic of China*, Oxford University Press, 2016, pp. 101 – 191.

当其冲受到冲击。在对新兴技术管制的征集意见公告中列举了 14 大类技术，信息相关技术是其中的核心，包括人工智能、量子信息和传感技术、微处理器技术等。

第五，法案主要针对中国。法律条款中虽然没有明确提及中国，但是不管是美国政客、媒体还是评论家都不讳言变革主要针对中国。推动法律改革的主要动力是 DIUx 关于中国技术转移的报告以及美国对中国科技发展的焦虑。在法律的相关内容上，指向中国的主要是通过额外限制对美国实施武器禁运的国家来实现的，包括对新兴技术和基础技术管控的最低要求、对相关国家出口许可政策的重新审查等。

三、《出口管制改革法》实施情况

《出口管制改革法》被纳入当年的《国防授权法》并在 2018 年 8 月 13 日正式成为法律后，商务部陆续开始进行实施，但截至目前新措施较为有限。由于涉及的技术问题过于复杂，整体实施方案仍在制定当中。在法律分别通过了参议院和众议院后，工业与安全局即开始为新兴技术咨询委员会（Emerging Technology Technical Advisory Committee）进行为期一个月的新成员招募，从学术界、工业界等招募专业人士，为实施新的出口管制尤其是新兴技术方面的管制提供专业指导。最为引人关注的是在 2018 年 11 月 19 日，美国商务部工业与安全局出台了一份针对新兴技术和相关产品的出口管制法规提案建议，面向公众征询意见，尤其是如何界定新兴技术。征询意见为期一个月，后来又延长至 2019 年 1 月 10 日。

关于新兴技术的管制实施将面临不同意见的激烈交锋。冷战后美国对出口管制的意见分为两大派：一派是以国家安全人士为主，主张通过加强管制来限制中国发展科技和军力，主要有与国家安全相关的国会议员、国防部、情报机构人员等。另一派别主要是认为需要通过扩大美国科技公司的市场来帮助它们维持创新能力，因此需要宽松的管制，主要是来自商务部和国务院的官员①。这种分歧也存在于特朗普政府内部。尽管特朗普政府的高官对对华出口管制持极为强硬的立场，商务部的事务官员还是秉持了传统的反对过于严厉的管制态度，更多与商界站在一起。负责出口管制的鹰派代理副部长（Acting Under Secretary for Industry and Security）在年中辞职，一个重要原因就是商务部内对于如何实施管制存在巨大分歧，此代理副部长显然遇到了无法处理的内部反对压力。另一方面，具体管制意见迟迟无法出台，

① Hugo Meijer, *Trading With the Enemy: The Making of Us Export Control Policy Toward the People's Republic of China*, Oxford University Press, 2016, p. 101.

而对于所谓基础技术的管制甚至还未发布征求意见的公告，这除了内部斗争外的另一个重要原因是缺少人手和资源，目前负责出口管制的商务部工业与安全局依然没有正式的副部长领导[①]。

2020 年 1 月 3 日，美国商务部终于推出了 2018 年的《出口管制改革法》中对于新兴技术和基础技术管制的第一条具体实施意见，对人工智能识别地理图像的软件进行为期一年的临时管制并立即生效。美国各界普遍认为这次实施的管制对相关产业是一个利好，首先是管制的范围非常具体和狭窄，被管制的是一个非常具体的软件，而更为基础的相关算法并未受到影响。而且在人工智能应用于图片识别上中国的技术并不差。其次，这次管制是一年期的临时管制，并要提交给“瓦森纳协定”审议成为多边管制的一项。这符合美国工业界反复提到的诉求，即不希望美国实施单边管制，因为会给美国公司带来与其他国家公司竞争的劣势。一年后，如果没有归为管制对象，那么管制只影响到在特定出口管制清单上的公司。总体而言，这次出口管制具体条例的出台显示了美国工业界和科技界游说的胜利，美国工业界强烈要求管制范围狭窄并寻求多边管制，而鹰派要求的全面管制并未实施。而且，这个范围狭窄的管制也是经多次推迟才出台的，并引起了相当多鹰派人士的不满[②]。而针对所谓的基础技术商务部仍未公布公众意见征询公告，媒体报道这部分工作还没启动[③]。由于对新兴技术以及基础技术的界定即便在学术界和工业界也难以达成共识，商务部要出台政策并非易事。

此外，《出口管制改革法》规定了商务部长需要与其他部门合作，重新审查对美国实施武器禁运的国家（针对中国）的出口许可制度，并在法律通过后的 270 天内（2019 年 5 月初）执行重新审查的结果，但迄今商务部也没有改变任何对华出口的制度。不过，在 2020 年 4 月 28 日，商务部出台了新规，扩大了对华涉及军事方面的两用品出口管制[④]。此外，在正式通过《出口管制改革法》之前，行政部门已经使用了该法律的一些逻辑来改变出口管制的做法，最重要的例子便是福建晋华事件，商务部以对美国国防工业基础的潜在伤害为由将晋华加入了出口管制“实体名单”，《出口管制改革法》更多是将这种做法法律化。

① Ana Swanson, “Trump Officials Battle Over Plan to Keep Technology Out of Chinese Hands”, *The New York Times*, October 30, 2019, https:// www. nytimes. com /2019/10/23/business/trump – technology – china – trade. html.

② Alexandra Alper, “U. S. Government Limits Exports of Artificial Intelligence Software”, *Reuters*, January 3, 2020, https://www. reuters. com/article/usa – artificialintelligence/us – government – limits – exports – of – artificial – intelligence – softwareidUSL1N2980M0.

③ Adam Behsudi, “Commerce Aiming to Publish New Export Rules on Critical Technologies by End of Year”, *Politico*, September 19, 2019, https://www. politico. com/story/2019/09/19/commerce – export – rules – technologies – 1738335.

④ Karen Freifeld, “U. S. Imposes New Rules on Exports to China to Keep Them From Its Military”, *Reuters*, April 27, 2020, https://www. reuters. com/article/us – usa – chinaexports/us – imposes – new – rules – on – exports – to – china – to – keep – them – from – its – militaryidUSKCN2291SR.

总体来看，美国《出口管制改革法》希望推动的改革的实施进步略为缓慢，而这与其面临的各种制约因素密切相关。

四、美国出口管制改革的制约因素

在中美贸易摩擦的大背景下，美国《出口管制改革法》的通过得到了广泛关注，但是其实施过程较为缓慢，目前还未带来明显的变动。这与其试图改革的主要内容，即新兴技术与基础技术的复杂性有关。如何定义并恰当地实施对这些技术的管制，不管是技术本身还是实施都面临巨大的挑战。2018 年 11 月，美国工业与安全局公布了关于新兴技术的征求意见稿后，不同的团体个人，包括军工企业、高科技公司、大学、研究所、工业组织、外国组织等都提交了反馈意见。本文作者收集了美国政府网站上的来自各界的 232 条意见，这些意见涵盖了国内外以及不同类型研究机构、行业对于相关管制的意见。这些意见中反映的各种忧虑正是制约美国推行过度的出口管制的诸多因素。基于这些意见并结合其他公开研究及数据，本文将制约美国推行新的出口管制的因素大致分为以下几点。

（一）技术与政府管理的困难

在原有的管制体系下，管制的是最终产品和最终用户，这就省去了对中间技术过程的了解需要，但是 2018 年的出口管制改革中要对“技术”进行管制，就意味着政府需要涉入中间非常复杂的现代技术发展过程。要对新兴技术和基础技术进行管制，政府必须要明确定义其含义和范围，但这本身就是一个极为困难的事情。

第一，新兴技术中的“新兴”是一个相对概念，什么样的技术可以被称为“新兴”呢？工业与安全局提出的一系列技术中有许多已经相当成熟和商业化了，比如人工智能已经有半个多世纪的历史，深度学习也已经有 30 多年的历史。而半导体、数据处理、物流建模、DNA 测序等也早已不属于“新兴”的。如果是按照其发展前景来判断，即对未来有重大影响的技术即为新兴技术，那么政府需要判断出一个技术发展的方向。这就带来了另一个问题，新兴技术的发展方向并不确定，技术突破的方向很多时候并不能事前预知，尤其是真正革命性的技术。若要有效管控前景不明的技术，意味着政府需要迅速更新管制清单，并且能够长期跟踪业界技术发展的前沿，政府必须要有足够的资源去从事这项工作。现代技术的发展已经变得非常专门化，即便是最为专业的人士也只能对自己的领域做出一定判断。对许多技术部门同时追踪也就意味着政府同时需要不同部门的专家，需要有许多个专家委员会。但是在前沿科技问题上，往往即便在专家之间也很难达成共识。

第二，许多新兴技术的发展是在私营部门，这些技术往往涉及商业机密，它们不可能随时向政府相关部门披露这些技术的最新发展。

第三，判断技术是否危及国家安全也是一个技术难题。在对新兴技术管制立法的反馈意见中，许多机构都要求关于特定技术对于国家安全的影响必须要具体说明，不能过于笼统。在技术尚未变成最终产品，甚至其发展路径尚不确定的情况下，说明其与国家安全是否有关无异于凭空揣测。这种种困难无疑是给负责出口管制的政府部门提出了难以完成的任务，极大地制约了2018年出口管制改革的落地。而这也是为什么新的管制制度迟迟不能推出的最重要原因之一。

（二）对美国企业竞争力的影响

对新出口管制改革最大的担忧是它会伤害美国企业在全球市场上的竞争力，在资本、市场、供应链和人才上都会给美国企业带来额外的负担，其中对中小企业的冲击会更大，而后者对一个国家的就业、创新和保持经济活力至关重要。

1. 资本。严格管制新兴技术和基础技术将使得美国作为投资目的地的吸引力下降。如果在美国研发的技术无法传递给外国的母公司，那么外国投资人自然需要考虑是否应该在美国投资。面对美国的打压，华为面临的困境是其在美国研发的技术在实施禁令后无法传递回中国[①]。同时，在美国研发的技术再与其他国家的技术和产品进行结合也会面临额外的困难，这无疑会使得投资人在投资美国高科技公司时更加迟疑。在特朗普对华发动贸易战并对中国科技企业进行不合理打压之后，2019年中国对美投资从2016年的530亿美元大幅下跌至约32亿美元，其中对美国初创企业的投资也大幅下跌[②]。在美国政府对于科研投入日益减少的情况下，外国投资显得尤为重要，而出口管制带来的投资下降，无疑会影响美国企业的长期竞争力。

2. 市场。如果美国扩大对技术的出口管制，特别是针对中国的管制，无疑将影响美国高科技企业的用户市场，严格的出口管制会直接减少美国科技公司的客户。根据一家华盛顿智库的研究，工业与安全局对新兴技术和基础技术的管制将导致美

---

① Dan Strumpf and Kate O' Keeffe,"U. S. Blocks Some Exports From Huawei's SiliconValley Unit", *The Wall Street Journal*, January 10, 2019, https://www. wsj. com/articles/u - sblocks - some - exports - from - huaweis - silicon - valley - unit - 11547119803.

② Derek Scissors, "Chinese Investments in the U. S. —Handout", *AEI*, January 30, 2020, https: //www. aei. org/multimedia/chinese - investments - us - handout/; Rebecca Fannin, "How the Us - China Trade War Has Starved Some Silicon Valley Start - Ups", *CNBC*, Feburary 1, https: //www. cnbc. com/2020/01/31/chinese - venture - capitalists - draw - back - silicon - valley - investments. html.

国的出口在5年内减少141亿—563亿美元[①]。根据另一项研究，美国的高科技出口管制导致了2010—2016年的中国对美贸易顺差人为扩大了20%左右[②]。在商业卫星市场上，由于美国在21世纪初的严格管制，导致其在全球商业卫星市场上的份额从1999年前的约50%下降到2008年的约30%[③]。

出口管制还会带来间接的市场减少。因为管制将使得美国高科技企业的声誉受到影响，其他国家的公司将考虑作为供应商的美国公司是否值得信赖，尤其是中国公司，即使是不在黑名单上的公司也必须考虑美国的出口管制带来的政策风险。而不当的管制也会激起被管制国家民众的不满，导致他们自发抵制美国公司的产品，这些都将带来额外的市场损失。市场减少也就意味着技术产生的收益减少，美国公司能够投入技术再研发的资金减少，长期来看这会严重损害美国公司的竞争力。

3. 供应链。对技术的管制也将对全球供应链带来极大的冲击。频繁变更和复杂的出口管制将使得美国公司无法在全球范围内最优配置其供应链。尤其在新出口管制主要针对中国的情况下，美国企业利用中国的优势制造业产业链的能力将下降。作为世界第一制造业大国，如果无法高效利用中国的资源，对于美国企业将是一个巨大的损失。不仅像苹果这种大公司需要中国的制造能力[④]，小的科技初创企业也需要通过中国的制造业产业链迅速将产品大规模生产投放市场[⑤]。

其他国家尤其是中国的公司将美国公司加入供应链时也会变得更为谨慎。由于美国的出口管制法律不仅涉及了美国产品的出口，也涉及包含美国零件和技术产品的再出口。因此，那些需要将产品销售到中国的欧洲、日、韩等国的公司，也会压缩供应链中美国公司的比例。中国是最大的制造业生产基地和众多商品的最大消费市场，这也意味着美国新的出口管制将对供应链产生极大的影响。而在全球产业链中，出口管制改革将使得美国公司在与欧洲、日本等国的公司竞争中存在额外的劣势。

4. 人才。美国的科技产业非常依赖外国的科技人才，尤其是来自中国的自然科学和工程人才。美国的科技专业（STEM）研究生项目的学生大部分来自海外，所占比例自50%—80%不等。以2015年的数据为例，电气工程专业的研究生81%

---

① In fo rmation tech no logy & Inno vation foun dation，"How Strin gent Export Controls on Emerging Technologies Would Harm the U. S. Economy"，*Information Technology & Innovation Foundation*，May 2019，http：//www2. itif. org/2019 - export - controls. pdf? _ga = 2. 114389639. 1039504512. 1570294245 - 1636337770. 1570294245.

② 卫平、张朝瑞："美国对华高技术产品出口管制及其对两国贸易影响"，《工业技术经济》，2018第1期，第83页。

③ 何奇松："美国的卫星出口管制改革"，《美国研究》，2014年第4期，第17—19页。

④ Charles Duhigg and Keith Bradsher，"How the U. S. Lost Out on iPhone Work"，*The New York Times*，January 2[illegible]，2012，https：//www. nytimes. com/2012/01/22/business/apple - america - and - a - squeezed - middle - class. html.

⑤ Matt Sheehan，"Does Chinese Venture Capital in Silicon Valley Threaten US Tech Advantage?" *Macro Polo*，April 26，2018，https：//macropolo. org/analysis/chinese - vc - silicon - valley - threaten - us - tech - advantage/.

来自海外，计算机科学是79%，机械工程是62%[①]。如果没有国际学生，大部分美国学校的理工科项目都难以为继，而来自中国的学生和研究人员占了最大部分，在美国获得理工科博士学位的国际学生中中国人占22.4%[②]。由于出口管制也限制了技术信息的转移，这意味着来自国外的技术人员参与美国的研究将面临着更多障碍（要获得专门的许可），而这也将影响美国的机构招募国外人才的能力，这使美国科技公司也将面临着巨大的挑战。

5. 成本。美国的出口管制是一个复杂的体系，履行复杂的审批手续、应对审批过程中的不确定性，都将增加企业的合规成本。漫长的审批过程也带来了更大的时间成本。由于美国的出口管制法律比任何国家都复杂，美国的公司在这方面承担的成本也相应高于其他国家的企业，这也削弱了美国公司的国际竞争力。

（三）对美国科研优势的影响

不管是新兴技术还是基础技术都涉及基础研究，而随着多年的发展这些研究已经形成了全球性的合作网络。将这些技术纳入管制范围会破坏这种研究的生态系统，将美国的科研体系与其他国家隔离开来，这对美国保持科研优势将有着巨大的负面影响。

首先，科学研究需要来自不同国家和环境中的数据，美国的技术出口管制将妨碍这种基本数据的收集和共享。比如，美国种子贸易协会（The American Seed Trade Association）提交的反馈意见称，他们需要分享技术，让种子在其他国家生长，从而获得不同自然条件下种子生长的数据，而新的技术管制将阻碍这一过程。

其次，科研成果也需要重复和验证，如果其他国家的科研人员不能进行这种工作，美国的科研人员就必须依靠自己完成这些工作，并无法充分利用国际科研资源。

再次，在许多领域美国的科研并不具有垄断地位，许多国家尤其是中国的科研水平已经取得了巨大的进步，中国学者在各种国际学术会议和学术期刊中占据着重要地位，美国学者也需要了解其他国家学者的研究来提升自身的科研水平。如果技术管制使得美国科研人员无法与来自其他国家的科研人员交流，那么美国的科研水平必然受到影响。并且，美国以外的科研团队也会不愿意接受美国人的参与，因为一旦有美国人的参与，将会使得研究受到美国出口管制的限制。这都将使得美国科研人员处于不利地位。

---

① The National Foundation for American Policy, “The Importance of International Students to American Science and Engineering”, *NFAP Policy Brief*, October 10, 2017. http://nfap.com/wp content/uploads/2017/10/The – Importance – of – International – Students. NFAP – Policy – Brief. October – 20171. pdf.

② National Science Foundation, *Science & Engineering Indicators 2018*, January 2018, https://nsf.gov/statistics/2018/nsb20181/.

最后，美国本身的教育系统并不能够提供足够多的自然科学和技术人才，不仅是美国的科技公司，美国的科研机构、大学等也都依赖于国外的人才。因此，吸引足够多的国外人才是维持美国科研领导地位的必要条件。而对于新兴技术和基础技术的严格管制将损害美国的吸引力，更多的研发工作将会被转移到海外，美国作为全球创新中心和领导者的地位将受到挑战。

（四）对美国国家安全的影响

美国 2018 年的出口管制改革主要是国内鹰派以国家安全为由推动的，旨在处理所谓的中国技术转移问题，以应对中国崛起对美国霸权的挑战。但是这个改革从长远来看对美国的国家安全有许多潜在的负面影响。

首先，新改革强调了维持美国国防工业基础的重要性，但是强化对技术的管制却有可能削弱美国的科技领导权以及企业的国际竞争力，进而冲击国防工业基础。在国防工业日益依赖私营企业创新的情况下，美国企业的竞争力减弱就代表着其国防工业实力的下降。

其次，对技术的严格控制将迫使受美国管制的国家自行开发新技术，尤其是被美国视为同辈竞争者的中国，从而造成对国家安全的负面影响。美国的科技封锁将进一步推动中国实现自主创新的决心和增加对科技的投入，长远来看，这对美国的科技领导权的威胁更大。在美国高科技产品的竞争下，中国的同类型产品在缺少补贴的情况下基本没有生存空间，新改革将使得这些公司拥有更多的市场空间。美国对华为的围堵已经使得华为加大了对国内供应链厂商的扶持。因此在很多评论家看来，美国的科技封锁正在给自己制造更强大的对手。

最后，在网络安全等新兴国家安全领域，跨国跨地区的信息和技术合作非常重要。在提交的评论中，网络安全公司赛门铁克指出，为了及时应对不同威胁，网络安全公司需要在不同地区设立分支机构，聘用不同地区的人才，而新的技术出口管制将削弱这种合作的能力，进而削弱国家安全。

（五）对国际公共利益的影响

虽然民粹主义和反全球化的浪潮近年来有愈演愈烈之势，但是人类社会更为紧密连接在一起的趋势并未改变，人们也面临着越来越多的共同威胁。其中，应对气候变化、公共卫生危机、网络安全等都需要全球共同的努力。维护这些人类的共同利益需要各国在科研和技术上进行合作，美国的出口管制也将阻碍维护这种共同利益。比如在应对气候变化问题上，美国可以进行技术创新，而中国强大的制造业实力可以使得清洁能源更快地普及到全世界。为了人类共同福祉的医疗技术也不应该受到管制，疾病并不会遵守技术管制的边界。在网络安全上，中国公司作为最大的硬件厂商，如果因为出口管制而无法参与国际性的网络安全组织，将对世界网络安全产生不利的影响。华为因美国出口管制被网络安全国际组织——事件响应和安全小组论坛（The Forum of Incident Response and Security Teams）暂停资格，而考虑到华为设备的广泛使用，没有华为参与的世界网络安全显然更不安全。美国对新兴技术和基础技术的管制无疑将会给维护人类共同利益带来负面的影响。

五、中国的对策

美国的出口管制改革是在大国竞争日趋激烈的背景下做出的调整，而这些调整在实施时又面临着多方面的制约因素，所以最终很有可能退回到控制最终产品和最终用途上来，而不是控制技术。实际上，美国现有的保密制度、安全许可制度、多边管制组织以及知识产权保护体系已经足以保护技术。不管美国整体的出口管制制度如何变化，美对华管制的针对性越来越强，中美之间的科技竞争在相当一段时间内会趋于强化。在应对方面，中国应该将强化自主创新与国际合作相结合，加强供应链安全管理。

第一，加强中国自主创新能力的建设。习近平主席反复强调“大国重器必须掌握在自己手里。要通过自力更生，倒逼自主创新能力的提升”。但是核心技术是买不来的，必须依靠自主科研能力。对自主科研能力的培养则需要教育改革以及加大科研投入。

第二，中国应该坚持改革开放，坚持扩展全球科研合作网络，吸纳全球科研人才。科学发展既是全球合作也是全球竞争的结果，充分利用全球资源才能更好地推动自身的科技发展。

第三，在美国加强对中国技术封锁的情况下，中国企业也需要加强供应链战略管理的能力，并将其作为企业战略的最重要的一部分。要培养和扶持可靠的供应商，并且尽量避免依赖于单一国家单一供应商的局面。华为与中兴各自面对美国封锁时不同的应对措施很好地例示了这一点，华为长期的忧患意识为其应对美国技术封锁提供了缓冲和技术储备，使其在供应链受到极大干扰的情况下仍能维持运转。中国的企业在日益全球化的环境中需要强化这种能力的培养。

第四，随着中国经济的发展和整体技术水平的提高，中国也有必要建立自己的出口管制体系，保证中国的技术和产品不为他国滥用而危害国家利益，而美国的经验以及其立法过程中遇到的种种问题也值得我们借鉴思考。

原载《和平与发展》2020 年第 3 期。

军 民 融 合

军民融合协同创新、空间关联与国防创新绩效

杨晓昕　陈　波　张　涵[*]

摘　要： 采用中国省域面板数据，通过构建军民融合协同创新变量，基于地理邻接和要素流动两种权重矩阵，实证分析军民融合协同创新对国防创新绩效的影响及空间溢出效应。结果表明：国防专利申请量和授权量在空间分布上呈显著集聚特征；在地理邻接权重和研发资本流动权重下国防创新绩效存在显著空间溢出效应；从对本地区的影响看，产—研和产—学两类互补型协同对国防创新绩效有显著促进作用，研—研和研—学两类替代型协同则不利于国防创新，区域创新水平和对外开放均对国防创新有益；从对周边地区的影响看，研—研协同显著提升周边地区的国防创新绩效，产—研协同则对研发资本流动关联紧密地区的创新绩效有积极作用。

关键词： 军民融合　协同创新　国防创新　空间溢出

中图分类号： E0－054　　**文献标识码：** A

引　言

加快建设军民融合创新体系，提高国防自主创新能力，是推动中国军队建设由数量规模型向质量效能型和科技密集型转变的重要抓手。军事需求作为科技进步的主要动力之一，军民融合协同创新带来的高技术成果亦能在国家创新驱动发展战略

---

[*] **作者简介：** 杨晓昕（1993—），女，山东青岛人，中央财经大学国防经济与管理研究院博士研究生，研究方向为军民融合与区域经济；陈波（1971—），男，宁夏彭阳人，博士，中央财经大学国防经济与管理研究院院长、教授、博士生导师，研究方向为国防经济、国防管理与国防教育；张涵（1988—），男，山东日照人，青岛大学质量与标准化学院讲师，研究方向为金融科技与区域创新。

实施以及创新型国家建设过程中发挥重要推动作用。一方面，军民融合协同创新能通过对创新要素进行科学有效的组织协调，营造创新友好的协同联结环境，节约大量社会资本。另一方面，军民融合协同创新可以从更深层次、更宽领域、更高程度推动军民产学研体系交融渗透和优势互补，从而形成全要素、多领域、高效益的军民融合创新发展格局。

从区域创新生产过程看，创新要素组织协调方式主要分为两种：一种是空间关联，即创新要素在各区域之间流动，以及创新活动在空间上表现出的关联关系[1-2]。空间溢出效应是新经济地理学理解创新组织和创新集聚行为的重要理论，经检验发现，我国各地区创新系统间存在普遍联系[3]。如李婧等[4]分别采用静态与动态空间面板模型对中国各区域创新生产的空间联系进行实证研究。空间探索性数据分析与空间计量等一系列空间方法逐渐成为研究知识密集型产业和高技术产业的主流方法[5]。就国防经济部门而言，对其溢出效应国内已早有研究，如陈炳福[6]梳理了国防技术向民用部门溢出的模式与机制；湛泳[7]通过构建各地区前向、后向和水平溢出系数发现了军工企业与地区制造业技术发展的关系；湛泳、赵纯凯等[8]进一步发现，制造业集聚与军民融合产业呈现倒“U”形关系。但上述研究关注于产业间溢出效应，忽略了国防工业高技术特性带来的空间依赖性。另一种是协同创新，即各区域创新系统内部企业、高等院校、科研机构等创新主体之间通过分工、合作，重新调动配置创新资源以获得创新成果。随着科技创新资源投入不断增加，各主体间的创新资源配置与协同问题已引起学界高度重视[9]。协同创新研究最初主要聚焦创新系统各主体间的分工与交互作用机制[10]，之后这一整合的跨主体创新组织模式被正式界定为协同创新[11]，关于协同创新内涵、模式[12]及机制[13]的研究不断丰富。同时，由于创新行为存在显著知识溢出效应，因而将协同效应与空间分析相结合的研究也逐渐兴起。白俊红等[9]基于空间方法研究创新协同效应，考察创新主体间研发资本协同对创新效率的影响，但基于资本的协同关系无法避免创新投入在转化为创新产出过程中的不确定性[14]。以往受限于国防相关数据保密性，诸多军民融合协同创新研究一直停留在定性研究和建模阶段，如军民融合协同创新体系[15]、理论框架[16]和军民融合协同创新典型模型[17]等。2018 年，中国首度公开了国防专利相关数据，包括各省国防专利申请数、授权数及有效国防专利数等，使军民融合协同创新实证研究成为可能。

相较于以往研究，本文创新点主要体现在：第一，建立基于研发支出的协同创新体系，避免研发投入协同体系中创新成果转化不确定性问题；第二，从军民融合主体间协同创新分工视角，界定互补性协同和替代性协同，剖析军民融合创新系统内各主体间的相互关系与关联机制；第三，基于空间计量模型，系统考察各省市军民融合协同创新对国防创新绩效的空间溢出效应。

本文结构安排为：第一部分主要分析军民融合协同创新理论机制；第二部分对国防专利数据进行统计分析并基于 Moran 指数测度国防创新的空间性特征；第三部分基于地理相邻与研发资本流动空间权重，建立空间计量模型；第四部分分析军民融合协同创新的空间溢出效应；第五部分给出基本结论并提出相应的政策启示。

一、理论机制

（一）协同创新

根据创新系统理论，创新内部作用关系包括各主体之间的互动关系及各区域之间的关联关系，因此，创新系统在组织协调资源要素进行创新生产时，首先可以通过创新系统内部主体间的协同创新得以实现[18]。这种协同创新表现为以知识增值为核心，以高校、科研机构、企业等为主体，为实现科技创新而开展大跨度交互整合的创新活动[19]。各主体之间通过资源共享、信息交流、合作互动形成协同创新关系，促进创新绩效提升。对于军事创新来说，一项军事科技成果诞生需要经历“概念研究—技术开发—工程研制”等漫长阶段，随着武器及装备系统复杂程度不断提升，很多技术创新无法依靠单独个体完成，协同创新成为解决这一问题的有效途径。

在军民融合协同创新体系中，高等院校既是人才培养的主要场所，也是知识创造和技术创新的重要载体；科研机构具有顶尖创新人才队伍和先进科研仪器设备，掌握着前沿知识和技术；企业则具有极强的开发能力，通过成果转化可以生产出具有实质性改进的国防武器、装备和系统。学者们通常将上述 3 种参与者分为企业和学研机构两大类知识主体[20]，产学研协同创新过程可以视为两类异质性组织之间的知识流动过程，通过相互影响产生协同作用，进而提升各自发展潜能[21]。企业和学研机构两类主体之间的互动行为包括：首先，由于学研机构比企业拥有更多的专门性科研人才，因此，这两类主体的知识存量存在势差，知识可以随着协同活动的开展从学研机构流向企业；其次，企业和学研机构拥有的知识属性存在差别，企业拥有更加丰富的生产和应用知识，学研机构则拥有深厚的基础科学技术知识，在产学研合作过程中，不同属性的知识之间可以形成良性互动，共同促进协同创新活动[22]。高校和科研机构作为功能相似的同类创新主体，可以通过合作、技术转让等进行专门性知识传递。并且，由于军工产品涉及尖端武器研发，对基础学科创新知识有极大的需求，从而使高校与科研机构之间的协同关系相较民用产品领域更加紧密。因此，本文将研究机构与高校间的协同（研—学协同）、各研究机构之间的协同（研—研协同）归类为替代性协同，将企业和高校协同（产—学协同）、企业与科研机构协同（产—研协同）归类为互补性协同。产学研各主体在创新系统中的功能决定了产学研之间能够以技术契约为基础，促使知识持续稳定流动，建立良好的反馈回路，最终形成优势互补、风险共担、互利共赢的协同创新局面[23]。

从军事主体身份角度，可将协同创新各参与者分为军事研发主体和非军事研发主体，协同创新活动可以分为军事研发主体与军事研发主体间协同（军—军协同）、军事研发主体和非军事研发主体协同（军—民协同）、非军事研发主体间协同（民—民协同）。其中，军—军协同和军—民协同通过知识溢出机制、学习反馈机制、产业链协作机制直接促进军事创新成果产出；民—民协同则通过区域创新系统对军事创新产生间接推动效应（见图1）。因此，本文在后续实证分析中将不区分军事研发与非军事研发主体身份，从产、学、研3类型参与者视角分析军民融合协同创新对国防创新绩效的影响。

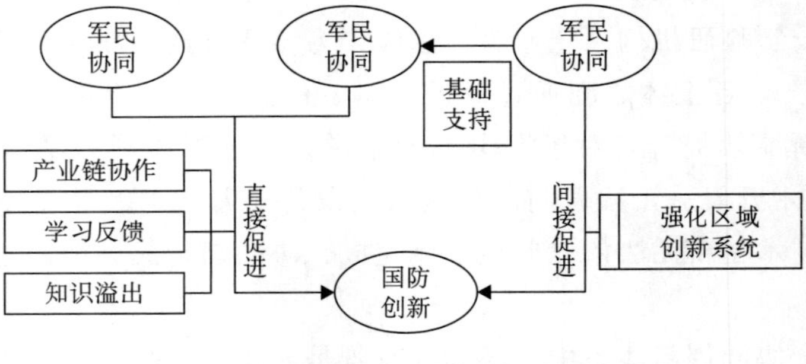

图1 各类型协同对国防创新的作用机制

（二）空间溢出效应

由于我国各省市国防工业并非局限于单一门类，产业和相关技术之间存在交叉与重叠，因此，国防创新系统可以充分利用邻近地区的资源要素与知识，发挥空间关联效应。以陕西和河南为例，陕西省主要国防工业门类包括：航空工业、航天工业、电子信息系统、兵器制造业、核工业、船舶工业以及其他军民融合相关产业；河南省主要国防产业包括：航空工业、船舶工业、兵器制造业、电子信息系统以及军民融合相关机械制造、电池、新能源产业。省份之间交叉覆盖的国防工业类型广泛，且依附于主要设备和集成系统的基础性原件、部件、装配技术存在互通，这是省际技术溢出效应和知识外部性发挥的前提。随着武器装备复杂程度提升以及磁能、核能、复合材料、信息系统和人工智能等技术发展，复合型武器研发与应用愈加受到重视。它对数学、物理学、化学、生物学、地球科学、空间科学等基础学科有重大战略需求，要求解决脑科学与认知科学、先进材料的设计与制备方法、信息安全控制、极端条件制造等一系列重大前沿科学问题，而该类前沿技术可应用于各类型武器系统，具有通用性。因此，考虑到各省市间国防创新系统并非处于割裂状态，研究该类知识与创新的空间集聚特征和关联性具有一定价值。同时，由于军工企业混合所有制改革不断深化，国防科技研发资本的市场性特征逐渐凸显，研发资本趋向于在创新成果集中、创新收益率更高的区域进行配置，从而促使研发资本动态流动。国防创新要素流动产生的知识溢出、规模经济、资源配置优化效应将对区域创新活动及绩效产生影响。

综上所述，本文将协同创新和空间关联进行综合考虑，有利于解析国防创新系统内各主体之间及各区域之间的联结关系，更为细致地揭示军民融合协调过程及其对国防创新的影响机制，从而为中国统筹各区域军民融合协同创新发展、制定相关政策提供有益参考。

二、国防创新绩效统计特征及空间特征

（一）国防创新绩效统计特征

从全国总体看，自 2000 年以来，中国国防专利申请量快速上升，特别是 2005 年以来持续保持较高的年增长率，国防专利申请量由 2000 年的 264 件上升至 2016 年的 13028 件，年均增长 27.6%。2016 年，科研单位类申请在国防专利申请中占 69.75%，企业类申请在国防专利申请中占比 16.86%，大专院校类申请占比 10.92%。

从省域层面看，2016 年国防专利申请量排名前 3 位的省市依次为北京 4167 件、陕西 2006 件、江苏 1157 件。2009—2016 年国防专利申请量增长率最高的省份为四川，年均增长 45.47%，其次是河南，年均增长 33.85%，陕西再次之，年均增长 28.71%。中国中部地区国防创新活力不断增强，以陕西为核心，向四川、湖北、河南等周边省市辐射，形成一个国防创新集聚区。

（二）国防创新绩效空间特征

1. 全局 Moran 指数。由于省域数据自 2009 年才开始统计，本部分利用 Moran 指数分析 2009—2016 年各省市国防专利申请量和授权量的全局空间集聚特征，为

后文空间计量实证分析提供依据。Moran 指数主要测度研究主体在区域空间上的全局相关性，计算公式如（1）式所示。

$$\text{Moran's } I = \frac{N}{S_0} \cdot \frac{\sum_{i=1}^{N}\sum_{j=1}^{N} W_{ij}(X_i - \overline{X})(X_j - \overline{X})}{\sum_{i=1}^{N}(X_i - \overline{X})^2} \tag{1}$$

其中，N 表示除西藏外全国内地 30 个省市，W_{ij}代表空间权重矩阵，X_i 和 $\overline{X}$ 分别代表地区国防专利申请（授权）量及其均值。若 Moran 指数取值范围是［-1，1］，当 $I>0$ 时，表示国防专利空间分布存在正相关；当 $I<0$ 时，表示国防专利空间分布存在负相关；若 I 指数接近于 0，表明国防专利空间相关性不显著，即表示在空间上随机分布，相应结果如表 1 所示。

表 1　2009—2016 年国防专利申请量、授权量 Moran 指数

年份	国防专利申请量			国防专利授权量		
	Moran'I	z	p - value	Moran'I	z	p - value
2009	0.150	1.506	0.066	0.114	1.208	0.114
2010	0.211	2.014	0.022	0.209	1.990	0.023
2011	0.187	1.835	0.033	0.186	1.816	0.035
2012	0.240	2.259	0.012	0.237	2.227	0.013
2013	0.211	2.039	0.021	0.212	2.047	0.020
2014	0.222	2.133	0.016	0.234	2.242	0.012
2015	0.215	2.081	0.019	0.216	2.087	0.018
2016	0.237	1.247	0.106	0.238	1.304	0.096

从表 1 可以看出，2009—2016 年国防专利申请量和授权量全局 Moran 指数均显著为正，表示两者具有显著的空间正相关特征，适合使用空间计量分析方法。此外，两种专利均呈现先升后降再升的变化趋势，Moran 指数达到波峰与波谷的时间分别为 2010 年和 2014 年，但总体而言呈现增长态势，即 2009—2014 年国防专利申请量与授权量的全局空间集聚特征在经历一段时期的不断弱化后迅速变化为增强状态。

2. 局部 Moran 指数。本文借助 Moran 散点图，测度 2009 年和 2016 年中国内地 30 个省市国防专利申请量与授权量的空间局部相关性，具体结果如图 2—图 5 所示。

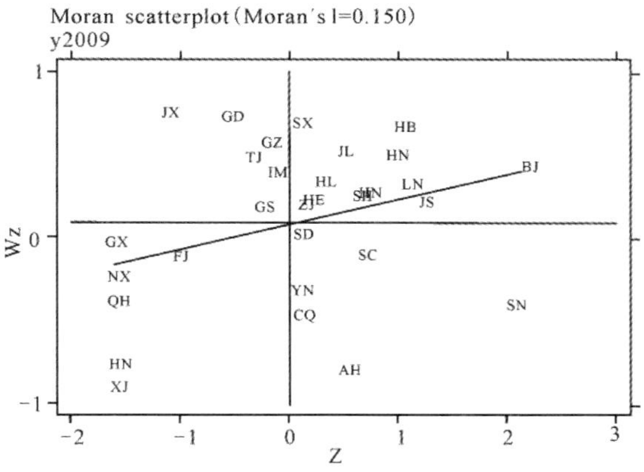

图 2　2009 年国防专利申请量局部 Moran 指数

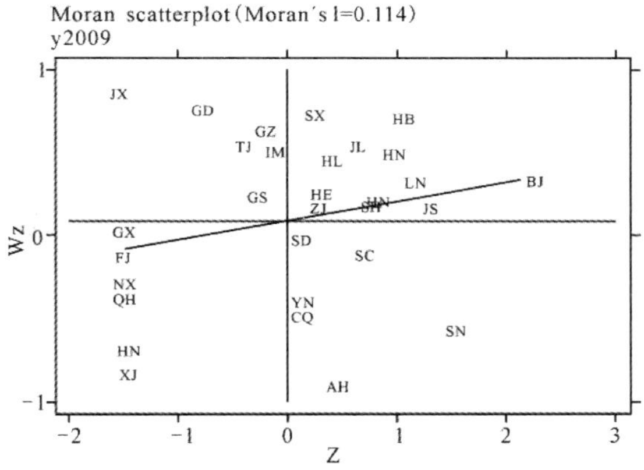

图 3　2009 年国防专利授权量局部 Moran 指数

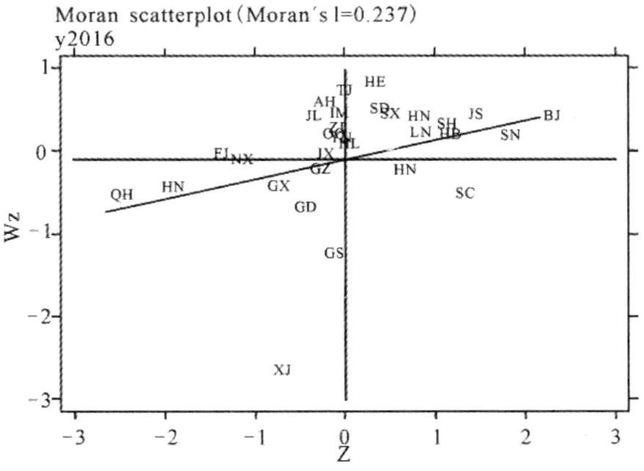

图 4　2016 年国防专利申请量局部 Moran 指数

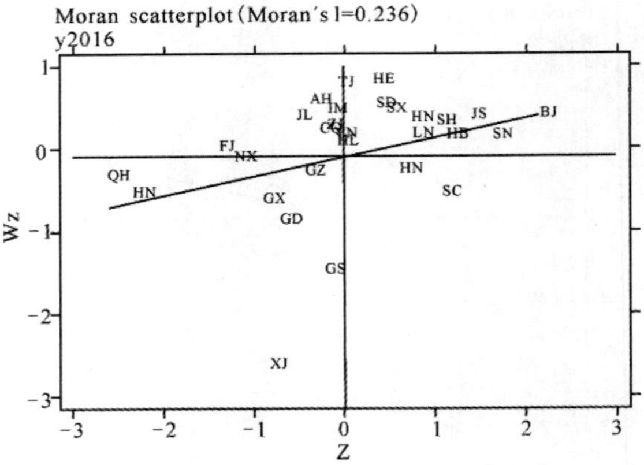

图 5 2016 年国防专利授权量局部 Moran 指数

从图 2—图 5 可以看到，2009 年各省市国防专利申请量与授权量的局部 Moran 值在 4 个象限中的分布较均匀，总体莫兰值接近 0，集聚态势不显著。北京 BJ、上海 SH、山东 SD、浙江 ZJ、湖北 HB、湖南 HN 等东部、中部省市主要位于 HH 象限，宁夏 NX、青海 QH、新疆 XJ、海南 HI 等经济和科技相对落后地区主要位于 LL 象限。2016 年，多数省市国防专利申请量与授权量的局部 Moran 值主要分布于 HH 象限和 LL 象限，中部和东部地区多数省市位于 HH 象限，西部地区多数位于 LL 象限。2009—2016 年陕西 SN 由高低集聚转为高高集聚，中部地区国防创新能力显著增强，形成国防创新集聚区。

三、模型构建与变量说明

（二）模型构建

常用的空间计量模型包括空间自回归模型（Spatial Autoregressive Model，SAR）和空间误差模型（Spatial Error Model，SEM），其中，SAR 模型主要用于探测因变量是否在地区之间存在空间溢出效应，SEM 则考察没有包含在解释变量中的遗漏变量或不可观测的随机冲击的空间影响，SDM 是两种情况同时存在且更为广义的空间模型。空间计量模型基本表达式为：

$$Y_{it} = \rho W \cdot Y_{it} + \theta W \cdot X_{it} + \beta Z_{it} + \mu_{it} \tag{2}$$

$$\mu_{it} = \lambda W \mu_{it} + v_{it} \tag{3}$$

（2）式、（3）式中，Y 为因变量，X 为自变量，ρ、β 和 θ 为待估计系数，W 为

空间权重矩阵，$W \cdot Y_{it}$和 $W \cdot X_{it}$为空间关联省份创新绩效的空间加权变量，表示相邻区域因变量和自变量变化会随着协方差 W 传递到本区域而对本区域的相关变量产生溢出效应，λ 为空间误差系数，度量存在随机扰动项的空间关联性，即相邻区域创新绩效的误差冲击对本地区创新绩效的影响。μ 为随机误差项，服从独立同分布假设。若 $\lambda=0$，则为 SDM；若 $\lambda=\theta=0$，则为 SAR；若 $\alpha=\rho=\theta=0$，则为 SEM。

（二）变量选取与数据说明

1. 因变量。本文以国防专利申请量的对数值（*Def_pat*）作为国防区域创新水平度量指标。虽然专利在反映创新成果质量及商业化水平方面存在明显不足，但专利标准客观且变化缓慢，具有通用性和标准性，且国防创新数据获取有限而无法测算研发创新效率，因而将专利作为衡量国防创新活动的指标。专利数据包括专利申请量、授权量和有效量，其中授权量和有效量会受专利审查速度与专利维护的影响[24]，相比之下，专利申请量能更好地衡量当期创新水平[25]。

2. 自变量。本文以研发经费外部支出占比表征各主体间的协同创新关系。研发经费外部支出是指研发主体在研发合作项目及委托外单位进行的研发活动中实际支付给外单位的费用，包括新产品设计费、原材料和半成品试验费，以及与新产品试制及技术研究有关的其他经费等。支付给不同主体的研发经费外部支出占总体的比重能代表各主体间的协同创新水平[26]。根据经费外部支出对象的不同，可以分为科研机构对高校的外部支出占比、科研机构对科研机构的外部支出占比、企业对科研机构的外部支出占比、企业对高校的外部支出占比 4 类，分别表征军民融合创新系统中研—学协同（*Ins_Uni*）、研—研协同（*Ins_Ins*）、产—研协同（*Ent_Ins*）以及产—学协同（*Ent_Uni*）水平。

3. 控制变量。本文控制变量为区域创新水平（*Reg_Pat*）和对外开放水平（*Open*）。其中，各地区创新水平采用普通专利申请数的对数值表征，对外开放水平采用外国直接投资（*FDI*）占国内生产总值的比重表征。因此，以空间杜宾模型为例，本文构建的模型形式可以表示为：

$$Def\_pat_{it}=\rho W \cdot Def\_patY_{it}+\theta_1 W \cdot Ins\_Uni+\theta_2 W \cdot Ins\_Ins+\theta_3 W \cdot Ent\_Uni_{it}+\theta_4 W \cdot Ent\_Ins+\beta_1 Reg\_Pat+\beta_2 Open+\mu_{it} \tag{4}$$

$$\mu_{it}=\lambda W\mu_{it}+v_{it} \tag{5}$$

本文空间权重矩阵 W 包括地理邻接权重矩阵和研发资本流动权重矩阵。在地理邻接权重矩阵中，相邻规则为 Rook 相邻，即当区域 i 与区域 j 相邻时 $W=1$，否则 $W=0$。研发资本流动权重矩阵的构建主要借鉴白俊红等[12,27]的研究成果，研发资本流动权重矩阵表示为：$W=P_iP_j/D_{ij}$。其中，P_i、P_j 表示区域 i 和 j 的研发经费投入量；D_{ij}为两区域之间中心位置的距离。因此，研发资本流动权重矩阵与两地间研发资本规模成正比，与两地间距离成反比。

本文使用的地理权重矩阵根据国家地理信息系统网站提供的地图，经 Arcgis10.2 软件测算获得。考察对象为中国内地 30 个省级行政区域，西藏由于国防专利数据缺乏暂不予考虑。所有数据均来自于 2000—2017 年《中国科技统计年鉴》、《中国高技术产业统计年鉴》以及《中国对外直接投资统计公报》。FDI 均基于当年平均美元汇价进行折算，取经消费物价指数平减后的实际值。各变量描述性统计见表 2。

表 2　　各变量描述性统计结果

变量	名称	平均值	标准差	最小值	最大值
Def_Pat	国防创新绩效	3.786	1.889	0.000	8.316
Ins_Uni	研—学协同水平	0.176	0.196	0.000	0.994
Ins_Ins	研—研协同水平	0.429	0.292	0.000	1.000
Ent_Uni	产—研协同水平	0.214	0.115	0.015	0.906
Ent_Ins	产—学协同水平	0.462	0.165	0.057	0.963
Reg_Pat	区域创新绩效	6.297	2.178	0.000	11.935
Open	对外开放水平	5.834	1.445	2.699	8.744

对所有变量进行相关性检验，结果如表 3 所示，所有变量间相关系数绝对值最大为 0.578，大部分在 0.3 以下。通过方差膨胀因子检验发现，VIF 最大值为 2.64，平均值为 1.74，说明不存在多重共线性问题，符合回归分析条件。

表 3　　各变量相关性检验结果

变量	*Def_Pat*	*Ins_Uni*	*Ins_Ins*	*Ent_Uni*	*Ent_Ins*	*Reg_Pat*	*Open*
Def_Pat	1.000						
Ins_Uni	-0.073	1.000					
Ins_Ins	0.068	-0.191***	1.000				
Ent_Uni	-0.087	0.056	-0.007	1.000			
Ent_Ins	-0.124*	-0.145**	-0.049	-0.127**	1.000		
Reg_Pat	0.493***	0.079	0.089	-0.394***	-0.206***	1.000	
Open	0.417***	0.048	-0.021	-0.475***	-0.251***	0.578***	1.000

注：*、**、*** 分别表示在 1%、5% 和 10% 的水平上通过显著性检验，下同。

四、实证分析

（一）军民融合协调创新空间溢出效应分析

本文基于地理邻接与研发资本流动两种权重矩阵对空间计量模型予以估计，并依据 Anselin（1996）提出的判断原则及 Hausman 检验结果，选择空间自相关固定效应模型估计结果作为最终分析依据，同时，给出了空间误差模型结果用于稳健性检验。经过 LR 检验，发现空间杜宾模型退化为空间自回归模型，但考虑到周边地区自变量可能对本地区产生空间溢出效应，采用固定效应空间杜宾模型比对参照。总体来看，不同空间计量模型所得到的回归结果系数符号基本一致，说明回归结果稳健，具体如表 4 所示。

表 4　　空间计量回归结果

变量	地理邻接权重矩阵			研发资本流动权重矩阵		
	SAR 模型 1	SEM 模型 2	SDM 模型 3	SAR 模型 4	SEM 模型 5	SDM 模型 6
Ins_ Uni	-0.371*	-0.337*	-0.216	-0.316	-0.240	-0.182
	(-1.83)	(-1.87)	(-1.13)	(-1.49)	(-1.26)	(-0.94)
Ins_ Ins	-0.020	-0.126	0.032	-0.008	0.027	0.102
	(-0.15)	(-1.02)	(0.25)	(-0.06)	(0.21)	(0.80)
Ent_ Ins	0.598**	0.560**	0.403	0.548*	0.184*	0.159
	(2.14)	(2.08)	(1.51)	(1.87)	(1.95)	(0.58)
Ent_ Uni	1.091**	0.927**	1.030**	1.289***	0.961***	0.800*
	(2.50)	(2.46)	(2.39)	(2.83)	(2.90)	(1.88)
Reg_ Pat	0.223***	0.075*	0.069	0.235***	0.246***	0.235***
	(4.21)	(1.98)	(1.04)	(4.20)	(2.73)	(3.03)
Open	0.195**	0.070	0.009	0.217**	0.042	-0.035
	(1.98)	(0.70)	(0.09)	(2.12)	(0.38)	(-0.35)
WxIns_ Uni			0.373			0.626
			(1.05)			(1.22)
WxIns_ Ins			0.514**			0.274
			(2.21)			(0.83)

续表

变量	地理邻接权重矩阵			研发资本流动权重矩阵		
	SAR 模型 1	SEM 模型 2	SDM 模型 3	SAR 模型 4	SEM 模型 5	SDM 模型 6
WxEnt_ Ins			0.050			1.215**
			(0.09)			(2.20)
WxEnt_ Uni			0.233			0.532
			(0.35)			(0.86)
ρ	0.650***		0.523***	0.631***		0.517***
	(12.72)		(9.00)	(11.59)		(8.49)
λ		0.816***			0.854***	
		(22.73)			(28.01)	
时间效应	控制	控制	控制	控制	控制	控制
N	240	240	240	240	240	240
R^2	0.414	0.127	0.237	0.299	0.295	0.098

注：括号内为 t 统计值。

结果显示，地理邻接权重和研发资本流动权重下，模型 1 和模型 4 的空间自回归系数分别为 0.650 与 0.631，且均在 1% 的置信水平上显著，表明地理相邻和研发资本联系密切均能增强国防创新绩效的空间溢出效应。由于研发创新要素本身蕴含大量技术创新相关信息，其在区域创新系统之间的动态流动有利于知识信息传播与应用，并能够提升要素配置效率。相较于地理邻接权重矩阵模型，研发资本流动权重矩阵模型的空间自回归系数略低且 R^2 值略小，显著解释变量个数也较少，一定程度上说明国防研发创新活动对市场活动的敏感度较低。

从表 4 中军民融合协同创新的 4 个指标看，在地理相邻权重矩阵下，模型 1 中研—学协同（*Ins_Uni*）的估计系数显著为负，在研发资本流动权重矩阵下，模型 4 中的估计系数也为负值但不显著。这种负向影响的原因可能有两点：第一，如前文所述，科研机构与高校的主要职能是通过独创性研究获取并理解新的科学或技术知识，两大主体在创新过程中发挥的职能相近，属于替代性协同。科研机构从高校直接购买技术的行为增加了科研机构在基础研发方面的外部依赖性，容易导致研究机构的创新惰性，这与石乘齐[28]得出的同质化主体知识共享导致创新系统网络层级化不明显、主体惰性增强的研究结果一致。第二，出于国家安全和国防技术保密性考虑，相较于其他类科研项目，军事科研项目信息透明度低且具有定向性，通常直接由国家十二大军工集团及下属科研机构和军事院校等军事主体进行对接。极强的信息不对称性导致普通高校、科研机构和企业无法直接参与军事类科研项目，通过军事主体“委托”间接参与，从而导致科研项目转包、分包现象出现。缺少合作和知识交互过程的“转分包”会导致创新效率低下，同样，在研—研协司（*Ins_Ins*）中也存在类似问题。

就企业主体而言，在两类权重矩阵下，模型1和模型4中产—学协同（*Ent_Uni*）对国防创新绩效具有显著正向影响，且地理邻接权重矩阵下的回归系数（1.091）小于研发资本流动权重矩阵（1.289），说明研发资本流动关联比地理区位邻近更有利于发挥军民融合产—学协同对国防创新的推动作用。产—研协同（*Ent_Ins*）对国防创新绩效的影响同样为正，且地理邻接权重矩阵下的回归系数（0.598）大于研发资本流动权重矩阵（0.548）。产—研协同与产—学协同回归系数皆显著为正，说明互补型军民融合协同创新可促进国防创新绩效提升。

从周边与本地区的相互影响看，模型3中，军民融合研—研协同的估计系数显著为正（0.514），表示在地理邻接权重矩阵下，周边地区研—研协同对本地区国防创新绩效具有正向作用，可能原因是存在跨区域的研—研协作活动，比类协作存在较高的交易壁垒和搜寻成本，跨区域协作说明项目难度大且具有充分的必要性，因而可以通过协同创新发挥各主体优势。在模型6中，仅军民融合产—研协同的估计系数显著为正（1.215），表示在研发资本流动权重矩阵下，研发资本流动联系紧密地区的军民融合产—研协同会对本地区国防创新绩效产生正向空间溢出效应。这可能主要基于两种作用机制：第一，军民融合相关企业对科研机构的支付行为促进了科研机构资本积累，使研究得以深入，成果不断丰富，进而促进知识资源池容量扩大，从而惠及周边地区的国防创新活动；第二，军民融合互补性协同关系深化可以强化区域创新网络——企业、大学、科研机构和中介服务机构等组织在合作交流关系的基础上形成相对稳定的空间组织形式，集聚国防创新资本与人才，从而提升区域国防创新活力。

对于控制变量，模型1和模型4中，区域创新水平（*Reg_Pat*）和对外开放水平（*Open*）均表现出对国防创新绩效的显著正向作用，说明良好的区域创新实力和开放的外部环境对国防创新发展至关重要。

（二）军民融合协同创新空间溢出效应分解

为进一步探讨军民融合协同创新变量所包含的交互信息，表5为空间滞后模型（SAR）协同创新变量的空间直接溢出效应和间接溢出效应估计值。可以看出，军民融合的研—学协同仅在地理邻接权重下具有显著的负向空间直接溢出效应。产—研协同和产—学协同在两种权重矩阵下存在显著的空间直接和间接溢出效应，且两者的空间间接溢出效应均高于直接溢出效应，说明本地军民融合的互补性协同创新会对周边与研发资本关联紧密地区的国防创新绩效产生正向溢出，且上述地区又会对本地区的国防创新绩效产生空间正反馈溢出。

表 5　　军民融合协同创新空间溢出效应分解

变量	地理邻接权重		研发资本流动权重	
	直接效应	间接效应	直接效应	间接效应
Ins_Uni	-0.421*	-0.638	-0.348	-0.502
	(-1.74)	(-1.58)	(-1.42)	(-1.32)
Ins_Ins	-0.028	-0.042	-0.013	-0.020
	(-0.18)	(-0.18)	(-0.09)	(-0.09)
Ent_Ins	0.724**	1.082**	0.650**	0.924*
	(2.36)	(2.15)	(2.07)	(1.93)
Ent_Uni	1.265**	1.900**	1.458***	2.096**
	(2.51)	(2.18)	(2.84)	(2.34)

五、结论与政策启示

本文选取我国省域国防专利面板数据，采用空间计量经济学方法，基于地理邻近权重与研发资本流动权重，实证考察军民融合协同对国防创新绩效的空间溢出效应，研究结论如下：

1. 自2000年以来，中国国防专利申请量快速上升。2009—2016年国防专利具显著的空间正相关特征，且辐射带动能力整体不断提升。东部和中部地区发达省份主要呈现高高集聚态势，而西部地区经济相对落后省份主要呈现出低低集聚特征。

2. 地理邻接权重和研发资本流动权重下，国防创新绩效存在显著空间溢出效应。包括研—研协同与研—学协同在内的替代性协同对国防创新绩效存在负向作用，包括产—研与产—学在内的互补性协同对国防创新绩效具有正向作用。研发资本关联有利于发挥产—学协同对本地国防创新的促进作用，地理邻近有利于发挥产—研协同对本地国防创新的促进作用。此外，区域创新水平和对外开放均有利于国防创新绩效提升。

3. 地理邻接矩阵下，研—研协同对邻近地区的国防创新绩效具有正向空间溢出效应，在研发资本流动权重矩阵下，产—研协同创新对研发资本关联紧密地区的国防创新绩效产生正向空间溢出效应。

从政策层面来讲，第一，应鼓励企业主体包括军工企业和军民融合相关企业进一步加大同高校与科研机构的创新协同，充分发挥创新价值链上各主体间的优势互补功能，通过加强创新协同平台建设，完善创新协同制度环境，为互补性主体间的协同创新创造条件，从而提升国防创新绩效；第二，避免军事主体垄断国防研发项目信息，其本质是把握好国防安全与经济效率之间的有效平衡，通过适当提升国防类科研项目信息发布的透明度减少定向性，考虑筛选部分机构给予国防科研机构同等待遇，逐步增加国防研发参与主体数量，增强有效竞争，合理利用有限研发资源，积极促进科研领域军民融合建设；第三，不断建立健全科研项目监督和合同审查机制，避免出现因科研垄断造成的“转分包”等资源浪费情况；第四，在积极促进军民融合式发展背景下，应进一步鼓励包括军民融合基金等民间资本进入国防领域，发挥市场在国防资源配置过程中的重要作用，破除区域间研发资本、人才等创新要素进入国防领域的体制机制障碍，努力营造有利于创新要素流动的外部环境，从而促进国防创新绩效整体提升。

参考文献：

［1］ANSELIN L. Lagrange multiplier test diagnostics for spatial dependence and spatial heterogeneity［J］. *Geographical analysis*, 1988, 20（1）: 1－17.

［2］李晓龙，冉光和，郑威．金融发展、空间关联与区域创新产出［J］．研究与发展管理，2017，29（1）：55－64.

［3］吴玉鸣．中国省域经济增长趋同的空间计量经济分析［J］．数量经济技术经济研究，2006（12）：101－108.

［4］李婧，谭清美，白俊红．中国区域创新生产的空间计量分析——基于静态与动态空间面板模型的实证研究［J］．管理世界，2010（7）：43－55＋65.

［5］吴玉鸣，徐建华．中国区域经济增长集聚的空间统计分析［J］．地理科学，2004（6）：654－659.

［6］陈炳福，梁感．溢出、军转民和军民两用——军民结合的战略模式比较［J］．军事经济研究，2010，31（10）：12－15.

［7］湛泳，张学斌．军工企业发展对制造业技术溢出效应研究［J］．经济学动态，2018（5）：71－85.

［8］湛泳，赵纯凯，郭坚豪．制造业集聚对军民融合产业发展的双重效应研究［J］．产业经济评论（山东大学），2018，17（2）：99－120.

［9］白俊红，蒋伏心．协同创新、空间关联与区域创新绩效［J］．经济研究，2015，50（7）：174－187.

［10］陈傲，柳卸林，程鹏．知识溢出空间扩散过程的实证检验——以追踪一类专利扩散为线索［J］.科学学与科学技术管理，2010，31（12）：96－101.

［11］陈劲，阳银娟．协同创新的驱动机理［J］．技术经济，2012，31（8）：6－11＋25.

［12］何郁冰．产学研协同创新的理论模式［J］．科学学研究，2012，30（2）：165－174.

［13］许彩侠．区域协同创新机制研究——基于创新驿站的再思考［J］．科研管理，2012，33

(5)：19 - 25 + 55.

[14] SCHMOOKLER J. *Invention and economic growth* [M]. Harvard：Business School Press，1966.

[15] 徐辉，许嵩．军民融合深度发展的科技协同创新体系研究 [J]．科技进步与对策，2015，32 (18)：104 - 108.

[16] 董晓辉．军民融合产业集群协同创新的研究评述和理论框架 [J]．系统科学学报，2013，21 (4)：60 - 64.

[17] 李海海，孔莉霞．国外军民科技协同创新的典型模式及借鉴 [J]．经济纵横，2017 (10)：122 - 128.

[18] COOKE P.，URANGA M. G.，ETXEBARRIA G. Regionalinnovation systems：institutional and organisational dimensions [J]. *Research Policy*，1997，26 (4/5)：475 - 491.

[19] 仲崇娜，苏屹．高校协同创新平台组织结构与运行机制研究 [J]．科技进步与对策，2015，32 (6)：29 - 34.

[20] YUKO A. H. Industry - university cooperation to take on here from research institute of economy [J]. *Trade and Industry*，2002 (4)：42 - 49.

[21] MASAHIKO A.，YUKO H. Industry - university cooperation to take on herefrom [J]. *Research Institute of Economy*，Trade and Industry，2002 (4)：42 - 49.

[22] SCHARTINGER D.，RAMMER C.，FRÖHLICH J. Knowledge interactions between universities and industry inAustria：sectoral patterns and determinants [A] //MANFREDM，FISCHER. Innovation，networks，and knowledge spillovers [M]. Berlin：Springer，2006：135 - 166.

[23] GEISLER E.，RUBENSTEIN A. H. *University—industryrelations：a review of major issues* [M]. Berlin：Springer，1989：43 - 62.

[24] CABRER - BORRAS B.，SERRANO - DOMINGO G. Innovation and R&D spillover effects in Spanish regions：a spatial approach [J]. *Research Policy*，2007，36 (9)：1357 - 1371.

[25] GROSHBY MARK. Patents：innovation and growth [J]. *Economic Record*，2000 (76).

[26] 蒋开东，王其冬，俞立平．高技术产业不同来源科研经费投入绩效实证研究 [J]．中国科技论坛，2014 (5)：50 - 55.

[27] 白俊红，王钺，蒋伏心，等．研发要素流动、空间知识溢出与经济增长 [J]．经济研究，2017，52 (7)：109 - 123.

[28] 石乘齐．基于组织间依赖的创新网络演化模型及仿真研究 [J]．管理工程学报，2019 (1)：12 - 22.

原载《科技进步与对策》第 37 卷第 9 期。

中国军民融合深度发展政策文本量化研究*

余冬平　毛　晨**

摘　要：以2013—2019年间国家层面颁布实施的111项军民融合深度发展政策为依据，采用政策文本量化的方法，从政策力度、政策目标、政策措施三个维度构建效力评估模型。结果表明中国军民融合深度发展政策效力在2013—2019年间表现为上升后下降，政策平均效力始终处于低水平；国家层面军民融合深度发展政策以引导措施为主，调控目标主要聚焦于创新与科技成果转化、资源开放共享，而人才培养和发展、产业园区建设的调控权限更多地下放给地方政府。

关键词：军民融合深度发展　政策演进　文本分析　政策效力评估

中图分类号：F063.3　　**文献标志码**：A

政策体系建设是加快中国军民融合深度发展的重要部分。随着军民融合发展的不断推进，特别是党的十八大、十九大对军民融合发展从战略层面进行了部署，军民融合涉及的理论体系更加完善，不断向更深层次发展，军民融合深度发展政策体系建设得到全面推进。中共中央、国务院、中央军委、全国人民代表大会及各部委以及地方各政府纷纷出台了一系列政策推动军民融合政策制度框架的完善。宏观层面，《“十三五”国防科技工业发展规划》、《关于经济建设和国防建设融合发展的意见》等顶层设计文件均将军民融合上升至战略高度；微观层面，财政补贴、税收减免、扩大武器装备科研生产许可目录的范围、建立军民通用技术标准等有利于民参军企业的政策也陆续颁布实施，日益丰富和完善的政策支持大大促进民营企业进入国防军工领域。这些政策法规的颁布、实施为军民融合深度发展创造了良好的政策环境。

* 基金项目：教育部人文社会科学研究规划项目（15YJAZH103）；北京高校高精尖学科“战略经济与军民融合”交叉学科支持项目（GJJ2019163）。

** **作者简介**：余冬平（1977—），男，湖北当阳人，副教授，博士，研究方向为军民融合、国防金融、国防预算与国防采办；毛晨，中央财经大学国际经济与管理研究院硕士研究生。

一、文献回顾

军民融合日益成为学术界关注的热点问题，针对“军民融合政策”的研究呈现增长趋势。学者们从不同层面、不同方法对军民融合政策制度展开研究，从已有的研究成果来看，研究主题聚集以下三个方面：一是对军民融合政策体系整体研究，包括不同阶段政策特征分析、变迁分析以及政策体系构建的研究。闻晓歌[1]、晋煜和许延[2]基于制度变迁视角讨论了军民融合制度的发展过程；宋善秋[3]、齐振伟[4]、游光荣等[5]以及徐辉[6]针对军民融合发展政策体系建设的现状和问题，并提出完善体系的有关对策；于川信和陈力[7]则研究构建军民融合深度发展的财政、税收、金融以及辅助性政策支持体系；周华等[8]及陈仕平[9]讨论了军民科技协同创新的法规体系建设；阎波和张炜[10]以及陈华雄等[11]讨论了科技军民融合政策的实施路径；Gansler[12]和 Gilpin[13]还分别基于军民融合政策改革和核武器政策视角探讨了美国军民融合的发展。二是基于政策工具的政策文本研究。唐兴霖和王双喜[14]将军民融合领域政策工具分为强制型、服务型、激励型和市场型四类；徐雨晨[15]以政策工具维度和创新价值链维度构建民融合知识产权政策文本的二维政策文本分析框架；章磊等[16]则从政策工具和研发活动两个维度构建军民两用技术研发政策分析的二维框架。三是对军民融合政策效果的量化评价。王进富等[17]运用 PMC 指数模型与 AE 技术相结合的政策评价模型对 10 项军民融合政策进行量化评价；杨晓欣等[18]以中国军民融合政策的推行为自然实验事件，讨论了军民融合政策对公司创新、生产行为的影响。

总体来看，学术界对军民融合政策进行了广泛深入的研究，但是存在一些不足：一方面，研究的政策对象具有局限性，现有研究多是从国家宏观或某一领域层面对军民融合政策进行分析，没有对中国军民融合深度发展政策进行全面系统的梳理。另一方面，缺少基于政策文本量化评估视角的研究。作为政策研究的一种范式，政策文本量化评估在了解政策、解释政策以及促进政策系统优化等方面发挥了重要作用。

彭纪生等[19]首次提出从政策力度、政策措施、政策目标三个维度构建创新政策文本的量化指标。此后，李靖华和常晓然[20]、王帮俊和朱荣[21]、张永安和闫瑾[22]、王路昊和胡凌嘉[23]、杨杰翔[24]等借鉴彭纪生的政策量化方法展开研究。目前，中国国内政策效力评估研究处于探索阶段，效力评估的标准和方法初步形成。本文借鉴相关学者的研究，从政策力度、政策目标、政策措施三个维度构建政策文本量化分析框架，对国家层面 2013—2019 年间颁布的军民融合深度发展政策进行全面分析，了解现有的军民融合深度发展政策的演化规律，剖析存在的问题并提出改进建议，以期为随后军民融合领域政策量化设计提供借鉴。

二、军民融合深度发展政策收集与量化

（一）数据来源

本文选择2013—2019年国家层面军民融合深度发展政策文本为研究对象，以中共中央、国务院及其下属各部门、中央军委、中央军民融合发展委员会等相关部门出台的政策文本为客观凭证，通过以下三条途径进行政策的收集：①依托国务院及其下属各部门等相关官方网站进行搜索；②在北大法宝、法律执行数据库进行直接检索；③对相关文献、政策文本中的相关内容进行回溯检索。为保证政策信息内容契合国家层面军民融合深度发展的主题，在整理、遴选政策文本时遵循以下原则：首先，选择政策文本内容与军民融合密切相关的政策，不计入仅在文本中提及军民融合的政策；其次，检索文本类型为公开发表的行政系统通用公文文种体系类型涉及法律、法规、条例、规定、决定、规划（纲要）、意见、办法、暂行规定、暂行办法、暂行意见、通知等。最终确定国家层面军民融合深度发展政策文件111项，构建军民融合深度发展政策数据库。

（二）量化标准

文章充分参考彭纪生、张国兴等在政策量化方面所做的研究，从政策力度、政策目标和政策措施三个维度构建军民融合深度发展政策量化标准，具体如表1所示。

表1　　政策力度、政策目的、政策措施的赋分标准

构成要素	影响因素	赋分标准	得分
政策力度	政策类型、政策主体	全国人民代表大会及其常务委员会颁布的法律，中共中央的决定	5
		国务院、中央军委、中央军民融合发展委员会颁布的条例、规定、决定、规划、计划	4
		国务院、中央军委、中央军民融合发展委员会颁布的暂行条例、暂行规定、意见、办法、方案、标准、规划纲要，各部委颁布的条例、规定、决定、规划、计划、规则	3
		各部委发布的暂行条例、暂行规定、办法、方案、标准、目录	2
		国务院及各部委发布的通知、公告	1

续表

构成要素	影响因素	赋分标准		得分
政策目标	具体化、标准化	明确强调政策目标，规定量化标准，从各方面促进政策目标的实现		5
		明确政策目标但无量化标准		3
		仅仅涉及政策目标的宏观指向		1
政策措施	具体化、可操作性	金融措施	鼓励民间、银行的资本进入军民融合产业，搭建融资平台、构建担保体系，推出多元化信贷产品等军民融合领域的金融服务，并出台一系列的保障措施；融资渠道，融资方式完善，支持力度很大，支持范围很广，文件有详细的落实方案和保障措施	5
			从上述的几个方面给予支持，融资途径相对较少，支持力度一般，涉及一些具体的行动措施	3
			仅提及或涉及金融措施相关字词，未做详细阐述	1
		行政措施	建立产品目录对一些军用产品直接采购和采取保护；在行政审批上优先保障军民融合项目建设的各项许可，各项行政审批权明显下放；简化审批流程，最大限度地优化和规范军民融合项目的审批、受理流程，有详细完善的行政措施	5
			简化行政程序，放宽审批范围管理，保证审批、配额、许可证制度等监管制度的规范性，军民融合项目建设采取一定程度的优先原则	3
			行政审批环节繁多，审批部门多；仅提及或涉及军民融合的行政措施	1
		财政税收措施	设置了军民融合发展的专项基金，具有明确的适用标准、管理方案；给予军民融合产业基础设施项目建设以贷款贴息、财政补贴支持，出台了一系列军民融合领域的税收减免政策，税收优惠力度大；财政税收政策完善，支持力度很大，支持范围广	5
			从上述的几个方面给予支持，支持力度一般；没有免税措施，涉及一些减税措施	3
			仅涉及财政税收措施相关字词，未做详细阐述	1
		引导措施	将军民融合产业列入高技术产业重点领域，出台重点产品和服务目录；通过专项计划引导军民融合创新和成果转化、资源开放与共享等目标的发展；有计划、有目标地引导军民融合产业合并重组、产能升级；建立保障体系，推动军民融合发展，有详细的落实和保障方案	5
			从上述的几个方面引导军民融合发展，涉及一些具体的保障措施，支持力度一般	3
			仅提及或涉及引导军民融合发展	1
		人事措施	具有完善的物质和精神奖励措施，最大限度地促进军民融合人才培养与融合，股权薪酬、创新奖励等多种详细的人才激励制度，军民融合人才的社会福利水平和社会保障政策水平很高	5
			相对完善的社会福利和保障制度，涉及一至两项具体的人才激励措施	3
			仅仅提及人才培养、人事制度改革等	1

政策力度是指用于衡量军民融合规范性文件的法律效力和影响力，由政策类型及政策主体决定。通常而言，行政级别越高的主体颁行的政策效力越高，政策力度得分越大。本文依据国家行政权力结构与政策类型对政策力度进行打分，采用1—5分的评分标准。政策目标用于描述军民融合规范性文本中政府为实现政策目标的具体程度，目标强调程度越高、目标越量化，得分越高。对军民融合政策目标进行赋值，从创新与科技成果转化、资源开放共享、通用标准建设、武器装备发展、信息交流供需对接、产业发展园区建设、资金支持与融合、人才培养与发展八个方面进行，这八个方面涵盖了军民融合深度发展政策能够发挥促进军民两大领域各要素的优化配置、协同发展、共建共享，继而推动实现军民融合深度发展的关键目标。政策措施是指军民融合政策文本中政府为实现军民融合政策目标所采用的具体措施和手段，本文将军民融合政策措施细分为金融措施、行政措施、财政税收措施、引导措施、人事措施，政策文本中政策措施越具体、可操作性越强，政策措施得分越高。对政策力度、政策目标、政策措施均采取1—5分赋值。

（三）政策效力测量

根据上述量化标准，邀请了四位高校研究军民融合的专家对军民融合政策进行同步打分，在打分过程中，同一项政策可能涉及多种政策目标和多项政策措施，则根据量化标准对其分别打分，经过两轮打分并对分歧的政策分值共同商讨确定，最终形成量化的原始数据。某年军民融合深度发展政策的总效力计算依据公式（1），相应年份的平均效力计算依据公式（2）。

$$YS_i = \sum_{j=1}^{n} (m_j + g_j) p_j \qquad (1)$$

$$AYS_i = \frac{(\sum_{j=1}^{n} (m_j + g_j) p_j}{n} \qquad (2)$$

式中：YS_i 为第 i 年内颁布实施的军民融合深度发展政策的总体效力；i 为政策颁布实施的年份，$i \in [2013, 2019]$；j 为第 i 年开始颁布实施的第 j 项政策；$m_j + g_i$ 为第 i 项政策措施、政策目标得分之和；p_j 为第 j 项政策力度得分；n 为该年度政策颁布数量。

三、军民融合深度发展政策量化分析

（一）政策数量与政策效力的分析

对2013—2019年军民融合深度发展政策文本数量和效力统计，如图1所示，政策发文数量在2013—2016年间呈上升趋势，但这个增长趋势不是一直持续的，2016年以后政策颁布数量有所减少。结果表明，随着政策体系的日益丰富和完善，其首要任务不是不断颁布新政策，而是根据实际需要进行调整和完善政策体系。政策平均效力变化幅度较小，政策总体效力与政策数量呈现同向变化反映出：军民融合深度发展年度政策效力的变化原因主要来自同年份颁布实施政策文件数量变化，政策平均效力的提高尚未得到政府部门的关注，政策质量对提高政策总体效力的作用尚不足。

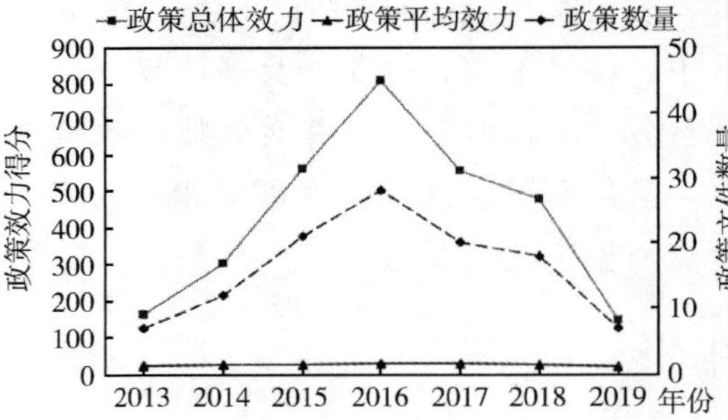

图1　军民融合深度发展政策数重、政策总体效力及平均效力的演变

根据国家层面军民融合深度发展政策数量和效力，结合国家层面相关政策的属性和内容，可以将军民融合深度发展政策制定过程大概分为两个阶段：

第一阶段以军民融合深度发展的综合引导性政策为主。此阶段为《关于经济建设和国防建设融合发展的意见》（以下简称《意见》）（2016年）颁布之前。在此阶段，政策落脚为对军民融合发展的指导，不断深化细化军民融合相关政策，出台了《关于加快吸纳优势民营企业进入武器装备科研生产和维修领域的措施意见》（2014）、《工业和信息化部关于促进军民融合式发展的指导意见》（2014）、《国防科工局关于促进国防科技工业科技成果转化的若干意见》（2015）等政策。从具体政策内容的角度出发，主要通过从资本、人才、技术、信息等要素方面引导民参军、促进军转民，提高民参军、军转民政策制度的操作性。

第二阶段以军民融合深度发展的战略统筹性政策为主。此阶段从《意见》颁布开始至今。在此阶段，国家从总体安全和发展战略全局出发，将军民融合发展上升为国家战略。中共中央、国务院、中央军委联合发布的《关于经济建设和国防建设融合发展的意见》作为指导军民融合深度发展的纲领性文件，从领导机构、系统规划、法制保障、监督问责等方面指出详细的诉求，与此同时国家还出台了《国防科技工业军民融合深度发展“十三五”规划》、《“十三五”科技军民融合发展规划》等政策。这些政策的出台，实现了在更高层次、更大范围、更深程度上的国防建设和经济建设资源共享、协调发展。

（二）政策类型特征分析

如表 2 所示，中国国家层面军民融合深度发展政策的法律层级普遍不高，在 111 项军民融合深度发展政策文件中，大多数以“意见（25.93%）”、“规划（18.52%）”、“通知（11.11%）”等形式发布。唯一一条法律形式文件《中华人民共和国促进科技成果转化法（2015 年修订）》仅涉及军民融合的创新和科技成果转化方面，没有以“法律”形式颁布的军民融合深度发展为主题的政策。由此可见，中国军民融合深度发展政策整体权威性、规范性和强制性相对偏弱。

表 2　　军民融合深度发展政策颁布类型的分布　　单位：项

类型	法律	规定	规划	计划	决定	意见	办法	方案	目录	标准	细则	细则	暂行办法	通知
数量	1	6	20	5	1	28	4	6	15	1	4	2	2	12

（三）政策主体特征分析

如表 3 所示，2013 年以来军民融合深度发展政策颁布主体呈现以下三个特点：

表 3　　政策主要颁布主体分布　　单位：项

颁布主体	颁布数量	单一颁布数量	联合颁布数量	联合颁布占比（%）
全国人民代表大会常务委员会	1	1	0	0
中共中央	7	2	5	71.43
国务院	18	13	5	27.78
中央军事委员会	5	3	2	40.00
中共中央办公厅	3	0	3	100.00
国务院办公厅	11	8	3	27.27
中央军民融合发展委员会	9	9	0	0
工业和信息化部	16	6	10	62.50

续表

颁布主体	颁布数量	单一颁布数量	联合颁布数量	联合颁布占比（%）
国家国防科技工业局	42	25	17	40.48
中央军事委员会装备发展部	7	3	4	57.14
原中国人民解放军四总部	11	4	7	63.64
国家发展和改革委员会	6	0	6	100.00
国家知识产权局	3	0	3	100.00
中国人民银行	1	0	1	100.00
外交部	1	0	1	100.00
财政部	6	0	6	100.00
教育部	1	0	1	100.00
科技部	6	0	6	100.00
农业部	1	0	1	100.00
司法部	1	0	1	100.00
国有资产监督管理委员会	1	0	1	100.00
国家市场监督管理总局	2	0	2	100.00
国家税务总局	1	0	1	100.00
国家质量监督检验检疫总局	1	0	1	100.00
中国银行保险监督管理委员会	2	0	2	100.00
中国证券监督管理委员会	2	2	0	0
中央军事委员会科学技术委员会	1	0	1	100.00
中共中央宣传部	1	0	1	100.00
国家保密局	1	0	1	100.00
中央全面深化改革委员会	1	1	0	0
中华全国工商业联合会	1	0	1	100.00
中国科学技术协会	1	1	0	0

第一，颁布主体呈现多元化特征。国家层面军民融合深度发展政策文件颁布主体共计有 32 个，具体有中共中央、国务院、中央军委、国家国防科技工业局（以下简称科工局）、中央军民融合发展委员会、工业和信息化部、中央军事委员会装备发展部等主体。同时，国务院其他部门和直属机构也在一定程度上参与了政策制定。

第二，国家国防科技工业局、工业和信息化部、国务院对军民融合深度发展给予的关注最多，颁布实施的政策文件数量也最多，这三个主体参与制定的政策文件数量占总发布的政策文件数量的 64.51%。此外，2017 年成立的中央军民融合发展委员会逐渐成为政策制定的重要部门。

第三，政策联合颁布程度较高。参与军民融合政策制定颁布的 32 个主体中有

27 个主体参与政策文件的联合颁布，联合颁布的政策文件数量占比 32%。在联合颁布的政策文件中以两主体联合颁布为主，两主体联合颁布政策文件占比23%，这说明近年来中国越来越注重各主体间的协同与配合，全方位促进军民融合深度发展。

为了更直观地分析政策主体间的合作，运用 UCINET 软件对政策发文主体做社会网络分析。分析步骤：提取各政策文件的发文主体，统计不同政策主体间联合颁布政策文件的次数，形成 24 × 24 的共线矩阵，放入 UCINET 中进行中心化的可视化分析，最终得到合作网络结构图，如图 2 所示。

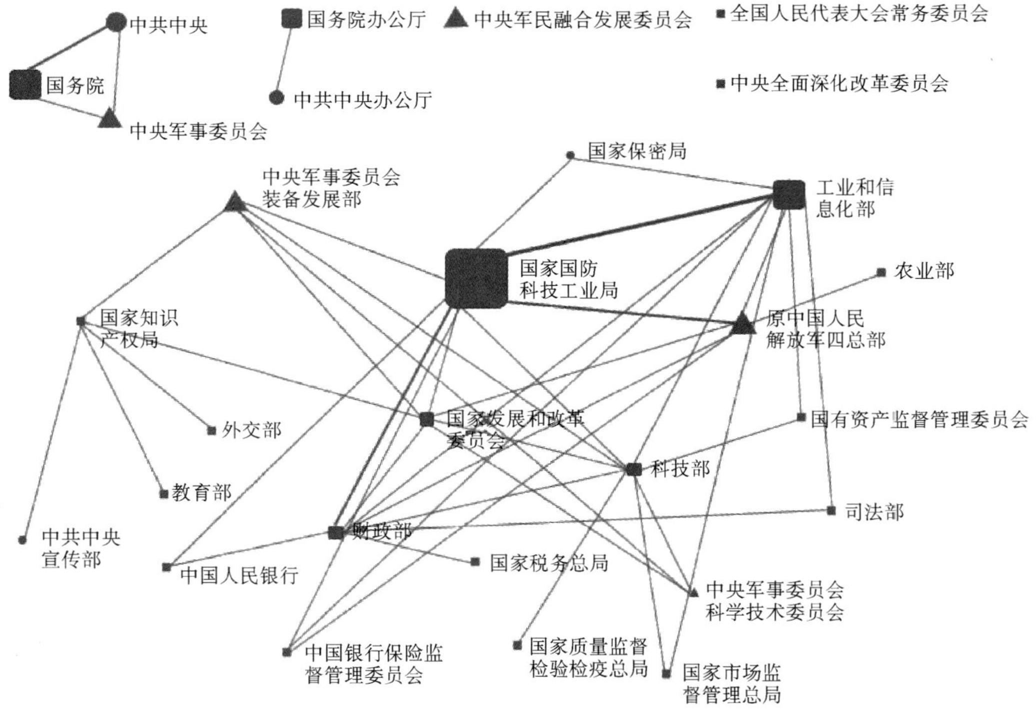

图 2　军民融合深度发展政策主体合作网络结构图

从图 2 中各个主体的大小、主体之间连线的粗细可以看出，2013—2019 年，国家国防科技工业局、工业和信息化部、中央军事委员会装备发展部是整个网络的核心节点。国家国防科技工业局和工业和信息化部之间的连线最粗，二者共联合颁布政策 9 次，协同关系最密切；此外，国家国防科技工业局与财政部合作 4 次，与中央军事委员会装备发展部合作 2 次，与科技部合作 2 次。国家发展和改革委员会、科技部、财政部作为重要的连接点，与其他政策发文主体之间都有连线，但线段逐渐变细，节点逐渐小，且位置趋于边缘，说明军民融合深度发展政策发文主体间虽然有一定的合作关系，但协同度不高；全国人民代表大会常务委员会和中央军民融合发展委员会单列于网络的边缘地带的，没有参与合作关系；中共中央、国务院和中央军事委员会三者之间有联合发文，与其他发文主体没有协作发文关系。

(四) 政策目标特征分析

基于军民融合深度发展政策文本内容对政策目标进行赋值打分，根据各政策目标的得分情况绘制军民融合深度发展政策对各目标的支持强度分析蛛网图，如图3所示。整体而言，政策目标的平均得分比较高，表明军民融合深度发展政策在政策目标的具体化、标准化方面做得不错。

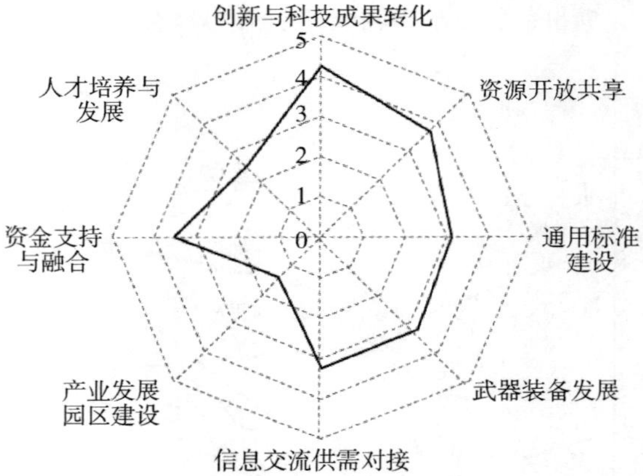

图3 2013—2019年军民融合深度发展政策目标强度蛛网图

第一，军民融合深度发展政策的着力点长期关注创新与科技成果转化层面。2013年以来颁布实施的军民融合深度发展政策文本中强调创新与成果转化目标的文本最多，占比42.5%。科技创新作为支撑开拓发展的新动力，能够很好地引领军民融合深度发展，加快建设国防科技强国。政府层面颁布了一系列加强军民融合创新与科技成果转化的政策，核心文件有2015年《“十三五”国家科技创新规划》和《国防科工局关于促进国防科技工业科技成果转化的若干意见》、2016年《国防科工局关于加快推进国防科技工业科技协同创新的意见》和《国务院办公厅促进科技成果转移转化行动方案》、2017年《“十三五”科技军民融合发展专项规划》、2018年《国家军民融合创新示范区建设实施方案》。

第二，资源共享、装备发展和通用标准建设是军民融合深度发展政策的重点关注目标。具体而言，在资源共享方面，代表性的文件有2014年《军民两用设施资源信息共享名录（航空工业）》、2015年《军民两用设施资源信息共享名录（锻压设备设施）》、2016年《关于推动军工重大试验设施和大型科研仪器向社会开放的通知》、2018年科技部发布的《促进国家重点实验室与国防科技重点实验室、军工和军队重大试验设施与国家科技基础设施的资源共享管理办法》。在装备发展方面，主要有 2013 年《武器装备科研生产退出管理规则》、2014 年《关于加快吸纳优势民营企业进入武器装备科研生产和维修领域的措施意见》和《竞争性装备采购管理规定》、2017 年《推进装备领域军民融合深度发展的思路举措》。在通用标准建设方面，代表性的文件有 2015 年《国防军工计量技术规范体系》、2015《国家标准化体系建设发展规划（2016—2020 年）》。

第三，人才培养和产业园区建设是军民融合深度发展政策目标的相对薄弱点。与出台军民融合人才发展相关的政策有 2014 年《中国人民解放军装备技术保障人才培训基地管理办法》。在产业发展和园区建设方面，国家层面的目标明确性程度较低，仅在一些重要的军民融合政策中对产业发展作了宏观的战略指导。究其原因是，国家层面更多地将人才引进、培养和发展和产业园区规划发展的目标规划权限下放到地方政府，由地方政府根据当地的军民融合产业发展制定适宜的人才发展、园区发展政策。

（五）政策措施特征分析

为了实现军民融合深度发展的政策目标，必须使用某些政策措施。基于军民融合深度发展政策文本内容对政策措施进行赋值打分，根据各政策措施的得分情况绘制军民融合深度发展政策各措施的强度分析蛛网图，如图 4 所示。

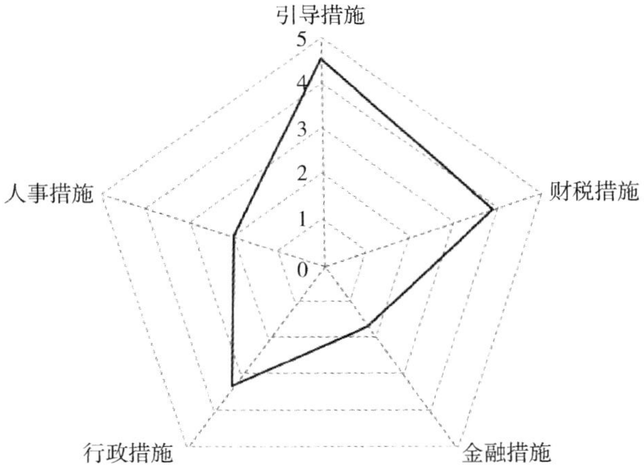

图 4　2013—2019 年军民融合深度发展政策措施强度蛛网图

总体来看，政策措施的得分相较于政策目标的得分偏低。尽管政策文本中对政策目标做了较为具体的要求，但政策措施不够具体，可操作性程度偏低，这使得军民融合深度发展政策在具体实施过程中较为困难。具体来看：①军民融合深度发展政策措施分布较不均衡，主要集中在引导措施方面，占据总数量的 42.9%；财税措施次之，占比 23.5%；再次是行政措施，占比 21.2%；金融措施和人事措施相对较少，分别占比 12.3% 和 11.6%。②军民融合深度发展的核心政策文件多为引导措施。自 2015 年军民融合上升为国家战略以后，国家层面上出台了一系列“规划”、“计划”、“意见”类型的军民融合深度发展政策，包含《国防科技工业军民融合深度发展“十三五”规划》、《“十三五”科技军民融合发展专项规划》等一些长期发展规划，《2016 年国防科工局军民融合专项行动计划》、《2017 年国防科工局军民融合专项行动计划》等一些重大的科技计划，这些政策大多是从宏观层面给予军民融合发展以战略支持，政策措施以引导措施为主。③在军民融合深度发展的资金支持方面，财政措施强度大于金融措施。这反映出国家对军民融合新兴产业发展更多地是通过税收返还、财政补贴、专项基金等手段支持产业的培育和发展。如 2014 年《财政部、国家税务总局关于军品增值税政策的通知》和《国防科工局关于印发〈军品免征增值税实施办法〉的通知》、2016 年国家国防科技工业局发布的《国防科技工业科研项目后补助管理暂行办法》、2017 年《军工技术推广专项奖励性后补助实施细则（试行）》、2018 年《军品配套科研项目后补助管理细则》和中央军事委员会装备发展部发布的《关于“十三五”装备预研共用技术和领域基金 2018 年指南发布公告》等。

四、结论与建议

采用政策文本量化分析法量化评估了 2013—2019 年国家层面颁布的军民融合深度发展政策效力并对政策特征进行研究，从中得出以下结论：

1. 政策发文数量在 2013—2016 年间呈上升趋势，但这个增长趋势不是一直持续的，2016 年以后政策颁布数量有所减少，说明随着政策体系的逐步完善，最主要的任务不是持续性地颁布新的政策，而是根据现实的需要对政策体系进行不断的调整和完善。军民融合深度发展政策制定过程大概可以以《关于经济建设和国防建设融合发展的意见》（2016 年）颁布为界，划分为两个阶段：以军民融合深度发展的综合引导性政策为主和以军民融合深度发展的战略统筹性政策为主。

2. 政策类型上，政策法律层级不高，政策平均效力处于低水平。国家层面政策类型以“意见”、“规划”、“通知”为主。

3. 政策主体日益多元化，政策联合颁布趋势明显。在联合颁布的政策中以两个主体合作颁布政策为主，近年来中国越来越注重各主体间的协同与配合，全方位促进军民融合深度发展。

4. 军民融合深度发展政策调控目标主要聚焦于创新与科技成果转化、资源开放共享，但在人才培养和发展、产业园区建设方面还尚欠缺，究其原因，国家层面更多地将人才引进、培养和发展和产业园区规划发展的权限下放到地方政府。

5. 军民融合发展的政策各项措施当中，以引导措施为主。在军民融合深度发展的资金支持方面，财政措施强度大于金融措施。

军民融合的实践还在不断深入，其理论创新也没有止境。基于上述研究，未来军民融合深度发展政策还可以在如下方面加以改进：

1. 完善军民融合深度发展的法律体系，提高政策的效力。积极推动军民融合深度发展立法建设，按照系统完备、衔接配套、有效激励的要求，持续推进军民融合发展的财政、投融资、人事奖励等配套政策措施建设，推进“协同创新、成果转化、资源共享、标准兼容”政策目标建设，促进军民融合深度发展政策更加优化，构建军民融合深度发展的生态环境。

2. 建设政策主体间的会商机制，保证政策主体间的协调一致性。中国军民融合政策的制定与实施不仅仅需要十几个部门各司其职完成自身的任务，而且要形成政策合力才能制定出符合军民融合深度发展需求的政策。政策颁布主体间合作日益密切，但与此同时需要建立一个更强的机制来保证政策的一致性和主体间协调的一致性，中央军事委员会、中国军民融合发展委员会、国家国防科技工业局可以与科技部、财政部、国家发展和改革委员会、国家知识产权局等部门建立会商机制，提出推动军民融合资源合理配置的重大措施建议。

3. 完善军民融合深度发展政策的金融、财税、人事措施细则。中国已出台的诸多军民融合深度发展政策覆盖范围广泛，然而在进一步细致研究政策内容会发现，宏观引导政策比较多，微观具体措施缺失比较严重。大而空的政策看起来很宏伟，但在传递给下级部门时往往会不得要领，在政策实施过程中，政策效果也会大打折扣。因此，在今后军民融合深度发展政策制定中可以更加具体地明确资金支持的数额、税收优惠的幅度、金融支持的力度与人事奖励的范围，而不仅仅是鼓励、支持这类模糊词语。

参考文献：

[1] 闻晓歌．“军民融合”制度变迁研究［J］．军事经济研究，2008（9）：27－30.

[2] 晋煜，许延．新时期推动我国军民融合深入发展的对策建议——基于制度经济学视角［J］．军民两用技术与产品，2016（17）：50－53.

[3] 宋善秋．军民融合发展法规制度建设探析［J］．中国军转民，2018（1）：10－13.

[4] 齐振伟．关于积极推进军民融合发展立法的建议［J］．中国科技产业，2017（4）：33.

[5] 游光荣，闫宏，赵旭．军民融合发展政策制度体系建设：现状、问题及对策［J］．中国科技论坛，2017（1）：150－156.

[6] 徐辉．我国军民融合政策法规现状及对策研究［J］．军民两用技术与产品，2015（11）：8－10.

[7] 于川信，陈力．构建军民融合深度发展的政策支持体系［J］．国防，2017（7）：25－27.

[8] 周华，姜明文，尚静瑶．构建系统完备的军民科技协同创新政策制度体系［J］．中国经贸导刊，2017（22）：77－79.

[9] 陈仕平．军民深度融合背景下保障军民协同创新等法规制度体系主体构成［J］．海军工程大学学报，2017，14（4）：34－37.

[10] 阎波，张炜．科技军民融合政策：实施逻辑与路径选择［J］．上海交通大学学报（哲学社会科学版），2018，26（6）：73－80.

[11] 陈华雄，黄灿宏，赵理，等．科技军民融合政策制度［J］．国防科技，2018，39（5）：62－69.

[12] GANSLER J. S. *Democracv's arsenal*：*Creating a twenty－first－century defense industry*［M］. Cambridge：MIT Press，2011：55－72.

[13] Gilpin R. *American scientists and nuclear weapons policy*［M］. Princeton：Princeton UniVersity Press，2015：52.

[14] 唐兴霖，王双喜．军民融合政策工具应用分析［J］．经济社会体制比较，2018（3）：166－172.

[15] 徐雨晨．军民融合知识产权制度研究：政策文本分析视角［D］．大连理工大学，2018：17－20.

[16] 章磊，胡慧姿，李肇欣．军民融合背景下军民两用技术研发政策研究［J］．中国科技论坛，2018（5）：121－127.

[17] 王进富，杨青云，张颖颖．基于PMC—AE指数模型的军民融合政策量化评价［J］．情报杂志，2019（4）：66－73.

[18] 杨晓昕，陈波，张涵．军民融合能否影响公司创新与生产行为？——基于军民融合战略的自然实验［J］．浙江社会科学，2019（10）：50－61，157－158.

[19] 彭纪生，仲为国，孙文祥．政策测量、政策协同演变与经济绩效：基于创新政策的实证研究［J］．管理世界，2008（9）：25－36.

[20] 李靖华，常晓然．我国流通产业创新政策协同研究［J］．商业经济与管理，2014（9）：5－16.

[21] 王帮俊，朱荣．产学研协同创新政策效力与政策效果评估——基于中国2006—2016年政策文本的量化分析［J］．软科学，2019，33（3）：30－35，44.

[22] 张永安，闫瑾．技术创新政策对企业创新绩效影响研究——基于政策文本分析［J］．科技进步与对策，2016，33（1）：108－113.

[23] 王路昊，胡凌嘉．美国军民融合战略的政策变迁：基于政策文本的分析［J］．电子科技大学学报（社科版），2019，21（1）：30－36. 75.

[24] 杨杰翔．加强军民技术转移政策制度建设研究［J］．中国军转民，2018（1）：14－16.

原载《北京航空航天大学学报（社会科学版）》网络首发论文，ISSN 1008－2204，CN11－39791C，2020－08－30。

军民融合政策会提升军工上市公司绩效吗?*

余冬平　沈兰凤**

摘　要：军民融合是国家统筹经济建设与国防建设的重大战略，为推动军民融合发展中国国家相关部门相继出台了一系列与军民融合相关的政策法规。文章特定于从军工上市公司“股价变化”的角度，对24部国家层面的军民融合政策效果进行定量评估，并在研究内容和研究方法方面实现了两个创新。在研究内容方面，把2013—2019年军民融合深度发展时期颁布的国家层面的政策看作是“连续发生的同类事件”，研究了事件的发生对十一大军工集团旗下的86家军工上市公司短期股价、绩效的影响，实证结果显示军民融合政策的颁布并没有对军工上市公司的短期股价产生显著影响。在研究方法方面，使用了事件分析法较好地实现了定量分析与定性研究的有机的结合，对军民融合政策进行了比较系统的量化评估，填补了目前计量经济学和应用经济学在军民融合深度发展政策应用上的研究空白。

关键词：事件分析法　军民融合政策　军工上市公司　短期股价　绩效

中图分类号：F063.3　　**文献标志码**：A

一、引　言

党的十八大以来，党中央提出深入实施军民融合发展战略，伴随着2015年军

* 基金项目：北京高校高精尖学科“战略经济与军民融合”交叉学科支持项目（GJJ2019163）；教育部人文社会科学研究规划项目（15YJAZH103）。

** 作者简介：余冬平（1976—），男，湖北当阳人，副教授，博士，研究方向为军民融合、国防金融、国防预算与国防采办研究；沈兰凤，中央财经大学国防经济与管理研究院硕士研究生。

民融合上升为国家战略，为打破军民二元分离现状，最终形成全要素、多领域、高效率的军民融合发展格局，国家相继出台了一系列与军民融合相关的政策法规。政策出台的主体涵盖了中国国务院、各部委和地方各级政府等，政策的内容包括军民融合示范区的建设、军民融合协同创新、武器装备科研生产、财税金融支持等，政策的形式包括意见、纲领、规划、办法、通知等。

国内对军民融合政策的相关研究主要集中于定性和定量两个层面。在定性研究层面，有学者侧重于对军民融合政策的现状和存在问题的研究[1-5]；也有学者把政策工具的理论应用到军民融合政策的相关研究中[6]；还有学者侧重于对军民融合的文本内容进行分析[7-8]。在军民融合政策量化研究方面，则有学者创新型地将 PMC 指数模型与 AE 技术相结合，构建了二级指标对 10 项军民融合政策的量化评价[9]。

回顾以往研究可以发现，国内对军民融合政策的研究大多集中于宏观层面，且对军民融合政策量化方面的研究相对较少。不同于以往的研究，本文将军民融合政策和微观层面的军工上市公司建立联系，研究军民融合深度发展时期的政策的出台对十一大军工集团旗下的 86 家军工上市公司短期股价、绩效的影响，与考察单个事件影响原理不同，此次研究的军民融合政策为“间断发生的同类事件”，故通过对该类事件发生作用的事件窗口内的“异常波动”来衡量军民融合政策的政策效果。

军民融合涉及“军”、“民”两大系统、多个部门和利益主体，长期的军民二元发展结构使中国军民关系体制呈现出一定程度上的公共政策“碎片化”、“路径依赖”等特征，由此形成的资源配置低效状况难以在短期内得到改善[6]。因此，从微观层面的企业股价波动变化情况来衡量军民融合政策颁布的政策效应具有十分重要的意义，有助于从体制改革和制度创新中为推动军民融合深度发展寻求治理之策。

二、军民融合政策梳理与遴选

2013 年 8 月，习近平提出实现强军目标，必须同心协力做好军民融合深度发展这篇大文章，既要发挥国家主导作用，又要发挥市场作用，努力形成全要素、多领域、高效益的军民融合深度发展格局[10]。此后，为了促进军民融合发展，政府相关部门相继颁布了一系列政策文件，表 1 是自 2013 年后颁布出台的一系列政策文件，政策法规遴选自国务院、国防部、国家国防科技工业局、工业和信息化部以及北大法宝等。

表 1　　军民融合深度发展时期的军民融合政策

时　间	政策名称
2014 年 4 月 3 日	工业和信息化部组织制定并印发的《促进军民融合式发展的指导意见》
2014 年 5 月 20 日	《关于加快吸纳优势民营企业进入武器装备科研生产和维修领域的措施意见》
2015 年 1 月 7 日	《关于建立和完善军民结合、寓军于民武器装备科研生产体系的若干意见》
2015 年 4 月 10 日	《2015 年国防科工局军民融合专项行动计划》
2016 年 3 月 18 日	《2016 年国防科工局军民融合专项行动计划》
2017 年 5 月 16 日	《2017 年国防科工局军民融合专项行动计划》
2016 年 3 月 25 日	《关于经济建设和国防建设融合发展的意见》
2017 年 2 月 25 日	《推进装备领域军民融合深度发展的思路举措》
2017 年 4 月 12 日	《经济建设和国防建设融合发展“十三五”规划》
2017 年 8 月 23 日	《“十三五”科技军民融合发展专项规划》
2016 年 3 月 31 日	《国防科工局关于促进国防科技工业科技成果转化的若干意见》
2015 年 2 月 10 日	《国防科技工业“十三五”规划总体思路》
2015 年 4 月 2 日	《军民融合深度发展 2015 专项行动实施方案》
2016 年 5 月 12 日	《军队建设发展“十三五”规划纲要》
2016 年 1 月 1 日	《中央军委关于深化国防和军队改革的意见》
2018 年 7 月 6 日	《关于推进军民融合深度发展若干财政政策的意见》
2016 年 6 月 29 日	《国防科工局关于加快推进国防科技工业科技协同创新的意见》
2017 年 9 月 22 日	《国防科技工业军民融合深度发展“十三五”规划》
2013 年 8 月 4 日	《船舶工业加快结构调整促进转型升级实施方案（2013—2015 年）》
2018 年 3 月 2 日	《军民融合发展战略纲要》
2019 年 9 月 22 日	《“十三五”国防科技工业发展规划》
2017 年 12 月 4 日	《国务院办公厅关于推动国防科技工业军民融合深度发展的意见》
2017 年 1 月 12 日	《船舶工业深化结构调整加快转型升级行动计划（2016—2020 年）》
2016 年 5 月 13 日	《国务院办公厅关于促进通用航空业发展的指导意见》

由于涉及军民融合的政策法规数量众多，为了保证政策选取的准确性和代表性，按照以下原则对政策文本进行了整理和遴选：一是文章选取的是 2013 年以来出台的军民融合政策，考虑到 2013 年以来军民融合进入了深度发展时期，因此选取了 2013 年以后出台的军民融合政策作为政策样本；二是发文单位为国务院、全国人民代表大会、工业和信息化部等国家层面的军民融合政策，考虑到各省市军民融合政策是中央部委级别军民融合政策的补充，因此各地方省市出台颁布的军民融合政策不在本文考虑的范围之内；三是选取直接与军民融合密切相关的政策文件；四是政策类型主要选取意见、纲领、计划、规划、方案、思路等文件类型。文章最终梳理出有效政策样本 24 份，如表 1 所示。

三、军民融合政策影响军工上市公司绩效的作用机理

中国军民融合正迈入从初级融合向深度融合过渡的阶段，在融合的过程中重点是扶持民口企业进入军品科研与生产。军民融合政策主要强调了军转民、民参军、军民双向流动三个方面，具体如图 1 所示。

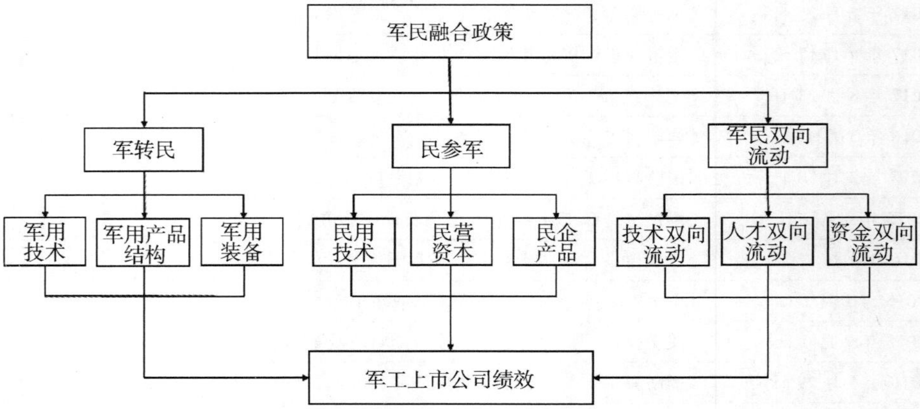

图 1　军民融合政策影响军工上市公司绩效的作用机理

在军转民方面，政府相关部门颁布了一系列政策文件鼓励军用技术、军用产品结构、军事装备转为民用领域。军事技术转为民用使国防科技工业“能军能民”，实现一份投入两份产出，从而实现民营和军工企业的互惠共赢式发展。军用产品和军事装备转为民用有助于提高军工企业资源的利用率，同时拓展军品向民品市场的转化，提升民品的质量和效益。总之，军民融合政策关于军转民方面的规定有利于发挥军工优势，从而进一步推动民用工业机构调整和产业升级。同时民用企业得到发展也为进一步反哺军工领域，推动军工上市公司绩效的提升，从而促进军民融合向深处发展。

在民参军方面，国家为了顺应军民融合发展大势，颁布了一系列政策鼓励引导优势民营企业参与军工领域。在民用技术转为军用中，体现在把民用领域发展成熟的先进民用技术应用于武器装备的科研生产；在民用资本转为军用中，政府鼓励通过资产证券化、PPP 融资、军民融合产业投资基金等财税金融支持吸引民口企业和军工企业开展合作，实现军工和民营企业的融合发展；民用产品和军用产品的通用性、兼容性不断扩大使民营企业参与军工领域的道路越来越宽。在民营企业参与军

工领域的过程中，一方面，民口企业源源不断地为军工企业输送资金、技术等会促使军工企业经营利润的上升；另一方面，民口企业的涌入同时也增加了军品市场的竞争性，可能导致利润的摊薄，从而导致军工企业绩效的降低。

在军民双向流动方面，主要体现在技术、人才、资金的双向流动。实现军与民两大系统在技术、人才、资金等方面的双向转化，有利于实现国防科技工业与民用工业的互通、互动、互补，实现军工企业和民用企业的合作共赢，从而进一步促进军民融合的发展。

四、研究设计

（一）事件分析法的基本原理

衡量政策的颁布对相关上市公司短期股价波动所带来的影响，国内外学者运用较多的是事件分析法。其基本原理是：首先将 2013 年以来颁布的军民融合政策定义为一种“事件”，在正常的情况下，如果没有军民融合政策的颁布，股票市场应该保持常规的随机价格波动，应该具有一个相对稳定的平均正常收益率。如果军民融合政策的颁布这一事件的发生，就会对股票市场产生相关影响，即引起股价指数的上升、下降或者不规律的波动变化情况，那么，就会出现股票市场平均收益率（average abnormal return，AAR）对正常收益率的偏离，形成偏离正常收益率的“超额收益”，故把 2013 年以来样本军工上市公司的超额收益率相加后，累计的 AAR 就会呈现出上升或者下降的趋势。根据累积平均超额收益率（cumulative average abnormal returns，CAAR）的变化特点，就可以对军民融合政策这一事件的市场作用效率作出相关的评价。

（二）样本选择

通过 wind 数据库查找十一大军工集团旗下的军工上市公司共计 89 家，剔除*ST 集成、*ST 嘉陵、*ST 天雁三家 ST 公司，最后剩下 86 家军工上市公司。本文选取的公司样本是十一大军工集团旗下的 86 家军工上市公司，之所以如此选取主要基于以下三点原因：第一，由于十一大军工集团旗下的军工上市公司不是在深交所上市就是在上交所上市，上市时已经规定了公司的规模等，可以有效剔除规模等方面的异质性对公司股票价格变动的影响；第二，选取的 86 家军工上市公司涵盖了军工行业的航天、航空、核、船舶、兵器、电子六大行业类别，具有一定的普遍性和代表性；第三，十一大军工集团旗下的军工上市公司是国有企业，更容易受到国家出台的相关政策的影响。

（三）事件窗口的定义

事件分析法最核心的步骤是对事件窗口时间长度的定义。目前，关于时间窗口的定义并没有客观标准，一般而言，对于以日收益率建立的模型事件窗口一般为2—121天[11]。事件窗口长度的定义太短或者太长都会影响后续的实证结果，而估计窗的选取也没有客观标准，估计窗太短会导致模型的参数估计不准确，估计窗太长，数据又可能会发生结构性变化[11]。一般而言，在实际的操作中，对于以日收益率建立的模型的估计窗一般在100—300天的区间之内[11]。本文中要衡量的是2013年以来国家层面的军民融合政策的颁布对军工上市公司股票价格的变化是否整体是有效的，因此把军民融合政策的首次实施日归为一类（即为0日的情形），把军民融合政策实施日的前一天归为一类（即为－1日的情形），其他的以此类推。本文选取［－10，10］作为事件窗口，选取［－45，－200］作为估计窗口，来衡量军民融合政策的颁布对军工上市公司短期股票价格波动情况的影响。

（四）计算估计参数

本文选取了军工上市公司在估计窗口（即［－45，－200］）的相关数据来衡量军民融合政策的颁布对军工上市公司的正常收益率，回顾并总结相关文献可以发现，对正常收益率的计算主要有常数均值收益模型、市场模型和CAPM三种。国外相关学者研究表明，其中最简单的市场模型和其他较复杂的模型一样好。因此，本文采用市场模型对军工上市公司在估计窗口发生期间的正常收益率进行计算，其计算方式为：

$$R_{it} + \alpha_i + \beta_i R_{mt} + \varepsilon_{it} \tag{1}$$

式中：R_{it}为股票i在第t日的收益率，$R_{it} = \dfrac{P_{it}}{P_{it} - 1} - 1$，其中$P_{it}$为股票$i$在第$t$日的收盘价，$P_{it} - 1$为股票$i$在第$t-1$日的收盘价。$R_{mt}$为第$t$日市场回报率，$R_{mt} = \dfrac{P_{it}}{P_{it} - 1} - 1$，$\alpha_i$、$\beta_i$为拟合的回归方程的截距和斜率，$\varepsilon_{it}$为随机误差项。

（五）正常收益率和超常收益率的计算

在确定α和β的相应估计值的基础之上，下一步需要做的计算是86家军工上市公司的正常收益率和超额收益率。其中，正常收益率是指没有军民融合政策颁布时的收益率；超额收益率是指在事件窗口期间实际收益率减去正常收益率的差值。

具体的计算方式为

$$NR_{it} = \alpha_i + \beta_i R_{mt} \tag{2}$$

式中：t 取自［-10，10］事件窗口区间的整数，α_i、β_i 为计算出来的相应估计的参数值。NR_{it}为相应的正常收益率。

第 i 种股票在第 t 日的超常收益率为

$$AR_{it} = R_{it} - NR_{it} \tag{3}$$

式中：t 取自［-10，10］事件窗口区间的整数。

事件窗口内各个截面的平均收益率为

$$AAR_t = \frac{1}{N}\sum AR_t \tag{4}$$

式中：N 为样本公司的数量。

事件窗口内的累积平均超额收益率为

$$CAAR_t = \sum_{t=-10}^{t=10} AAR_t \tag{5}$$

（六）假设检验

为了验证军民融合政策颁布这一事件的发生对军工上市公司短期股价、绩效的影响，下一步要对军民融合政策的颁布对军工上市公司股票价值是否有影响进行检验，需要用到的是军工上市公司的 AAR 和 CAAR 的变化情况进行检验，其计算公式为

$$t = \sqrt{N}\frac{AAR_t}{S_t} \tag{6}$$

$$t = \sqrt{N}\frac{CAAR_t}{S_t} \tag{7}$$

为了进一步探究不同行业类别的军工上市公司对军民融合政策的颁布是否存在行业类别方面的异质性差异，把 86 家军工上市公司划分为航空、航天、船舶、兵器、电子、核六个行业类别，以此探究不同行业类别的军工上市公司对军民融合政策颁布的反应程度。

在此基础之上，提出以下假设检验：

假设 1：军民融合政策的颁布不会对军工上市公司短期股价产生异常影响。

假设 2：军民融合政策的颁布会对军工上市公司的股价产生异常影响。

假设 3：军民融合政策的颁布对不同行业类别的军工上市公司的影响程度不存在显著差异。

假设 4：军民融合政策的颁布对不同行业类别的军工上市公司的影响程度存在显著差异。

五、实证结果分析

（一）总体实证结果分析

图 2 和表 2 是事件窗口前后 10 天内的 *AAR* 和 *CAAR*。如图 2 所示，*AAR* 大多围绕 0 值上下变化，*CAAR* 都是正值，呈现出总体上升的趋势。

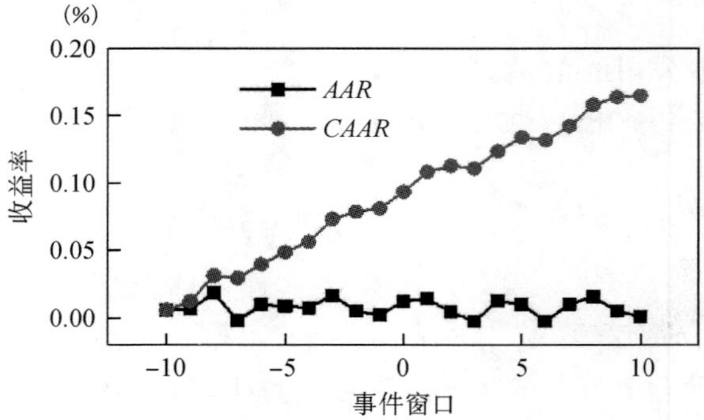

图 2　事件窗口前后 10 天的 *AAR* 和 *CAAR* 的变化趋势

表 2　事件窗口前后 10 天内的 *AAR* 和 *CAAR*　　单位：%

事件窗口	*AAR*	*T* 值	*CAAR*	*T* 值
－10	0.006	0.757	0.006	0.858
－9	0.007	1.130	0.013	0.958
－8	0.018	1.189	0.031	0.930
－7	－0.002	－1.479	0.029	0.497
－6	0.010	0.896	0.039	0.868
－5	0.009	1.439	0.049	0.931
－4	0.008	0.868	0.056	0.934
－3	0.017	1.135	0.073	0.674
－2	0.005	0.629	0.078	0.958
－1	0.002	1.451	0.081	0.924
0	0.013	1.028	0.093	0.966
1	0.014	1.060	0.108	0.979
2	0.005	0.730	0.113	0.904
3	－0.002	－1.703	0.110	0.935
4	0.013	0.821	0.123	0.957
5	0.010	0.738	0.134	0.958

续表

事件窗口	*AAR*	*T* 值	*CAAR*	*T* 值
6	-0.002	-1.693	0.131	0.911
7	0.010	0.911	0.142	0.969
8	0.016	1.121	0.158	0.937
9	0.006	0.889	0.163	0.907
10	0.001	0.366	0.165	0.927

表 2 是事件窗口前后 10 天内的 *AAR* 和 *CAAR*，总体而言在事件发生日前后 10 天内 *AAR* 和 *CAAR* 的值均为正值，且 *T* 值没有通过显著性检验，接受假设 1，说明军民融合政策的颁布并没有对 86 家军工上市公司的短期市场价值产生显著影响。在事件日当天，*AAR* 为 1.3%，*CAAR* 为 9.3%，且 *T* 值没有通过显著性检验，说明在事件日当天，军民融合政策的颁布并没有对军工上市公司短期的股价产生了正向显著影响。在事件日之前，*AAR* 和 *CAAR* 为正值，且没有通过显著性检验，说明市场对军民融合政策的颁布不存在超前反应的行为，在事件日之后，*AAR* 和 *CAAR* 为正值，且从 *T* 值结果来看，基本上没有通过显著性检验。

分析其原因，一可能是因为形成全要素、多领域、高效率的军民融合发展格局是一项伟大而系统的工程，其效果在短期内并无显著改善，需要长期才能见效；二可能是由于信息泄露情况的出现，在军民融合政策颁布日之前，市场早就接收到了相关信息，并对此消息进行了消化吸收；三可能是由于市场上有很多复杂的原因也会引起中国市场股价的波动，对中国军工上市的股价产生了一定程度上的干扰，从而影响了实证的最终结果；四可能是由于“挤出效应”的存在，民营企业在参与军工科研与生产领域的过程给军工企业造成了竞争，对军工上市公司带来了“挤出效应”从而摊薄了利润。

在本文中选取的事件窗口是 [-10, 10]，为了进一步探究不同事件窗口区间内军民融合政策的颁布对军工上市公司短期股价绩效的影响，把选取的 [-10, 10] 事件窗口进行分区间拆分成更短区间的事件窗口，拆分选取的原则必须包含事件发生日，即包括军民融合政策的实施日。不同窗口区间的累积平均超额收益率以及对应的 *T* 值检验结果，如表 3 所示。

表 3　　不同窗口区间的 *CAAR*　　单位：%

事件窗口	*CAAR*	*T* 值
[-5, 0]	0.054	1.035
[-3, 3]	0.039	0.935
[-1, 1]	0.030	1.076
[0, 5]	0.052	0.837

表3和图3显示的是军工上市公司在不同的窗口区间的 *CAAR* 及其 *T* 值检验结果。从表3中可看出，事件日前5天和事件日后5天的 *CAAR* 分别为5.4%和5.2%，但在5%置信水平上均不显著，在事件日前后的3天内和前后的1天内，*CAAR* 分别为3.9%和3.0%，且 *T* 值小于2，说明不管是事件日发生前的事件窗口还是事件日发生后的事件窗口，军民融合政策的颁布对军工上市的短期股价都没有产生显著影响。

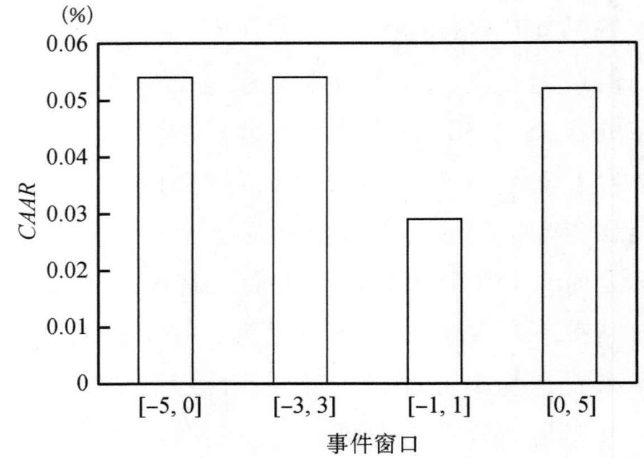

图3　不同事件窗口的 *CAAR*

（二）不同行业类别实证结果对比分析

为了探究军民融合政策的出台对不同军工行业类别的影响的差异，本文把十一大军工集团旗下下属的86家军工上市公司划分为航天工业、航空工业、兵器工业、电子工业、船舶工业、核工业六个工业类别，以此来研究军民融合政策对不同行业类别的军工上市公司的短期股价的影响是否存在显著差异。

通过图4和图5不同行业类别的军工上市公司的 *AAR* 和 *CAAR* 趋势图中，可以看出以下几点：

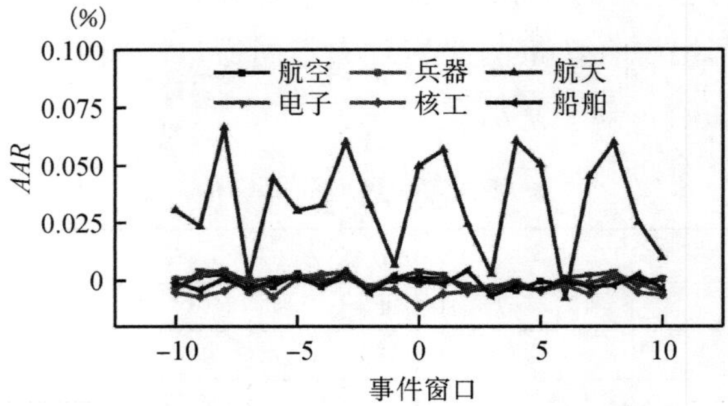

图4　不同行业类别军工上市公司的 *AAR* 趋势变化

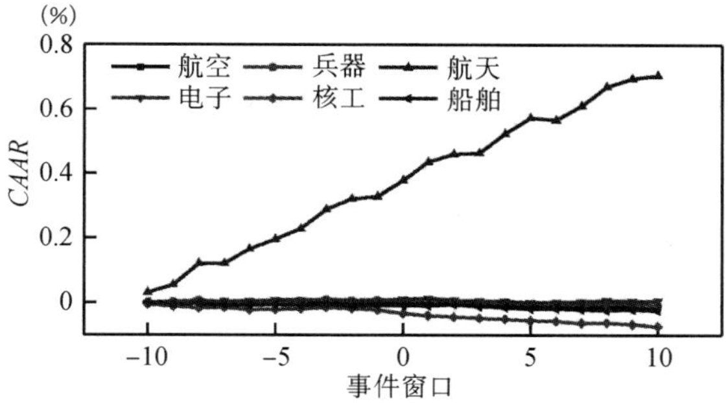

图 5　不同行业类别军工上市公司的 *CAAR* 变化趋势

第一，不同行业类别的军工上市公司的 *AAR* 和 *CAAR* 存在显著差异，其中航天工业的工业类别的军工上市公司在军民融合政策颁布前后的 10 天内，出现了正的 *AAR* 和 *CAAR*，说明军民融合政策的颁布对于航天行业类别的军工上市公司是一利好消息，投资者非常看好航天股，纷纷把资金流向了航天工业类别的军工上市公司；第二，核行业类别的军工上市公司在事件窗口内却出现了负向的 *AAR* 和 *CAAR*，说明军民融合政策的颁布并没有给核行业类别的军工上市公司的股价带来正面影响；第三，其他的军工工业类别例如船舶工业、兵器工业、航空工业和电子工业的军工上市公司的 *AAR* 和 *CAAR* 基本上在 0 上下波动。

1. 航空行业类别军工上市的实证结果分析。如图 6 所示，航空行业类别军工上市公司的 *AAR* 围绕在 0 上下波动，且 *CAAR* 在事件日前的 10 天内围绕 0 上下波动，在事件日后 10 天内呈现出下降后维持不变的趋势。

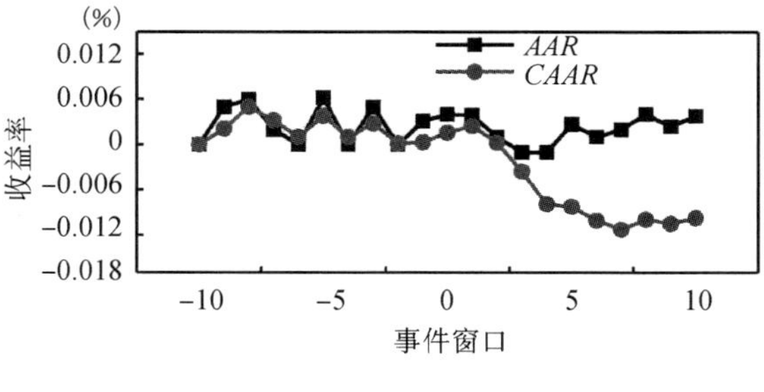

图 6　航空工业类军工上市公司的 *AAR* 和 *CAAR* 变化趋势

如表 4 所示，整体而言，航空行业类别的军工上市公司的 *AAR* 和 *CAAR* 基本上为负值，在一半左右的区间内通过显著性检验，说明军民融合政策的颁布对于航天行业的军工上市公司产生显著负面影响。在事件日当天，*AAR* 和 *CAAR* 分别为 0.1% 和 -0.142%，*T* 值没有通过显著性检验，说明在事件日当天军民融合政策的颁布对军工上市公司的短期股价没有带来显著影响。

表 4 航空行业类别军工上市公司的 *AAR* 和 *CAAR* 单位:%

事件窗口	*AAR*	*CAAR*	*AAR_ T*	*CAAR_ T*
-10	-0.003*	-0.003**	-1.975	-2.269
-9	0.002	-0.0009	1.683	-1.525
-8	0.003*	0.002	1.781	-1.086
-7	-0.001	0.0002	-0.958	-1.331
-6	-0.003**	-0.002*	-2.190	-1.767
-5	0.0032**	0.0008*	2.46745	-1.96351
-4	-0.003*	-0.002**	-1.87476	-2.23324
-3	0.002	-0.0002	1.034668	-1.472
-2	-0.003*	-0.00287**	-1.89481	-2.14165
-1	0.0001	-0.00269	0.134347	-1.07372
0	0.001	-0.00142	1.063941	-0.88589
1	0.0009	-0.00054	0.892531	-1.63228
2	-0.002*	-0.00274**	-1.95123	-2.47986
3	-0.004^{-}	-0.00658*	-3.01612	-1.79828
4	-0.004^{-}	-0.0109*	-3.91739	-1.89919
5	-0.0003	-0.01126	-0.2745	-1.61642
6	-0.002	-0.01312*	-1.3456	-1.82108
7	-0.001	-0.01433	-1.02212	-1.61483
8	0.001	-0.01297	0.920277	-1.30153
9	-0.0006	-0.01353*	-0.41253	-1.6879
10	0.0008	-0.01276**	0.576918	-2.09929

注:* 表示在 10% 水平上显著,** 表示在 5% 水平上显著,*** 表示在 1% 水平上显著。

2. 兵器行业类别军工上市公司实证结果分析。图 7 和表 5 是兵器行业类别军工上市公司的 *AAR* 和 *CAAR*。由图 7 可知,*AAR* 大体上围绕 0 上下波动,且在前 8 天达到最大值,在前 7 天出现了最小值,*CAAR* 在前 10 天到 4 天的区间内在正值,在 5 天到 10 天的区间内为正值,大体呈现出不断下降的趋势。

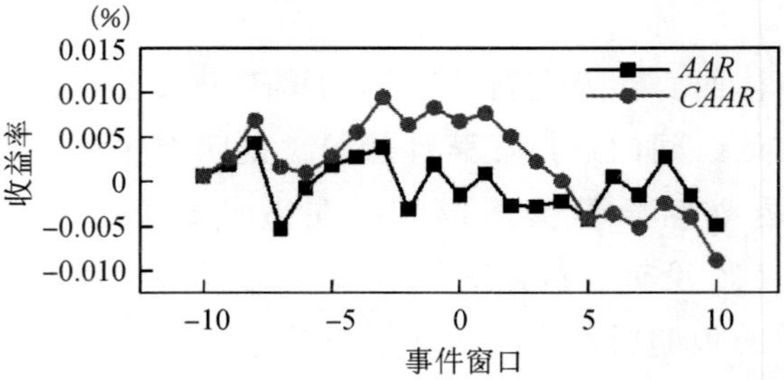

图 7 兵器行业类别军工上市公司的 *AAR* 和 *CAAR* 变化趋势图

表 5　　兵器行业类别军工上市公司的 *AAR* 和 *CAAR*　　单位:%

事件窗口	*AAR*	*CAAR*	*AAR_ T*	*CAAR_ T*
-10	0.0006276	0.0006276	0.343561	-0.8548068
-9	0.0019802	0.0026077	1.220979	0.2739512
-8	0.0042876 ***	0.0068953	2.588758	-1.395591
-7	-0.0052432 ***	0.0016521	-3.959129	-1.64519
-6	-0.000661	0.0009911	-0.3482979	-1.510596
-5	0.0018355	0.0028266	1.199463	0.0318211
-4	0.0027542	0.0055808	1.419931	-1.241158
-3	0.0038923 **	0.0094731	2.009966	-1.173506
-2	-0.0031175	0.0063556	-1.652982	-1.619884
-1	0.001928	0.0082835	1.18299	-0.6082542
0	-0.00153	0.0067536	-0.858114	-1.295233
1	0.0009104	0.007664	0.4803783	-0.3293663
2	-0.0026563 *	0.0050077	-1.709495	-0.551742
3	-0.0027715	0.0022362	-1.461571	-0.4612617
4	-0.0021765	0.0000596	-1.390311	-1.122234
5	-0.0042003	-0.0041406	-2.717718	-0.9448262
6	0.0005222	-0.0036185	0.2969468	-1.170344
7	-0.001538	-0.0051565	-0.9809458	-1.186146
8	0.0027368	-0.0024196 *	1.263562	-1.782835
9	-0.0015713	-0.0039909 *	-0.9483783	-1.75604
10	-0.0048442 ***	-0.0088351 *	-2.911803	-1.971017

注:* 表示在 10% 水平上显著,** 表示在 5% 水平上显著,*** 表示在 1% 水平上显著。

从表 5 中可以看出,整体而言在整个事件窗口内,*AAR* 基本在 0 左右,在事件日之前 *CAAR* 为正值,在事件日之后大多数时间为负值,且 *T* 值大多没有通过显著性检验,说明军民融合政策的颁布对兵器行业类别的军工上市公司没有产生显著影响。在事件日当天,*AAR* 为 -0.15%,*CAAR* 为 0.68%,*T* 值没有通过显著性检验,说明在事件日当天军民融合政策的颁布并没有对兵器行业类别的军工上市公司产生显著影响。特别值得注意的是在 -8 天、-3 天,*AAR* 为正值,*T* 值通过了显著性检验,说明在此时间内军民融合政策的颁布对兵器行业类别的军工上市公司产生了显著的正向影响。在 -7 天、5 天、10 天,*AAR* 为负值,*T* 值通过了显著性检验,说明在此时间内军民融合政策的颁布对兵器行业类别的军工上市公司产生了显著的负向影响。

3. 航天工业类别军工上市公司的实证结果分析。图 8 和表 6 是航天行业类别军

工上市公司的 *AAR* 和 *CAAR*，从图 8 可以看出，*AAR* 大多在 0 值以上，*CAAR* 为正值，呈现出不断上升的变化趋势。

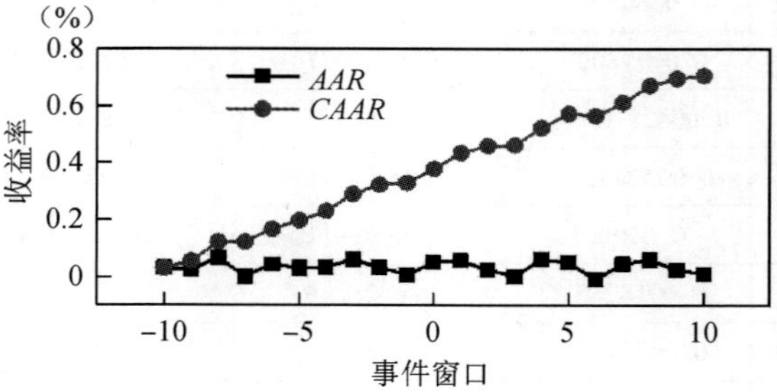

图 8 航天工业类别军工上市公刮的 *AAR* 和 *CAAR* 的变化趋势

表 6 航天工业类别军工上市公司的 *AAR* 和 *CAAR* 单位：%

事件日	*AAR*	*CAAR*	*AAR_ T*	*CAAR_ T*
-10	0.0306679	0.0306679	0.9520715	0.9033137
-9	0.0234998	0.0541677	1.005249	0.960066
-8	0.066424	0.1205918	1.052745	0.9579725
-7	0.0005314	0.1211231	0.1322034	0.7994293
-6	0.044415	0.1655382	0.9701656	0.9704388
-5	0.0302578	0.195796	1.176733	0.9665758
-4	0.0327037	0.2284997	0.9182758	0.9697414
-3	0.0602398	0.2887395	1.001111	0.9884052
-2	0.0325232	0.3212627	0.9438443	0.9776821
-1	0.0066625	0.3279251	1.066983	0.9297158
0	0.0498042	0.3777294	1.007033	0.7858306
1	0.0568911	0.4346204	1.029389	0.9851956
2	0.0244304	0.4590508	0.9365148	0.9463632
3	0.0028089	0.4618598	0.6194904	0.9792281
4	0.0606991	0.5225589	0.9436147	0.9802433
5	0.050444	0.5730029	0.8993993	0.9555616
6	-0.0077556*	0.5652474	-1.786823	0.9824239
7	0.0452198	0.6104671	0.9821795	0.9744887
8	0.0599407	0.6704078	1.039892	0.9890708
9	0.025308	0.6957158	0.9933315	0.9757311
10	0.0099269	0.7056428	0.7791557	0.8858547

注：* 表示在 10% 水平上显著。

从表6可以看出，整体而言在整个事件窗口内*AAR*和*CAAR*基本为正值，*T*值没有通过显著性检验，说明军民融合政策的颁布对航天行业的军工上市公司没有产生正向显著影响。在事件日当天，*AAR*和*CAAR*分别为4.98%和3.78%，*T*值没有通过显著性检验，说明在事件日当天军民融合政策的颁布对航天行业的军工上市公司没有产生显著影响。

4. 电子行业类别军工上市公司的实证结果分析。图9和表7是电子行业类别军工上市公司的*AAR*和*CAAR*。从图9可以看出，*AAR*围绕0值上下波动，*CAAR*大多在0值以上。

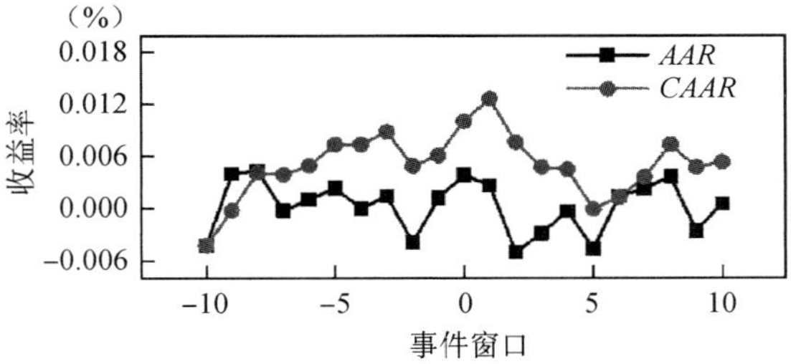

图9　电子行业类别军工上市公司的*AAR*和*CAAR*的变化趋势

表7　　电子行业类别军工上市公司的*AAR*和*CAAR*　　单位:%

事件窗口	*AAR*	*CAAR*	*AAR_ T*	*CAAR_ T*
-10	-0.004215 *	-0.004215	-1.692716	0.8062735
-9	0.0040191 *	-0.0001959	1.752298	0.8840847
-8	0.00433 *	0.0041341	1.69599	1.025436
-7	-0.0002259	0.0039082	-0.0895089	0.1619457
-6	0.001035	0.0049432	0.445857	0.3647517
-5	0.002369	0.0073122	1.082627	0.0332735
-4	0.0000334	0.0073455	0.0131994	0.6172538
-3	0.0014217	0.0087672	0.5903714	0.9897049
-2	-0.0038725	0.0048947	-1.536577	-0.043803
-1	0.001208	0.0061027	0.5664868	0.0486653
0	0.0038618 *	0.0099645	1.887903	0.1579225
1	0.002632	0.0125965	1.106259	1.015154
2	-0.0049834 **	0.007613	-2.014985	-0.5657993
3	-0.0028196	0.0047935	-1.278432	1.219144
4	-0.0003032	0.0044903	-0.1565761	-0.1428332
5	-0.0045675 ***	-0.0000771	-2.530666	0.0346414
6	0.001399	0.0013219	0.6623804	0.725517
7	0.0023124	0.0036343	1.196352	1.106015
8	0.0036802	0.0073145	1.334482	-0.4109781
9	-0.0025624	0.0047521	-1.253241	-0.7985066
10	0.000578	0.0053301	0.2637201	-0.4499521

注:* 表示在10%水平上显著,** 表示在5%水平上显著,*** 表示在1%水平上显著。

从表 7 可以看出，整体而言，在整个事件窗口内 *AAR* 和 *CAAR* 大多为正值，且 *T* 值大多没有通过显著性检验，说明军民融合政策的颁布对电子行业军工上市公司没有产生显著影响。特别值得注意的是在事件日之前的第 10 天和事件日后的第 2 天、第 5 天，*AAR* 为负值且 *T* 值没有通过显著性检验，说明在此时间内军民融合政策的颁布对电子行业类别的军工上市公司产生了负向显著影响。

5. 核行业类别军工上市公司的实证结果分析。图 10 和表 8 是核行业类别军工上市公司的 *AAR* 和 *CAAR*，从图 10 可以看出，核行业类别军工上市公司的 *AAR* 围绕 0 值上下波动，*CAAR* 呈现出不断下降的趋势。

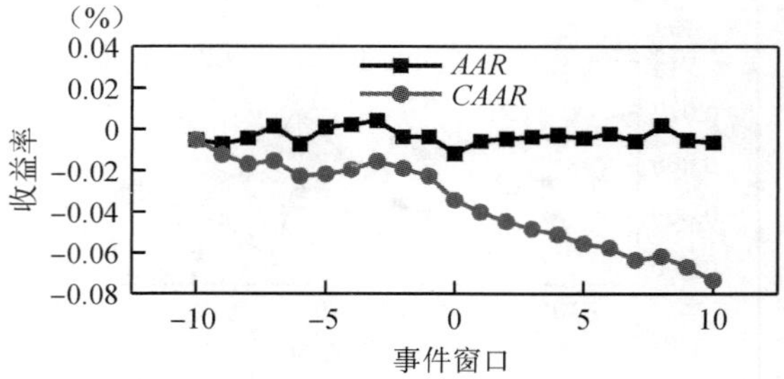

图 10　核行业类别军工上市公刮的 *AAR* 和 *CAAR* 变化趋势

表 8　　**核行业类别军工上市公司的 *AAR* 和 *CAAR***　　单位：%

事件窗口	*AAR*	*CAAR*	*AAR_ T*	*CAAR_ T*
-10	-0.0052617***	-0.0052617	-3.15563	-1.622827
-9	-0.0071671***	-0.0124289**	-2.646385	-2.325771
-8	-0.0044251	-0.016854	-1.619899	-1.427013
-7	0.0014552	-0.0153988*	0.651123	-1.945275
-6	-0.0072943***	-0.0226931**	-3.513506	-2.023312
-5	0.0009801	-0.021713	0.4585468	-1.606023
-4	0.0021654	-0.0195476**	0.5712385	-2.069592
-3	0.0041091	-0.0154384*	0.9040321	-1.965539
-2	-0.0035637	-0.0190022*	-1.18541	-1.896176
-1	-0.0036002	-0.0226024	-1.183612	-1.412316
0	-0.0117119***	-0.0343143**	-3.445784	-2.28909
1	-0.0057244*	-0.0400386	-1.993297	-1.322421
2	-0.0046509*	-0.0446895	-1.772279	-1.673252
3	-0.003612	-0.0483016*	-0.7327638	-1.839473
4	-0.0028142	-0.0511157*	-0.9998581	-1.787651
5	-0.0044287	-0.0555444*	-1.65352	-1.836565
6	-0.0021319	-0.0576763**	-0.8629733	-2.133962
7	-0.0059166***	-0.0635928**	-3.456295	-2.368053
8	0.0018342	-0.0617586	0.5912427	-1.427409
9	-0.0052784***	-0.067037*	-2.893906	-1.86275
10	-0.0064125***	-0.0734495*	-2.954798	-1.89989

注：* 表示在 10% 水平上显著，** 表示在 5% 水平上显著，*** 表示在 1% 水平上显著。

从表 8 可以看出，整体而言在整个事件窗口内 *AAR* 和 *CAAR* 为负值，*T* 值大多通过显著性检验，说明军民融合政策的颁布对核行业类别的军工上市公司产生了显著负向影响。在事件日之前，*CAAR* 大多为负值且大多数通过显著性检验，在事件日之后，*CAAR* 大多为负值且大多数时间内通过显著性检验，说明核工业类别军工上市公司在整个事件窗口内的负向的 *CAAR* 来自于事件日之前和事件日之后。

6. 船舶行业类别军工上市公司的实证结果分析。图 11 和表 9 是船舶行业军工上市公司的 *AAR* 和 *CAAR*，从图 11 可以看出，*AAR* 围绕 0 值上下波动，*CAAR* 为负值，大体呈现出不断的变化趋势。

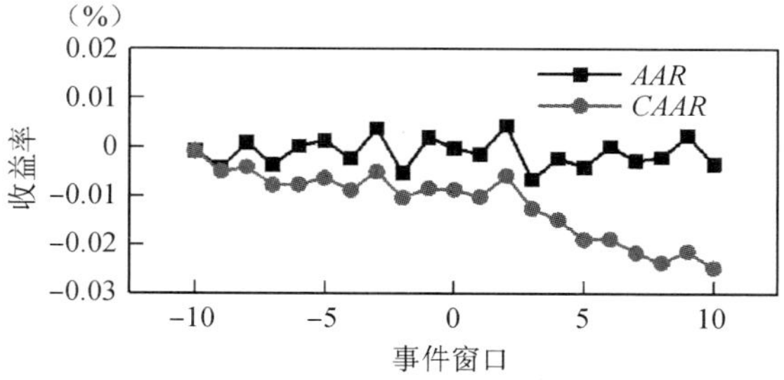

图 11　船舶行业类别军工上市公司的 *AAR* 和 *CAAR* 变化趋势

表 9　　船舶工业类别军工上市公司的 *AAR* 和 *CAAR*　　单位:%

事件窗口	*AAR*	*CAAR*	*AAR_ T*	*CAAR_ T*
-10	-0.0008696***	-0.0008696	-0.3878394	-2.776457
-9	-0.004173**	-0.0050426	-2.29039	-1.48815
-8	0.00094	-0.0041027**	0.4760915	-2.27842
-7	-0.0037164**	-0.0078191***	-2.048087	-3.189442
-6	0.0000893	-0.0077298***	0.0397896	-2.76459
-5	0.0013426	-0.0063872**	0.6093687	-2.483568
-4	-0.0024486	-0.0088358**	-1.533238	-2.454323
-3	0.0037625*	-0.0050733*	1.818061	-1.867363
-2	-0.0053315***	-0.0104048***	-2.597923	-2.618161
-1	0.0019282	-0.0084765***	0.9501717	-2.815196
0	-0.0002715	-0.0087481*	-0.1489169	-1.689269
1	-0.0014934	-0.0102415*	-0.8308741	-1.71704
2	0.0043715*	-0.00587**	1.780701	-2.042302
3	-0.0067211***	-0.0125911**	-2.643542	-2.043467
4	-0.0022373	-0.0148284**	-1.015787	-2.181254
5	-0.0040705*	-0.0188989***	-1.854523	-3.092235
6	0.0001254	-0.0187735***	0.0609077	-2.876446
7	-0.0027866	-0.02156***	-1.316692	-2.797958
8	-0.0020514	-0.0236114*	-1.010322	-1.955882
9	0.0023107	-0.0213007*	1.114341	-1.810084
10	-0.0033856	-0.0246863***	-1.532849	-2.856522

注：* 表示在 10% 水平上显著，** 表示在 5% 水平上显著，*** 表示在 1% 水平上显著。

从表9可以看出，整体而言在整个事件窗口内 *AAR* 和 *CAAR* 为负值，*T* 值通过了显著性检验，说明军民融合政策的颁布对船舶行业军工上市公司产生了显著的负向影响。

六、结 语

为了评估军民融合政策颁布后的政策效应，本文创新性地把宏观层面的军民融合政策同微观层面的军工上市公司建立联系，并基于事件分析法，研究了2013年以来政府相关部门颁布的国家层面的军民融合政策对十一大军工集团旗下的86家军工上市公司短期股价的影响，通过实证检验，可以发现以下结论：

第一，军民融合政策的颁布并没有对86家军工上市公司的短期股价产生显著影响。出现这种结果的原因：一方面，可能是由于军民融合政策从制定、执行、产生作用经历了一个漫长的过程，在这漫长的过程中不乏会受到其他一些无法预期和捕捉到的干扰因素的干扰，使得结果出现了一定程度上的偏差；另一方面，可能是由于民口企业参与军工科研生产的过程中增加了军工市场的竞争性，给军工企业带来了“挤出效应”，从而摊薄了军工领域利润。

第二，为了进一步深化分析，把86家军工上市公司分成了航空、兵器、航天、电子、核、船舶六个行业类别，发现军民融合政策的颁布对不同行业类别的军工上市公司的短期股价的影响存在行业异质性的显著差异，其中对航空、核工和船舶行业类别军工上市公司的短期股价产生了显著负向影响，而对其他行业类别的军工上市公司的短期股价没有带来显著影响。

参考文献：

［1］游光荣，闫宏，赵旭．军民融合发展政策制度体系建设：现状、问题及对策［J］．中国科技论坛，2017（1）：150－156.

［2］闫宏，顾桐菲，付勇，等．军民融合政策体系建设研究［J］．军事运筹与系统工程，2019，33（1）：63－68.

［3］徐辉．我国军民融合政策法规现状及对策研究［J］．军民两用技术与产品，2015（11）：8－10.

［4］陈华雄，黄灿宏，赵理，等．科技军民融合政策制度［J］．国防科技，2018，39（5）：62－69.

［5］安孟长，徐曼．我国军民融合发展的政策研究［J］．军民两用技术与产品，2014（18）：8－10.

[6] 唐兴霖，王双喜．军民融合政策工具应用分析［J］．经济社会体制比较，2018（3）：166－172.

[7] 成卓．我国军民一体化创新体系概念、演进和举措研究——基于政策文本的量化分析［J］．军民两用技术与产品，2019（6）：30－34.

[8] 王路昊，胡凌嘉．美国军民融合战略的政策变迁：基于政策文本的分析［J］．电子科技大学学报，2019，21（1）：30－36，75.

[9] 王进富，杨青云，张颖颖．基于 PMC－AE 指数模型的军民融合政策量化评价［J］．情报杂志，2019，38（4）：66－73.

[10] 央视网．习近平六年两会上的强军金句：扎实推进军民融合深度发［EB/OL］．（2018－03－13）［2020－02－01］．http：//cpc. people. com. cn/xuexi/n1/2018/0313/c385474－29863890. html.

[11] PETERSON P. P. Event studies：A review of issues and methodology［J］．*Quarterly Journal of Business and Economics*，1989（1）：36－66.

原载《北京航空航天大学学报（社会科学版）》2021年第2期。

陕西省军民两用科技成果转化的 SWOT 分析

侯 娜 车丽娟*

摘 要：军民两用科技成果的转化可以促进社会资源的再分配，实现军用资源与民用资源开放共享，提高整个社会的资源利用效率，促进国防科技工业进一步发展，是国防建设和经济建设协调统一的良好举措。陕西省作为军工科技资源大省，在军民两用科技成果转化中已经取得了卓越成就，但依然存在市场潜力未被完全激发、转化效率低下和资源利用效率不高等问题。本文通过 SWOT 分析方法从科研院所、军工企业、民营企业、市场环境和政策指引等多个主体和维度出发，分析了陕西省在科技成果转化过程中的优劣势、拥有的机遇以及面临的挑战，在此基础上提出了符合陕西军民两用科技成果转化的一系列策略建议。

关键词：军民两用 科技成果转化 SWOT 分析

中图分类号：F063.3 **文献标识码：**A

引 言

科技创新一直以来都是提高社会生产力、促进社会进步和提升国家综合国力的后盾力量。在当今世界的发展趋势下，军用技术和民用技术不管是在相通性还是相关性方面都表现出较强的替代特征，加上国家致力于打造世界一流军队的目标要求，军队进一步发展所依靠的技术支持、后勤支持以及装备供应将越来越多地需要一些社会力量加以帮助。

* **作者简介：**侯娜，女，博士，中央财经大学国防经济与管理研究院副教授，研究方向：国防经济；车丽娟，女，硕士研究生，研究方向：国防经济。

此外，军民两用科技成果的转化会促进资源的再配置，提高整个社会的资源利用效率，对国防建设和经济建设都将起到巨大作用。陕西省作为军工科技资源大省，对军民两用科技成果的转化有着义不容辞的担当和责任，从之前军民科技资源处于二元分离状态，到近年来军民两用科技资源处于良好的发展态势，陕西省已取得了丰硕成果，但仍然有很大的发展空间，挖掘其发展过程中的优劣势以及机遇挑战，对其进一步的发展具有一定的指导意义。

一、研究现状

陕西省作为军工大省，在国家航空、航天、核工业、电子、兵器和船舶等领域拥有丰厚的科研生产基地等资源，具有军民两用科技成果转化的天然优势，因此受到广大学者的关注。目前，军用技术的研发主要集中在军工企业和科研院所，其中很多技术都可以在民用部门得到很好的运用。以航天科技成果为例，其转化为民用后，将会带来大规模的经济效益，太空育种就是一个典型的例子，在带来巨大市场价值的同时，促进经济进一步发展[1]。当前一些民用技术的水平层次也已经赶超了军用技术，如果将其应用到军事部门，将会促进国防科技工业的进一步发展。但是张胜等[2]指出，陕西省军民两用科技成果转化方面的互动和共享依然不够，致使陕西省虽成为军工科技资源大省但经济发展依然较弱。汶向东[3]基于 SWOT 分析原理，分析了陕西民营科技企业进入国防科技领域的优劣势以及机遇和挑战，指出以军工经济带动地方经济的发展、促进军民两用科技成果转化是一项重要举措。王云等[4]指出，陕西省军民两用科技产业体系已较为完善，但转化过程仍受到传统思想观念和体制机制的束缚，建议从产业变革方面突破，加快组织创新。黄嵘认为陕西省应该实行军政产学研用共同发力，在大力发展军工优势的基础上，促进军民两用科技转化。可以看出，诸多文献分析中对陕西省军民两用科技成果转化的研究较为单一，有单方面分析转化障碍的，也有在此基础上提出一些客观建议的，但全面把握并系统分析转化过程中存在的优劣势以及面临的机遇挑战的文献较少。

二、SWOT 分析方法

SWOT 分析法即态势分析法，是将要研究对象所存在的优势（strength）、劣势

（weakness）、拥有的机遇（opportunity）以及面临的威胁挑战（threat）从内部和外部两个维度详细地进行研究梳理，从而全面把握研究对象可能的发展策略，为其发展更好地提供建议指导。

陕西省军民两用科技成果的转化既要善于利用军工科技资源丰富等内部优势以及“一带一路”建设和军队改革等带来的外部机遇，也要勇于突破内部机制体制以及转化观念方面的缺陷，增强研发产品竞争力，拓宽融资渠道，尽可能规避有可能产生的市场风险和金融风险等外部威胁。因此，陕西省军民两用科技成果的转化需要考虑到内部优劣势以及外部机遇和挑战涉及的方方面面，SWOT 分析方法是分析此种情境的较佳方法之一。张晓瑞[5]用 SWOT 方法分析过军民融合的发展现状及策略选择，武彦芳[6]也用 SWOT 方法探讨了职业教育方面的军民融合，并提出了一系列可观的建议。SWOT 分析方法能够将研究对象发展存在的优劣势以及机遇和挑战系统地呈现出来，从而对症下药，便于更好地分析问题并解决问题。

因此，本文选用 SWOT 分析方法详细梳理和分析了陕西省在军民两用科技成果转化方面所具有的优势和劣势、机遇以及面临的挑战，以期对其军民科技成果的转化提供可能的策略选择与指导，对别的区域军民两用科技成果转化提供一定的借鉴。

三、军民两用科技成果转化的 SWOT 分析

（一）优势因素（S）分析

1. 国防科技工业发展领先。国防科技工业作为国民经济中的战略性产业，不仅承担着维护国防安全的责任，还要兼顾国民经济的发展，有效发挥国防科学技术对经济的巨大带动作用[7]。陕西是我国军工科技资源大省，据陕西省统计局相关资料指出：“十二五”期间，陕西省国防科技工业取得 7000 多亿元的总收入，获得利润将近 400 亿元，较之前有很大的增长[8]。就航空领域来说，其高精尖技术设备和人才就占到了全国的四分之一，产业资源颇丰，对经济的贡献率非常大。仅 2017 年，航天产业就创造了高达 500 多亿元的总收入，带动了 3 万多人的就业[9]。基于这些优势，陕西省不断响应国家的号召，积极推进民营高科技企业参与军工企业研发生产的进程，促进科技成果的转化。

2. 民用科技工业发展迅速。目前，陕西省的民营高科技产业已成为该省军民两用科技成果转化过程中一股强有力的力量。据统计，约 75% 的技术创新来自于中

小企业，中小企业甚至开发了约80%的新产品[10]。一些民用先进技术已在军事生产中成功使用，成为提高军事生产力的重要力量来源。更为突出的是，民用技术中比较先进的制造技术、管理技术和研发设施等已经在军工研发生产方面形成了反哺效应，从事军品研发生产的民营企业正在稳步增多。

3. 军工领域产业集群特色明显。陕西的六大特色军工领域为航空、航天、核工业、电子、兵器和船舶领域，其发展都处于全国领先水平，并形成了多家大型产业基地，如西安国家民用航天产业基地、西安阎良国家航空高技术产业基地、西安兵器工业科技产业基地、西安船舶科技产业园、汉中航空产业园和渭南蒲城通用航空产业园等。一方面，基地和产业园区在发展过程中各有侧重，从之前在山区的分散发展到现如今的集约发展，拉近了陕西科研院所和高科技企业之间的距离，这对军民两用科技成果转化提供了距离和交流上的优势。另一方面，基地和产业园区的建设促进了军民科技资源的进一步整合，使其贯穿在整个产业链中，集群效应愈发明显，是军民科技成果转化的有效孵化器。据统计，截至2018年底，各大产业基地和园区一共吸收的企业规模为600多家，产值总规模高达2000亿元[11]，规模效应越来越明显。

4. 科研院所等基础资源丰富。陕西军民两用科技成果的转化有科研院所资源的鼎力支持，高科技人才聚集，产出大，研发能力强。作为我国重要的科技创新基地，陕西省在航空、航天、兵器、船舶以及核工业制造领域拥有大量的军工企业和科研院所以及国家级与省级的重点实验室和科研中心。据统计，陕西目前拥有各类科研机构1300多家，科技活动产出指数高达75%，综合科技实力位于全国前列[12]。由于科研院所是军民两用科技成果转化的主体之一，因此陕西在这方面具备了很大的优势。

（二）劣势因素（W）分析

1. 转化服务机构缺乏。根据陕西省军民融合科技创新资源共享服务平台的信息，目前陕西省存在以下转化服务机构，如西安恒安信电子信息技术有限公司、西安中智科技发展有限公司、西部金属材料股份有限公司、中航飞机起落架有限责任燎原分公司、西安市新城区军民融合创新发展中心、西安信安保密技术研究所等技术需求对接类服务机构；西安中科创新科技孵化器有限公司、西安市新城区军民融合创新发展中心等孵化器类服务机构和科技投融资类服务机构[13]。但是相对来说，孵化器类和科技投融资类军民两用技术服务机构较为缺乏，且这些机构都位于西安，不利于把握全省情况。陕西省目前正试图在一些积极热情、信誉良好且实力较强的科技服务机构中开展军民科技成果转化服务，这部分工作仍需进一步加强，以加强军民科技成果转化的辐射力度，促进全省军民科技成果转化。

2. 军民互动不足，信息不畅。陕西省军工企业与各科研院所、各军兵种、各武器装备需求系统之间的交流依然不到位，互相不了解各自的需求。由于保密等因素的限制，军民间信息交流平台释放的信息并不多，又由于军民互动不足、信息不畅，加上民营企业享受到的政策优惠往往赶不上军工企业，所以一些民参军主要还是依赖老用户和社会关系等获得需求信息，不利于持久发力。而军工企业也由于了解不到民营企业的需求，导致出现资源浪费、重复建设等现象。在这方面，“全军武器装备网”起到了很大的作用，但依然有限，一些需求信息无法及时了解，导致错过军民两用科技成果转化的机会。

3. 专业型转化人才缺乏。军民两用科技成果的转化是一项复杂的过程，不管是研发，还是将其产业化，任何一个环节都需要各方主体的有效合作，加上军用技术和民用技术本身存在差异，在衔接和协调方面都需要专业的人才加以指导。陕西省虽然有大量的高科技人才，但由于之前长期处于军民分离的状态，复合型高科技人才缺乏，难以挖掘成果转化机会。且由于科研院所的高科技人才更加注重研发创新、发表论文以及出版专著而不是注重成果的运用和市场的需求，所以转化的成本也很高，许多成果在获奖后即被搁置[14]。

（三）机遇因素（O）分析

1. 国家政策支持力度大。近年来，国家在军民两用科技成果的转化方面的政策支持力度进一步加大，从 2016 年《关于经济建设和国防建设融合发展的意见》到 2017 年《关于推动国防科技工业深度发展的意见》，军民两用科技成果的转化越来越受到国家的重视。陕西省作为军工大省，省内各部门包括省国防科工办、省财政厅、省人民代表大会常务委员会、省工业和信息化厅（以下简称工信厅）等均出台了一系列支持军民两用科技发展的政策，强有力的政策支持是军民两用科技成果转化的主要推动力，如表 1 所示。在这些政策支持的驱动下，陕西省技术合同交易额持续上升，从 2013 年的 500 多亿元增加到 2018 年的 1000 多亿元，增长率高达 100%[15]。

2. 军改红利。当今传统安全和非传统安全交织存在，为了顺应时代潮流，中国提出了军队改革，强调未来军事制高点的重要性，将中国人民解放军打造成世界一流军队。军队改革对武器装备的质量要求更高，需求也更多，其供应将会越来越依赖广大社会的力量，这就需要超前意识，选中突破口，提前进行战略布局，大力发展国防科技工业，重视和扶持重大技术研究和新概念研究。深化国防和军队改革的一个重要目标即为推动军民融合的进一步发展，这意味着在军队改革的推动下，越来越多的优势民营企业将会被引导进入军品科研生产领域，军用科技也会越来越多地进入民用，这对军民两用科技成果的转化无疑是一种机遇，尤其是陕西省这种

表 1 陕西省 2013—2019 年部分军民两用科技转化政策

时间	部门	政策名称
2014.9	省国防科工办、省财政厅	关于印发《2015 年度陕西省省级军转民专项扶持资金项目申报指南》的通知
2015.8	省国防科工办、省财政厅	关于印发《2016 年陕西省省级军转民专项扶持资金项目申报指南》的通知
2017.5	省工信厅、国防科工局	关于征集《民参军技术与产品推荐目录（2017 年度）》信息的通知
2017.12	省人民代表大会常务委员会	《陕西省促进科技成果转化条例》
2018.3	省国防科工办	《关于开展陕西省军民两用科技成果及相互转化状况调查研究的通知》
2018.7	省国防科工办	《关于印发〈陕西军工科研仪器设备设施开放共享实施细则（暂行）〉的通知》
2018.9	省财政厅	《陕西省省级军转民专项扶持资金管理办法》
2018.9	省国防科工办、省财政厅	《2019 年陕西省省级军转民专项扶持资金项目申报指南》
2018.11	省委办公厅、省政府办公厅	《陕西省军民融合深度发展三年行动计划（2018—2020 年）》
2019.3	省人民政府办公厅	《陕西省知识产权军民融合试点工作方案》
2019.4	省委军民融合办	《关于报送"民参军"企业相关信息的通知》

资料来源：根据陕西省国防科工局、陕西省人民政府、陕西省财政厅、陕西省工业和信息化厅以及陕西省委军民融合办等官网发布的关于陕西省军民科技成果转化的政策信息整理。

军工科技资源大省[16]。

3. "一带一路"优势。陕西省西安市是全国重要的交通枢纽之一，同时也处在"一带一路"建设的核心节点以及国家向西开发的重要区位上。在国家大力推进"一带一路"倡议的背景下，中国同东亚、中亚各国等区域国家的协同发展势必会给陕西省的市场带来很大的机遇。在基础设施、武器装备和高科技领域的贸易会进一步加深[17]，贸易的加深会吸引更大的市场需求，市场需求的增加则是加快军民两用科技成果转化有效的催化剂。在此契机下，中国在航天、通信和导航领域不断加深与大数据和物联网等技术的深度融合，以更好地惠及"一带一路"沿线地区。航天技术在加速发展的同时还为我国生物技术以及药品的研发提供技术上的支持，陕西省应抓住自己的优势顺流而上，加快军民两用科技成果转化。

（四）挑战因素（T）分析

1. 自主创新能力不足，转化产品竞争力弱。纵观陕西省国防科技领域整个产业系统，其中很大比例还处于技术的模仿生产阶段，一些核心技术对外依赖程度很大，这种局面的延续不利于长久的发展，且容易被其他能力相当的地域赶超，从而在国家资源的配置中处于下风，有可能会错过进一步发展的机会[18]。

由于军用生产和民用生产的生产过程和方式存在差异，军用技术转化为民用技术时生产出来的产品没有市场竞争力。一般情况下，军用生产都是按需生产、按指标生产，且更注重产品的可用性等性能指标，不考虑制造成本等问题；而民用生产一般都会严格控制生产成本，更加注重产品的外观设计以及用户体验等各种细节，这使得军品在市场价格方面没有优势，从而降低军转民的热情，阻碍军民两用科技成果转化。

2. 民企参与军品生产壁垒依然较大。民企若参与军品生产，均需要通过严格的资格审查，有的甚至在同时具备质量体系认证、保密协议认证、武器装备研制生产许可以及装备承制单位资格证之后才能进入生产，而取得这些证耗费时间较长，过程较为繁杂，在一定程度上限制了民营企业的积极性。虽然陕西省已经去除了一些民企参与军品生产的明显壁垒，但在真正进入的过程中，从严格的审批制度到获得订单的每个环节，一些隐形壁垒仍然很强大。例如因军品生产订单时间间隔比较长，对民用企业来说有可能存在投入设备和人才的闲置情况，从而提高进入成本，使得民企在科技成果转化过程中心有余而力不足[19]。

3. 金融支持体系尚不健全，金融风险可能发生。良好的金融支持可以为国民经济的发展提供新鲜血液，金融支持军民科技成果转化可以促进资源的优化配置，培育新的经济增长和技术创新点。一直以来，陕西省金融业务对其经济的支持都处于全国平均水平之下，且地方融资平台单一，以银行信贷为主，互联网金融才刚刚起步不久。这种单一的融资方式一方面很容易受到市场与宏观经济的影响；另一方面，银行对贷款企业的资产负债和风险进行集中管控，造成融资规模相当有限。这种融资体系的抗风险能力不强，有发生金融风险的可能性，而军民两用科技成果的转化不仅需要经济的支持，也需要金融的支持[20]，这也是陕西省军民两用科技成果转化面临的威胁之一。

四、基于SWOT分析的策略选择

新时代下，国家对军民两用科技成果转化提出了更高的要求，通过对陕西省军民两用科技成果转化的优劣势、机遇挑战的分析，综合各种因素，为促进军民两用科技成果转化提出一定的策略选择是一个值得各界探讨的问题。SWOT分析的策略选择具体包括SO策略（依附内部优势，充分利用外部机遇）、ST策略（依附内部优势，避免外部威胁)、WO策略（利用机遇，避开劣势）以及WT策略（弥补内部劣势，避开外部威胁)，具体分析如下。

（一）SO策略选择

发挥陕西省内产业集群效应以及时代带来的广阔市场空间，在现有基础上进一步加强军民两用基地和产业示范园区的建设，加强对周边地带的辐射，推动整个省域军民两用科技成果的转化，提高军民两用企业对经济的带动作用。在此基础上，积极推进高端武器装备等领域的颠覆性创新，在转化模式上进行创新，使其成为一种可以带动整个产业链发展又便于推广和复制的新模式。

成果转化的要求是量质齐升，陕西的大量高校和科研院所资源应该得到有效利用，目前建立的一院一所发展模式已取得成效，后续还应在发展中进一步创新，发挥科研院所在转化过程中的先锋作用，提高资源利用率，增大产出成果。

“一带一路”倡议为我国国防科技的发展提供了新的机遇，各国可以通过多边合作进一步提高科技创新能力和军民成果转化能力[21]。陕西省应借助“一带一路”倡议打开国际市场，充分借鉴国外军民两用科技成果转化模式及成功案例，在此基础上，制定适合省内的科技成果转化政策，《陕西促进科技成果转化条例》已是一个很好的指引，但各企业、科研院所等各转化主体之间的职能分配需进一步明确，以降低转化成本，提高转化效率。

（二）ST策略选择

依附众多特色高校和科研院所，在管理机制方面建立良好的激励机制，增加对研发的投入，提高转化产品的市场竞争力。在核心技术方面尽可能减少对外界的依赖，以长远的眼光看待问题，鼓励在新概念和新技术方面的跨领域、跨行业合作，同时，注重内部团队之间的分工协作，提高科技成果转化效率。利用陕西省丰富的基础资源，发展多渠道融资，降低由于融资渠道单一而引发金融风险的可能性。陕西省互联网金融的潜力还需进一步挖掘，从而源源不断地为军民两用科技成果转化提供资金支持。

（三）WO策略选择

陕西省应抓住国家重点支持军民两用科技成果转化的这一大好政策，顺应时代潮流，增加转化服务机构的投入，抓住机遇努力促进军民两用科技成果转化，并在此基础上制定省内适合自身发展的政策，为企业和科研院所提供更好的指引。抓住军队改革和“一带一路”倡议开拓的更广泛的市场需求，降低民参军的隐形门槛，吸引更多优质民营企业参与到军品生产中，借助广大社会的力量为建设世界一流军队出一份力。转化信息的披露是提高军民科技成果转化效率的有效途径，这就需要第三方服务机构发挥重要作用，设立各企事业单位、科研院所与各军种以及武器需求系统的有效对接，及时公布各方需求。为调动军民科技成果转化的积极性，对一些符合标准的高科技企业要加大激励力度，无论是股权激励，抑或是现金分红[21]。

（四）WT 策略选择

积极举办各企业与科研院所之间的交流会议，提高双方的信息流通程度以及互动频率，降低双方固有的思维偏差，主动了解对方的需求并积极参与，提高双方在高科技领域的合作和转化力度。对于专业转化人才的缺乏，加大培育培训是必要之举。2016 年，陕西省为促进军民两用科技成果转化，建立了军民人才双向流动的“人才池”[22]。同时，对科技成果转化服务机构的要求也应有所提升，这主要体现在机构中的服务人员应该是精通经济、法律以及技术的复合型人才，这样才能在转化过程中提供专业的服务。此外，通过一些激励措施，使复合型转化人才在科技创新活动中实现“名利双收”，从而引导其以推动科技成果转化为道路方向[23]。

五、结语

军民两用科技成果的转化通过调节国家、军队以及科技研发人员之间的知识产权权益，优化资源配置，实现军用资源与民用资源开放共享，提高国家科研产出能力，促进转化成果的推广和在市场上的应用[24]，是国防建设和经济建设协调统一的良好举措。军民两用科技成果的转化可以在市场机制的推动下自发进行，政府的作用是提供有利于军民两用科技成果转化的条件。因此，军民两用产业发展大的思路即为企业作为主体，政府加以推动。陕西省应该在众多政策支持的大好背景下，抓好机遇，充分发挥自身在军民两用科技成果转化方面的特色优势，以及军队改革和“一带一路”建设带来的广阔市场空间，取长补短，发挥企业、政府以及科研院所的潜力，努力促进军民两用科技成果转化。

参考文献：

［1］李淑惠．军民两用科研项目产业化问题研究——以陕西为例［J］．西安财经学院学报，2007（6）：65－69.

［2］张胜，黄欢，郭英远，朱茜．陕西省军民科技资源开放共享的实现路径研究［J］．情报杂志，2017，36（9）：171－177，118.

［3］汶向东．陕西民营科技企业进入国防科技工业策略研究［J］．陕西行政学院学报，2019，33（3）：116－122.

［4］王云，刘敏，洪玉宇．陕西省军民两用高技术产业变革路径研究［J］．中国军转民，2019（8）：56－59.

［5］张晓瑞．基于SWOT分析的陕西军民融合发展现状及应对策略［J］．价值工程，2013，32（6）：285－287.

［6］武彦芳，费月英．基于SWOT分析的职业教育军民融合深度发展探讨［J］．科技视界，2018（20）：99－102.

［7］王海涛，王思培，施颖杰．促进军民科技成果双向转化研究［J］．专利代理，2018（3）：104－109.

［8］陕西省统计局．工业发展大跨越结构优化谱新篇［EB/OL］．（2019－08－15）［2020－02－07］．http：//tjj. shaanxi. gov. cn/126/111/19951. html.

［9］技术转移网．西安航天产业发展现状与存在问题［EB/OL］．（2019－09－30）［2020－02－07］．https：//www. 51jishuzhuanyi. com/2645. html.

［10］黄嵘．西安军民融合深度发展的路径思考［J］．陕西行政学院学报，2019，33（02）：27－31.

［11］中国政府网．我省科技军民融合取得显著成效国防专利累计保有量位列全国第二［EB/OL］．（2018－12－10）［2020－02－07］．http：//www. shaanxi. gov. cn/sxxw/sxyw/129020. htm.

［12］中国发布网．陕西现有各类科研机构1340家综合科创水平位居全国第9［EB/OL］．（2020－01－09）［2020－02－07］．http：//www. chinafabu. com/a/xahuanbaofangchan/20200109/64141. html.

［13］陕西军民融合科技创新资源共享服务平台．军民融合技术服务机构［EB/OL］．［2020－02－07］．http：//113. 201. 62. 250：18080/.

［14］王红，韩俊士．科研院所科技成果转化问题与建议分析——以陕西省为例［J］．西部财会，2018（11）：77－79.

［15］陕西传媒网．十大亮点回眸2018年陕西科技发展［EB/OL］．（2019－01－10）［2020－02－07］．https：//baijiahao. baidu. com/s? id＝1622238935903087683&wfr＝spider&for＝pc.

［16］白建亮．军改背景下现代军工企业市场需求管理模式的探讨［J］．现代国企研究，2016（16）：40.

［17］杨莹．“一带一路”战略下陕西的经济优势产业内容［J］．中国市场，2015（34）：26－28.

［18］杨海燕，张薇，孙超，等．基于科技计划项目的陕西省科技资源配置研究［J］．中国科技资源导刊，2019（4）：50－58.

［19］黄费连，王文华．以供给侧结构性改革推动陕西国防科技工业转型升级［J］．资本论研究，2017（4）：27－28.

［20］何宏庆．欠发达地区科技成果转化的金融支持研究——以陕西省为例［J］．渭南师范学院学报，2019，34（6）：58－64.

［21］赵云．基于“一带一路”的国防科技协同创新［J］．国防科技工业，2018（7）：23－26.

［22］吴永军．浅析军工科研院所在新常态下的科技成果转化［J］．中国新技术新产品，2016

(9)：163－164. 创新模式转变路径与政策体系研究［J］. 科技管理研究，2019（11）：43－49.

［24］董晓辉，齐铁，张伟超. 创新驱动发展下军民两用技术成果转化特点及模式研究［J］. 科技进步与对策，2015，32（21）：135－139.

原载《国防科技》2020 年第 2 期。

国 防 工 业

企业并购对军用技术创新的影响*

陈　波　刘珊君　王萍萍**

摘　要：近年来，美国与军用技术生产研发有关的企业并购越来越频繁，那么企业并购对其军用技术创新的影响到底如何？将知识基础观与国防工业的特点相结合，提出了国防企业的并购活动对其军用技术创新的可能影响机制。通过对美国11家大型国防企业的实证研究发现，技术并购活动对国防企业军用技术创新绩效会产生正向作用，但随着时间推移影响程度逐渐变小；非技术并购活动在短期内对其军用技术创新绩效没有显著影响，长期内具有负向影响；目标方的绝对知识规模和相对知识规模对其军用技术创新绩效分别具有非线性和负向影响。

关键词：技术并购　非技术并购　知识基础观　创新绩效　国防企业

中图分类号：F063.3　　**文献标识码：**A

一、引　言

技术创新不仅是人类社会发展进步的根本动力，也是推动战争形态不断演变的重要引擎，每一次科技革命必然带来战争形态和作战方式的深刻变革，抢占技术创新制高点便意味着掌握了战争的主动权。因此，在国防事务的不确定性和保持战略主动权的考量下，技术创新成为各国国防工业发展的核心问题[1]。军用技术具有经济和安全双重效益，一方面，军用技术具有向民用领域扩散、推动国民经济发展的

* **项目基金：**国家自然科学基金资助项目（71403308）；中央财经大学全球经济与可持续发展研究中心战略安全与国家动员能力建设专项（2018）。

** **作者简介：**陈波（1971—），男，宁夏彭阳人，教授，博士生导师，研究方向为军民融合、国防工业；刘珊君，中央财经大学国防经济与管理研究院硕士研究生；王萍萍，中央财经大学国防经济与管理研究院副教授。

潜力[2]188；另一方面，军用技术发展水平是决定一国装备水平和军事威慑力的重要因素，是解决安全挑战的根本性方法[3]。美国国防工业基础雄厚，技术和设备先进，是世界上最大的武器装备生产国[4]。二战后美国的快速崛起正是得益于国防工业的飞速发展。国防工业的飞速发展刺激并带动了以ICT技术为核心的第三次科技革命，奠定了美国在信息化战争和以信息技术引领的新一轮经济周期中的主导地位。因此，深入剖析美国国防工业创新能力的来源对于推动中国国防科技工业转型发展、实施军民融合发展战略具有重要的现实意义。

按照知识基础观的说法，企业创新能力的根本来源是知识。获取新知识一般有两种途径：一种是通过企业内部研发，随后将其运用到产品生产和市场创新中；另一种是将企业外部已经存在但尚未被该企业掌握的新知识通过某种途径转移到企业内部加以转化运用，其被称为外部导入知识[5]11。知识经济时代，技术复杂度不断提高，产品生命周期不断缩短，对于具有技术、知识密集特征的企业来说已经无法完全依靠内部研发活动来实现企业创新、保持企业的竞争力[6-7]，因此外部导入知识的重要性日益凸显。外部导入知识的方式多种多样，如技术购买、技术搜索和企业并购等。与购买和搜索知识相比，技术并购具有其独特优势。技术并购不仅可以获得显性知识，更重要的是能够获取根植于企业内部、无法通过编码进行转移的隐性知识[8]。而这些隐性知识往往比显性知识更为重要，是企业核心能力的关键组成部分[5]75。因而，并购成为许多高技术企业日常经营活动中常采用的知识获取手段，由此也引起了学者们的高度关注。

已有关于企业并购对创新绩效影响的研究非常丰富，但至今尚未达成较为一致的结论[9-10]。一些学者认为并购活动对企业创新绩效的提高没有或具有负向作用。例如，Ravenscraft 和 Scherer[11]通过对美国并购事件进行分析，得出并购负向作用于研发强度的结论。Danzon 等[12]选取 1988—2000 年间医药行业 383 个公司样本，并将样本中的公司区分为大公司和小公司，用研发投入来衡量创新绩效，发现并购发生后的三年时间里大公司研发投入没有出现明显的变化，小公司研发投入有所减少。Desyllas 和 Hughes[13]以高科技公司为样本，用研发强度和研发生产率衡量创新绩效，在滞后三年的观察期内发现并购对研发生产率的影响具有整体中性效应，并购对研发强度在并购后的第三年产生正向影响。还有一部分研究结果表明企业并购对创新绩效有促进作用。例如，Sevilir 和 Tian[14]认为创新是企业发起并购的重要动机，并以专利数衡量创新产出，发现并购与创新产出间存在正相关关系。周城雄等[15]以中国 34 个行业的 809 家上市公司为样本，以专利数衡量创新绩效，实证分析结果表明发生并购的公司在并购后的两年时间内，创新绩效要低于未参加并购的公司，但是三年后创新能力增长的速度要显著高于未参加并购的公司。

还有一些学者将并购活动划分为技术并购和非技术并购，并分析收购方和目标方的特征对并购后创新绩效的影响[16]。例如，Ahuja 和 Katila[17]、Cloodt 等[18]分别以不同行业中的企业为样本，实证分析了技术并购中目标方的绝对知识规模、相对知识规模以及技术相关性对并购方创新绩效的不同影响。温成玉和刘志新[19]以2001—2008 年间中国 111 家上市公司的 96 起技术并购事件为样本，以专利数衡量创新绩效进行实证分析，结果发现技术并购正向作用于企业的创新绩效。Bena 和 Li[20]利用 1984—2006 年间的专利数据集，发现并购企业与目标方间的技术重叠会对并购方并购后的创新产出产生正向影响。张铮和聂思[21]以 1999—2013 年中国制造业上市公司为样本，发现技术并购对并购企业创新绩效产生正向影响，目标方绝对知识规模对并购后创新绩效产生倒“U”型影响，并购方绝对知识规模对并购后创新绩效未产生显著影响。

综上所述，现有研究尚未就并购对企业创新绩效的影响达成一致的结论，不同研究因研究对象、样本观测时间以及回归模型选择的不同而结论各异。与此同时，现有研究多聚焦于化工、电子、通信、医药等领域，缺乏对军工领域的深入分析。行业间的异质性使得关注具体行业进行研究具有重要意义，不同行业中的企业在并购后的价值创造上存在系统性差异[22]，实证研究中对某一个行业成立的结论可能在另一个行业研究中并不适用。因此，本文以剖析美国国防工业创新能力来源这一现实问题为逻辑起点，在已有研究基础上，在有关企业并购动机的相关理论框架下探讨美国国防企业的并购活动对其军用技术创新绩效的影响。采用斯德哥尔摩国际和平研究所（SIPRI）提供的美国国防工业领域 11 家大型国防企业在 1996—2017 年间发起的 327 起并购事件为研究样本①，构建负二项回归进行实证检验研究。

二、理论与假说

知识基础观由资源基础观发展而来。资源基础观强调关注具有战略价值的资源与企业绩效间的相关性，认为企业保持竞争优势的核心是资源。在此基础上，知识基础观将公司具有战略价值的资源聚焦于知识。企业竞争优势产生于该企业具有的知识和发展能力的基础之上[23]。知识分为隐性知识和显性知识两种[24]。显性知识指能够通过书写、编码等方式被企业外部技术人员所理解和掌握的知识，这类知识易扩散、易模仿；隐性知识存在于公司内部经验的长期累积，嵌入在员工的沟通和相互关系以及公司文化与价值观之中[24]，具有情景特异性[25]和组织依赖性[26]，无

① 斯德哥尔摩国际和平研究所关于前 100 名国防工业的数据始于 2020 年，目前更新至 2016 年。

法轻易传递到企业外部，这也使得隐性知识成为企业核心能力的真正来源[8]。

当讨论技术并购时，显性知识可以表现为并购方能够通过技术并购直接获得的目标方某项特定的产品或与产品有关的技术[27]；隐性知识可以表现为目标企业拥有的技术能力。Schweizer[7]以医药行业为样本，发现企业在进行技术并购时既关注能够直接获得的技术，也关注能够服务于企业长期增长的隐性知识和创新策略。

通过获得目标方的显性知识与隐性知识，技术并购至少可以通过两条路径正向作用于国防企业的创新绩效。首先，投入决定产出。通过技术并购，并购企业可以获取目标方的知识，在避免企业依赖自身在长期发展中形成的知识存量与管理模式时产生的核心刚性[28]、路径依赖[29-30]和时间压缩不经济[31]的基础上增加并购企业的有效技术投入，扩大其技术产出，对创新绩效的提高产生正向作用。其次，军工产品中包含着跨学科跨领域的复杂知识，产品更新换代速度不断加快，军民融合背景下越来越多具有技术优势的民用企业开始进入国防领域参与竞争，这对国防企业的创新能力提出了更高的要求。通过技术并购，国防企业能够获得目标方的隐性知识，这些成熟的外部知识的获得可以迅速扩大国防企业的内部知识基础与知识存量，使其增强自身识别、吸收新知识的能力[18,32]，是国防企业提高创造力与保持竞争力的重要途径，有利于其创新绩效的提高。因此，本文提出假设：

假设 1：对于国防企业，技术并购会提高并购方的军用技术创新绩效。

与此同时，企业的并购活动往往受到其他动机驱使，而非仅仅为了获取目标方的知识[33-34]。市场竞争理论认为，受到获取超额利润的驱使，企业会进行并购活动来提高该企业对于产品和市场的支配地位[35]。冷战结束后，武器装备需求规模呈现趋小趋势[36]。在军事订单量不断减少和更严格的国防采办制度下，国防企业纷纷寻求进入民用市场，实现多元化经营。通过并购活动，国防企业能够更为直接地打开目标方所在的商业市场，避免对单一军事项目的依赖，实现多元化经营。由于此时并购的主要目的并非获取技术，能否提高创新绩效往往不是国防企业选择该战略的关注点。

“委托—代理”理论提倡经营权与管理权分离。由于存在信息不对称和利益冲突，代理人可能会以个人利益最大化作为投资决策的关注点。为了追求私利，巩固自身地位，管理者可能会选择并购策略[34]，这一理论是解释企业并购低效率的代表性理论[37]。并购可以加强企业的多元化经营程度，管理者通过寄希望于新业务上的尝试，降低了自身被取代的可能性[38]。这一动机使得管理者可能会从事不利于股东利益的并购活动，而这种不合理并购导致的资源配置扭曲、对管理者精力的占用会对创新投入产生负面影响，阻碍创新绩效的提高。自大假说认为并购方的管理者由于自身的过度自大，低估并购带来的成本增加，会导致并购对企业经营活动和价值的损害[39-40]，对企业创新绩效产生负向影响。已有实证研究也支持了“委托—代理”理论，管理者的过度自信与企业并购绩效间存在负相关关系[41-42]。

政府作为国防市场中最大的消费者和唯一监管者，对国防企业经营战略的选择具有重大影响。冷战结束后，美国开启了政府主导的国防工业调整重组过程，鼓励国防企业积极进行兼并重组。在这种情况下，为了巩固与政府和军方间的政治联系，维持军事订单量，国防企业有可能在低估并购带来的成本上升与管理困难情况下选择企业并购，导致对企业效益产生损害，对创新绩效产生负向影响。因此，本文提出假设：

假设 2：对于国防企业，非技术并购对并购方的军用技术创新绩效产生负向影响或无显著影响。

技术并购创新绩效会受到许多因素影响，其中一个重要方面是并购企业从目标方获取的技术知识规模[16]，企业的知识规模代表其技术发展水平和技术创新潜力。目前关于目标方的绝对知识规模与并购企业并购后创新绩效间的关系尚未得出一致结论[8,17-18]。Ahuja 和 Katila[17]认为在技术并购中，目标方知识要素的数量和性质会影响并购创新绩效。21 世纪的技术变迁对国防工业的发展产生了深刻影响。商业技术的先进性和广泛分布使得国防企业有必要探求民用技术和军民两用技术用于军工产品研发生产的可能性[2]77。通过技术并购，国防企业能够快速获取商业领域的先进技术与知识，发挥军民用知识资源整合带来的协同效应[43]。与此同时，目标方的知识规模越大，国防企业就能越大程度地减少内部研发上的重复投入，降低内部研发成本，提高创新绩效。因此，本文提出假设：

假设 3：对于国防企业，技术并购中目标方的绝对知识规模对并购方的军用技术创新绩效会产生正向影响。

从资源整合的角度看，并购企业需要在并购完成后进行耗时的整合活动[8]，资源整合能力对企业的并购绩效会产生很大影响[44]。技术并购会带来组织规则的破坏，尤其是与创新有关的技术部门的组织规则，组织规则能否快速重建，与之相关的隐性知识能否被快速吸收对于并购后企业创新绩效能否提高很重要[27,45-47]。与民用产品相比，军工产品技术复杂度更高，对产品性能的要求更严格，产品涉及的知识跨学科、跨领域特征鲜明，同时政治游说在国防企业的组织管理中至为关键，国防企业与民用企业间存在着天然的文化差异。当国防企业与目标方的知识规模相差较大时，国防企业需要花费更多成本用于交流沟通，融合双方的文化与管理范式，重建组织规则，这一过程不可避免地会分散国防企业的注意力，耗费大量资源，对并购企业的创新绩效产生负向影响[48]。与此同时，当国防企业与目标方的知识规模相差较大时，并购完成后目标方的技术人才将从“小池中的大鱼”变为“大池中的小鱼”，失去在原有公司中的核心地位，丧失进行创新活动的积极性，导致目标方知识人才的流失[49]，破坏国防企业在并购完成后对目标方隐性知识的转移与整合，阻碍其创新绩效的提高[50-51]。因此，本文提出假设：

假设 4：对于国防企业，技术并购中目标方的相对知识规模对并购方的军用技术创新绩效会产生负向影响。

三、样本与方法

（一）数据来源

本文以美国国防工业领域 11 家大型国防企业 1996—2017 年间的非平衡面板数据集为样本。美国拥有全世界最发达的国防工业基础，其国防支出长期位居世界首位。以 2016 年为例，该年 SIPRI 公布的全球前 100 名国防企业（不含中国）中，美国企业为 44 家，占比高达 44%；同期企业数排名第二的俄罗斯仅有 13 家，约为美国上榜企业数的 30%。样本企业的选取依据 SIPRI 数据库公布的前 100 名。SIPRI 是一个针对与国际和平与安全问题有关的武器贸易、国防工业和裁军等问题进行研究的独立的国际性研究机构，其公布的数据是国际上研究国防经济相关问题比较权威的数据来源。在研究企业并购相关问题时，关注大型企业可以保证研究数据的可靠性，同时小型企业的数据难以获得，这与之前学者的研究相一致[17,52]。同时 Steinbock[53]指出，在美国国防市场中，大型企业居于主导地位。本文筛选 2002—2016 年①重复出现在前 100 名的美国国防企业，将同时上市的母子企业合并，鉴于多项指标综合下数据可获得性最终选取了 11 家大型国防企业，包括阿连特技术系统公司、波音公司、霍尼韦尔国际公司、洛克希德·马丁公司、穆格公司、诺斯洛普·格鲁门公司、雷神公司、罗克韦尔柯林斯国际公司、德事隆集团、通用动力公司和联合技术公司。2016 年入选 SIPRI 前 100 名的企业中，这 11 家样本企业的军品销售额占据美国当年入选前 100 名的 44 家企业军品销售总额的 68.52%，具有较高的代表性。虽然仅关注大型国防企业，但这 11 家企业间存在相当大的异质性。例如，年度专利申请数从 0—130 项不等；员工人数的最小值为 3229 人，最大值为 238000 人。同时，样本企业既包括积极进行收购的企业，同时包括并购行为并不活跃的企业，增强了下文实证分析结果的可信性，能够有效消除一种论点，即并购方创新绩效的改善并非是由于并购带来，而是由于整个行业的环境改善所驱使[54]。有关企业并购的数据来自全球上市公司分析库（Osiris 数据库）和全球并购交易分

---

① 斯德哥尔摩国际和平研究所关于全球前 100 名国防企业的数据始于 2020 年，目前更新至 2016 年。

析库（Zephyr 数据库）。创新相关的数据来自润桐专利数据库（Rainpat）。同时为了体现国防工业领域的典型特征，本文通过选取特定 IPC 代码将创新聚焦于军用技术创新。通过对研究期间样本公司的专利数据和企业并购数据手动收集整理，共整理出 327 起企业并购事件和 2092 项军事专利申请。控制变量中包含的企业财务数据来源于 Compustat 全球数据库。

（二）指标与变量选取

1. 被解释变量。在企业创新绩效的实证研究中创新绩效的测量指标有很多，包括与专利相关的指标，如专利数与销售额的比值[52]、发明专利数[21,55]、专利申请数[17,56-58]；与新产品有关的指标，如公司新产品产值占总销售额的比值[58]、新产品数量[59]等。专利申请数量体现了企业的技术创新能力[60]，专利自身所具有的排他性能够使申请人在一段时期内独享技术进步带来的好处。同时，专利申请数与新产品数等其他创新绩效的衡量指标间具有高度的相关性[17,61]，是许多高科技行业创新绩效的适宜衡量指标[61]。因此，本文用专利申请数衡量创新绩效，样本选取的 11 家大型国防企业在 1996—2017 年间共申请军事专利 2092 项，代表了军用技术领域的先进水平。

为了将关注点聚焦于军用技术创新绩效，本文选取国际专利代码分类（IPC）中对应军事部门的 F41（武器）和 F42（弹药、爆破），同时为全面考量军用专利，参考相关文献[62]，筛选出散见于其他技术中的与军事有关专利代码，包括 F41、F42、A45F 3/06、A63H 13/08、A62D 101/02、B63G、B64D 1/04、B64D 1/06、B64D 7/00、E04H 9/04 和 E06B 5/10。

2. 解释变量。本文采用企业并购事件发生次数来衡量企业并购这一指标。为了进一步区分出技术并购与非技术并购对企业创新的不同影响，首先应对技术并购进行精确定义。技术并购是指大企业主要出于获取技术能力的动机并购中小技术型企业的并购现象[5]8。本文借鉴 Ahuja 和 Katila[17] 的做法，认为当以下两个条件中至少一个发生时，一起并购事件可以被看作是技术并购：①在并购公告说明中明确提出并购的目的之一是技术获取；②目标方在被并购前 5 年内有过专利申请。当两个条件均不满足时视为非技术并购。由于企业并购对创新绩效的影响通常具有时滞性，为了更为准确地衡量二者间的关系，分别考察滞后一期至滞后四期时企业并购对创新绩效的各自阶段性影响，这也避免了对并购事件设置虚拟变量测量时由于不同样本企业给定年份收购次数不同带来的混淆问题。基于该定义，样本共包括 166 起技术并购事件，161 起非技术并购事件，共计 327 起并购事件。

目标方的绝对知识规模。对于样本期间每起技术并购活动，本文以特定并购活动中目标方前五年申请的专利数量总数来衡量目标方的绝对知识规模。为了在最大限度上衡量目标方的知识基础，同时由于目前大量技术创新都可军民两用，且本文所选取的国防军工企业在进行技术并购时并不仅仅聚焦于军工企业，因而在对目标方的绝对知识基础进行衡量时，不采用上文描述的军用 IPC 代码，包含目标方在被收购前五年申请的所有专利。

目标方的相对知识规模。本文用目标方的绝对知识规模与并购方的绝对知识规模的比值衡量目标方的相对知识规模。并购方的绝对知识规模计算方法与目标方绝对知识规模计算方法相同。从总体上看，并购方的专利申请数量总和高于目标方的专利申请数量总和，但本文在对数据进行搜集整理的过程中也发现特殊情况，即目标方被并购前五年的专利申请数量总和大于并购方的专利申请数量总和。本文借鉴 Cloodt 等[18]的做法，以较大数字作为分母，保证数值处于 0—1 之间。

3. 控制变量。为了保证实证结果的准确性与可靠性，本文选取企业规模、企业年龄和企业盈利能力三个指标作为模型的控制变量①。企业的创新绩效受到许多因素的影响。熊彼特和保罗·戴维斯都认为企业规模越大，技术创新效率越高。众多国内外学者对企业规模和创新间的关系进行研究得出企业规模和技术创新间具有正相关性的结论[63]。企业规模的衡量指标很多，如公司总资产、员工人数、营业收入等。本文用对数化的滞后一期总资产衡量企业规模，企业规模越大，会拥有更多的资金和技术基础，对其内部研发活动所带来的经营风险具有更高的承受能力，从而对企业创新绩效会带来正向影响。

公司成立时间指的是在样本期间公司成立的时间，以年度作为基本单位。企业成立时间对创新也具有影响。一般认为，一个企业随着成立时间的延长，企业内部会随之积累更多的知识和经验，会促进企业创新活动的进行[64]。经营状况良好的企业能够将更多的资金用于具有风险性的企业创新活动，因而也是影响创新绩效的重要因素。本文中的公司盈利能力以对数化的滞后一期净利润来衡量。对数据进行对数化处理可以缩小不同变量绝对数值间的差距，同时能有效消除异方差问题。另外，考虑到企业研发创新活动是一个长期过程，更多地受到之前年份经营状况影响，本文针对控制变量选取滞后一期的数据来衡量三个控制变量对国防企业创新绩效的影响。

（三）模型构建

本文采用面板数据集来验证前文提出的四个假说。被选中的部分国防企业在样本期间发起较为频繁的企业并购活动，如霍尼韦尔国际公司，1996—2017 年间共发起 33 起技术并购，28 起非技术并购；同时部分企业在样本期间并购并不活跃，如

① 由于数据分析表明国防企业研发支出与资产规模间存在高度相关性，本文仅将资产规模作为控制变量。

通用技术公司仅发起3起技术并购。本文构建的模型假定这些并购事件的发生会随着时间变化对并购企业的创新绩效产生不同影响，基于该假定，采用分布滞后模型分析国防企业并购行为发生后的一至四年内对其军用创新绩效的影响。更进一步地，文中区分技术并购与非技术并购事件以探讨两种不同特点的并购行为是否对军用技术创新绩效具有不同影响。

当被解释变量为离散的非负计数变量时，实证研究通常采用泊松回归或负二项回归。由于专利申请数为典型的计数变量，且只能取非负整数值，同时专利申请数的期望与方差相差较大，本文选用负二项回归对国防企业并购对其军用技术创新绩效的影响进行回归分析，而样本企业在任意给定年份的专利申请数服从泊松分布[17-18,65-66]，解释变量和控制变量共同决定了该泊松随机过程的平均值，具体的泊松回归模型为

$$pat_{it} = \exp(X_{it-1}\gamma + A_{it-1}\beta_1 + A_{it-2}\beta_2 + A_{it-3}\beta_3 + A_{it-4}\beta_4)$$

式中：pat_{it}为i企业在t年的军事专利申请数量，衡量企业的创新绩效；X_{it-1}为影响pat_{it}的控制变量的滞后一期；A_{it-1}、A_{it-2}、A_{it-3}、A_{it-4}为滞后一期至滞后四期的并购相关变量。

分布滞后模型在解释企业并购对创新绩效的影响时具有两点显著优势。首先，该模型包含了技术并购和非技术并购的多重滞后项作为额外的回归变量，由于企业创新是一个长期的过程，企业并购的影响可能在短期和长期中存在不同，通过这种方法，原则上可以衡量并购行为在并购后不同时期对并购企业的创新绩效的动态影响。例如，当一场并购行为发生的第一年并购方的创新绩效产生正向作用时，有可能在接下来的时间里作用方向发生逆转，产生负向作用。其次，通过将不同滞后期的影响系数求和，能够对企业并购对创新绩效的影响进行整体把握。

四、实证结果

此节将上文构建的泊松模型进行实证检验来分析影响国防企业军用技术创新绩效的各种因素所产生的不同影响。

（一）样本的描述性统计

表1和表2分别给出了研究的各个变量的描述性指标统计和相关系数矩阵。从表中可以看出，并购类型等大部分解释变量和控制变量与企业创新绩效间的理论预测方向基本符合预期，且变量间的相关系数较小。值得注意的是，目标方绝对知识

规模与创新绩效间存在负相关性，与前文假设3产生矛盾，需要进一步根据因变量的特点采用泊松模型下的负二项回归来验证相关假说。

表1　　变量间相关系数矩阵

变量	*pat*	*tma*	*ntma*	ln*age*	ln*ni*	ln*sc*	*abs*	*res*
pat	1.00							
tma	0.08	1.00						
ntma	-0.11	0.20	1.00					
ln*age*	0.07	0.10	0.05	1.00				
ln*ni*	-0.06	0.15	0.13	0.16	1.00			
ln*sc*	0.05	0.15	0.07	0.03	0.65	1.00		
abs	-0.02	0.29	0.10	0.05	0.16	0.13	1.00	
res	-0.07	0.48	0.19	0.05	0.02	0.02	-0.01	1.00

注：*pat* 为军事专刊申请数；*tma* 为技术并购次数；*ntma* 为非技术并购次数；ln*age* 为企业年龄；ln*ni* 为企业净利润；ln*sc* 为企业资产规模；*abs* 为目标方绝对知识规模；*res* 为目标方知识规模。

表2　　变量的描述性统计

变量	最小值	均值	最大值	标准差
pat	0	8.64	130	19.33
tma	0	0.69	6	1.12
ntma	0	0.67	5	0.96
abs	0	24.27	1296	119.2
res	0	0.09	1	0.22
ln*sc*	6.11	9.64	11.5	1.23
ln*ni*	5.47	7.86	9.18	0.51
ln*age*	0.69	4	4.77	0.84

（二）泊松模型估计

接下来通过使用负二项固定效应回归对样本数据集进行回归分析，表3列示了回归结果。模型1检验了控制变量对国防企业军用技术创新绩效的影响。结果表明，企业年龄对其创新绩效的影响在1%的显著性水平上为正，表明在国防工业领域，企业成立时间越长，越有利于其军用技术创新绩效的提高。值得注意的是，当考虑企业并购活动时，企业年龄这一变量变得不再显著，证明虽然在一定程度上企业成立时间会有利于创新能力的提高，但影响十分微弱，创新绩效的高低更依赖于其他影响因素。同样，资产规模也对军用技术创新绩效产生显著正向作用。企业盈利状况对国防企业军用技术创新绩效产生了显著负向作用，这体现了国防市场的特点，即军工产品研发并不以利润最大化为导向，军工产品的生产过程往往具有高成本低利润的特点。

表 3　　　　并购对创新影响的负二项回归结果负二项回归结果

变量	模型 1 pat	模型 2 pat	模型 3 pat	模型 4 pat	模型 5 pat
$\ln age_{t-1}$	0.3850*** (-3.67)	0.3786*** (-2.61)	0.1360 (-0.75)	0.1605 (-0.89)	0.1151 (0.70)
$\ln sc_{t-1}$	0.3190*** (-2.62)	0.2881* (-1.93)	0.4205*** (-3.1)	0.4132*** (-3.08)	0.4404*** (3.33)
$\ln ni_{t-1}$	-1.1315*** (-2.96)	-1.7686*** (-4.66)	-1.5470*** (-3.85)	-1.5106*** (-3.92)	-1.7989*** (-4.85)
tma_{t-1}		0.4035** (-2.5)	0.4324*** (-3.5)	0.4132*** (-3.43)	0.5246*** (4.14)
tma_{t-2}		0.1739 (-1.33)	0.2147** (-2.19)	0.3057** (-2.32)	0.4050*** (3.05)
tma_{t-3}		0.2211 (-1.46)	0.1819* (-1.68)	0.1380 (-1.03)	0.3516*** (2.59)
tma_{t-4}		0.0612 (-0.44)	0.0687 (-0.59)	0.1200 (-0.98)	0.2880** (2.29)
$ntma_{t-1}$			-0.1373 (-1.34)	-0.1397 (-1.24)	-0.0060 (-0.06)
$ntma_{t-2}$			-0.3558*** (-3.23)	-0.3366*** (-2.98)	-0.2836*** (-2.80)
$ntma_{t-3}$			-0.3912*** (-3.67)	-0.3778*** (-3.57)	-0.2758*** (-2.73)
$ntma_{t-4}$			-0.2525** (-2.29)	-0.2483** (-2.30)	-0.1658 (-1.46)
abs_{t-1}				-0.0008 (-0.75)	-0.0012 (-1.30)
abs_{t-2}				-0.0016** (-2.34)	-0.0023*** (-3.27)
abs_{t-3}				0.0004 (-0.58)	-0.0005 (-0.82)
abs_{t-4}				-0.0010 (-1.44)	-0.0018*** (-2.59)

续表

变量	模型 1 pat	模型 2 pat	模型 3 pat	模型 4 pat	模型 5 pat
res_{t-1}					-1.3058** (-2.45)
res_{t-2}					-1.6606*** (-3.65)
res_{t-3}					-1.2985** (-2.14)
res_{t-4}					-1.2074*** (-2.79)
常数项	6.3475*** (-2.63)	10.9281*** (-5)	9.5357*** (-4.08)	9.1931*** (-4.04)	11.1958*** (5.20)
样本数	228	198	198	198	198

注：***，**，*分别表示1%水平下显著，5%水平下显著，10%水平下显著。

为考虑国防企业并购类型对其军用技术创新绩效的影响，模型2和模型3在模型1的基础上依次将技术并购和非技术并购加入到回归方程中，模型2和模型3中的结果表明，国防企业发起技术并购对其军用技术创新绩效产生了显著的正向作用，且随着时间推移系数逐渐变小，显著性不断降低，表明对于国防企业，技术并购在短期内会对并购方军用技术创新绩效产生正向促进作用，但在长期影响程度逐渐变小。当考虑到技术知识规模对技术并购的调节作用时，如模型5所示，技术并购的各滞后期系数均显著为正，总影响系数为1.5692，支持了本文提出的假设1。关于国防企业的非技术并购行为，从模型3—模型5整体实证结果来看，短期内均未对并购方的军用技术创新绩效产生显著影响，但随着时间推移非技术并购对军用技术创新绩效产生显著负向作用，非技术并购的总影响系数为-0.7312，支持了本文提出的假设2。

模型4和模型5考虑了技术并购事件中作为并购方的国防企业与目标方技术知识特征对并购方军用技术创新绩效的影响。模型4主要关注目标方的绝对知识规模对并购企业军用技术创新绩效的影响。结果表明，目标方的绝对知识规模对国防企业军用技术创新绩效的影响在时间上具有非线性。由模型4可以看出，目标方的绝对知识规模仅在滞后2期时对军用技术创新绩效产生显著的负向作用，但影响系数较小，在其他滞后期中影响并不显著。该变量的总影响系数为-0.003，从系数上看影响相对较小，且没有证据表明该变量会对国防企业的军用技术创新绩效产生正向作用，同时推断该因素对军用技术创新绩效的整体作用不大，倾向于具有负向作用，这和Ahuja和Katila[17]、Cloodt等[18]学者的研究的结论具有相似性。模型5的实证结果表明，并购方与目标方的相对知识规模对国防企业的军用技术创新绩效在短期和长期中都会产生显著负向作用，总影响系数为 -5.4723，支持了本文中提出的假设4，表明并购方与目标方间的知识规模差距越大，并购方的知识整合难度越大，目标方的知识价值就越低，对创新绩效影响为负。

五、结论与启示

当具体到国防工业这一行业领域时，国防企业的并购行为能否对其军用技术创新绩效产生显著影响，本文将传统的企业并购理论与国防企业的特点相结合，通过对美国国防工业领域11家大型国防企业在1996—2017年间的数据进行实证分析，考察了企业并购对军用技术创新绩效的影响。研究表明：

第一，国防企业的技术并购活动对其军用技术创新绩效的影响为正。具体来说，国防企业的技术并购会对其军用技术创新活动产生显著的正向作用，且作用程度随时间推移不断变小。该研究结果证明国防企业依靠并购行为来实现军用技术创新的长远发展是困难的。由此可见，国防企业在选择发展战略时，可以将技术并购和内部研发、企业合作开发等活动有效结合，从多方面入手实现创新发展，提高创新绩效。

第二，国防企业的非技术并购活动对军用技术创新绩效没有或具有负向作用。具体来说，非技术并购活动在短期内对并购方的军用技术创新活动影响并不显著，但长期内会显著地负向作用于其军用技术创新。该研究结果表明国防企业在制定公司发展战略时，应当考虑到非技术并购活动在长期中可能带来的对企业研发创新能力的侵蚀，警惕非技术并购活动可能带来的过度多元化以及委托—代理产生的逆向选择与道德风险问题，合理制定并购战略。

第三，就国防企业的技术并购行为来看，目标方的绝对知识规模对其军用技术创新绩效的影响具有非线性，而目标方的相对知识规模会对国防企业的军用技术创新绩效产生显著负向影响。目标企业的知识规模越大，并购双方在知识规模上的差距越大，越不利于促进并购后国防企业的军用技术创新。由此得出启示，中国国防企业在发起以获取知识为目的的技术并购活动时，应当充分考虑目标企业的技术规模，挑选知识规模与之相近的民用企业，降低并购后对目标企业的整合吸收难度，最大化并购效益。

鉴于不同行业间存在着行业异质性问题，针对不同行业对企业并购与创新绩效间关系的研究仍具有重要意义，这有助于进一步区分不同行业并购影响的差异性。

本文仍存在许多不足之处。首先，企业创新绩效的衡量指标众多，本文仅采用专利申请数这一单一指标进行衡量。其次，国防企业可进一步细分到众多不同行业领域，如航空航天、船舶、国防电子等，未来可在细分领域就这一问题做进一步探讨。

参考文献：

[1] BELLAISR. Technology and the defense industry: Real threats, bad habits, or new (market) opportunities? [J]. *Journal of Innovation Economics*, 2013, 12 (2): 59.

[2] 甘斯勒.21世纪的国防工业 [M]. 黄朝峰，张允壮，译. 北京：国防工业出版社，2013.

[3] LESKE A. D. C. A review on defense innovation: From spin - off to spin - in [J]. *Brazilian Journal of Political Economy*, 2018, 38 (2): 377 - 391.

[4] 龚泽琪，徐茂林，王孝贵. 世界军事经济史 [M]. 北京：海潮出版社，2001：384.

[5] 刘开勇. 企业技术并购战略与管理 [M]. 北京：中国金融出版社，2004.

[6] 张清辉，刘雅琪. 企业协同创新风险问题研究：基于委托代理激励理论 [J]. 中国管理信息化，2016，19 (11)：93 - 94.

[7] SCHWEIZER L. Organizational integration of acquired biotechnolo - gy companies into pharmaceutical companies: The need for a hy - brid approach [J]. *The Academy of Management Journal*, 2005, 48 (6): 1051 - 1074.

[8] GRAEBNER M. E., EISENHARDT K. M., ROUNDY P. T. Success and failure in technology acquisitions: Lessons for buyers and sell - ers [J]. *Academy of Management Perspectives*, 2010, 24 (3): 73 - 92.

[9] NORBERT S. Review on the Literature of mergers on innovation [J]. *Social Science Electronic Publishing*, 2007 (4): 19 - 63.

[10] 陈珍珍，张铮. 对企业并购动机和企业盈利能力的创新性水平研究 [J]. 技术与创新管理，2018 (3)：106 - 110.

[11] RAVENSCRAFT D. J., SCHERER F. M. Life after takeover [J]. *The Journal of Industrial Economics*, 1987, 36 (2): 147.

[12] DANZON P. M., EPSTEIN A., NICHOLSON S. Mergers and acqui - sitions in the pharmaceutical and biotech industries [J]. *Managerial & Decision Economics*, 2007, 28 (4 - 5): 307 - 328.

[13] DESYLLAS P., HUGHES A. Do high technology acquirers become more innovative? [J]. *Research Policy*, 2010, 39 (8): 1105 - 1121.

[14] SEVILIR M., TIAN X. Acquiring innovation [EB/OL]. (2012 - 05 - 24) [2019 - 04 - 01]. http://ssrn.com/abstract1731722.

[15] 周城雄，赵兰香，李美桂. 中国企业创新与并购关系的实证分析——基于34个行业2436个上市公司的实证分析 [J]. 科学学研究，2016，34 (10)：1569 - 1575.

[16] 韩宝山. 技术并购与创新：文献综述及研究展望 [J]. 经济管理，2017 (9)：197 - 210.

[17] AHUJA G, KATILAR. Technological acquisitions and the innova - tion performance of acquiring

firms: A longitudinal study [J]. *Strategic Management Journal*, 2001, 22 (3): 197 - 220.

[18] CLOODT M., HAGEDOORN J., VAN KRANENBURG H. Mergers and acquisitions: Their effect on the innovative performance of companies in high - tech industries [J]. *Research Policy*, 2006, 35 (5): 642 - 654.

[19] 温成玉，刘志新．技术并购对高技术上市公司创新绩效的影响 [J]．科研管理，2011，32 (5): 1 - 7.

[20] BENA J., LI K. Corporate innovations and mergers and acquisi - tions: Corporateinnovations and mergers and acquisitions [J]. *The Journal of Finance*, 2014, 69 (5): 1923 - 1960.

[21] 张铮，聂思．中国制造业上市公司并购创新绩效研究 [J]．科研管理，2016，37 (4): 36 - 43.

[22] ZHU H., XIA J., MAKINO S. How do high - technology firms create value in international M&A? Integration, autonomy and cross - bor - der contingencies [J]. *Journal of World Business*, 2015, 50 (4): 718 - 728.

[23] BIERLY P., CHAKRABARTI A. Generic knowledge strategies in the U. S. pharmaceutical industry: Generic knowledge strategies [J]. *Strategic Management Journal*, 1996, 17 (S2): 123 - 135.

[24] NONAKA I., KONNO N. The concept of "Ba": Building a foun - dation for knowledge creation [J]. *California Management Review*, 1998, 40 (3): 40 - 54.

[25] CABRERA - SUÁREZ K., SAÁ - PÉREZ P., GARCÍA ALMEIDA D. The succession process from a resource - and knowledge - based view of the family firm [J]. *Family Business Review*, 2001, 14 (1): 37 - 46.

[26] 于培友，奚俊芳．企业技术并购后整合中的知识转移研究 [J]．科研管理，2006，27 (5): 39 - 44.

[27] RANFT A. L., LORD M. D. Acquiring new knowledge: The role of retaining human capital in acquisitions [J]. *The Journal of High Technology Management Research*, 2000, 11 (2): 295 - 319.

[28] LEONARD - BARTON D. Core capabilities and core rigidities: A paradox in managing new product development [J]. *Strategic Man - agement Journal*, 1992, 13 (S1): 111 - 125.

[29] BARNEY J. B., NELSON R. R., WINTER S. G. An evolutionary theory of economic change [J]. *Administrative Science Quarterly*, 1987, 32 (2): 315.

[30] KOGUT B., ZANDER U. Knowledge of the firm, combinative ca - pabilities, and the replication of technology [J]. *Organization Science*, 1992, 3 (3): 383 - 397.

[31] DIERICKX I., COOL K. Asset stock accumulation and sustain - ability of competitive advantage [J]. *Management Science*, 1989, 35 (12): 1504 - 1511.

[32] COHEN W. M., LEVINTHAL D. A. Innovation and learning: The two faces of R&D [J]. *The Economic Journal*, 1989, 99 (397): 569.

[33] 赵宸浩．并购对企业创新能力的影响研究 [D]．大连：大连理工大学，2009: 11.

[34] 李沐纯．并购对企业技术创新的影响 [D]．广州：华南理工大学，2010: 20.

[35] 余瑜，王建琼．中西方并购动因研究述评 [J]．西南交通大学学报（社会科学版），2015，16 (1): 107 - 111.

［36］杜人淮．国外国防工业军民融合发展国际化进程和举措（上）［J］．中国军转民，2016（10）：14－19.

［37］杨继平，吴妙，肖飞．企业并购动因与并购绩效的关系研究：一个文献综述［J］．经济研究导刊，2015（10）：73－75.

［38］SHLEIFER A.，VISHNYR W. Management entrenchment：The case of manager－specific investments［J］．*Journal of Financial Economics*，1989，25（1）：123－139.

［39］ROLLR. The hubris hypothesis of corporate takeovers［J］．*Jour－nal of Business*，1986，59（2）：197－216.

［40］MALMENDIER U.，TATE G. Who makes acquisitions？CEO over－confidence and the market 's reaction［J］．*Journal of Finance*，2005，60（6）：2661－2700.

［41］PORTER J.，SINGH H. What factors drive takeovers in Australia？［J］．*International Journal of Business and Economics*，2010，9（2）：87－103.

［42］谢玲红，刘善存，邱菀华．管理者过度自信对并购绩效的影响：基于群体决策视角的分析和实证［J］．数理统计与管理，2012，31（1）：122－133.

［43］HENDERSON R.，COCKBURN I. Scale，scope，and spillovers：The determinants of research productivity in drug discovery［J］．*Rand Journal of Economics*，1996，27（1）：32－59.

［44］GOMES E.，ANGWIN D. N.，WEBER Y.，et al. Critical success fac－tors through the mergers and acquisitions process：Revealing pre－and post－M&A connections for improved performance［J］．*Thun－derbird International Business Review*，2013，55（1）：13－35.

［45］COHEN W. M.，LEVINTHAL D. A. Absorptive capacity：A new perspective on learning and innovation［J］．*Administrative Science Quarterly*，1990，35：128－152.［46］NERKAR A，PARUCHURI S. Evolution of R&D capabilities：The role of knowledge networks within a firm［J］．*Management Science*，2005，51（5）：771－785.

［47］PURANAM P.，SINGH H.，ZOLLO M. Organizing for innovation：Managing the coordination－autonomy dilemma in technology acqui－sitions［J］．*Academy of Management Journal*，2006，49（2）：263－280.

［48］GRAEBNER M. E. Momentum and serendipity：How acquired leaders create value in the integration of technology firms［J］．*Strategic Management Journal*，2004（25）：751－777.

［49］KRISHNAN H. A.，MILLER A.，JUDGE W. Q. Diversification and top management team complementarity：Is performance improved by merging similar or dissimilar teams？［J］．*Strategic Management Journal*，1997，18（5）：361－374.

［50］SEARS J.，HOETKER G. Technological overlap，technological capabilities，and resource recombination in technological acquisitions：Technological overlap and resource combination in acquisi－tion［J］．*Strategic Management Journal*，2014，35（1）：48－67.

［51］REPPY J. Conceptualizing the role of defense industries in national systems of innovation［C］//The Place of the Defense Industry in National Systems of Innovation. Ithaca：Cornell University Peace Studies Program，2000：1－12.

［52］HITT M. A.，HOSKISSON R. E.，IRELAND R. D.，et al. Effects of acquisitions on R&D inputs and outputs [J]. *The Academy of Man - agement Journal*, 1991, 34 (3): 693 - 706.

[53] STEINBOCK D. The erosion of America's defense innovation [J]. *American Foreign Policy Interests*, 2014, 36 (6): 366 - 374.

[54] FOWLER K. L., SCHMIDT DR. Tender offers, acquisition and subsequent performance in manufacturing firms [J]. *Academy of Management Journal*, 1988, 31 (4): 962 - 974.

[55] 张洁. 企业研发投入、资源特征与创新绩效关系研究：组织"行为—特征"匹配视角[J]. 科技进步与对策, 2018 (2): 82 - 89.

[56] 刘洪伟, 冯淳. 基于知识基础观的技术并购模式与创新绩效关系实证研究 [J]. 科技进步与对策, 2015 (16): 69 - 75.

[57] 王宛秋, 马红君. 技术并购主体特征、研发投入与并购创新绩效 [J]. 科学学研究, 2016, 34 (8): 1203 - 1210.

[58] BROUWER E., KLEINKNECHT A. Innovative output, and a firm's propensity to patent: An exploration of CIS micro data [J]. *Research Policy*, 1999, 28 (6): 615 - 624.

[59] ARUNDEL A., KABLA I. What percentage of innovations are pa - tented? Empirical estimates for European firms [J]. *Research Policy*, 1998, 27 (2): 127 - 141.

[60] 吴素春. 创新型城市内部企业 RD 模式与创新绩效研究 [J]. 科研管理, 2014, 35 (1): 33 - 40.

[61] HAGEDOORN J., CLOODT M. Measuring innovative performance: Is there an advantage in using multiple indicators? [J]. *Research Policy*, 2003, 32 (8): 1365 - 1379.

[62] ACOSTA M., CORONADO D., MARÍNR, et al. Factors affecting the diffusion of patented military technology in the field of weapons and ammunition [J]. *Scientometrics*, 2013, 94 (1): 1 - 22.

[63] COHENW M., LEVINTBAL D. A. Absorptive capacity: A new per - spective on learning and innovation [J]. *Administrative Science Quarterly*, 1990, 35 (1): 128 - 152.

[64] 胡雪峰, 吴晓明. 并购、吸收能力与企业创新绩效：基于我国医药上市公司数据的实证分析 [J]. 江苏社会科学, 2015 (2): 25 - 32.

[65] SORENSEN J. B., STUART T. E. Aging, obsolescence and organi - zational innovation [J]. *Administrative Science Quarterly*, 2000, 45 (1): 81.

[66] 陈一凡. 基于技术并购的企业创新绩效研究 [D]. 南京：南京大学, 2018: 19.

原载《北京航空航天大学学报（社会科学版）》2020 年第 4 期。

政府补助有利于提升公司经营绩效吗？——基于A股军工上市公司面板数据的分析*

谭颖洁 侯 娜**

摘 要：本文选择沪深A股军工上市公司2008—2018年数据为样本，通过因子分析法构建公司综合绩效指标，运用固定效应模型、广义最小二乘法（FGLS）及面板校正标准误估计（PCSE）分析方法探究政府补助对公司经营绩效的影响。实证结果表明：政府补助与构建的综合绩效指标呈显著正相关关系，即政府补助能够有效提升军工行业上市公司绩效。政府应当灵活运用政府补助这一直接、有效的政策工具，激励行业内公司提升经营效率，帮助军工行业实现充分竞争、持续发展。

关键词：军工行业 政府补助 公司绩效

引 言

军工行业是关系国家安全及经济发展的战略性行业，近年来国家对军工行业进行了大规模改革，为推进军工行业发展投入较多资源。军工企业股份制改造、军工资产重组等改革措施在一定程度上提高了军工行业上市公司的经营效率；在十二届全国人大三次会议解放军代表团全体会议上习近平总书记将“军民融合”上升为国家战略，一大批具有技术、管理、竞争优势的民营企业进入军工领域，提升了军工

* 基金项目：北京高校高精尖学科“战略经济与军民融合”交叉学科（GJJ2019163），中央财经大学一流学科建设项目“战略经济对抗与经济战争模拟仿真演练中心”。

** **作者简介：**谭颖洁、侯娜，中央财经大学国防经济与管理研究院。

行业的竞争性，使军工行业上市公司的规模、盈利能力、经营效率以及竞争实力得以提升；《中华人民共和国国民经济和社会发展第十三个五年规划纲要》对战略性新兴产业发展规划中涉及多项军工领域，进一步帮助军工行业获取未来的竞争新优势。

与发达国家相比，我国军工企业还存在较大差距。一直以来，我国军工行业对政府补助的依赖性较大，据Wind统计，申银万国国防军工板块67家上市公司在2018年共获得28.92亿元政府补助，占净利润的25.88%，可见军工行业上市公司的盈利在很大程度上源于政府补助。

政府补助作为政府推进产业发展最重要的手段之一，近年来，政府为企业提供的补助资金规模不断扩大、种类不断增多，涉及的产业及范围也在扩大。但是政府补助资金的加入是否会削弱市场在资源配置中的作用？政府补助能否帮助企业提升经营绩效？为此，本文使用2008—2018年沪深A股军工行业上市公司面板数据作为样本，探究政府补助对其绩效的影响，为政府补助政策制定提供参考。

一、文献回顾及理论分析

（一）公司绩效的影响因素

Martins等[①]（2016）在研究无形资产对企业经营绩效的影响时选用关键指标总资产收益率、净资产收益率及资本回报率作为经营绩效评价指标来评价企业经营绩效的高低。Paleckova[②]（2016）在评价银行业绩效时使用总资产收益率、净资产收益率以及净利差作为评价指标研究了影响公司绩效的决定性因素，结果显示公司总体规模、资本规模、股权集中度以及公司所占的市场份额会对公司绩效产生显著正向影响。Hu & Izumida[③]（2008）运用面板数据进行格兰杰因果检验，分析了股权集中度与公司绩效的关系，构建了考虑投资和财务杠杆作用的联立方程，结果表明

① Martins M. M. Lopes I. T. Intellectual capital and profitability: a firm value approach in the European companies [J]. *Business: Theory and Practice*, 2016, 17 (3): 234 - 242.

② Iveta Paleckova Determinants of the Profitability in the Czech Banking Industry [J]. *Acta VSŠFS - ekonomické Studie a Analyzy*, 2016, 10 (2): 142 - 158.

③ Hu Y, Izumida S. Ownership concentration and corporate performance: A causal analysis with Japanese panel data [J]. *Corporate Governance: An International Review*, 2008, 16 (4): 342 - 358.

股权集中度会对公司绩效产生 U 型影响。Al et al. [①]（2010）通过实证研究发现股权集中度与公司绩效之间存在显著的正相关关系。Houqe[②]（2011）研究发现高管薪酬激励计划会对公司整体绩效产生积极影响。刘绍娓、万大艳[③]（2013）选取2003—2010 年沪深两市 296 家国有和 176 家非国有 A 股上市公司样本进行实证分析后发现高管薪酬水平与公司绩效呈显著正相关关系。周炯[④]（2012）选取我国 52 家军工上市公司 2008—2010 年面板数据研究了军工上市公司股权结构与经营绩效的关系，表明国有股所占比例、股权集中度会对军工上市公司经营绩效产生积极影响。

（二）政府补助对公司绩效的影响

当前学术界对政府补贴对上市公司绩效的影响并未得出一致结论。Czarnitzki et al. [⑤]（2009）认为政府补助对企业研发投入、新产品开发具有积极影响，这种积极影响主要是因为政府补助在很大程度上帮助企业突破资本约束，增加研发资金[⑥]。苏振东等[⑦]（2012）认为政府补助对研发投入的激励机制会通过提升产出弹性、技术效率等途径影响经营产出，从而提升企业的内在价值。张杰等[⑧]（2015）认为政府补贴可以解决市场失灵所引发的资源配置问题，也在信息不对称的市场传递了政府认可的信号，帮助企业获得更多的资源，对公司提升绩效具有积极影响。张帆和张友斗[⑨]（2018）选择竞争性领域行业上市公司为样本，运用固定效应、系统 GMM 分析方法识别了政府补助对企业经营绩效的影响作用，表明竞争性领域的政府补助

---

① Al Farooque O. , van Zijl T. , Dunstan K. , et al. Co – deterministic relationship between ownership concentration and corporate performance: Evidence from an emerging economy [J]. *Accounting Research Journal*, 2010, 23 (2): 172 – 189.

② Houqe N. Executive compensation and corporate performance: Evidence from an emerging market [J]. *Corporate Ownership and Control*, 2011, 8 (3): 505 – 510.

③ 刘绍娓、万大艳："高管薪酬与公司绩效：国有与非国有上市公司的实证比较研究"，《中国软科学》，2013 年第 2 期。

④ 周炯："军工上市公司股权结构与经营绩效关系的实证研究"，《华东经济管理》，2012 年第 1 期。

⑤ Czarnitzki D. , Glänzel W. , Hussinger K. Heterogeneity of patenting activity and its implications for scientific research [J]. *Research Policy*, 2009, 38 (1): 26 – 34.

⑥ Wang J. , Liu X. , Wang S. , et al. Short – term differences in drug prices after implementation of the national essential medicines system: A case study in rural Jiangxi Province, China [J]. *Indian journal of pharmacology*, 2015, 47 (5): 535.

⑦ 苏振东、金景仲、王小红："中国产业结构演进中存在'结构红利'吗——基于动态偏离份额分析法的实证研究"，《财经科学》，2012 年第 2 期。

⑧ 张杰、陈志远、杨连星、新夫："中国创新补贴政策的绩效评估：理论与证据"，《经济研究》，2015 年第 10 期。

⑨ 张帆、张友斗："竞争性领域财政补贴、税收优惠政策对企业经营绩效的影响"，《财贸研究》，2018 年第 3 期。

对上市公司总收入增长率和总资产净利润率均存在显著的正向影响。

毛其淋、许家云[①]（2015）则认为政府补贴会对企业创新投入产生挤出效应，现金补贴可能会导致企业的寻租行为。孔东民等[②]（2013）也认为应当减少政府补助额度，利用市场机制，按照优胜劣汰的规则优化资源配置。邵敏、包群[③]（2012）通过区分补贴水平研究了政府补贴对企业生产率的影响，发现地方政府给企业提供的补助款具有“保护弱者”的特点，尽管短期能够提升企业的偿债能力和盈利能力，长期却无法促进企业成长。宋丽颖、杨潭[④]（2016）使用新能源行业上市公司作为样本分析了政府补助的效果，结果表明政府补助并不能提升利润，甚至在长期还会对营业利润产生消极影响。罗航、刘江涛[⑤]（2019）选取我国军工上市企业2011—2017年面板数据，运用系统广义矩估计方法分析了财政补贴调节效应下研发投入对企业成长的激励作用，表明财政补贴调节效应下军工上市企业营业收入呈现负增长。张洪辉[⑥]（2014）研究发现政府补贴对企业绩效的影响在行业间存在明显差异，政府补助提高了纺织业、木材家具业、金属非金属制品业的盈利能力，但是会对农业、造纸印刷、交通运输等行业造成负面影响。

目前国内尚未有学者使用军工行业上市公司作为研究对象分析政府补助对公司绩效的影响，本文将聚焦军工行业，探究政府补助对公司绩效的影响。

二、模型选择、变量处理与数据说明

（一）变量处理及数据来源

本文根据申银万国行业分类选择我国沪深两市上市的国防军工上市企业作为研究对象，为保证数据的有效性和结论的准确性，剔除数据缺失较多的样本公司和ST上市公司，最后得到41家公司作为研究样本。

---

① 毛其淋、许家云：“政府补贴对企业新产品创新的影响——基于补贴强度‘适度区间’的视角”，《中国工业经济》，2015年第6期。

② 孔东民、刘莎莎、王亚男：“市场竞争、产权与政府补贴”，《经济研究》，2013年第2期。

③ 邵敏、包群：“政府补贴与企业生产率——基于我国工业企业的经验分析”，《中国工业经济》，2012年第2期。

④ 宋丽颖、杨潭：“财政补贴、行业集中度与高技术企业R&D投入的非线性关系实证研究”，《财政研究》，2016年第7期。

⑤ 罗航、刘江涛：“补贴介入下军工企业研发助力的‘迷失’——基于财政补贴调节效应的实证研究”，《科技进步与对策》，2019年第11期。

⑥ 张洪辉：“财政补贴的行业特征：来自上市公司的经验证据”，《中央财经大学学报》，2014年第10期。

（二）被解释变量

本文的研究目的为验证政府补助是否能够提升军工行业公司绩效，因此被解释变量应为公司绩效。使用单一变量无法全面反映公司在一定时期内的业绩，构建综合绩效指标能够更有效地衡量公司绩效。刘绍娓、万大艳（2013）认为公司绩效主要体现在公司盈利能力、股东获利能力及公司发展能力三个方面，本文在其基础上选取用于衡量公司绩效的指标（见表1），其中，总资产报酬率（ROA）为经营收益占总资产的百分比，反映公司资产利用的综合效果；净资产收益率为公司税后利润占净资产的百分比，反映股东权益的收益水平，即公司运用自由资本的效率；每股收益（EPS）为净利润与加权普通股股本的比率，反映每股所享有的净利润或承担的净亏损；总资产同比增长率、净资产同比增长率反映公司发展能力的高低。

表1 综合绩效指标

指标	指标名称	计算方式
X_1	总资产报酬率（ROA）	息税前利润×2/（期初总资产+期末总资产）×100%
X_2	净资产收益率（ROE）	归属母公司股东净利润/［（期初归属母公司股东的权益+期末归属母公司股东的权益）/2］×100%
X_3	每股收益（EPS）	归属于普通股股东的当期净利润/（∑（发行在外普通股股数×发行在外月份数）/12）
X_4	总资产同比增长率	（当年总资产－去年同期总资产）/去年总资产×100%
X_5	净资产同比增长率	（当年净资产－去年同期净资产）/去年净资产×100%

资料来源：Wind 指标说明，作者整理。

为验证以上5个综合绩效指标变量是否适用于因子分析，首先对变量数据进行KMO和Bartlett球形度检验（见表2）。KMO值为0.609，大于0.6；Bartlett球形度检验的近似卡方值为1433.698，显著性水平为0.000，表明以上5个综合绩效指标变量数据适合做因子分析。

表2 KMO和Bartlett球形度检验结果

取样足够度的 Kaiser－Meyer－Olkin 度量		0.609
Bartlett 球形度检验	近似卡方	1433.698
	自由度	10
	显著性	0.000

在验证适用性后，使用主成分分析法对数据进行因子分析，计算公因子方差贡献率及累计率（见表3）。通过特征值筛选，前2个特征值大于1的主成分能够解释

原始变量的84.024%，表明使用这2个变量代替其他因子进行后续分析具有有效性。

表3　　主成分列表

成分	初始特征值			提取载荷平方和			旋转载荷平方和		
	总计	方差百分比	累积%	总计	方差百分比	累积%	总计	方差百分比	累积%
1	2.512	50.236	50.236	2.512	50.236	50.236	2.293	45.862	45.862
2	1.689	33.789	84.024	1.689	33.789	84.024	1.908	38.162	84.024
3	0.513	10.254	94.279						
4	0.191	3.825	98.104						
5	0.095	1.896	100						

根据因子得分系数矩阵（见表4），可将前2个特征值大于1的主成分表示为5个绩效变量的线性组合：

$$F_1 = 0.395X_1 + 0.406X_2 + 0.353X_3 - 0.062X_4 - 0.029X_5$$

$$F_2 = -0.014X_1 - 0.041X_2 - 0.045X_3 + 0.523X_4 + 0.513X_5$$

使用提取的2个主成分的方差贡献率作为权重，最终构建公司绩效综合模型：

$$F = 0.45862F_1 + 0.38162F_2$$

表4　　成分得分系数矩阵

指标	成分	
	F_1	F_2
X_1	0.395	-0.014
X_2	0.406	-0.041
X_3	0.353	-0.045
X_4	-0.062	0.523
X_5	-0.029	0.513

（三）解释变量

根据唐书林等[①]（2016）的研究，本文使用政府补贴占营业收入的百分比作为解释变量，其中政府补贴的数据来源于企业财务报表附注的非经常性损益中列示的政府补助。

① 唐书林、肖振红、苑婧婷："上市公司自主创新的国家激励扭曲之困——是政府补贴还是税收递延？"，《科学学研究》，2016年第5期。

（四）其他控制变量

借鉴以往学者对企业经营绩效的研究，本文在研究政府补助对公司绩效的影响时，还控制了公司规模、生产效率、股权集中度、偿债能力等因素。公司规模（ln*asset*）的代理变量为总资产的自然对数，生产效率（*cosrev*）的代理变量为营业成本占营业收入的百分比，股权集中度（*top*10）的代理变量为前十大股东持股占比合计，高管激励（ln*execom*）的代理变量为管理层年度薪酬总额的自然对数，偿债能力（*quirat*）的代理变量为速动比率，运营能力（*asstur*）的代理变量为总资产周转率（见表5）。

表5　变量列表

变量	解释
公司综合绩效（*F*）	因子分析法计算而得
政府补贴（*fs*）	政府补贴/营业收入
公司规模（ln*asset*）	总资产的自然对数
生产效率（*cosrev*）	营业成本/营业收入
股权集中度（*top*10）	前十大股东持股占比
高管激励（ln*execom*）	管理层年度薪酬总额的自然对数
偿债能力（*quirat*）	速动比率
运营能力（*asstur*）	总资产周转率

（五）变量的描述性统计

对以上选取的变量进行描述性统计（见表6），被解释变量为使用因子分析法计算而得的综合绩效指标，解释变量为政府补贴占营业收入的百分比，以确定政府补贴对军工行业上市公司的影响。另外，通过总资产、营业成本占收入比、前十大股东持股、管理层年薪、速动比率、总资产周转率控制公司规模、生产效率、股权集中度、高管激励、偿债及营运能力对公司绩效的影响。

表6　描述性统计

F	0.000	5.238	-4.281	0.597	447
fs	0.013	0.370	0.000	0.030	451
ln*asset*	1.411	5.336	-2.102	1.322	451
cosrev	76.810	104.400	35.370	12.800	451
*top*10	56.890	87.780	21.700	14.370	432
ln*execom*	1.186	2.872	-2.098	0.704	432

续表

F	0.000	5.238	-4.281	0.597	447
quirat	1.778	19.510	0.179	1.989	451
asstur	0.579	1.863	0.008	0.286	451

（六）模型设定

为探究政府补助是否能够提升军工行业上市公司的经营绩效，运用2008—2018年沪深两市国防军工板块上市公司数据进行分析，研究政府补助对由总资产报酬率、净资产收益率、每股收益、总资产同比增长率以及净资产同比增长率构建的综合绩效指标（*F*）的影响，将上文提到的相关控制变量一并纳入，采用面板数据进行实证分析，构建模型如下：

$$F = \beta_0 + \beta_1 fs + \beta_2 \ln asset + \beta_3 cosrev + \beta_4 top10 + \beta_5 \ln execom + \beta_6 quirat + \beta_7 asstur + \varepsilon$$

其中，β_0 为常数，β_i（$i=1, 2, \cdots, 7$）表示各变量对因变量的影响程度，ε 为随机扰动项，*F* 为通过因子分析法构建的综合绩效指标，*fs* 为解释变量政府补贴，ln*asset* 为公司规模的代理变量总资产的自然对数，*cosrev* 为生产效率的代理变量，*top*10 为股权集中度的代理变量，ln*execom* 为高管激励的代理变量，*quirat* 为偿债能力的代理变量，*asstur* 为营运能力的代理变量。

三、实证结果分析与检验

（一）初步实证结果

为确定政府补助是否能够提升公司经营绩效，使用通过因子分析法计算而得的综合绩效指标作为被解释变量反映企业绩效，解释变量为政府补助占营业收入的比重。考虑异方差的存在，使用聚类稳健标准误的固定效应模型和随机效应模型进行回归（见表7）。

表7　　各模型回归结果

变量	(1)	(2)	(3)	(4)
F	固定效应模型	随机效应模型	FGLS	PCSE
fs	3.405***	2.874**	2.345***	2.710**
	-1.17	-1.16	-0.65	-1.24

续表

变量	(1)	(2)	(3)	(4)
ln*asset*	0.027	0.056 *	0.033 ***	0.054 **
	-0.05	-0.03	-0.01	-0.03
cosrev	-0.038 ***	-0.026 ***	-0.019 ***	-0.023 ***
	-0.01	0	0	0
*top*10	0.016 ***	0.012 ***	0.009 ***	0.010 ***
	0	0	0	0
ln*execom*	0.083	0.04	0.057 ***	0.041
	-0.07	-0.06	-0.02	-0.04
quirat	0.038 *	0.037 *	0.022 **	0.036 **
	-0.02	-0.02	-0.01	-0.01
asstur	1.312 ***	0.937 ***	0.748 ***	0.822 ***
	-0.2	-0.15	-0.05	-0.09
_*cons*	1.041 **	0.541	0.272 **	0.470 *
	-0.45	-0.35	-0.14	-0.26
N	430	430	430	430

注：括号内数值为标准差，*、** 和 *** 分别代表在 10%、5% 和 1% 水平下显著。

使用稳健的 Hausman 检验判断固定效应模型和随机效应模型的适用性，结果显示 p 值为 0.0008，故拒绝原假设，选择固定效应模型。从模型（1）的回归结果可知，政府补助 *fs* 的估计系数为正向显著，表明政府补助会提高企业综合绩效，政府补助占营业收入的比重增加 1%，可以使综合绩效指数提升 3.405，可见政府补助在提升军工行业上市公司绩效中起到了十分重要的作用，即政府补助的发放可以显著提升军工行业上市公司的绩效。

此外回归结果还显示，营业成本占营业收入的比重（*cosrev*）的回归系数负向显著，即营业成本占营业收入的比重越大，企业综合绩效越低，生产效率的提升对综合绩效具有显著的积极影响；前十大股东持股占比（*top*10）的回归系数正向显著，表明股权集中度的提升有利于军工行业上市公司提升公司绩效；偿债能力的代理变量速动比率（*quirat*）的系数正向显著，速动比率为公司可快速变现用于偿还债务的资产占流动负债的百分比，可以反映企业的偿债能力，速动比率的增大有利于军工行业上市公司绩效的提升；总资产周转率前的系数也为正向显著，表明企业营运效率的提升会对军工行业上市公司绩效产生显著积极影响，总资产周转率增加 1 将会使得综合绩效指数提升 1.312。

（二）FGLS及PCSE估计结果

由于面板数据存在复杂的误差结构，进一步使用可行的广义最小二乘法（FGLS）及面板校正标准误估计（PCSE）对前述模型进行修正。可行的最小二乘法（FGLS）将各截面个体的残差向量代入截面异方差的协方差矩阵并通过广义最小二乘得到参数估计值，可以有效解决面板数据存在的异方差、同期相关以及序列相关问题，提升估计结果的有效性和一致性。由于本文使用的面板数据中时间数T小于个体数N，可行的广义最小二乘法（FGLS）所估计参数的标准差并不能完全反映自身的变异情况，故继续采用面板校正标准误（PCSE）来处理复杂的面板误差结构，将残差代入对角矩阵修正其标准差，进一步提升回归估计的准确性。

表7中模型（3）与（4）展示了使用广义最小二乘法（FGLS）及面板校正标准误估计（PCSE）的回归估计结果，与固定效应模型相同，政府补贴（*fs*）的估计系数正向显著表明政府补贴与综合绩效指标呈显著正相关关系，证实了政府补贴能够有效提升军工行业上市公司的经营绩效。此外，其他控制变量的估计系数显示，公司规模、生产效率、高管激励、偿债能力、运营能力的提升将对军工行业上市公司经营绩效产生显著的积极影响。

由于广义最小二乘法（FGLS）及面板校正标准误估计（PCSE）采用了不同的方法对误差项的协方差矩阵进行处理，两种方法所得到的回归结果趋近一致，表明模型具有较好的稳健性。

四、结论与建议

本文选择沪深A股国防军工板块上市公司2008—2018年数据为样本，通过因子分析法构建上市公司综合绩效评价指标，运用固定效应模型、广义最小二乘法（FGLS）及面板校正标准误估计（PCSE）分析方法探析政府补助对军工行业上市公司经营绩效的影响。实证结果显示政府补助与公司综合绩效指标呈显著正相关关系，证明政府补助能够有效提升军工行业上市公司经营绩效。

从统计数据可知，当前我国军工行业上市公司的盈利在很大程度上源于政府补助，尽管政府补助有利于提升企业的综合绩效，但是在接受高额政府补助的情况下是否会制约公司利用自身资源获得企业成长、绩效提升的能力有待进一步研究。

通过实证结果可知，公司自身应当注重对所获政府补助的利用效率，按照要求完成政府补助制定项目，实现行业整体均衡发展，完成国家战略性目标。此外，公司应当将所获资源更多地用于提升生产效率、运营能力，进一步提升企业综合绩效；在高管薪酬方面应当建立科学的薪酬管理制度，可以设置短期奖金激励及期权激励制度以调动管理人员积极性，减少“代理问题”的发生。

政府方面，应当灵活运用政府补助这一直接、有效的政策工具，优化当前政府补助结构、提升政府补贴的使用效率，进一步引导军工产业内企业转型，激励军工行业内公司提升经营效率。政府补贴能够在一定程度上提升军工行业公司绩效，但在发放政府补助扶持产业发展、提升公司绩效的同时应当制定配套的制约规则、审计监察制度，保证补助发放和使用合法依规，维护市场公平竞争。

原载《金融市场研究》2020 年第 2 期。

技术新颖性从何而来？
——基于纳米技术专利的分析*

王萍萍　王　毅**

摘　要： 本研究以知识组合理论为基础，将技术新颖性看作是知识单元组合的产物，结合社会网络理论和演化理论的观点，提出知识单元的多样性和依赖度影响技术新颖性的理论框架。知识多样性和依赖度的影响分别通过组合的潜力和组合的实现两种机制予以传导。知识多样性一方面通过提高知识丰富性以及可能组合的方式来增加新颖组合产生的可能性，另一方面会提高吸收、消化这些异质性知识的成本和难度。知识依赖度的影响也存在正反两个方面，正向的影响表现在可以提供以往知识组合的经验从而降低组合的难度，反向的影响表现在路径依赖和僵化制约了新颖的知识组合产生的可能性。以专利数据为样本的负二项回归结果表明，知识多样性和知识依赖度分别对技术新颖性有正向和倒 U 型的影响，且两者的交互项对技术新颖性的影响显著为正。这一结论在稳健性检验中得到进一步的支持。本研究的贡献在于：第一，打破以个体、团队或组织为对象的研究将创新活动同质化处理的假定，探索了微观的知识单元特征对技术创新活动的影响，对现有的研究是一个重要的补充。第二，从内容（知识多样性）和结构（知识依赖度）两个维度定量分析了不同技术创新活动新颖性差异的原因，揭示了技术新颖性的来源及作用机制。

关键词： 知识多样性　知识依赖度　技术新颖性　知识组合

中图分类号： F273.1　　**文献标识码：** A

* **基金项目：** 国家自然科学基金资助项目（71172008）；第 63 批中国博士后科学基金资助面上项目（2018M631708）；清华大学自主科研计划文科专项项目（2015THZWSH07）。

** **作者简介：** 王萍萍（1989—），女，河南沁阳人，中央财经大学国防经济与管理研究院博士后，主要研究方向：技术创新、军民融合等。王毅，清华大学经济管理学院。

引 言

新颖性一直是创新领域的研究关注的焦点，这是因为新颖性被一致认为是推动技术变革和社会进步的必要条件[1,2]，是高技术企业提升市场竞争力的关键因素，是发明者自身价值的重要体现[3]。大量实证研究表明，一项创意、技术或产品的新颖性与其经济价值呈现一种正相关关系[3-6]，甚至在指标度量上将两者等同处理。但是近年来，一些重要的研究开始意识到，新颖性和价值是两个完全不同的概念，两者无论在概念界定、产生过程和机制还是度量上都有本质的区别[3,7,8]。无论从理论推演还是实证分析上，新颖性都应与技术创新绩效的其他维度，如技术或产品的价值、有用性等区分开来。因此，将新颖性作为一个独立的研究问题，系统地分析新颖性产生的过程、机制、影响因素对于创新理论的发展和创新管理实践都具有必要性和紧迫性[1,9]。

关于新颖性的研究最早可以追溯至 Schumpeter[10] 和 Winter[11]，早期的研究认为组织或者技术的变革是由“突变”造成的。但是与生物进化领域的基因突变不同，组织或技术突变是有章可循的。Becker 等[12] 在总结 Schumpeter 和 Winter 理论的基础上，进一步提出新颖性来源的两种途径：第一种途径是对已有组织惯例（做事情的方式）的新组合。以熊彼特为代表的创新领域的学者普遍认为创新本质上是对已有资源、能力新组合（new combinations）的结果，这种新组合是新颖性的重要来源。第二种途径是组织惯例扩散过程中的不完全性。换句话说，组织惯例在扩散过程中由于不能被完全复制或学习导致“变异”，从而为新颖性产生创造了机会，且如果组织惯例包含的内容之间联系越松散，变异产生的可能性越大。Becker 等[12] 为后续的研究奠定了重要的理论基础，但是他们没有进一步打开新颖性产生过程的黑箱并分析造成新颖性差异的因素。

基于社会网络理论，Gilsing 和 Duysters[9] 提出企业间合作创新的新颖性是网络关系和网络结构两类因素联合作用的结果。以生物制药和多媒体产业为例的实证分析表明，网络密度、企业间关系强度分别通过影响知识多样性和利用知识的效率影响新颖性。类似地，Subramanian 和 Soh[13] 认为技术新颖性与公司所处的联盟的知识多样性和既往的合作经验密不可分。合作者之间的知识多样化程度越高，表明企业能够获取的外部知识越丰富，越有利于新颖性的产生；同时既往的合作经验可以提高企业对多样化知识的吸收能力从而强化知识多样性与新颖性之间的正向关系。Carnabuci 和 Operti[14] 以公司内部员工的知识多样性和员工之间联系的紧密程度为解释变量，实证分析结果表明员工间关系越密切，越不利于新颖性的产生；员工间知识多样性对技术新颖性有显著的正向影响，且能缓和强关系对新颖性的负向影响。Wang 等[15]认为技术新颖性是行为主体的特征和“基因”（知识）本身的特征共同作用的结果，因此他们构造了两层网络——发明者合作网络以及知识网络，发现发明者在个体合作网络中的结构洞和中心度以及发明者所拥有的知识在知识网络中的结构洞和中心度对新颖性均有显著影响。上述研究虽然分析对象和层次不同，但是它们的理论模型具有一致性。首先，研究普遍植根于资源基础观，采用社会网络分析的范式，关注由组织、团队或个体等知识载体[16]为节点构成的知识网络及网络特征对技术新颖性的影响。其次，网络结构和节点间关系影响技术新颖性的核心机制是知识丰富性和组合实现的可能性[17]，无论是企业、团队还是个人层次的因素最终都落脚在可用于组合的知识的丰富性以及将潜在组合变为现实的可能性[18,19]。这些研究初步回答了新颖性来源的问题：1）技术新颖性来源于知识的新组合或重组；2）异质性的知识是创造新颖性的基本要素，知识单元（以组织、团队和个人为载体的知识单元）间的关系会影响知识利用的方式（包括建立新组合或重复利用已有组合的方式）、难度从而影响技术新颖性。但是这些研究通常是以企业[13,14,20-22]、个人[15,23,24]为对象，至少存在两个方面的不足。第一，假定特定企业或个人在观测期内的所有技术创新活动都是同质化的，以企业或个人特定时间内的所有技术总体度量新颖性，与技术新颖性的概念界定[1]及测度方法[25]不符；第二，将技术新颖性的差异完全归结为企业、团队或个人因素，忽略了由知识自身特征所限定的惯例和技术演化路径的影响[26,27]，导致无法充分解释不同技术新颖性的差异及其原因[3,28,29]。

为了打开技术产生过程的黑箱，从微观层次解释新颖性的来源，本文以专利为分析对象。已有研究表明，以专利分类号为节点、以分类号在专利中的共现关系为线[3,30-36]构造知识网络能够刻画知识特征、识别技术进步的路径，分析其对知识组合及新颖性的影响[37,38]。一项新技术产生的过程可以看作是知识网络中节点两两之间建立新的连接关系或者是重塑已有连接关系的过程[3,14,32,39]，节点所包含的知识多样性决定了知识组合的潜力，节点与知识网络中其他节点之间的连接关系决定了打破已有连接、建立新的连接的难度和可能性，两者共同作用影响技术新颖性。结合 Schumpeter[10]、Winter[11]、Fleming 和 Sorenson[30,40]、Yayavaram 和 Ahuja[41]的观点，本研究将一个节点与知识网络中的其他节点的关系称为知识依赖度。之所以称之为依赖度，首先是因为独立、分散的知识单元是没有价值的，必须与其他知识单元进行组合（即依赖于其他知识单元）；其次，当一个知识单元对特定知识单元的依赖度高（即连接强度大），表明利用该知识单元进行新组合的范围和路径较为固定、打破已有连接并将其应用在新的组合中的难度较大。因此，本文提出技术新颖性源于知识组合，但是不同技术新颖性的差异是知识多样性和知识依赖度共同作用的结果的理论框架。下文将重点阐释知识多样性和知识依赖度影响技术新颖性的机理，并选取 2010 年以前所有在美国专利商标局申请且获得授权的纳米技术专利为样本对理论模型进行实证检验。与已有研究相比，本文的研究意义在于：第一，将技术新颖性与其他相关概念明确区分开来，并阐述了将新颖性作为一个独立的研究话题的重要意义；第二，本研究将自 Schumpeter 时期开始至今的关于新颖性的主要研究进行梳理，提炼了一个暗含在不同研究中的、一致的理论框架，解释了组织、团队和个人层面上新颖性的来源及差异的根本原因；第三，基于现有研究的不足，立足于技术层次的分析，结合已有研究成果、知识组合理论和社会网络分析的范式，提出知识多样性和知识依赖度影响技术新颖性的理论框架，并对其进行实证检验，在微观层次阐释了技术新颖性的来源及差异产生的原因。一方面是弥补了现有研究在微观层次的不足，另一方面通过不同层次间的模型对比以及最新研究成果与早期理论的对话，刻画了新颖性研究的发展脉络和轨迹。此外，本研究对于指导企业或个人的技术创新管理实践、技术预测和评价具有重要的意义。

一、文献回顾与研究假设

根据知识组合理论，一项新技术的产生在微观层次表现为一组知识单元建立或改变连接关系的过程。在这一过程中，知识多样性和知识依赖度分别通过影响知识组合的潜力和将潜在的、可能的组合转换为技术的能力从而影响技术新颖性[3,42,43]。知识组合的潜力是指由知识单元所包含的内容给定的、可能组合的类型的多少，异质性知识单元越多，能够产生的组合的种类也会越多[25,32,34]；但是并非所有可能的组合都是有价值的或可行的，最终技术的产生与将潜在组合变为现实的成本、难度等因素息息相关[44,45]。

（一）知识多样性对技术新颖性的影响

知识多样性是创新领域非常重要的概念，是促进创新和生产率提高的重要因素[46-49]。知识多样性是一个多层次的概念[18,50]，本文将知识多样性定义为一组知识单元在内容上的差异，即不同的知识单元在多大程度上来源于不同的知识领域[3,14,39,49]。知识多样性分别通过影响知识组合的潜力和知识组合的实现影响技术的新颖性。

首先，知识多样性对组合的潜力有正向的影响。这是因为，知识多样性越高，表明知识单元携带的知识内容越丰富，可能的组合类型越多，从中产生新颖程度较高的组合的可能性也越大[46,51,52]。此外，知识多样性越高，越有利于突破已有的知识组合路径，避免知识组合过程中的路径依赖陷阱，从而产生更加新颖的技术解决方案[3,46,53-56]。其次，知识多样性会对知识组合的实现有负向的影响。这是因为，知识的消化和利用是有成本，且随着知识多样性的提高，这种成本也在不断增加[39,57-59]；同时，不断增加的多样化知识会造成吸收能力的相对下降，从而带来“信息过载”的问题[53,60,61]。

因此，知识多样性对技术新颖性的影响是正向和负向影响此消彼长的结果，当知识多样性很低时，增加知识多样性带来的正效应较为显著，可是当知识多样性超过某一水平时，边际影响开始为负。在以企业为分析对象的研究中，存在诸多关于知识多样性非线性影响的证据。比如 Sampson[49] 分析了联盟合作者之间知识多样性对联盟结束之后企业的技术产出的影响。实证分析结果表明联盟合作者知识多样性对企业的技术产出的影响为倒 U 型的。类似的倒 U 型影响在 Jiang 等[62]、Phelps[18]、Duysters 和 Lokshin[57]、Lin[63]、Carnabuci 和 Operti[14]、Wuyts 和 Dutta[64]、Subramanian 和 Soh[13] 的研究中也得到实证支持。基于上述分析，本文提出：

假设 1：知识多样性对技术新颖性的影响呈现倒 U 型。

（二）知识依赖度对技术新颖性的影响

从已有文献来看，关于知识依赖度的研究寥寥可数。其中，最早的一篇文章来自于 Fleming 和 Sorenson[30]，他们针对大量专利数据的分析结果发现知识依赖度对专利的有用性（代理变量为专利被引用的次数）有倒 U 型的影响。Yayavaram 和 Ahuja[41] 分别从知识依赖度的两个极端情况分析了知识依赖度对专利有用性的影响（代理变量同样为专利的被引用次数），研究结论指出知识依赖度对专利的有用性的影响表现为倒 U 型。虽然他们的研究肯定了知识依赖度在影响专利质量中的作用，但是仍然存在一些没有解决的问题。首先，考虑到技术有用性和新颖性之间的差异[3]，知识依赖度对技术新颖性的影响是否仍然为倒 U 型？其次，Fleming 和 Sorenson 的研究侧重于数量分析，对影响背后的理论机制的探讨不足。此外，Yayavaram 和 Ahuja[65] 的研究因变量为一个公司所有的专利被引用次数的加总，并不能反映不同技术之间的差异性和内在的规律。但是 Yayavaram 和 Ahuja[65] 提到，知识的依赖度越高，表明知识的专用性越强、延展性越差，将其应用于新的情景进行组合的难度较高。如果新技术是在已有组合的基础上产生的，当其中某些知识单元已经与其他知识单元建立了强连接，那么打破这些连接建立新的连接的难度会比较大。综合知识组合理论、社会网络理论领域的相关研究，本文认为知识依赖度分别通过影响知识组合的潜力和知识组合的实现来影响技术新颖性。

首先，知识依赖度对知识组合的潜力有负向的影响。根据前文对知识依赖度的定义，知识依赖度反映了一个知识单元与整个知识网络中其他知识单元的依赖关系。那么，知识依赖度越高，表明该知识单元在以往的知识组合中与其他知识单元之间存在强连接，强连接表明该知识单元组合的路径较为成熟和固定，知识的专用性比较强，组合的范围和空间较为有限；且强连接意味着该知识单元在以往的组合中利用的频次越高，知识价值的消耗越大，因此利用其产生新颖组合的可能性较小[3,66]。其次，知识依赖度对知识组合的实现的影响较为复杂。从路径依赖的角度看，知识依赖度越高，一方面表示该知识单元组合的路径较为成熟、经验较为丰富[26,27,41]，消化、利用知识的难度降低；另一方面也意味着打破原有连接建立新连接的难度较高，产生“变异”的可能性较小，很难通过改变现有路径创造新颖的技术[12,67-71]；但是当知识依赖度很低时，表明现有的知识网络中关于该知识单元组合的经验不足，组合具有较高的不确定性，同样不利于知识组合的实现。因此，知识依赖度对技术新颖性的影响也是由正负影响共同作用的结果。于是，本文提出：

假设 2：知识依赖度对技术新颖性的影响呈现倒 U 型。

（三）知识多样性和知识依赖度的交互作用

从上述分析中可以发现，知识多样性和知识依赖度同时分别作用于组合的潜力和将潜在组合变为现实的能力，甚至通过相同的机制发挥作用（如路径依赖）。因此，本文认为知识多样性和知识依赖度对技术新颖性的影响可能存在交互作用。

虽然相关的研究并不多见，但是仍然存在创新领域的其他研究为本文的理论推导提供有力的支撑。比如，Dunbar[72]分析了科学家的创新行为，结果表明：当科学家之间的依赖关系很强时，异质性的知识可以促使他们采取完全新颖的思维方式。Ahuja 和 Katila[73]从创新搜索的角度分析了搜索的宽度和深度对企业新产品开发的影响。他们认为，搜索宽度和搜索深度会互相调节彼此对新产品开发数量的影响。这是因为，增加搜索宽度意味着在知识组合中加入新的知识单元，从而提升了新颖的组合产生的机会；同时搜索深度提高意味着对知识的消化和理解更加深刻，吸收能力增强。两者的交互作用会增加知识组合的唯一性。Carnabuci 和 Operti[14]认为，当组织的结构不利于创造性地产生知识组合时，可以通过增加知识多样性来打破过度依赖现有知识组合解决问题的方式。例如，当知识单元的依赖度较高时，可以通过增加知识单元的多样性从而打破“本地陷阱”[53]。Gilsing 和 Duysters[9]也提到由网络密度决定的知识多样性和节点之间的关系强度存在交互作用。

综上所述，技术新颖性的产生不仅取决于知识组合的潜力，更取决于是否能够将潜力变为现实的能力。因此，无论当知识多样性很大（组合的潜力很高）、知识依赖度很小（组合的实现很难），还是知识多样性很小（组合的潜力很低）、知识依赖度很大（组合的路径很清晰）时，均不能使得产生的技术新颖性最大化。只有在两者取某个值时，能够获得组合潜力和组合实现的最佳平衡和匹配，此时的技术新颖性才是最高的。基于此，本文提出：

假设3：知识多样性和知识依赖度的交互项对技术新颖性有显著的影响。

二、数据来源及研究方法

（一）样本选取与数据收集

由于知识组合理论关注的是知识单元之间的连接和组合，即认为知识是可切割的、且知识单元之间的连接关系是可追踪的。创新领域的学者一致认为，尽管以专利数据反映技术创新活动存在一定的局限性，但是专利的分类规则以及专利数据所包含的信息为追踪微观的知识活动提供了可能性。因此，知识组合的研究可以以一项专利代替一项技术，代表特定技术功能的专利分类号表示知识单元，分类号的共现关系表示知识单元之间的连接关系，由此对发明的微观过程进行刻画[33,41,74,75]。

本文选取了创新活动、专利申请都相对比较活跃的纳米技术行业。多领域、多学科知识交叉是纳米技术的典型特征，非常适用于进行知识组合的相关分析[76]。纳米技术的第一项专利于1972年提出申请，同时考虑到专利授权的滞后性，本文检索了1972—2010年间在USPTO申请并获得授权的纳米技术专利。最终获得有效专利数9328条。样本随时间变化趋势如图1所示。从中可以发现，1990年之后，授权纳米专利数快速增加。这一现象背后的原因在于：一方面，全球纳米科学取得重大突破，正式进入高速发展期；另一方面，美国于1991年正式将纳米技术列入"国家22项关键技术"，进一步推动全球纳米技术快速发展[77]。统计纳米技术专利的分类号可以发现，一项纳米技术至少包含2个分类号，也就是说一项纳米技术至少包括两组技术功能（或知识单元）。这一特征进一步表明样本选择的合理性。

（二）变量定义及测量

1. 因变量—技术新颖性：本文用专利的后向引用数来衡量新颖性。根据已有研究的惯例，以专利来表示技术、以专利信息构造相关变量是较为有效的方法。通常，学者们采用专利的前向引用[78]、后向引用[5,53,79-82]、权利声明[83]信息来测度技术创新绩效，但是根据Witt[1]对新颖性的定义以及Verhoeven等[25]对新颖性测度的研究结论，采用专利的后向引用数来做新颖性的代理标量是最为合理的选择。专

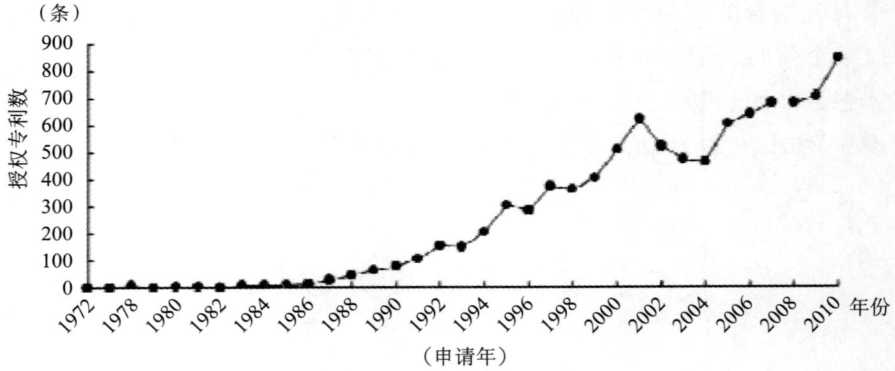

图 1 纳米技术专利的时间变化趋势

利的后向引用信息反映了其所在领域的知识特征。根据 Ahuja[53]，Banerjee[80] 和 Trajtenberg[5] 等人的观点，专利的后向引用数越少意味着先行技术越少，该专利的新颖性越高。还有一些学者认为，专利的后向引用数越少，说明该专利的唯一性越强、与现有专利相比的差异性越大[79,81,82,84]。因此，本文以专利的后向引用数来做新颖性的代理变量。变量取值为非负的整数，为计数变量。需要强调的是，后向引用数取值与新颖性程度的方向相反，后向引用数越多新颖性越低，反之亦然。

2. 自变量。知识多样性：知识多样性是指一个专利所包含的分类号在不同技术领域的分布情况。知识多样性的衡量采用的是以往研究的常用做法，即使用 Herfindahl 指数测度多样性[13,85,86]。专利 l 的知识多样性 DIV_l 为：

$$DIV_l = 1 - \sum_{i=1}^{N} p_i^2 \tag{1}$$

其中，p_i 表示专利 l 的 N 个分类号中属于第 i 个大类的分类号的个数占分类号总数的比例。为了进一步阐述知识多样性的计算方法，以专利号为 US6031970A 和 US6033624A 的专利为例，计算过程如表 1 所示。

表 1 知识多样性计算示例

专利号	分类号	分类号在不同大类的分布	知识多样性
US6031970A	392407 | 219553 | 250504R | 977833 | 977891 | 977900 | 977901 | 977949 | 977954	392（1），219（1），250（1），977（6）	0.519
US6033624A	419048 | 075343 | 075351 | 075362 | 419013 | 419019 | 419023 | 977776 | 977777	419（1），075（3），419（3），977（2）	0.716

知识依赖度：根据前文定义，知识单元的依赖度反映了一个知识单元与知识网络中其他知识单元的连接关系。因此，本文采用 Fleming 和 Sorenson[30] 的方法，分

两步对知识依赖度进行测度。对于包含 N 个分类号的专利 l，知识依赖度 IND_l 的计算为：

第一步，计算分类号 k 组合的容易程度 E_k：

$$E_k = \frac{\text{申请日早于 } l \text{ 的专利中，与分类号 } k \text{ 存在组合关系的分类号的个数}}{\text{申请日早于 } l \text{ 的专利中，包含分类号 } k \text{ 的专利的个数}} \quad (2)$$

第二步，专利 l 的组合容易程度为 N 个分类号 E_k 的算术平均，求倒数即可得专利 l 的知识依赖度：

$$IND_l = \frac{N}{\sum_{k=1}^{N} E_k} \quad (3)$$

知识依赖度的计算较为复杂，本文采用 Python2.7 版本软件通过编程予以实现。

3. 控制变量。遵循现有的研究惯例，本文还控制了其他可能影响技术新颖性的因素。首先，本文控制了联合申请人数的影响。因为，联合申请人数越多，意味着在知识组合过程中的资源和知识越丰富，从而会影响技术的新颖性[31,34]。基于相似的原因，本文控制了发明者的个数[4]。Xiao[87]认为，在考虑了知识多样性的影响的同时不应忽视知识单元个数（即分类号数）的影响。与知识单元个数不同，知识多样性用性侧重于度量知识的分布和差异化程度。如表 1 所示，两个专利的分类号数均为 9，但是知识多样性存在差异。且 Fleming[30] 的研究表明，一项发明包含的知识单元的个数对该发明的有用性的影响是显著的，因此在本研究中对此予以控制。

三、实证结果与分析

（一）描述性统计与回归模型选择

变量的描述性统计结果如表 2 所示。其中，技术新颖性的反向代理变量——专利后向引用数是取值非负的计数变量。根据描述性统计结果，专利后向引用数的均值为 23.56，方差为 2474.875，方差远大于均值，即存在“过度分散”问题，不符合泊松回归“均值方差相等”约束条件，考虑使用负二项回归对模型进行估计。

表 2　　描述性统计

变量	均值	标准差	最小值	最大值	1	2	3	4	5	6
1. 技术新颖性	23.56	49.75	0	1530	1					
2. 知识多样性	0.56	0.14	0.04	0.89	-0.010	1				
3. 知识依赖度	0.07	0.41	0	13	-0.018	0.028	1			

续表

变量	均值	标准差	最小值	最大值	1	2	3	4	5	6
4. 联合申请者数（人）	1.43	1.24	1	15	0.089	-0.004	-0.035	1		
5. 发明者数（人）	3.12	1.89	1	16	0.065	-0.012	-0.043	0.225	1	
6. 分类号数	7.32	4.50	2	60	0.003	0.217	0.101	-0.033	0.007	1

从相关系数矩阵来看，各自变量与因变量的相关系数及方向基本符合预期，且自变量之间的相关系数较小。同时根据 Aiken & West[88] 和 Cohen 等[89] 以及 Hayes[90] 的建议，在涉及交互作用的模型中，为了使回归方程的系数更具有解释意义，对模型中的自变量和控制变量进行中心化处理，交互项由中心化之后的变量的乘积生成。

（二）负二项回归分析

如前文所述，由于因变量取值为非负整数，因此考虑使用负二项回归对模型进行估计（见表 3）。从回归结果来看，每个模型的 alpha95% 的置信区间均不包含 0 值，即拒绝过度分散参数 alpha = 0 的原假设，据此可以判断用负二项回归模型是比较合适的。且所有模型的统计量 LR chi2 均通过整体显著性检验，说明模型整体是显著的。此外，从模型的平均 VIF 值来看，可以判断变量间不存在多重共线性问题。

表 3　负二项回归结果（因变量为后向引用专利数）

变量	(1) 模型 1	(2) 模型 2	(3) 模型 3	(4) 模型 4	(5) 模型 5	(6) 模型 6
联合申请者数（人）	0.1029 *** (0.0101)	0.1026 *** (0.0101)	0.1014 *** (0.0101)	0.1007 *** (0.0101)	0.0993 *** (0.0101)	0.0993 *** (0.0101)
发明者数（人）	0.0477 *** (0.0063)	0.0476 *** (0.0063)	0.0482 *** (0.0063)	0.0480 *** (0.0063)	0.0476 *** (0.0063)	0.0478 *** (0.0063)
分类号数	0.0034 (0.0025)	0.0046 * (0.0027)	0.0068 ** (0.0028)	0.0073 *** (0.0028)	0.0083 *** (0.0028)	0.0084 *** (0.0028)
知识多样性		-0.1624 * (0.0924)	-0.2652 *** (0.0976)	-0.2642 *** (0.0975)	-0.2906 *** (0.0976)	-0.2812 *** (0.0975)
知识多样性^2			-1.5656 *** (0.5395)	-1.5258 *** (0.5398)	-1.5124 *** (0.5393)	-1.4574 *** (0.5399)
知识依赖度				-0.0817 *** (0.0250)	-0.3052 *** (0.0631)	-0.3786 *** (0.0651)
知识依赖度^2					0.0248 *** (0.0070)	0.0459 *** (0.0092)

续表

变量	(1) 模型 1	(2) 模型 2	(3) 模型 3	(4) 模型 4	(5) 模型 5	(6) 模型 6
知识多样性 × 知识依赖度						−0.9773*** (0.3000)
常数项	3.1431*** (0.0120)	3.1429*** (0.0120)	3.1718*** (0.0157)	3.1705*** (0.0157)	3.1651*** (0.0157)	3.1612*** (0.0158)
alpha95% 置信区间	[1.261 1.329]	[1.261 1.329]	[1.260 1.328]	[1.260 1.328]	[1.258 1.326]	[1.256 1.324]
LR chi2	227.77***	230.87***	239.14***	247.79***	261.13***	273.07***
平均 VIF 值	1.04	1.05	1.10	1.09	2.45	5.46

注：括号中数值为标准误差；* $p<0.1$，** $p<0.05$，*** $p<0.01$。

在模型 2 中，知识多样性的系数为负，且显著（$\beta=-0.162$，$p=0.079$），说明知识多样性对新颖性有显著的正向影响①；为了检验知识多样性的非线性影响，模型 3 加入了知识多样性的平方项，结果表明知识多样性的一次项系数为负（$\beta=-0.265$，$p=0.007$），二次项系数也为负（$\beta=-1.566$，$p=0.004$）。模型 4 和模型 5 检验了知识依赖度对新颖性的影响，从模型 5 可知知识依赖度的一次项系数为负（$\beta=-0.305$，$p=0.000$），二次项系数为正（$\beta=0.025$，$p=0.000$）。当自变量对因变量的影响是非线性时，交互作用的判断较复杂，仅通过交互项系数来判断往往会对结果产生错误的解读，需结合图形予以分析[91]。

为了更准确地判断知识多样性和知识依赖度对技术新颖性的交互作用，本文利用 STATA 软件的 Surface 命令，将知识多样性、知识依赖度和技术新颖性三者的关系以三维图的形式展现出来（见图 2）。从三维图中可以看出，知识依赖度和技术

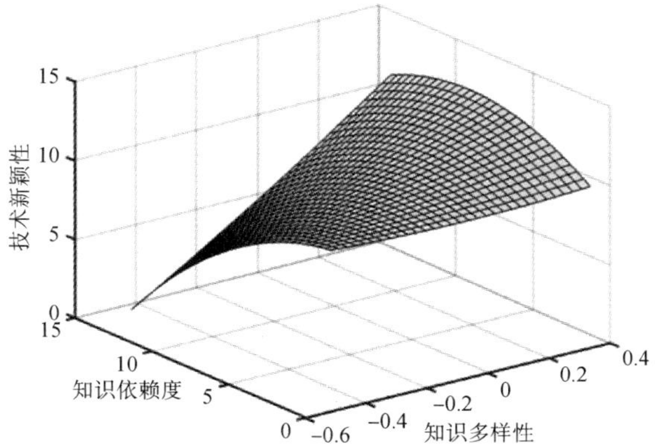

图 2　知识多样性和知识依赖度对新颖性的影响

① 因为代理变量与因变量方向相反，因此系数为负说明存在正向影响。模型 3 至模型 6 均做相同解释。

新颖性之间呈现倒 U 型关系，结合回归结果可得，假设 2 得到支持。知识多样性和技术新颖性之间的关系整体为正向的，结合回归结果可知，假设 1 没有得到支持。同时，结合表 4 的负二项回归结果和三维图，可以判断知识多样性和知识依赖度的交互项对技术新颖性有显著的正向影响。交互项显著为负，说明多样性的正向调节作用成立，假设 3 得到支持。

此外，从图中可以发现，当知识多样性很小、知识依赖度很大时，此时技术新颖性是最低的，进一步验证了前文的理论。这是因为当知识依赖度很大时，增加知识多样性能够避免路径依赖陷阱，两者形成补偿效应；但是如果知识多样性程度很低，会进一步强化路径依赖，此时几乎不可能产生新颖的知识组合。

四、稳健性检验

为了增加结果的可靠性，本文进行了稳健性检验。稳健性检验的实施方法是，改变新颖性的代理变量，重新进行回归分析。在已有的研究中，独立权利要求数是另外一种常用的衡量专利新颖性的指标[2,83]。Tong 和 Frame[83]最早应用这一指标来衡量国家的技术创新能力。权利要求反映了专利保护的范围或宽度[92]，权利要求（尤其是独立权利要求）数越大，说明专利保护的范围越宽，专利的新颖性越高[93]。Xiao[34]认为独立权利要求反映了该专利包含的知识的唯一性和新颖性程度。因此本文以独立权利声明数作为新颖性的代理变量，重新进行回归分析。权利声明数与新颖性的取值方向一致，即权利声明数越多，新颖性程度越高。

独立权利声明数的均值为 2.79，方差为 3.35，考虑使用负二项回归。并在回归中根据 alpha 值进一步对模型选择进行判断和验证。负二项回归结果如表 4 所示。

表 4　　　　稳健性检验（因变量 = 独立权利要求数）

变量	(1) 模型 1	(2) 模型 2	(3) 模型 3	(4) 模型 4	(5) 模型 5	(6) 模型 6
联合申请者数（人）	-0.0659***	-0.0659***	-0.0656***	-0.0652***	-0.0641***	-0.0642***
	(0.0073)	(0.0073)	(0.0073)	(0.0073)	(0.0073)	(0.0073)
发明者数（人）	0.0080*	0.0083*	0.0080*	0.0086**	0.0093**	0.0093**
	(0.0043)	(0.0043)	(0.0043)	(0.0043)	(0.0043)	(0.0043)
分类号数	0.0081***	0.0062***	0.0053***	0.0048**	0.0041**	0.0041**
	(0.0018)	(0.0018)	(0.0019)	(0.0019)	(0.0019)	(0.0019)

续表

变量	(1) 模型 1	(2) 模型 2	(3) 模型 3	(4) 模型 4	(5) 模型 5	(6) 模型 6
知识多样性		0.2852 *** (0.0606)	0.3204 *** (0.0646)	0.3177 *** (0.0646)	0.3244 *** (0.0646)	0.3230 *** (0.0647)
知识多样性^2			0.5585 (0.3609)	0.5311 (0.3610)	0.4636 (0.3612)	0.4680 (0.3612)
知识依赖度				0.0532 *** (0.0190)	0.2313 *** (0.0450)	0.2332 *** (0.0452)
知识依赖度^2					-0.0215 *** (0.0050)	-0.0230 *** (0.0058)
知识多样性×知识依赖度						0.0994 (0.1956)
常数项	1.0232 *** (0.0081)	1.0225 *** (0.0081)	1.0119 *** (0.0106)	1.0122 *** (0.0106)	1.0165 *** (0.0107)	1.0165 *** (0.0107)
alpha95%置信区间	[0.240 0.270]	[0.239 0.269]	[0.239 0.269]	[0.239 0.269]	[0.238 0.267]	[0.237 0.267]
LR chi2	108.41 ***	130.61 ***	133.00 ***	140.97 ***	160.05 ***	160.31 ***

注：括号中数值为标准误差；* $p<0.1$，** $p<0.05$，*** $p<0.01$。

从稳健性检验回归结果可知，各自变量对因变量的影响均与表4回归分析结果一致。虽然模型3中知识多样性的二次项和模型6中交互项的系数不显著，但是系数的方向均为正，与表3的回归结果一致。稳健性检验结果表明，本研究的理论框架较为合理，实证分析结果较为可靠。同样地，在回归分析基础上，本文绘制了知识多样性、知识依赖度和技术新颖性的三维图，如图3所示。对比图2和图3可知，各变量和因变量的关系始终保持一致。

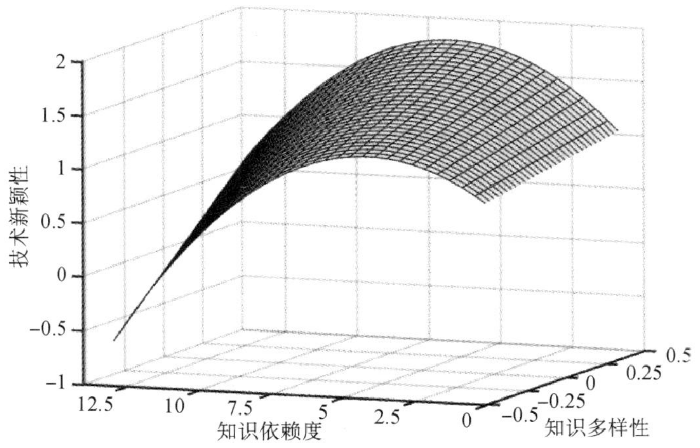

图3　知识多样性和知识依赖度对新颖性的影响（稳健性检验）

五、结论与讨论

（一）研究结论

本文分析并检验了知识多样性和知识依赖度对技术新颖性的影响，得到以下结论：

1. 知识多样性对技术新颖性有正向影响。当进行组合的知识单元的多样性越高时，由此产生的专利的新颖性也会越高。这一结论与本研究假设所预期的不符，倒U型关系没有得到验证的原因可能是：纳米技术作为一门通用的、跨学科技术，相较于其他技术（如化学、生物技术等）而言，更需要多样化的知识[76,94,95]。在美国国家科学基金会和美国商务部发布的系列联合报告中，Rocco和Bainbridge[96]对纳米技术的特征进行了详细的描述，他们指出纳米技术涵盖了诸多学科领域，包括工程、生物、化学、材料科学和计算机。Nordmann[97]在为欧盟联合研究中心提供的报告中做出了类似的评价。从针对纳米技术的实证研究结果来看，知识多样性对技术新颖性主要呈现一种线性的、正向影响[98-101]。同时，以往的能够验证知识多样性的倒U型关系的研究，其样本来源主要是电信设备行业[18,49]、生物技术领域[13]、半导体行业[14]等。Strumsky和Lobo（2015）对1830—2014年间所有在USPTO申请并获得授权的专利进行了描述性统计分析，计算结果显示USPTO所有获得授权的专利平均拥有的分类号数为3.4，而本研究所涉及的纳米技术的专利平均拥有7个分类号①。正是由于纳米技术的这一特征，导致知识多样性对新颖性的影响始终为正。此外本研究关于知识多样性和技术新颖性的结论也能够从Subramanian和Soh[13]的结论中获得支撑，虽然分析对象是企业，但是她们的研究表明知识多样性与技术新颖性之间的关系显著为正。已有研究结论和本研究实证分析结果充分说明，知识多样性在技术进步中发挥着绝对主导的作用（见表5）。

① Strumsky和Lobo的样本包含了1830—2014年所有在USPTO申请并获得授权的专利数据。

表 5　　不同分类号个数水平时样本专利数占比

	本研究样本		Strumsky 的样本	
分类号数	比例（%）	累积频率（%）	比例（%）	累积频率（%）
1	0.00	0.00	23.8	23.8
2	4.73	4.73	22.9	46.7
3	10.21	4.92	17.8	64.5
4	13.42	28.34	12.1	76.6
5	12.62	40.96	7.9	84.5
6	11.63	52.59	5.1	89.6
7	9.91	62.5	3.3	92.9
8	8.49	70.99	2.2	95.1
9	6.42	77.41	1.4	96.5
10	5.16	82.57	1.0	97.5
11	4.15	86.72	0.7	98.2
12	2.81	89.53	0.5	98.7
13	2.27	91.8	0.3	99.0
≥14	8.2	100.00	1.0	100.00

2. 知识单元的依赖度对技术新颖性的影响表现为倒 U 型。随着知识依赖度的增加，有助于知识组合的实现，即将潜力转化为技术[102]；当知识依赖度超过某一水平时，表明知识的延展性差、打破现有知识连接进行重新组合的难度大、阻碍了新颖知识组合的产生，知识依赖度对新颖性的影响转变为负。这一实证分析结果与 Yayavaram 和 Ahuja[41] 的分析结果一致，与其他以组织或个人为分析对象的研究结论一致，同时也部分呼应了 Schumpeter 和 Winter 的观点，即模块之间的关系越紧密，产生“变异”的机会越小。这一结论与技术轨道领域的相关研究也具有一致性，本研究对知识依赖度的度量能够反映技术轨道的累积性，累积性是知识组合路径依赖的基础，累积性越高出现新颖组合的可能性越低[14,26,27,37,103]。

3. 知识多样性和知识依赖度的交互项对技术新颖性存在正向的影响，主要表现在随着知识多样性的增加，倒 U 型曲线整体上移。这一结论与 Gilsing 和 Duysters[9] 的研究一致，他们认为技术新颖性是网络的结构和网络关系两类因素共同作用的结果，主要表现在网络密度和节点间关系强度对技术新颖性存在交互影响。Carnabuci 和 Operti[14] 的研究结论也表明，知识多样性和知识单元的关系强度的交互项对新颖性存在显著影响。此外，从分析结果来看，知识依赖度极高、知识多样性极低是不利于新颖性产生的最坏的情形，此时知识组合和技术进步的刚性和路径依赖最强，这一结论与 Fleming[30] 的分析结果一致。当知识依赖度较高时，知识的潜在价值和组合的潜力较低、打破已有连接建立新连接的难度较大，如果没有新知识注入，那么很难突破路径依赖创造技术新颖性。知识多样性可以补偿由于知识依赖度高造成的知识价值耗散和路径依赖，在组合潜力和组合实现能力之间找到了最佳平衡点。本文选取了三个知识多样性水平（均值 - 标准差，均值，均值 + 标准差），分别绘制了在这三个知识多样性水平下知识依赖度和技术新颖性关系图（见图4）。

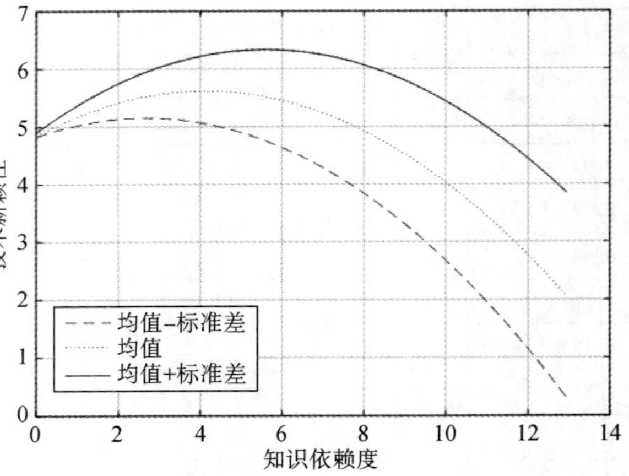

图 4 不同多样性水平下知识依赖度对技术新颖性的影响

（二）研究意义与管理启示

本文在系统梳理已有研究的基础上，提炼已有研究的理论框架，发现已有研究的薄弱之处，在此基础上构建了知识多样性和知识依赖度通过影响知识组合潜力和知识组合实现的能力进而影响技术新颖性的理论模型，厘清了“知识单元—知识组合—技术新颖性”的内在逻辑关系。研究对于相关理论发展与企业管理实践具有重要的意义和启示。

1. 本研究明确将技术新颖性与技术创新绩效的其他维度区分开来，提出技术新颖性作为一个独立的概念和研究问题的必要性和意义，为后续研究奠定基础。正如一些学者所说，个人或组织层次的研究不能真正反映技术本身的内在规律，必须以技术本身为分析对象，才能从根本上揭示技术新颖性来源的微观基础[28,104]。

2. 本研究沿着时间和分析对象的层次两条主线，系统梳理了已有的关于技术新颖性的研究，从中提炼出一个一致的理论框架，揭示技术新颖性产生的深层次规律，是对已有研究的归纳和升华。

3. 本研究立足于已有关于技术新颖性研究的不足，以技术和知识单元为分析对象，分析了技术新颖性来源的微观过程和作用机制，是对已有研究的重要补充。通过本研究，关于技术新颖性的多层次的理论研究都已经具备，建立了不同层次研究之间的关系，为后续学者们探索多层次之间的耦合作用提供了可能性。本文对企业或个人的技术创新管理、技术预测和评估也具有重要的实践指导意义。本文系统阐述了技术新颖性来源的微观过程，分析了影响技术新颖性的因素，可以为管理者提供参考；本文分析表明，Verhoeven 等[25]的测度方法是测度技术新颖性最为有效、恰当的方法，企业或个人可以借此进行技术预测和评估，从而降低创新过程的不确定性和风险。

参考文献：

[1] Witt U. Propositions about novelty [J]. *Journal of Economic Behavior & Organization*, 2009, 70 (1-2): 311-320.

[2] Reitzig M. What determines patent value?: Insights from the semiconductor industry [J]. *Research Policy*, 2003, 32 (1): 13-26.

[3] Kaplan S, Vakili K. The double-edged sword of recombination in breakthrough innovation [J]. *Strategic Management Journal*, 2015, 36: 1435-1457.

[4] Singh J, Fleming L. Lone inventors as sources of breakthroughs: myth or reality? [J]. *Social Science Electronic Publishing*, 2010, 56 (1): 41-56.

[5] Trajtenberg M, Henderson R, Jaffe A. University versus corporate patents: a window on the basicness of invention [J]. *Economics of Innovation and New Technology*, 1997, 5 (1): 19-50.

[6] Phene A, Fladmoe-Lindquist K, Marsh L. Breakthrough innovations in the US biotechnology industry: the effects of technological space and geographic origin [J]. *Strategic Management Journal*, 2006, 27 (4): 369-388.

[7] Amabile T M. Componential theory of creativity [G]. In: Kessler EH, ed., Encyclopedia of Management Theory. Thousand Oaks, CA: Sage Publications, 2013.

[8] Arts S, Fleming L. Paradise of novelty-or loss of human capital? Exploring new fields and inventive output [J]. *Organization Science*, 2018, 29 (6): 1074-1092.

[9] Gilsing V A, Duysters G M. Understanding novelty creation in exploration networks-structural and relational embeddedness jointly considered [J]. *Technovation*, 2008, 28 (10): 693-708.

[10] Schumpeter J A. *The theory of economic development: an inquiry into profits, capital, credit, interest, and the business cycle* [M]. Piscataway: Transaction Publishers, 1934.

[11] Nelson R R, Winter S G. Toward an evolutionary theory of economic capabilities [J]. *American Economic Review*, 1973, 63 (2): 440-449.

[12] Becker M C, Knudsen T, March JG. Schumpeter, Winter, and the sources of novelty [J]. *Industrial and Corporate Change*, 2006, 15 (2): 353-371.

[13] Subramanian A M, Soh P-H. Linking alliance portfolios to recombinant innovation: The combined effects of diversity and alliance experience [J]. *Long Range Planning*, 2017, 50 (5): 636-652.

[14] Carnabuci G, Operti E. Where do firms' recombinant capabilities come from? Intraorganizational networks, knowledge, and firms' ability to innovate through technological recombination [J]. *Strategic Man-*

agement Journal, 2013, 34 (13): 1591 - 1613.

[15]Wang C, Rodan S, Fruin M, et al. Knowledge networks, collaboration networks, and exploratory innovation [J]. *Academy of Management Journal*, 2014, 57 (2): 454 - 514.

[16]龙勇, 汪谷腾. 模块化组织知识共享对创新绩效影响机制的实证研究[J]. 管理工程学报, 2018 (3): 43 - 51.

Long Y, Wang G T. The empirical research about the impact of knowledge sharing of modular organization on innovation performance [J]. *Jonrnal of Industrial Engineering and Engineering Management*, 2018 (3): 43 - 51.

[17]寿柯炎, 魏江. 网络资源观: 组织间关系网络研究的新视角[J]. 情报杂志, 2015, 34 (09): 163 - 169 + 178.

Shou K Y, Wei J. Network Resource - based View: A New Perspectivefor the Inter - organizational Relationship Network Studies [J]. *Journal of Intelligence*, 2015, 34 (09): 163 - 169 + 178.

[18]Phelps C C. A longitudinal study of the influence of alliance ne t w ork stru c t ur e a nd c o mposi t i on on fir m e xpl ora t or y innovation [J]. *Academy of Management Journal*, 2010, 53 (4): 890 - 913.

[19]Mezias S J, Glynn MA. The Three Faces of Corporate Renewal: Institution, Revolution, and Evolution [J]. *Strategic Management Journal*, 1993, 14 (2): 77 - 101.

[20]Collins C J, Smith KG. Knowledge exchange and combination: the role of hu man r esource practi ce s in the p erforman ce of high - technology firms [J]. *The Academy of Management Journal*, 2006, 49 (3): 544 - 560.

[21]Nooteboom B, Van Haverbeke W, Duysters G, et al. Optimal cognitive distance and absorptive capacity [J]. *Research Policy*, 2007, 36 (7): 1016 - 1034.

[22]Tzabbar D, Aharonson B S, Amburgey T L. When does tapping external sources of knowledge result in knowledge integration? [J]. *Research Policy*, 2013, 42 (2): 481 - 494.

[23]Grigoriou K, Rothaermel F T. Structural microfoundations of innovation: the role of relational stars [J]. *Journal of Management*, 2014, 40 (2): 586 - 615.

[24]Gruber M, Harhoff D, Hoisl K. Knowledge recombination across technological boundaries: scientists vs. engineers [J]. *Management Science*, 2013, 59 (4): 837 - 851.

[25]Verhoeven D, Bakker J, Veugelers R. Measuring technological novelty with patent - based indicators [J]. *Research Policy*, 2016, 45 (3): 707 - 723.

[26]熊鸿儒, 王毅, 林敏等. 技术轨道研究: 述评与展望[J]. 科学学与科学技术管理, 2012, 33 (07): 21 - 28.

Xiong H R, Wang Y, Lin M, et al. The Study of Technological Trajectory: Review and Prospect [J]. *Science of Science and Management of S. &T.*, 2012, 33 (07): 21 - 28.

[27]熊鸿儒, 吴贵生, 王毅. 市场轨道理论溯源: 技术轨道与市场颠覆[J]. 技术经济, 2012, 31 (07): 7 - 13.

Xiong H R, Wu G S, Wang Y. Theoretical source of market trajectory: technology trajectory and market disruption [J]. *Technology Economics*, 2012, 31 (07): 7 - 13.

[28]Paruchuri S, Eisenman M. Microfoundations of firm R&D capabilities: a study of inventor networks

in a merger [J]. *Journal of Management Studies*, 2012, 49 (8): 1509 - 1535.

[29]Schoenmakers W, Duysters G. The technological origins of radical inventions [J]. *Research Policy*, 2010, 39 (8): 1051 - 1059.

[30]Fleming L, Sorenson O. Technology as a complex adaptive system: evidence from patent data [J]. *Research Policy*, 2001, 30 (7): 1019 - 1039.

[31]Fleming L. Recombinant uncertainty in technological search [J]. *Management Science*, 2001, 47 (1): 117 - 132.

[32]Strumsky D, Lobo J. Identifying the sources of technological novelty in the process of invention [J]. *Research Policy*, 2015, 44 (8): 1445 - 1461.

[33]Youn H, Strumsky D, Bettencourt LMA, et al. Invention as a combinatorial process: evidence from US patents [J]. *Journal of The Royal Society Interface*, 2015, 12 (106): 1 - 8.

[34]Xiao T. Highlighting the role of knowledge linkages in knowledge recombination [D]. The Ohio State University, 2015.

[35]Strumsky D, Lobo J, Leeuw S van der. Using patent technology codes to study technological change [J]. *Economics of Innovation and New Technology*, 2012, 21 (3): 267 - 286.

[36]王萍萍，王毅．知识单元特征对发明者知识组合行为的影响——知识网络的视角[J]．经济管理，2018 (5): 92 - 107.

Wang P P, Wang Y. The characteristics of knowledge components and its effect on inventors' knowledge combination behavior: from the knowledge network perspective [J]. *Economic Management Journal*, 2018 (5): 92 - 107.

[37] Fontana R, Nuvolari A, Verspagen B. Mapping technological trajectories as patent citation networks. An application to data communication standards [J]. *Economics of Innovation and New Technology*, 2009, 18 (4): 311 - 336.

[38]杨中楷，刘佳．基于专利引文网络的技术轨道识别研究——以太阳能光伏电池板领域为例[J]．科学学研究，2011, 29 (9): 1311 - 1317. Yang Z K, Liu J. Research on identification of technological evolution path based on patent citation network - taking solar photovoltaic panels technology as an example [J]. *Studies in Science of Science*, 2011, 29 (9): 1311 - 1317.

[39]Grebel T. On the tradeoff between similarity and diversity in the creation of novelty in basic science [J]. *Structural Change and Economic Dynamics*, 2013, 27: 66 - 78.

[40]Fleming L, Sorenson O. Science as a map in technological search [J]. *Strategic Management Journal*, 2004, 25 (8 - 9): 909 - 928.

[41]Yayavaram S, Ahuaja G. Decomposability in knowledge structures and its impact on the usefulness of inventions and knowledge - base malleability [J]. *Administrative Science Quarterly*, 2008, 53 (2): 333 - 362.

[42]Tiwana A. Do bridging ties complement strong ties? An empirical examination of alliance ambidexterity [J]. *Strategic Management Journal*, 2008, 29 (3): 251 - 272.

[43]Tzabbar D. When does scientist recruitment affect technological repositioning? [J]. *Academy of Management Journal*, 2009, 52 (5): 873 - 896.

[44]Dibiagg io L, Nasiriyar M, Nestal L. Substi tutability and complementarity of technological knowledge and the inventive performance of semiconductor companies [J]. *Research Policy*, 2014, 43 (9): 1582 - 1593.

[45]Kauffman S, Lobo J, Macready WG. Optimal search on a technology landscape [J]. *Journal of Economic Behavior & Organization*, 2000, 43 (2): 141 - 166.

[46]Van Den Bergh JC. Optimal diversity: increasing returns versus recombinant innovation [J]. *Journal of Economic Behavior & Organization*, 2008, 68 (3): 565 - 580.

[47]Nystrom P C. Managing diversity and interdependence: an organizational study of multidivisional firms [J]. *ILR Review*, 1976, 29 (4): 628 - 630.

[48]Stirling A. A general framework for analysing diversity in science, technology and society [J]. *Journal of the Royal Society Interface*, 2007, 4 (15): 707 - 719.

[49]Sampson R C. R&D alliances and firm performance: the impact of technological diversity and alliance organization on innovation [J]. *Academy of Management Journal*, 2007, 50 (2): 364 - 386.

[50]彭凯，孙海法．知识多样性、知识分享和整合及研发创新的相互关系——基于知识 IPO 的 R&D 团队创新过程分析[J]. 软科学，2012 (09): 15 - 19.

Peng K, Sun H F. The Relationship between Knowledge Diversity, Knowledge Sharing and Integration and R&D Innovation - Analysis of R&D Innovation Based on IPO of Knowledge [J]. *Soft Science*, 2012 (09): 15 - 19.

[51]Burt R S. *Structural holes: the social structure of competition* [M]. Cambridge: Harvard University Press, 1995.

[52]Gilsing V, Nooteboom B, Vanhaverbeke W, et al. Network embeddedness and the exploration of novel technologies: Technological distance, betweenness centrality and density [J]. *Research Policy*, 2008, 37 (10): 1717 - 1731.

[53]Ahuja G, Lampert C M. Entrepreneurship in the large corporation: A longitudinal study of how established firms create breakthrough inventions [J]. *Strategic Management Journal*, 2001, 22 (6 - 7): 521 - 543. [54] Greve H R. Exploration and exploitation in product innovation [J]. *Industrial and Corporate Change*, 2007, 16 (5): 945 - 975.

[55]Jansen JJP, Van Den Bosch FAJ, Volberda HW. Exploratory innovation, exploitative innovation, and performance: effects of organizational antecedents and environmental moderators [J]. *Management Science*, 2006, 52 (11): 1661 - 1674.

[56]Weisberg R W. Creativity and knowledge: A challenge to theories [J]. 1999: 226 - 250.

[57]Duysters G, Lokshin B. Determinants of alliance portfolio complexity and its effect on innovativeper for mance of companies [J]. *Journal of Product Innovation Management*, 2011, 28 (4): 570 - 585.

[58]Bercovitz J, Feldman M. The mechanisms of collaboration in inventive teams: Composition, social networks, and geography [J]. *Research Policy*, 2011, 40 (1): 81.

[59]Terjesen S, Patel P C, Covin J G. Alliance diversity, environmental context and the value of manufacturing capabilities among new high technology ventures [J]. *Journal of Operations Management*, 2011, 29 (1/2): 105 - 115.

[60]朱亚萍．企业知识专门化与探索式创新绩效：研发网络知识整合的悖论[J]．宁波大学学报（人文科学版），2014（02）：102－107.

Zhu Y P. Knowledge Specification of Focal Firm and Exploratory Innovation Performance：A Paradox in the Knowledge Integration of Research and Development Network [J]. *Journal of NingBo University* (Liberal Arts Edition)，2014（02）：102－107.

[61]赵云辉．知识多样性对跨国公司知识转移绩效的影响研究——知识一致性的调节效应[J]．技术经济与管理研究，2016（9）：10－14. Zhao Y H. Impact of Knowledge Diversity on MNCs Transfer Performance－Moderator Effect of Knowledge Consistency [J]. *Technoeconomics & Management Research*，2016（9）：10－14.

[62]Jiang R J，Tao Q T，Santoro M D. Alliance portfolio diversity and firm performance [J]. *Strategic Management Journal*，2010，31（10）：1136－1144.

[63]Lin C，Wu Y－J，Chang G C，et al. The alliance innovation perfor mance of R&D alliances－the ab so rp ti ve cap acity perspective [J]. *Technovation*，2012，32（5）：282－292.

[64]Wuyts S，Dutta S. Benefiting from alliance portfolio diversity：the role of past internal knowledge creation strategy [J]. *Journal of Management：Official Journal of the Southern Management Association*，2014，40（6）：1653－1674.

[65] Hargadon A，Sutton R I. Technology Brokering and Innovation in a Product Development Firm [J]. *Administrative Science Quarterly*，1997，42（4）：716－749.

[66] Arts S，Veugelers R. Technology familiarity，recombinant novelty，and breakthrough invention [J]. *Industrial and Corporate Change*，2015，24（6）：1215－1246.

[67]Winter S G，Szulanski G. Replication as Strategy [J]. *Organization Science*，2001，12（6）：730－743.

[68]Winter S G. *Economic" natural selection" and the theory of the firm* [M]. California：Institute of Business and Economic Research，University of California，1964.

[69]Winter S G. Satisficing，selection，and the innovating remnant [J]. *Quarterly Journal of Economics*，1971，85（2）：237－261.

[70]Winter S G，Nelson R R. *An evolutionary theory of economic change* [M]. Cambridge：Harvard University Press，1982.

[71]Nelson R R，Winter S G. A case study in the economics of information and coordination the weather forecasting system [J]. *Quarterly Journal of Economics*，1964，78（3）：848－868.

[72]Dunbar K. How scientists think：On－line creativity and conceptual change in science [J]. *Creative thought：An investigation of conceptual structures and processes*，1997，4.

[73]Katila R，Ahuja G. Something old，something new：a longitudinal study of search behavior and new product introduction [J]. *Academy of Management Journal*，2002，45（6）：1183－1194.

[74]Kelley D J，Aai A，Zahra S A. Where do breakthroughs come from? Characteristics of high－potential inventions [J]. *Journal of Product Innovation Management*，2013，30（6）：1212－1226.

[75]Kaplan S. Strategy and powerPoint：an inquiry into the epistemic culture and machinery of strategy making [J]. *Organization Science*，2011，22（2）：320－346.

[76] Alencar MSM, Porter A L, Antunes AMS. Nanopatenting patterns in relation to product life cycle [J]. *Technological Forecasting and Social Change*, 2007, 74 (9): 1661 - 1680.

[77]栾春娟, 侯海燕. 全球纳米科学 - 技术发展情报分析[J]. 现代情报, 2011, 31 (9): 125 - 128.

Luan C J, Hou H Y. Global Intelligence Analysis of Nanoscience & Nanotechnology [J]. *Journal of Modern Information*, 2011, 31 (9): 125 - 128.

[78] Trajtenberg M. A penny for your quotes: patent citations and the value of innovations [J]. *The RAND Journal of Economics*, 1990, 21 (1): 172 - 187.

[79] Agarwal R, Hoetker G. A faustian bargain? The growth of management and its relationship with related disciplines [J]. *The Academy of Management Journal*, 2007, 50 (6): 1304 - 1322.

[80] Banerjee P. Resource dependence and core competence: insights from Indian software firms [J]. *Technovation*, 2003, 23 (3): 251 - 263.

[81] Dahulin K B, Behrens D M. When is an invention really radical?: Defining and measuring technological radicalness [J]. *Research Policy*, 2005, 34 (5): 717 - 737.

[82] Lanjouw J O, Schankerman M. Characteristics of patent litigation: A window on competition [J]. *RAND Journal of Economics* (RAND Journal of Economics), 2001, 32 (1): 129 - 151.

[83] Tong X, Frame J D. Measuring national technological performance with patent claims data [J]. *Research Policy*, 1994, 23 (2): 133 - 141.

[84] Sorenson J B, Stuart T E. Aging, obsolescence, and organizational innovation [J]. *Administrative Science Quarterly*, 2000, 45 (1): 81 - 112.

[85] Leten B, Belderbos R, Van Looy B. Technological diversification, coherence, and performance of firms [J]. *Journal of Product Innovation Management*, 2007, 24 (6): 567 - 579.

[86] Lin B W. Knowledge diversity as a moderator: inter - firm relationships, R&D investment and absorptive capacity [J]. *Technology Analysis & Strategic Management*, 2011, 23 (3): 331 - 343.

[87] Rosenkopf L, Nerkar A. Beyond local search: boundary - spanning, exploration, and impact in the optical disk industry [J]. *Strategic Management Journal*, 2001, 22 (4): 287 - 306.

[88] Aiken L S, West S G, Reno R R. *Multiple regression: testing and interpreting interactions* [M]. Los Angeles: SAGE, 1991.

[89] Cohen J, Cohen P, West S G, et al. *Applied multiple regression/correlation analysis for the behavioral sciences* [M]. New York: Routledge, 2013.

[90] Hayes A F. *Introduction to mediation, moderation, and conditional process analysis: a regression - based approach* [M]. New York: Guilford Press, 2013.

[91]乔元波, 王砚羽, 邹仁余. 非线性模型连续调节变量检验的实现方法[J]. 统计与决策, 2017 (09): 9 - 14.

Qiao Y B, Wang Y Y, Zou R. An Implement Method on Testing Continuous Moderator Variable in Non - linear Model [J]. *Statistics and Decision*, 2017 (09): 9 - 14.

[92] Hall B H, Jaffe A, Trajtenberg M. The NBER patent citations data file: lessons, insights and methodological tools [J]. *Nber Working Papers*, 2001.

[93]万小丽．专利质量指标研究[D]．武汉：华中科技大学，2009.

Wan X L. Study on Indicators of patent quality [D]. Wuhan: Huazhong University of Science and Technology, 2009.

[94]Li X, Chen H, Dang Y, et al. A longitudinal analysis of nanotechnology literature: 1976—2004 [J]. *Journal of Nanoparticle Research*, 2008, 10 (S1): 3 - 22.

[95]Guan J, Shi Y. Transnational citation, technological diversity and small world in global nanotechnology patenting [J]. *Scientometrics*, 2012, 93 (3): 609 - 633.

[96]Roco M C, Bainbridge W S. Converging Technologies for Improving Human Performance: Integrating From the Nanoscale [J]. *Journal of Nanoparticle Research*, 2002, 4 (4): 281 - 295.

[97]Nordmann A, Bruland K, Bibel W, et al. Converging technologies - shaping the future of European societies [R]. European Commission Research, 2004.

[98]Fernandez - Ribas A, Shapira P. Technological diversity, scientific excellence and the location of inventive activities abroad: the case of nanotechnology [J]. *Journal of Technology Transfer*, 2009, 34 (3): 286 - 303.

[99]Beaudry C, Schiffauerova A. Impacts of collaboration and network indicators on patent quality: The case of Canadian nanotechnology innovation [J]. *European Management Journal*, 2011, 29 (5): 362 - 376.

[100] Pandza K, Wilkins T A, Alfoldi E A. Collaborative diversity in a nanotechnology innovation system: evidence from the EU framework programme [J]. *Technovation*, 2011, 31 (9): 476 - 489.

[101] Funk R J. Making the most of where you are: geography, networks, and innovation in organizations [J]. *Academy of Management Journal*, 2014, 57 (1): 193 - 222.

[102] 郑德叶．母子公司知识异质性与创新绩效的关系研究[D]．杭州：浙江工业大学，2012.

Zheng D Y. The relationship between knowledge heterogeneity and innovation performance in parent - subsidiary corporation [D]. Hangzhou: ZheJiang University of Technology, 2012.

[103] Hohberger J. Combining valuable inventions: exploring the impact of prior invention value on the performance of subsequent inventions [J]. *Industrial and Corporate Change*, 2017, 26 (5): 907 - 930.

[104] 曾德明，周涛．企业知识基础结构与技术创新绩效关系研究——知识元素间关系维度新视角[J]．科学学与科学技术管理，2015，36 (10)：80 - 88.

Zeng D M, Zhou T. The Relationship Between Knowledge Base and Innovative Performance: A New Relational Perspective of Knowledge Elements [J]. *Science of Science and Management of S. &T.*, 2015, 36 (10): 80 - 88.

原载《管理工程学报》2020年第6期。

国防工业协同创新的欧盟经验探析*

杨　熠**

摘　要：近年来，欧盟一直在积极推动国防工业的协同创新发展，并出台了一系列政策文件。在此背景下，英国和法国倾向于把军、民技术系统地整合在一起，利用民用技术创新发展军用技术；而德国则倾向于采取军、民技术并行的研究和开发模式，军用技术研发体系保持相对独立。欧盟先进国家的发展经验对我国的国防工业协同创新有一定的借鉴意义，但我国在构建军民协同创新体系、制定政策、选择实施领域等具体过程中仍需结合具体国情来逐步推进。

关键词：国防工业　军民协同创新　欧盟

中图分类号：　　**文献标识码**：

一、引　言

当前国防工业协同创新是实施军民协同创新的重要组成部分，对提升国防工业水平、服务社会经济发展、落实总体国家安全观等具有重要意义。欧盟主要国家近年来在此领域的政策措施与发展经验值得我们参考借鉴。

* **基金项目**：北京高校高精尖学科“战略经济与军民融合”交叉学科（GJJ2019163）支持项目、中央财经大学双一流和特色发展引导学科专项（022959918005）。

** **作者简介**：杨熠，中央财经大学国防经济与管理研究院。

二、欧盟国防工业协同创新概况

（一）中小企业已成为欧盟国防工业协同创新的主力军

随着全球服务外包进入“3.0时代”，中小企业的地位逐步上升，尤其是在供应链方面，其在新兴技术领域通常比大企业更有效率且具有巨大的创新潜力。从2013年起，欧盟逐渐意识到国防工业协同创新的重要性，开始强调军民两用技术研发与服务，并鼓励中小型企业积极参与欧洲国防工业发展（EDIDP）、地平线2020（Horizon 2020）等计划。其基本思路是优先依托民用技术进行研发，在民用技术相对成熟后再过渡到军民联合研发，例如，人工智能、3D打印、大数据、纳米技术等主要依托民用技术来研发[1]。

（二）一些大型企业已经实现了军、民品的协调发展

欧盟国防工业采用协同创新模式，减小了国防预算连年下滑的负面影响，且部分大中型企业已经实现了军、民用技术的内部整合，以及军、民用产品的协调发展。总体而言，航空航天与电子行业通常是欧盟协同创新集中的领域。例如，欧洲空中客车集团（Airbus Group）下属的空客直升机公司（Airbus Helicopters）拥有军、民两大业务，并曾与航空工业哈尔滨飞机工业集团有限责任公司合作生产H175民用直升机。2019年，空客直升机公司的年度报告显示，其共获得52个国家、162个客户的369笔订单，总收益为60.07亿欧元，其中军用领域收益占比55%，民用领域占比45%。

三、欧盟国家国防工业协同创新措施

（一）英国

英国从20世纪90年代起就十分注重军民技术之间的融合，先后推行军用标准改革，发布了《国防工业政策》白皮书等纲领性文件，从政策层面持续推进国防工业协同创新。1999年成立的英国国防技术转化局（DDA）主要负责管理民用科研

机构从事国防项目的合同和经费，以及军用与民用技术之间的转化应用。与此同时，英国政府还建立了一些军民两用技术中心，如结构材料中心、系统与软件工程中心、信息处理与电信革新中心、超级计算中心等，对军用技术向民用领域的转移应用进行研究[2]。

近年来，英国在国防工业协同创新领域推出了若干新举措，2012 年 2 月，英国国防部出台了《通过技术实现国家安全》白皮书，其中充分肯定了中小企业在国防工业协同创新领域取得的成绩，如经济效益、就业机会、技术创新、产品出口等[3]。考虑到中小企业的系统集成能力，英国政府希望中小企业在国防大型平台和武器系统项目采购的供应链中只充当辅助角色，但表示将继续促进并保障这些企业自由进入市场，并将操作程序简化，协助中小企业获取出口订单，以此提高其信息和技术的跨国界流动，增强其海外市场竞争力。

为了快速引入技术创新，满足国防与安全战略需求，时隔 5 年后，英国国防部发布《2017 年科学技术战略》，旨在寻求最具前沿的新兴技术来维持国防工业领域的技术能力[4]，强调国防工业科技创新不是孤立的，需要采取灵活的方式与中小企业、学术界、各级地方政府、国际伙伴协作，利用非国防领域的科技进步降低研发成本，提高效益。

事实上，英国国防工业协同创新的核心是给中小企业提供一个公平的竞争环境，既不存在优惠待遇，也不存在歧视性壁垒。

（二）法国

1994 年，法国发布《国防白皮书》，提出了民用、军用工业之间的结合原则和方向，并设立专门机构，负责组织协调国防工业协同创新发展。随后法国在保证国防工业的结构与核心竞争力的前提下，极大缩小了国防工业的体系规模，但没有因此限制技术的进出口，除非是国家安全受到威胁，或者是涉及欧盟两用技术贸易规则。

2017 年，法国国防工业已经发生了较大变化，由 10 个大型集团和约 4000 家提供国防业务的中小企业组成，拥有约 16.5 万名员工，预计在未来几年内，员工人数可达 20 万人。同年，法国启动国防和国家安全战略评估（SRDNS），为国防创新设定目标，其中涉及国防工业协同创新的内容包括：支持国防工业和安全领域相关创新型中小企业及民间研究组织，尽可能合理地使用国防研究资金和发展信贷，尽可能获取其他公共机构或部门对军民两用技术研究的资助，并且参与者应从军民两用技术合作中获得利益[5]。除此之外，法国还积极参与欧盟发起的欧洲防务基金项目，该基金 2021—2027 年的预算总额为 130 亿欧元，旨在通过支持研发活动，建立协调和沟通机制，鼓励国防科研机构、军工企业、民营企业开展协作，特别是以民营中小企业为重点的国防工业领域合作。

从全局来看，SRDNS在获得战略自主权，加强与民间企业、组织的对话，提高中小企业对国防工业和国家安全问题的认知等方面产生了积极的影响。但是同时需要注意，尽管利用民用技术可以让军方以更低的成本更快地获得创新技术，但民用研究技术必须得到优化，才能更好地兼顾军民两用。军方则必须掌握创新的核心技术以便减少风险，以此保持自己的能力和优势。

（三）德国

一直以来德国的大型企业在国防工业协同创新方面发挥了重要的作用，且具有较高地位。例如，德国莱茵金属集团作为一个综合性的技术集团是移动环保和安全技术领域的市场领导者。莱茵金属集团的经营活动分为2个部门，即莱茵金属汽车部门和莱茵金属防务部门。莱茵金属汽车部门是世界领先的发动机系统和模块的汽车供应商之一，莱茵金属防务部门制造了超过700种不同的产品，主要为德国和其他北约国家地面部队提供系统和设备。此外，莱茵金属集团还为能源和资源部门及海运业在技能发展、态势感知、沟通和团队合作方面提供培训，从而达到防灾和危机管理的目的。这一方面可以减少其他国家对德国军工企业的疑虑和恐惧，另一方面也可以将其纳入市场经济的轨道，实现协同发展。

德国于1992年明确了国防方针，其中强调必须要储备足够的军工力量，同时要综合考虑军工企业与民用企业之间的关系，两者在融合过程中既不能影响军工企业的核心地位，保证军工企业能够实现国家的相关目标，满足国防的需要，又不能损害民用企业的利益。另外，德国十分重视国防工业协同创新过程的科技研发，现阶段德国的科技研发工作主要通过委托一些专业的民间机构（包括科研院所、高等院校等）来完成。有相当一部分从事国防领域的科研单位是以协会形式注册的民间科研机构，这部分机构已经构成了德国国防科研的骨干力量，如马克斯·普朗克科学促进学会、亥姆霍兹联合会、莱布尼茨学会、弗劳恩霍夫协会[6]。在国防工业协同创新问题上，德国内部存在一定分歧，德国国防部充分肯定民用工业对国防技术研究和创新的重要作用，但是德国教育和研究部门反对在民用和国防研究之间建立更紧密的联系。

迫于欧盟近年来倡议民技军用的形势，2017年，德国国防部推动建立了网络创新中心（Cyber Innovation Hub，CIH）[7]。作为一个试点项目，其旨在创建一个军方、企业、科研等部门定期交流的平台，以促进军民两用技术的协同发展。与此同时，德国已在积极参与欧盟提出的军民两用国防和安全项目。

整体上看，英、法等国已经能够结合各自的优势把从民用技术中开发出的新技术应用到国防工业领域，并且倾向于把军、民系统创新地整合在一起，而德国则倾向于对同一领域的技术采取军、民并行的研究和开发模式，军事领域可借鉴民用技术，但需保持相对独立的军用技术研发体系。

四、对我国国防工业协同创新的启示

虽然我国的社会制度不同，对国防工业协同创新的定位也不同，但是欧盟发达国家的发展经验对我国的国防工业协同创新仍有一定借鉴意义。

（一）构建协同创新体系

近年来，我国致力于构建国防工业协同创新体系，应从体制、机制和法制三个方面进行综合考量，努力形成全方位的规则制度体系，既要依托大型国防企业的“实力”，又要借助中小民营企业的“活力”，并结合实际对军、民两大体系开展综合集成和整体优化的工作。

（二）协同创新政策制定

我国可根据国情从战略层面积极组织、管理和推动国防工业协同创新相关事务工作，从法律层面出台一些文件和政策措施。2016 年 7 月，国家国防科技工业局印发《关于加快推进国防科技工业科技协同创新的意见》及实施方案，对构建协同创新的国防科研体系，加强基础研究和关键技术攻关，完善国防科技协同创新机制，营造良好的协同创新环境等工作进行全面部署[8]。今后我们还需对国防工业协同创新进行规范和引导，并从全局出发，围绕建立机构、制定规划、利用资源、构建保障等内容展开研究。

（三）协同创新的领域选择

我国国防工业并不是所有领域都适合进行协同创新，应当进行评估分析，选取军用、民用有共同需求的领域，促进技术投入、产业升级和优先发展。综合考虑我国的实际情况，目前航空航天、电子信息、船舶海工等高端产业领域军用、民用技术交叉融合，比较适合进行协同创新推广。另外，军工企业可以引入一些民用技术和工艺，提高民品在国防科技工业中的生产占比。民品成规模的发展模式可以在一定程度上避免单一军品生产模式的缺点，降低亏损风险，提高企业效益。

五、总 结

综上所述，新时期我国国防工业的协同创新发展可以借鉴欧盟主要国家近年来的成功经验，同时需要结合我国国情完善体系构建，制定相应的政策，优先发展成熟领域，以便实现新的突破，最终达到改革国防工业体制、健全国防工业体系的目标。

参考文献：

[1]杨熠．欧盟国防工业军民融合的优势与问题[J]．中国军转民，2020（4）：64－66.

[2]英国军民结合促进国防高技术的政策与管理措施[EB/OL]. http：//www. defence. org. cn/article－13－29073. html，2004－10－29.

[3]National security through technology：technology，equipment and support for UK defence and security［EB/OL］. https：//assets. publishing. service. gov. uk/government/uploads/s ys tem/uploads/attachment_ data/file/27390/cm8278. pdf，2012－02－01.

[4]MOD science and technology strategy 2017［EB/OL］. https：//www. gov. uk/government/publications/mod－science－and－technology－strategy－2017，2017－10－30.

[5]Strategic review of defence and national security 2017［EB/OL］. https：//cd－geneve. delegfrance. org/IMG/pdf/rs_ 2017_ eng. pdf，2017－10－31.

[6]Research performing organisations［EB/OL］. http：//www. research－in－germany. org/en/research－landscape/research－organisations. html，2020－03－16.

[7]Accelerating innovation to our soldiers［EB/OL］. https：//www. bmvg. de/de/themen/cybersicherheit/partnerschaften－zur－cybersicherheit/cyber－innovation－hub，2017－12－31.

[8]国防科工局多措并举加快推进国防科技工业协同创新[EB/OL]. http：//www. gov. cn/xinwen/2016－06/30/content_ 5086957. htm，2016－06－30.

原载《军民两用技术与产品》2020年总第440期。

国 防 财 政

军火贸易、军事开支与经济增长——基于索洛模型的分析*

陈 波 邢政君**

摘 要：军火贸易是军事开支的重要支出项，军事开支与经济增长存在非常复杂的关系。在研究军事开支与经济增长之间关系的理论框架下引入军火贸易的情况，利用 Solow 经济增长模型并选取双向固定效应估计方法对25个武器出口大国的相关数据进行回归分析，以研究军事开支、军火贸易与经济增长之间的关系。研究发现军事开支与武器出口单独对经济增长产生影响时，会阻碍经济的增长，但是如果该国是一个武器的净出口国，那么高军费对于经济增长的消极影响会被减弱。

关键词：军火贸易 军事开支 经济增长 索洛模型

中图分类号：F063.3 **文献标识码：**A

一、引 言

军火贸易是一国军事开支的重要支出项，军费开支作为一项重要的政府开支，对经济增长的影响被学者广泛讨论，有人认为这是和平与安全的保障，但也有人认为这是对资源的浪费。学术界对军火贸易的研究多着眼于军火的特殊性质——与国家安全相关的战略属性，而往往忽略了其作为一种商品所固有的经济意义，军火贸易的经济影响事实上仍是一个尚待开发的国防经济学子领域。

* **基金项目：**北京市高精尖学科战略经济与军民融合交叉学科支持项目（2019053）；中央财经大学战略经济对抗与经济战争模拟仿真推演项目（022951619001）。

** **作者简介：**陈波，男，博士，教授、博士生导师，主要研究方向为国防经济理论与前沿、军民融合理论与政策；邢政君，中央财经大学国防经济与管理研究院硕士研究生。

根据 SIPRI 的估计，2017 年世界军费在不变价格上达到 17390 亿美元，达到了冷战结束后的最高水平，人均军费开支为 230 美元，占世界 GDP 的 2.2%。2013—2017 年期间较 2008—2012 年期间，主要武器的国际转让量增加了 10%，达到了冷战结束以来的最高水平，这一增长也意味着军火贸易保持了稳定的上升趋势。一些军费开支大国同样也是军火贸易的主要出口国，2017 年军事开支排名前十的国家分别为美国、中国、沙特阿拉伯、俄罗斯、印度、法国、英国、日本、德国和韩国，军火前十大出口国分别为美国、俄罗斯、法国、德国、中国、英国、西班牙、以色列、意大利和荷兰。军事开支排名前十的国家占到世界军费开支总额的 73%，而军火出口前十的国家占到世界市场份额的 89%，其中前三大军火出口商的市场份额为 63%。在军火贸易中，出口方的市场集中度持续下降，而发展中国家在军费开支与军火贸易当中的贡献度逐渐增加[1]。这些数据都显示了军事部门的经济意义，本文将着眼于军火贸易的经济意义，讨论其是否会与军费支出相互作用并对国家的经济增长产生影响。

二、文献综述

无论是军事支出还是军火贸易对经济的影响机制都很复杂，且这两者对经济增长的影响净效应也难以通过简单的分析进行判断。迄今为止，学术界围绕军火贸易、军事开支与经济增长的研究主要围绕下面两个方面进行：

1. 对军事开支与经济增长的研究。Dunne 详细分析了军事开支对经济增长的影响渠道，并将其分为三大类：需求影响渠道、供给影响渠道和安全影响渠道[2]450，下面将从这三个方面简要阐述其影响机制。

在需求影响渠道上，军事开支通过凯恩斯乘数对经济增长产生影响。在该影响渠道下，军事支出的增长会使得总需求增长，若此时存在闲置产能，就会促使资本利用率的提升和失业率的降低，此时，军事开支具有增长效应。然而，与此同时军事支出同样存在机会成本问题，军事支出会挤占其他部门的投资。而军费开支的增加所带来的挤占影响则取决于先前对资源的利用率，以及政府对于国防支出的增加将采用何种方式进行融资。由此可以看出，在需求影响渠道上，军事开支对经济增长的影响既可能是正面的也可能是负面的，而其总效应究竟是正是负则无法判断。

从供应影响渠道进行分析，由于资源的供给具有排他性，因此军事部门与民事部门在面对劳动力、技术及其他资源时，会形成竞争关系。从这个角度看，军事支出同样会带来机会成本问题。然而，军事研发会促进新技术的产生和发展，从而对民用部门产生技术溢出效应。有研究表明，征兵和意识形态上的狂热可能会增加生产要素的动员，特别是处于被人们认为是战争威胁的时期，如果这些动员起来的资源并非专门用于军事目的时，那么这将产生更高的产出[2]451。换句话说，动员能力在短期内可以对经济增长产生积极影响。这也说明了军事资源可能会产生溢出效应。因此，从供应渠道看军事开支对经济增长的影响净效应也是不明确的。一方面军费开支所带来的机会成本问题可能会对经济增长产生负面的影响；另一方面军事开支所形成的成果可能会产生溢出效应，从而对经济增长产生积极的影响。

从安全影响渠道看，国家面临威胁时，军事开支的增加可以为国家提供更多的安全，为投资创造和平稳定的环境，从而对经济增长产生促进作用。然而，若是军事开支的上升是因为寻租活动，那么军事开支的上升可能会引发军备竞赛甚至是战争冲突。Aizenman 和 Glick 的发现支持了这一观点：当一个国家面临高军事威胁时，经济发展会随着军事开支的增加而增长，但是当一个国家面临着较为严重的腐败问题时，其经济增长会随着军事开支的增长而下降[3]140。

军事开支对经济增长的影响机制是多方面的，而模型选取的不同也是造成军事开支与经济增长问题研究结论不一致的原因之一。Benoit 在早期的跨国相关分析当中应用各种不同的计量经济学模型，以论证不同的理论观点[4]。Aizenman 和 Glick 认为，选取线性模型与非线性模型研究军事开支与经济增长问题将会产生不一样的结果[3]130。Stroup 和 Heckelman 认为，如果军事部门的边际生产力下降，军事开支对增长的净效应就被描述为非线性的凹函数[5]。这一论点意味着，在军事开支水平低的情况下，对经济增长的净效应是积极的，但是经过最高点后，随着军费开支不断扩大，其效应可能变为负面的，经济增长会下降。也就是说，军事开支与经济增长之间的关系不能简单地化为线性函数的形式。此外，还有学者对关于实证研究中的理论模型选取问题进行了讨论与修正，Crespo 和 Reitschuler 对于 Ferder - Ram 模型的缺陷进行了一些修正，并引入了军事支出的非线性效应[6]。Dunne 等学者通过数学推导指出，军事开支与经济增长研究文献中广为使用的 Feder - Ram 模型在理论与计量当中存在着严重问题，并提出使用新古典增长模型结合面板数据的方法比用 Feder - Ram 模型要好[7]18。Yako - vlev 使用索洛模型和 Barro 模型分别来探讨军费开支和经济增长之间的非线性关系，结果显示，索罗模型比 Barro 模型的结果更具稳定性[8]336。

2. 军火贸易的经济学研究。经济学家对军火贸易进行了一些研究，但有学者则认为经济学家对于军火贸易的研究不符合一般规则[9]527。杨丽认为，冷战结束后，经济学家才对军火贸易的经济意义有了认识[10]。军火贸易的经济学研究少主要有两个方面的原因：一方面是因为其“是一个相当复杂的问题”[11]；另一方面是因为相关经济学方法的局限性。

军火贸易可能会通过一些不同的渠道影响经济增长。有学者提出武器装备的生产过程同一般商品一样具有规模经济的特点[9]542，而武器出口则反映了出口国较高的科技发展水平，代表了军事开支更高的溢出效应。因此，考虑到军火贸易与军事开支在军事部门所具备的经济属性可能存在的相互作用，以及武器生产的规模经济性和军事技术的溢出效应，武器出口可能与军事开支相互作用对经济增长产生非线性的影响。Yakovlev 则考察了武器贸易净出口与军事开支相互作用对经济增长产生的这种非线性影响，认为武器贸易与军事开支分别单独对经济增长产生负面影响，而其相互作用对经济增长产生正面影响[8]337。

武器进口作为一项重大交易，会占用军事开支的一大部分资金，因此武器进口同样可能会与军事开支相互作用对经济增长产生一定的影响。由于武器交易较为昂贵，许多国家在采购军备的同时会增加债务存量。因此，有许多学者研究了武器进口、债务以及军费开支之间的关系。Looney 开发了三种模型用于对军费开支、公共外债以及武器进口的研究，调查了军事开支和武器进口如何影响资源有限国家和资源不受限制国家的债务，并发现武器进口是第三世界国家债务形成的重要影响因素[12]。Dunne 提出，武器进口变量对巴西和智利的债务都没有产生明显的影响[13]。Eftychia Nikolaidou 提出，军事开支和武器进口在短期内对希腊公共债务产生了不利的影响[14]。但有学者认为，外债并非一定会导致经济增速放缓，如 Dunne 就认为，在评估债务对经济增长的影响时，重要的是要考虑如何使用外债。若是借来的资金被用于提升生产力上，那么就会促进经济的增长，若是借进的资金被用于武器进口上，那么就会对经济增长产生负面影响[2]451。然而，从另一个角度来看，武器进口可以帮助进口国通过逆向工程技术或是通过对操作人员必要的培训来提升武器进口国的技术水平。从这个角度看，武器贸易带来的技术外溢可能会促进经济的发展。

三、理论模型

1956 年，索洛开发了研究经济增长的模型，他假设一经济体符合柯布—道格拉斯生产函数，边际资本回报率递减且具有固定的技术增长水平，且储蓄率、劳动力增长率以及技术进步均为外生变量。Mankiw 等人在 Solow 模型中引入人力资本[15]。Knight 等人和 Dunne 等人将该模型的变体用于军费支出对经济增长的研究中[7]9[16]14。

军事开支对经济增长的影响在模型当中可以以多种方式表示。Dunne 假设防务负担通过作用于效率参数的水平效应进而影响要素生产率，其中，效率参数控制着劳动力增加型技术变化[2]456。此时，劳动力增加型技术进步的新古典生产函数表示如下：

$$Y(t) = K(t)^{\alpha}[A(t)L(t)]^{1-\alpha}$$

其中，Y 代表了总实际收入，K 为实际资本存量，L 为劳动力，技术参数 A 以以下形式进行演变：

$$A(t) = A_0 e^{gt} m(t)^{\theta}$$

其中 g 是哈罗德中技术进步的外生增长率，θ 为防务负担人均产出的弹性系数，m 是军费在总产出中的份额（即防务负担）。继续观察该模型的一些动态特性。考虑到外生储蓄率 s，劳动力增长率 n 和资本折旧率 d 的标准假设，该模型显示了资本积累的常规动态，其中单位有效劳动力的物质资本（$k_e = K/AL$）演变如下：

$$k_e(t) = s\, y_e(t) - (n+g+d)k_e(t)$$

根据推导可以得出每个工人的实际收入等式：

$$\ln y(t) = e^{z}\ln y(t-1) + (1-e^{z})\left\{\ln A_0 + \frac{\alpha}{1-\alpha}[\ln s - \ln(n+g+d)]\right\} + \theta\ln m(t) - e^{z}\theta\ln m(t-1) + [t-(t-1)e^{z}]g \tag{1}$$

其中，$z \equiv (\alpha-1)(n+g+d)$，$t$ 为时间。Knight、Dunne 认为，s 和 n 的取值随着国家和时期的变化而变化，而 g 和 d 则是恒定不变的；且不同国家 A_0 的取值不同，具有个体差异，可计入误差项[2]457[16]14。因此，可将（1）式变形为如下形式并运用至本文的分析当中：

$$growth_{it} = \beta_0 + \beta_1\ln y_{it-1} + \beta_2\ln s_{it} + \beta_3\ln(n_{it}+g+d) + \beta_4\ln m_{it} + \beta_5\ln m_{it-1} + \varepsilon_{it} \tag{2}$$

这个等式为索洛式回归研究关于军事开支和武器出口如何影响经济增长实证分析提供了理论模型基础。如前所述，武器出口可能会通过多种渠道影响经济增长，这使得在新古典经济增长模型中模拟这些影响机制十分困难。但是，可以观察到，发展水平、军事开支和武器出口之间似乎存在有因果联系。这可以作为将武器出口纳入索洛增长模式的理论基础。但最终的答案必须通过实证研究来对这些影响机制进行检验。

四、数据指标选取

在索洛经济增长模型回归中，因变量是世界人均 GDP 的年增长率。而解释变量包括了经济增长文献中使用的一些经典的控制变量，变量定义见表 1。如初始实际人均 GDP，前一期的实际人均 GDP（y_{it-1}），人口的年增长率（$n_{it}+g+d$），实际投资占 GDP 的比例（s_{it}）。军事开支（m_{it}）则以军费负担（即军事开支占 GDP 的比重）表示。此外，回归当中还包含了军事开支的滞后期。因为本文要研究武器贸易和军事开支与经济增长之间的关系，因此回归当中还包含了武器的净出口以及武器净出口与军事开支的相互作用项。本文中，武器净出口（nax_{it}）的衡量标准为（武器出口－武器进口）/（武器出口＋武器进口），而交互项则以武器净出口和军事开支自然对数的乘积表示，即（nax_{it}）（$\ln m_{it}$）。在回归当中，除了武器净出口，所有解释变量都以对数形式进入模型当中。

至此，可以提出本文最终用于回归的模型设定，如下所示：

$$growth_{it} = \alpha_i + \alpha_t + \beta_1 \ln y_{it-1} + \beta_2 \ln s_{it} + \beta_3 \ln(n_{it} + g + d) + \beta_4 \ln m_{it} + \beta_5 \ln m_{it-1} + \beta_6 nax_{it} + \beta_7 nax_{it-1} + \beta_8 (nax_{it})(\ln m_{it}) + \varepsilon_{it}$$

因变量以及解释变量中的经典控制变量的数据，即人均 GDP 的增长率、人均实际 GDP、人口的增长率、投资占 GDP 的份额都来源于世界银行的数据库，军费负担的数据来源于 SIPRI 数据库。关于武器贸易的数据，在国防经济学的研究文献当中经常被使用的两个数据库为斯德哥尔摩国际和平研究所（SIPRI）和全球军费开支与武器转让（WMEAT）项目的数据库。SIPRI 作为一个独立的数据来源，其军火贸易的数据是根据其自身数据库的一套标准进行评估统计的，军火贸易统计的数据指标为 TIV 值，并非经济学意义上的货币单位。此外，SIPRI 的武器转让数据库涵盖了通过销售、援助、赠送以及制造许可证、技术转让，甚至是通过 3 个月以上的贷款和租赁形式进行的贸易，这意味着根据 SIPRI 定义的转让总数超过了跨国武器贸易中实际支付的货币经济价值。因此，SIPRI 武器转让数据库统计的数据指标更大程度上反映的是各种形式的军事能力流动。而 WMEAT 数据库则是传统意义上对于军火贸易数据的货币单位统计。本文主要研究的是武器贸易、军事开支对经济增长所产生的经济效应，从这个角度看，以传统货币单位进行度量统计的 WMEAT 数据库更符合本文的研究主题。因此，本文的武器贸易数据来源于 WMEAT 数据库。

表 1　　变量定义

变量	变量定义
$growth_{it}^1$	实际人均 GDP 的增长率
y_{it-1}^1	前一期的人均实际 GDP
s_{it}^1	投资占 GDP 的比重
$n_{it}+g+d^1$	人口增长率 n_{it} +0.05，其中假设 $g+d$ 为 0.05。由于一些国家的人口增长率为负值，对该项直接取对数可能会产生数据缺失，因此本文将所有国家的 n_{it} 都加上 3 之后再取对数，保证所有国家该项的取值为正数。

续表

变量	变量定义
m_{it}^2	军费占 GDP 的比重，由于一些国家的军费负担较小，对军费负担直接取自然对数可能会出现负值，因此本文将所有国家的军费负担都加上 1 之后再取对数，保证所有国家该项的取值为正数。m_{it}的滞后期为 m_{it-1}。
nax_{it}^3	净武器出口的衡量标准为（武器出口 - 武器进口）/（武器出口 + 武器进口），其滞后期表示为 nax_{it-1}。

数据来源：①世界银行数据库（World Bank Database）；②斯德哥尔摩国际和平研究所（SIPRI）；③由美国军控与裁军局（U. S. Arms Control and Disarmation Agency）编制的全球军费开支与武器转让数据库（WMEAT）。

本文选取的样本国家是基于 SIPRI 数据库挑选出的全球 25 个主要常规武器出口大国，25 个样本国家见表 2。

表 2　　样本国家

美国	俄罗斯	中国	法国	德国
英国	西班牙	意大利	乌克兰	以色列
荷兰	瑞典	韩国	瑞士	加拿大
土耳其	挪威	白俄罗斯	南非	澳大利亚
芬兰	捷克	巴西	罗马尼亚	波兰

关于样本时间选取，因为在选取的国家当中，俄罗斯、白俄罗斯以及乌克兰属于苏联，因此冷战结束前没有其作为独立国家进行统计的数据，故样本时间选取从 1992 年开始。又因为军贸数据选取自 WMEAT 数据库，其数据统计更新至 2015 年，因此样本时间为 1992—2015 年。

五、实证研究

虽然经济增长模型在横截面实证研究当中取得了很大的发展，但是将新古典增长模型运用到面板数据估计相对于横截面分析可以提供一些更为显著的优势，如：对于 s 和 n 不变的假设，在面板数据分析当中更容易被证明。此外，考虑到跨国时间序列数据的可用性，固定效应估计或是最小二乘虚拟变量（LSDV）模型似乎是较为合适的选择。当解释变量与个体特征相关时，用于消除异质性而引起的潜在偏误的标准估计量是固定效应估计量。Wool - dridge 认为，固定效应估计量非常流行，因为它很简单，易于理解，同时可以提供稳健的标准误[17]。在分析固定效应估计量时，标准假设是时变误差项均值为零，方差一致且不相关。在存在遗漏变量而导致有偏以及国家面板数据中经常出现的国家异质性和时间影响的情况下，固定效应估计优于混合或随机效应估计量。Islam 探讨了面板数据分析经济增长估计中 LSDV 固定效应估计量的实用性[18]，他认为，固定效应估计量是一种非常合适的技术，因为个别国家的特征与模型中的外生变量相关。但是 LSDV 模型还存在一些问题，例如，虚拟变量太多会大大损失自由度，而随着时间推移，国家异质性或自相关会违反对于误差项提出的正态性和同质性假设。异常值会偏离回归斜率，而来自群体差异的异方差问题会偏离标准误差。Yaffee 认为更合适和常用的估计量是可行的广义最小二乘法（FGLS）[19]。但是由于 FGLS 只能用平衡面板数据分析，而本文由于受到武器净出口一项数据的限制，数据集为非平衡面板数据，因此最终选取双向固定效应模型的 OLS 回归。表 3 为索洛式回归的结果，其中前三列是双向固定效应进行回归的结果。第 1 列展示的结果是不加入军火贸易数据的回归结果，第 2 列是加入军火贸易净出口指标而不加入交互项回归的结果，第 3 列是加入交互项后的归回结果，最后一列是使用随机效应 OLS 回归的结果。

表 3　　索洛式回归中军事开支、武器净出口对经济增长的影响

	1	2	3	4
$\ln y_{it-1}$	-0.032***	-0.033***	-0.036***	-0.009***
	(0.009)	(0.009)	(0.009)	(0.003)
$\ln s_{it}$	0.049***	0.041***	0.041***	0.043***
	(0.012)	(0.012)	(0.012)	(0.009)
$\ln(n_{it}+g+d)$	-0.031***	-0.027***	-0.025***	-0.021***
	(0.006)	(0.007)	(0.007)	(0.007)
$\ln m_{it}$	-0.156***	-0.083***	-0.068***	-0.207***
	(0.020)	(0.025)	(0.025)	(0.020)
$\ln m_{it-1}$	0.145***	0.088***	0.082***	0.209***
	(0.018)	(0.022)	(0.022)	(0.019)
nax_{it}	-	0.007	-0.029**	-0.013
		(0.005)	(0.012)	(0.011)
nax_{it-1}	-	-0.001	-0.003	-0.003
		(0.005)	(0.005)	(0.005)
$(nax_{it})(\ln m_{it})$	-	-	0.037***	0.011
			(0.011)	(0.010)
常数项	0.218**	0.249***	0.263***	-0.017
	(0.086)	(0.079)	(0.078)	(0.43)

续表

	1	2	3	4
回归方法	固定效应 *OLS*	固定效应 *OLS*	固定效应 *OLS*	随机效应 *OLS*
F 值	10.891	13.761	14.025	17.882
P 值	0.000	0.000	0.000	0.000
调整后的 R^2	0.463	0.602	0.611	0.232
观测样本数	598	448	448	448

注：*** 为 1% 的显著性水平，** 为 5% 的显著性水平，* 为 10% 的显著性水平。

从表 3 的前三列可以看到，滞后期人均实际 GDP 对经济增长呈现显著的负向影响，投资份额对经济增长产生积极且显著的影响，人口增长率对经济增长产生显著的负向影响。三项经典控制变量前的系数符号与预期相符，且其系数均显示显著。当期军事开支对经济增长产生显著的负向影响，这与我们的预期相符，这主要是因为军费开支会挤占民事部门的投资从而对经济增长产生负向影响。而军事开支的滞后项则对经济增长产生了正向的显著影响，这主要是考虑到军事开支可能会通过研发等渠道产生军事技术外部性，从而通过技术外溢对经济增长产生积极的促进作用。

武器净出口前的符号和系数显著性在加入交互项前后的表现并不一致。第 2 列的回归结果显示当期武器净出口前的符号为正，但并不显著，而第 3 列回归结果中当期武器净出口前的符号变为负号且变得显著，主要是因为武器净出口对于经济增长产生非线性的影响关系。武器净出口的一期滞后对于经济增长产生了负面的影响，但是在第 2、3 列的回归结果当中都不显著。由第 3 列的回归结果可以看出，当期军事开支和武器净出口对经济增长都分别产生负面影响，但是军事开支与武器净出口的交互项则对于经济增长显示出积极且显著的影响作用。可以解释为，当武器净出口变高时，军事开支对经济增长的影响会变为积极的，换言之，当武器净出口增长时，军事开支对经济增长的消极影响作用会变小。

可以看出第 4 列随机效应模型回归的结果与第 3 列的结果还是有较大差异的，随后使用豪斯曼检验，结果显示拒绝随机效应模型，选择固定效应模型。豪斯曼检验结果意味着估计结果应当与固定效应估计结果一致，即军事开支与武器净出口阻碍了经济增长。

武器净出口与经济增长之间的负向关系与直觉不符。可能有以下两个方面原因：一方面，可能军事开支对于经济增长的负向影响影响了武器出口；另一方面可能是两者之间存在着双向因果关系，放缓的经济增长对于军事预算产生消极影响，迫使更多的出口销售取代取消的国内军事合同。

六、结　论

本文选取了25个武器出口大国1992—2015年的相关经济数据，基于索洛经济增长模型分析了军事开支、武器贸易与经济增长之间的关系。从其回归结果可以看出，军事开支与武器出口分别对经济增长产生负向的影响，然而其交互作用则对经济增长产生积极的影响。这意味着军事开支与武器出口单独对经济增长产生影响时，会阻碍经济的增长，但是如果该国是一个武器的净出口国，那么高军费对于经济增长的消极影响会被减弱。换句话说，如果一国想要减弱高军事开支对该国经济增长产生的阻碍作用，那么最好成为一个武器净出口国。

将这样的结论放在中国当下的发展进程中也具有一定的实践意义。近年来，我国为了提升保卫国家安全的能力，同时为了弥补对军事部门过去投入的不足，适度保持了一定程度的军费增长。从本文的研究看，可以通过适度提升武器净出口水平来减弱军费增长对经济发展所带来的消极影响，进而维持我国稳定的经济增速。

参考文献：

[1] SIPRI. SIPRI2018 年统计年鉴[EB/OL]. [2019-11-16]. https://www.sipri.org/yearbook/2018/05.

[2] DUNNE J P, SMITH R, WILLENBOCKEL D. Models of military expenditure and growth: A critical review [J]. *Defense and Peace Economics*, 2005, 16 (6).

[3] AIZENMAN J, GLICK R. Military expenditure, threats, and growth [J]. *Journal of International Trade & Eco-nomic Development*, 2006, 15 (2).

[4] BENOIT E. Growth and defence in LDCs [J]. *Economic Development and Cultural Change*, 1978, 26 (2): 271-280.

[5] STROUP M D, HECKELMAN J C. Size of the military sector and economic growth: A panel data analy-sis of Africa and Latin America [J]. *Journal of Applied Economics*, 2001, IV (November) 329-360.

[6] CUARESMA J C, GREITSCHULER. A non-liner de-fence-frowth nexus? Evidence from the US economy [J]. *Defence and Peace Economics*, 2004, 15 (1): 71-82.

[7] DUNNE P, SMITH R, WILLENBOCKEL D. Theoretical and econometric issues in analysing the military expendi-ture-growth nexus [EB/OL]. [2019-11-16]. https://core.ac.uk/display/21509988.

[8] YAKOVLEV P. Arms trade, military spending, and eco-nomic growth [J]. *Defence and Peace Economics*, 2007, 18 (4): 317-338.

[9] 基斯·哈特利，托德·桑德勒. 国防经济学手册[M]. 北京：经济科学出版社，2001：527.

[10] 杨丽. 军火贸易的国际政治经济学分析[D]. 南京：南京航空航天大学，2007：3.

[11]NEWMAN S G, R E HARKAVY. *Arms transfers in the modern world* [M]. New York: PraegerPublishers, 1979: 315.

[12]LOONEY R E. The influence of arms imports on third world debt [J]. *The Journal of Developing Areas*, 1989, 23 (2): 221 -232.

[13]DUNNE J P, PERL FREEMAN S, SOYDAN A. Military expenditure and debt in small industrialised economies: A panel analysis [J]. *Defence and Peace Economics*, 2004, 15 (2): 125 -132.

[14]NIKOLAIDOU E. The role of military expenditure and arms imports in the Greek debt crisis [J]. *The Economics of Peace and Security Journal*, 2016, 11 (1): 18 -27.

[15]MANKIW N G, ROMER D, WEILl D N. A contribution to the empirics of economic growth [J]. *The Quarterly Journal of Economics*, 1992, 107 (2): 407 -437.

[16]KNIGHT MALCOLM, NORMAN LOAYZA, DELANO VILLANEUVA. The Peace Dividend: Military Spending and Economic Growth [J]. *IMF Staff Papers*, 1996, 43 (1): 1 -37.

[17]WOOLDRIDGE J M. *Econometric analysis of cross section and panel data* [M]. London: MIT press, 2010: 420 -449.

[18]ISLAM N. Growth empirics: a panel data approach [J]. *The Quarterly Journal of Economics*, 1995, 110 (4): 1127 -1170.

[19]YAFFEER. A primer for panel data analysis [J]. *Connect: Information Technology at NYU*, 2003: 1 -11.

原载《南京航空航天大学学报（社会科学版）》2020 年第 1 期。

美国2021财年国防高科技预算提案解析*

侯　娜　刘晓宇**

摘　要： 美国总统特朗普向国会提交的2021财年总统预算提案中，包含美国国防预算7054亿美元。2021财年美国国防预算聚焦未来高端作战需求，其中国防研发预算提案1066亿美元，主要用于关键新兴科技和先进能力赋能器的研究和发展，成为有史以来最大规模的研发预算。本文系统梳理了2021财年美国国防预算提案的总体情况，并对该提案中涉及科学技术部分的预算进行了分析，在此基础上，解析了人工智能、自主系统、高超声速、5G与量子通信、太空、生物技术与网络安全等重点领域的具体预算。综合美国对重点新兴科技领域大力投资的预算行为，可以看出美国正在进行重点先进技术的多样化融合，实现其军事技术能力的跳跃式提升，面对美国高强度的国防高科技预算提案，中国应做足准备做到“知己知彼”。

关键词： 国防预算提案　国防科学技术预算　先进能力赋能器

中图分类号： F811.3　　**文献标识码：** A

一、引　言

国防预算的规模与结构不仅直接关系到军队战斗力和国家的安全利益，也是国家安全与国防战略的数字化体现。2017年特朗普担任美国总统之后，美国国防预算

---

* **基金项目：** 北京高校高精尖学科“战略经济与军民融合”交叉学科支持项目（GJJ2019163）、中央财经大学双一流和特色发展引导学科专项（022959918005）。

** **作者简介：** 侯娜，女，博士，副教授，研究方向为国防财政、国防预算与国家安全；刘晓宇，女，硕士研究生，研究方向为国防财政金融。

逆转了自 2011 年以来的下降态势，2018—2020 年连续上涨。根据 2019 年美国两党预算法案的规定，2020 年 2 月 10 日，美国总统特朗普向国会提交了 2021 财年拟议的总统预算提案，包括总额为 7405 亿美元的国家安全预算，其中 7054 亿美元用于国防部。该预算提案契合了美国国防部 2017 年底发布的美国《国家安全战略》[1] 和 2018 年发布的美国《国防战略》[2]，体现出对保持美军优势的“美国优先”、“军事优先”战略的重视。2021 财年国防预算提案将推动国防部重新分配资源优先级和转移投资，为未来潜在的大国战争做好准备，并基于建立更具致命性、敏捷性和创新性的联合部队，将资源集中在四个重点领域：一是继续加强军事战备，并投资现代化建设，使部队更具杀伤力；二是加强联盟，提高彼此的联动性，吸引新的合作伙伴；三是改革国防部，提高绩效并强化问责制；四是支持各军种成员及家属，将人民视为最宝贵的资源[3]。本文在系统分析 2021 财年美国国防预算提案总体情况与该提案的科学技术投资状况的基础上，整合国防研究、开发、测试和评价（RDT&E，简称国防研发）项目 R－1 文件[4] 的数据对人工智能、自主系统、高超声速、5G 与量子通信、太空、生物技术与网络安全等国防科技重点领域进行解析，并提出了结论与展望。

二、美国 2021 财年国防部预算提案概况

美国国防预算由三部分组成：国防部基本预算（base budget）、海外应急行动（overseas contingency operations，简称 OCO）预算和其他与国防相关的预算。本文所指的美国国防预算为狭义概念，即国防部基本预算和海外应急行动预算的总和。如不考虑自然灾害应急资金，2021 财年美国国防预算为 7054 亿美元，与 2020 财年的 7046 亿美元相比，增长约 0.1%。2021 财年国防预算提案中包含基本预算 6363.92 亿美元占整体预算的 90%，较上年增长 31 亿美元。鉴于国防预算增长态势趋于平缓，美国国防部启动了一项全面的国防评估，该评估可为 2021 财年的预算节约近 57 亿美元，从而能够更有效地为国防战略（national defense strategy，简称 NDS）的更高优先级项目提供资源。2021 财年国防预算提案为海外应急行动安排 690 亿美元、比 2020 财年减少 23 亿美元，主要包括直接战争预算 205 亿美元、海外应急行动的持久性预算 325 亿美元和海外应急行动基本预算 160 亿美元。

（一）各项目拨款预算

从预算拨款项目来看，美国国防预算可分为军事人员支出、行动与维护支出、

国防采购、国防研发支出、周转和管理以及军事建设支出基金六大类，每一类均可分为基础预算和海外应急行动预算两部分，如表1所示。2021财年预算提案中，军事人员总预算为1634.99亿美元，占国防预算的23.18%，比2020财年增长5.65%，是增幅最大的预算项目；行动与维护预算为2889.21亿美元，与2020财年基本持平，份额相比减少0.23%，为国防预算占比最大的预算项目，占比达40.96%；国防采购预算额为1368.84亿美元，比2020财年减少68.7亿美元，约占总预算的五分之一；国防研发预算为1065.55亿美元，较2020财年增长近2%，为20年来的最高水平，2021财年美国国防预算各拨款项目占国防预算总额的比重如图1所示。

表1　2021财年美国国防预算提案拨款项目总体情况[4]　单位：亿美元

拨款项目	基础预算		海外应急行动预算		总预算		
	预算	较2020年	预算	较2020年	预算	2020年*	较2020年
军事人员	1588.97	+5.74%	46.03	+2.60%	1634.99	1547.49	+5.65%
行动与维护	2303.52	-1.92%	585.69	+8.99%	2889.21	2895.97	-0.23%
国防采购	1317.56	+0.01%	51.28	-55.75%	1368.84	1437.54	-4.77%
国防研发	1062.25	+2.61%	3.31	-60.31%	1065.55	1044.85	+1.98%
周转和管理基金	13.49	-13.74%	0.20	0	13.69	18.18	-24.69%
军事建设	78.14	-30.94%	3.50	-45.73%	81.63	181.88	-55.11%
总计	6363.92	+0.49%	690.00	-3.23%	7053.92	7125.91	-1.01%

注：*代表2020年国防授权法案已经颁布的预算，其他预算数据为2021年国防预算提案的数据。国防授权法案是具有法律效应的预算拨款，通常于上一年年底颁布。国防预算提案是国防部提交给总统的预算文件，需要经过一系列审查、投票、总统签署等过程才能产生法案，通常于上一年2月或3月提交。表中预算变化以2020年国防授权法案已经颁布 的预算为基础。

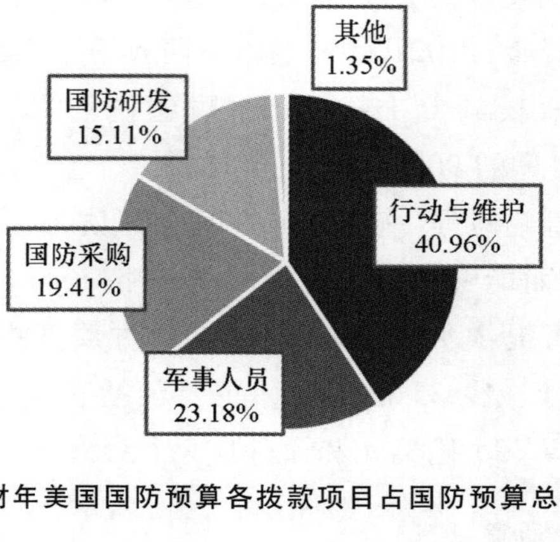

图1　2021财年美国国防预算各拨款项目占国防预算总额的比重[4]

注：图中其他包括军事建设拨款（占比1.16%）及周转和管理基金拨款（占比0.19%）。

（二）各军种预算

美国国防预算按部门可划分为陆军、海军（含海军陆战队）、空军以及国防部机构预算，如表 2 所示。2021 财年陆军、海军、空军及国防部机构的预算分别为约 1779 亿美元、约 2070 亿美元、约 2071 亿美元和约 1132 亿美元，分别占预算总额的 23.61%、30.49%、29.17% 和 16.73%，海军和空军的预算大致相当，陆军较少。总体而言，除了空军预算有所上升，其余三个部门的预算较上年均有所下降，其中国防部机构的降幅最大。基础预算中陆海空三部门的预算均较上一年增加，其中陆军的增幅最大。海外应急行动预算部分中，陆军和国防部机构的预算均额出现了下降趋势。2021 财年美国国防预算提案中，海军的采购预算最多，约为 571 亿美元，占整个国防采购预算的 43%；陆军在行动与维持预算方面占比最高，约为 729 亿美元，占比 41%；空军在国防研发领域的预算最多，达 477 亿美元，占研发总预算的 45%。

表 2　2021 财年美国国防预算提案各军种与部门预算[4]　单位：亿美元

拨款项目	基础预算		海外应急行动预算		总预算		
	预算	较 2020 年	预算	较 2020 年	预算	2020 年*	较 2020 年
陆军	1502.25	+2.31%	277.00	-11.91%	1779.25	1783.87	-0.25%
海军	1940.58	+0.66%	130.15	+13.96%	2070.73	2090.00	-0.92%
空军	1856.35	+0.53%	215.33	+21.17%	2071.68	2054.06	+0.85%
国防部机构	1064.74	-2.36%	67.53	-36.72%	1132.27	1197.97	-5.48%
合计	6363.92	+0.49%	690.00	-3.23%	7053.92	7125.91	-1.01%

注：* 代表 2020 年国防授权法案已经颁布的预算。

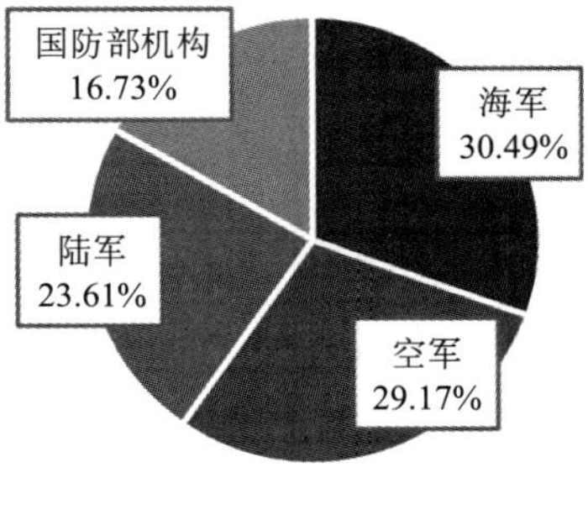

图 2　2021 财年美国国防预算部门预算占国防预算总额的比重[4]

三、美国国防预算提案中的科技总预算情况

2021 财年美国国防预算提案中的科学技术（science and technology，简称 S&T）总预算为 140.69 亿美元，与 2020 财年相比略有下降，如表 3 所示。国防预算提案中的的科技预算是美国国防研发投资的重要组成部分，有助于美军保持战术优势。美国国防部历来强调依靠科技企业进行研究与开发，以得到高回报的技术解决方案，从而解决美军在不断变化的复杂环境中面临的各种多样化威胁[5]。因此，2021 财年国防预算提案中的科技总预算重点包括三个方面：一是继续维持强大的基础研究计划，推动颠覆性和可产生质变的基础技术领域研究，并培养高质量的国防科技、工程和数学人才；二是支持 DARPA 开发具有革命性、高回报军事能力的技术；三是继续推进创新和前沿研究以及解决各种问题的新方法，如利用非传统合作伙伴和机制来吸引更广泛的共同体，以确保美国的技术优势。

表 3　2021 财年美国国防预算的科学技术总预算[5]　单位：亿美元

项目	2019 财年实际支出	2020 财年颁布预算	2021 财年预算提案	2020—2021 财年变化率
基础研究	24.75	26.03	23.19	-10.91%
应用研究	59.12	60.71	53.96	-11.11%
高级技术开发	69.29	73.86	63.54	-13.91%
科技领域总额	153.16	161.60	140.69	-12.39%

四、国防高科技的重点领域

自 2018 年颁布《国防战略》之后，为助力美军保持战略优势，美国国防部持续向人工智能、定向能和高超声速武器等先进技术领域进行投资。2021 财年美国国防预算中的研究和开发预算提案是有史以来最大规模的研发预算，主要用于关键新兴技术的发展和“先进能力赋能器”（advanced capability enablers，简称 ACEs）相关领域，旨在提升美军的整体军事能力，促进军事现代化，扩大美军超越战略竞争对手的优势。从 2021 财年美国国防预算提案可以看出，美国国防部未来将聚焦于

人工智能、高超声速、5G 与量子通信、太空、生物技术和网络空间等重点领域，特别是被冠以“先进能力赋能器”称号的高超声速、微电子/5G、自主系统和人工智能四大关键技术领域，2021 年预算分别为 32 亿美元、15 亿美元、17 亿美元和 8.41 亿美元[6]。

（一）人工智能、无人系统与自主系统

近年来，作为人工智能的发展方向之一，机器学习得到了迅猛发展，它能够实施超容量数据计算，并可结合数据和经验，以规则为基础、以任务为目标制定决策。人工智能改变了信息收集和决策的过程，在军事领域的诸多方面，如自主技术和无人驾驶技术领域，都有应用。

2021 财年美国国防预算提案在人工智能研发领域的投资总额为 8.41 亿美元，较 2020 财年的 7.8 亿美元增长约 8%。在这 8.41 亿美元中，联合人工智能中心（joint artificial intelligence center，简称 JAIC）的预算额从 2020 财年的 2.42 亿美元增长到了 2021 财年的 2.9 亿美元；DARPA 的人工智能研发预算额为 4.59 亿美元[4]。此外，美国 2021 财年总预算提案中的非国防人工智能研发预算显著增加，如美国国家科学基金会的人工智能研发及跨学科研究机构支出超过 8.3 亿美元，比上一财年预算增加了 70% 以上[7]。

DARPA 的人工智能研发项目涉及机器感知、学习、抽象等多领域。其中 2021 财年 DARPA 为人工智能机器学习领域安排预算 1.24 亿美元，主要包括开发新的学习体系以提高国防部人工智能系统稳健性的基础人工智能科学研究经费 3590 万美元；为人工智能反欺骗技术（guaranteeing AIRobustness against deception，简称 GARD）投入 1910 万美元；为探索通过机器实现常识推理的机器常识（machine common sense，简称 MCS）技术研发投入 2181 万美元；为开发可以用于解释机器学习基本原理的新一代机器学习技术，即可解释人工智能（explainable artificial intelligence，简称 XAI）预算投入 1738 万美元；此外，为提高国防部快速适应和部署新技术的能力，改善人工智能协作，2021 财年国防预算提案安排 2940 万美元研发加速人工智能（accelerating artificial intelligence，简称 AAI）项目，2021 财年美国国防预算中，部分人工智能、无人系统与自主系统 RDT&E 预算情况如表 4 所示[8]。

表 4 2021 财年美国国防预算主要人工智能、无人系统与自主系统 RDT&E 预算[5]

单位：百万美元

部门	研发项目	2021 财年
	人工智能	
DARPA	基础人工智能科学	35.90
	人工智能反欺骗技术	19.10
	机器常识	21.81
	可解释人工智能	17.38
	加速人工智能	29.40
	无人系统	
陆军	未来战术无人飞行器系统	40.08
	无人驾驶飞行器系统通用产品	7.74
	战术型无人机	4.05
	小型无人机	7.37
海军	无人海底车辆核心技术	40.06
	大中型无人驾驶汽车	464.04
	无人海底车辆	132.06
	无人机	274.07
	无人飞行系统	41.84
国防部	国防部无人系统发展	2.78
	无人情报、监视和侦察	19.15
	自主系统	
陆军	自主测试环境发展	5.57
	联合自主深度作业协调系统	44.69
海军	自主测试与分析	4.79
空军	自主测试系统	10.67
	情报、监视和侦察现代化和自动化	19.26

注：表格中的部分数字与正文出现的数字存在四舍五入的出入。

无人系统可通过机器学习技术达到媲美人工智能的能力水平。2021 财年陆军对无人系统的研发预算近 6000 万美元，其中对未来战术无人飞行器系统投入预算 4008 万美元，为无人飞行器系统中的小型无人机、战术型无人机和通用产品相关技术及原机研发投入约 1900 万美元。2021 财年，海军在无人技术领域的预算约为 9.52 亿美元，其中包括无人海底车辆核心技术研发经费 4006 万美元，无人海底车辆的其他研发与测试经费 1.32 亿美元，海军无人驾驶汽车研发经费 4.64 亿美元，无人飞行系统 4184 万美元以及无人机研发预算 2.7 亿美元。国防部为无人系统发展安排预算为 278 万美元，为无人情报、监视和侦察（ISR）系统安排预算 1915 万美元。美国国防部联合人工智能中心、国防部研究室和 DARPA 等机构都在人工智能、机器学习和无人系统技术研究与发展方面付出了很大努力，国防预算案也对该领域给予了高度重视。

此外，预算提案为自主系统投入 17 亿美元，目标是在竞争激烈的环境中提高机动速度和杀伤力，同时发展人—机合作，不断提高人机比例。除为自主系统相关技术的研发进行投入外，美军还对自主系统测试（含测试环境发展、测试与分析以及测试系统）投入 2104 万美元，向联合自动化深度作业协调系统（joint automated deep operation coordination system，简称 JADOCS）投入 4469 万美元以及 1926 万美元投向发展情报、监视和侦察现代化和自动化相关技术。

（二）高超声速与定向能

为应对不断发展的高超声速威胁，美国国防部和各军种正在推进多个“快速打击”项目。2021 财年美国国防预算提案为高超声速领域（含进攻和防御）投资 32 亿美元，较 2020 财年的 26 亿美元增长 23%。在进攻方面，由于高超声速武器能够实现更快、更远、更具有杀伤力的精准打击，陆军为远程高超声速武器（long range hypersonic weapon，简称 LRHW）安排 8.01 亿美元预算，较上一财年翻了一番；空军继续推进“空射快速响应武器”（advanced rapid response weapon，简称 ARRW）项目，在高超声速原机的研发基础上继续安排 3.81 亿美元预算。

凡事必有两面性。速度、高度变化及机动性在带来进攻优势的同时，也会给防御制造障碍。由于定向能（directed energy，简称 DE）武器的速度远高于高超声速武器，是实施高超声速武器防御的最佳选择。2021 财年导弹防御局为高超声速防御技术安排 2.06 亿美元预算；空军对定向能技术研发投入 1.28 亿美元，定向能原机研发预算安排 2096 万美元；海军不仅将高超声速技术应用于对常规武器实施快速打击，还计划投入 1.28 亿美元进行定向能和电子武器系统的研发。美国国防部再次提高与高超声速攻防高端技术相关的投资预算，致力于实现拥有更快、更精准杀伤力的目标，如表 5 所示。

表 5　2021 财年美国国防预算主要高超音速及定向能技术 RDT&E 预算[5]

单位：百万美元

部门	研发项目	2021 财年
陆军	高超声速	801.41
海军	定向能和电子武器系统	4

续表

部门	研发项目	2021 财年
空军	高超声速原机	381.86
	定向能技术	128.11
	定向能原机	20.96
导弹防御局	高超声速防御	206.83

注：表格中的部分数字与正文出现的数字存在四舍五入的出入。

（三）5G 与量子通信

由于第五代移动通信技术具备数据速率更高，系统容量更大以及运行成本更低等优势，美国国防部下一代信息通信技术（information communications technologies，简称 ICT）计划对军民两用第五代移动通信网络（5G）技术进行大规模试验和原型制作。该计划将在国防部各基地开发和部署可靠低延迟通信的 5G 网络，并评估和增强国防部国内外任务的 5G 系统和技术。2021 财年国防预算提案中安排 4.49 亿美元用于下一代信息通信技术计划研发，是 2020 财年的两倍多，具体情况如表 6 所示。这 4.49 亿美元分为军民两用 5G 技术 2.27 亿美元、拥挤/竞争性频谱 2.07 亿美元和外部参与 1500 万美元三个项目。开发和试验军民两用 5G 技术可同时应用于商业和军事领域，具有双重价值，不仅能够提升国防部的商业能力，还能在部署的 5G 基础设施内进行安全评估；拥挤/竞争性频谱通过使用动态频谱利用率和原型技术来保护和利用 5G 网络，展示在竞争环境中网络“直通”的能力；外部参与通过制定政策、法规和标准，简化政府和商业网络的部署，并进行主动和被动安全漏洞评估，以支持 5G 安全能力[9]。DARPA 开放编程安全 5G（open，programmable，secure 5G，简称 OPS－5G）计划 2021 财年预算安排 1210 万美元，研发开放源 5G 网络软件，确保网络安全及更新移动无线硬件。

表 6　　2021 财年美国国防预算主要 5G 与量子通信 RDT&E 预算[9]　　单位：百万美元

部门	项目	2019 财年	2020 财年	2021 财年
5G 技术				
国防部	两用 5G 技术	32	102.5	227
	拥挤/竞争性频谱	14	90	207
	外部参与	6	7.5	15
DARPA	开放编程安全 5G	—	—	12.1
量子通信				
DARPA	量子系统科学	4.9	497	4.97

注：表格中的部分数字与正文出现的数字存在四舍五入的出入。

量子通信是具备极高安全性能的通信方式，可从根本上解决信息安全传输的问题。量子系统科学专注于开发基于量子的技术，支持使用量子信息的传感、通信、计算和算法。DARPA 2021 财年国防预算为量子系统科学项目安排 497.5 万美元，该项目的目标是开发量子力学操作传感、通信和处理信息的方法，未来工作主要集中在量子系统科学和工程的基本问题，最终开发量子系统稳健的制造和控制方法，维护国家安全。此外，多个研究项目中都包含量子通信技术的研发内容，如空军安全卫星通信领域的量子通信、密码学和网络项目。该低成本创新项目致力于开发具有优先级加密要求的量子密钥分发系统（quantum key distribution system，简称 QKDS），能够实现无需预先生成、存储并保护大量加密密钥的安全加密通信。量子密码技术不仅保证了加密的安全性，同时可隐藏网络入侵行动，能够显著提升美国国防部在量子科学领域的能力。

（四）太空领域

2021 财年美国国防预算提案安排 180 亿美元用于太空领域，其中 153.82 亿美元用于太空部队（the united states space force，简称 USSF）。这 153.82 亿美元中，包含天基过顶持续红外系统（space - based overhead persistent infrared systems，简称 SBIR）25 亿美元，三次国家安全航天发射资金 16 亿美元，还有 18 亿美元用于全球定位系统的后续卫星和作战控制系统（2 个 GPS Ⅲ及相关项目）；太空司令部和太空发展局也分别获得 2.49 亿和 3.37 亿美元预算[10]。美国太空部队的预算从 2020 财年的 4000 万美元猛增到 2021 财年的 153.82 亿美元，资金主要从现有的空军计划转移，其中 26.08 亿美元用于行动与维持，24.46 亿美元用于采购，7700 万美元用于战争追加或海外应急行动，而大部分预算（103.28 亿美元）则用于研发。太空领域的预算提案优先保证空间控制、态势感知、传统和近地轨道的导弹预警能力等领域，旨在提高确保进入太空的灵活性与发射能力，以及提升 GPS 性能和确保在竞争区域的连接能力等。

太空和天基系统的预算提案涉及卫星通信、“过顶持续红外”系统能力、定位、导航和授时（positioning，navigation and timing，简称 PNT）系统以及空间发射系统。太空领域系统的不断完善主要通过相关先进技术的创新升级和逐步发展来实现。2021 财年美国国防预算在维持现有系统的基础上，致力于发展并维持关键的太空科技能力并使之现代化。2021 财年太空领域的研发预算提案主要内容包括：空军太空部队投入 1.31 亿美元研究与发展太空技术，以及为太空控制技术、太空意识系统和研究反太空系统分别投入 3557 万美元、2.06 亿美元和 5468 万美元；DARPA 为太空工程和技术、太空工程和科技研究与发展及原型机生产共安排 4.46 亿美元；为满足“顶空持久红外”能力的需求，太空部队将继续生产天基红外系统航天器，同时在卫星通信和卫星控制网络技术领域分别投资 1.12 亿美元和 0.75 亿美元，用于发展战略卫星通信系统，具体情况如表 7 所示。

为面向未来的过顶持续红外框架，2021 财年预算提案为下一代“过顶持续红外”系统投入 23 亿多美元，占天基导弹预警能力整体投资的 92%。同时，为确保导弹预警能力的进一步提升，空军投入 2.11 亿美元发展航空传感器技术。预算提案要求继续完善定位、导航和授时系统，为下一代全球定位系统，即 GPS Ⅲ持续技术投资 2.63 亿美元，并将区域军事防护能力归入 GPS Ⅲ之内。同时，空军为定位、导航和授时的恢复能力、模式以及提升该系统的性能投入 3856 万美元，项目研发部分用于太空领域。DARPA 为太空跟踪与监视系统技术领域投资 3411 万美元，用于提高军用全球定位系统在竞争环境中信号的抗干扰性和安全性。美国国防部在太空的先进技术领域不断加大研发力度，不仅可用于美国在太空领域的作战以及恢复能力，还能够提高美国在太空的威慑力并保持在该空间领域的竞争优势。

表 7　2021 财年美国国防预算主要太空领域 RDT&E 预算[5]　单位：百万美元

部门	研发项目	2021 财年
海军	卫星通信	112.03
空军	太空技术	130.87
	太空意识系统	206.43
	太空控制技术	35.57
	GPS Ⅲ 持续技术	263.49
	反太空系统	54.68
	下一代“过顶持续红外”系统	2318.86
	卫星控制网络	75.48
	航空传感器	211.30
DARPA	太空工程和技术	158.43
	网络中心战相关技术	661.15
	太空科学与技术研究与发展	72.42
	太空技术发展和原机	215.99
	太空跟踪和监视系统	34.11

注：表格中的部分数字与正文出现的数字存在四舍五入的出入。

（五）生物技术

2018 年美国《国防战略》和《国防部战略指南》均指出：全球安全环境日益复杂，国防部意识到大规模杀伤性武器的影响，并将生物技术有关的项目列为优先事项，其中包括防止大规模杀伤性武器扩散、保卫美国免受大规模杀伤性武器袭击和管理大规模杀伤性武器袭击后果等工作[11]。2021 财年美国国防预算提案中，有 16 亿美元用于生物技术领域，主要包括生物医学技术、生物材料技术以及生物防御工程等关键性技术。美国在生物技术领域应用的主战武器装备是史崔克装甲车家族，包括核、生物、化学和放射性车辆（nuclear biological chemical reconnaissance vehicle，简称 NBCRV）等，2021 财年计划投入 484 万美元研发核生化侦察车的相关技术；投入 2.83 亿美元用于研究生物医学技术领域，其中 1.75 亿美元定向用于陆军，包含生物医学技术、生物医学先进技术及生物医学技术发展，其余 1.07 亿多美元分配给 DARPA。DARPA 在预算提案中安排 2.5 亿美元用于研发材料和生物技术，同时投入 2695 万美元开发生物战防御技术，具体情况如表 8 所示。

表 8　　2021 财年美国国防预算主要生物医学技术 RDT&E 预算[5]　　单位：百万美元

部门	研发项目	2021 财年
陆军	生物医学技术	109.33
	生物医学先进技术	38.89
	生物医学技术发展	27.72
	核生化侦察车	4.84
	生物医学防御设备	49.87
DARPA	生物医学技术	107.56
	生物战防御技术	26.95
	材料和生物技术	250.10

注：表格中的部分数字与正文出现的数字存在四舍五入的出入。

为应对未来可能存在的生化战争的危险，美国国防部高度重视生化防御项目。生化防御计划研发预算 9.94 亿美元，占生物技术整体研发费用的 62%。生化防御计划中的基础研究为 4530 万美元，应用研究约为 2.02 亿美元，先进技术开发预算提案 1.88 亿美元，其中占比最大的是系统开发与演示部分的预算高达约 3.2 亿美元，接近整体生化防御计划的近三分之一。2019—2021 财年间，生化防御计划的国防研发预算一直稳定在 10 亿美元左右。除应用在武器上的生物技术之外，DARPA 还研究对作战人员的生物系统进行实时监测，帮助作战人员提升身体效能以达到完美作战状态，具体情况如表 9 所示。

（六）网络安全

信息时代下，网络安全几乎成为所有国家的最优先事项。2021 财年网络空间活动预算继续以《数字现代化战略》规定的目标为基础，以维持创新和竞争优势，优化效率和提高能力，发展敏捷和弹性防御态势的网络安全为目标[12]。为支持执行网络战略，2021 财年对预算进行了优化，计划为推进网络安全、网络空间运作和先进网络研究的方案和活动提供资金。

表 9　　2019—2021 财年美国国防预算主要生化防御 RDT&E 预算[5]　　单位：百万美元

研发项目	2019 财年	2020 财年	2021 财年
基础研究	40. 90	48. 23	45. 30
应用研究	189. 61	215. 05	201. 80
先进技术开发	140. 74	175. 48	188. 00
先进组件开发和原机	115. 45	80. 16	76. 16
系统开发与演示	344. 74	385. 04	319. 97
研发管理支持	125. 45	110. 36	122. 95
操作系统开发	41. 81	51. 83	39. 53
总计	998. 72	1066. 18	993. 73

注：表格中的部分数字与正文出现的数字存在四舍五入的出入。

在 2021 财年国防预算提案中，网络安全方面的投资为 54 亿美元，占网络空间领域的整体 98 亿美元预算的一半以上。国家安全预算要求提高跨领域解决方案以及加密能力，实现网络的现代化目标。主要包括安排 6. 78 亿美元推动任务系统和平台的密码技术升级及现代化部署；为确保跨系统信息的完整和可用性，以及跨领域信息共享安全，陆军为指挥、控制、通信和情报系统（command，control，communication & intelligence，简称 C3I）网络技术研发安排 2. 96 亿美元，为防御网络工具以及防御网络软件原机的技术及网络先进技术发展投入 7498 万美元；预算安排 1. 98 亿美元用于发展网络高级技术以实现身份与访问管理（identity and credential access management，简称 ICAM）现代化；投入 6720 万美元用于提高“可连接的连接”（comply to connect，简称 C2C）和自动连续端点监测（automated continuous endpoint monitoring，简称 ACEM）技术，实现端点现代化管理。关于网络空间科学与技术的预算提案约为 5. 56 亿美元。DARPA 在 2021 财年对网络安全项目预算提案为 2. 36 亿美元，该项目开发保护国防部、美国政府和美国民用信息、信息基础设施所需的计算机、网络和网络安全技术以及关键任务的信息系统，如表 10 所示。信息技术使重要的新军事能力得以实现，并推动美国工业所必需的生产率提高[13]。在不可逆转的网络化趋势下，维护网络安全相关技术涉及各个方面、各个部门，美国国防部也将网络安全作为国防预算的优先事项。

表 10　　2021 财年美国国防预算主要网络安全 RDT&E 预算[5]　　单位：百万美元

部门	研发项目	2021 财年
陆军	C3I 网络技术	114.40
	C3I 网络先进技术	181.96
	网络运用技术	26.17
	防御网络工具发展	28.54
	防御网络软件原机发展	46.44
海军	网络操作技术发展	26.17
空军	网络运营技术发展	259.82
	GPS 网络	3.70
	卫星控制	75.48
	网络安全自主性	0.38
	集成在网络上的全局传感器	5.59
导弹防御局	网络安全自主性	1.14
DARRA	网络安全	236.18
	网络中心性	21.79
	网络中心战技术	661.15

注：表格中的部分数字与正文出现的数字存在四舍五入的出入。

五、结论与展望

通过解析 2021 财年美国国防预算提案总体情况、科技预算的概况以及六个重点高科技领域预算，得出以下三点结论：

（一）2021 财年美国国防预算提案的指南仍是 2018 年的美国国家安全战略

2021 财年美国国防预算提案指出，其新一年的国防预算需要“不可逆转地实施”美国的国家国防战略。从 2017—2018 财年的战备与恢复到 2019—2020 财年的现代化与致命性，2021 财年国防部实施国防战略的关键词变成了所有领域的行动，即继续加强战备与对更致命的现代化的投资，专注于联合赋能器和在空中、陆地、海洋、太空和网络所有领域的优势，优先对核威慑投资和加强国土导弹防御及促进关键技术的发展。在此基础上可梳理出 2021 财年美国国防预算提案的主要事项包括：任务支持行动的预算 668 亿美元、飞机及相关系统 569 亿美元、造船与海事系统322亿美元、导弹与弹药213亿美元、天基系统155亿美元、地面系统130亿美元、C4I系统118亿美元和导弹防御系统116亿美元。

（二）2021财年国防研发预算提案重点开发关键新兴技术和先进能力赋能器领域

在2021财年国防预算提案总额预算基本与2020财年持平的背景下，巨额国防研发预算尤其令人瞩目，国防部计划以更少的军备采购来支持国防研发预算。特别需要关注的是被美国国防部称之为“先进能力赋能器”的四大关键技术领域，高超声速和微电子/5G合计15亿美元、自主系统与人工智能的总预算超过了72亿美元。此外，生物技术领域投入16亿美元，网络安全投入54亿美元，而太空领域的研发预算更是高达103亿美元。这些重点领域的国防研发投入可能将对美国未来的国防高科技、高端竞争领域的优势以及基于技术与优势的战斗能力产生决定性的影响。

（三）新的国防预算提案体现出“大国竞争”的战略资源配置，旨在应对作为主要军事强国中国的竞争

2021财年的国防预算提案从多个方面进行投资与部署，构建更迅速、更轻捷、更强大的可随时实施全球打击的军队，来对抗其视为对手的中国。例如在太空领域，用于针对正在出现的新威胁，在美国军方和媒体的表述中，基本是指来自中国的威胁；在高超声速领域开发高超音速和弹道跟踪空间传感器，旨在检测和跟踪中国和俄罗斯开发的高超声速武器。此外，尽管本文聚焦美国国防高科技预算，但不可忽视的是289亿美元核现代化预算，主要包括核指挥、控制和通信70亿美元，用于B-21远程攻击轰炸机的28亿美元，“哥伦比亚级”弹道导弹核潜艇44亿美元，远程防区外导弹4.74亿美元以及陆基战略威慑15亿美元。国家核安全局的核弹头相关预算为198亿美元，较上年增长了20%，可见核威慑是特朗普政府大国竞争与军事优先战略的重中之重。

六、结　语

国防高科技和先进的武器装备是一国军事能力的命脉，关乎国家安全的诸多领域。我国在军事领域上仍有一些关键的核心技术“卡脖子”，亟须大力研究与开拓

军事技术重点关键领域。从 2021 财年美国国防预算聚焦未来“高端作战”需求，对于新兴技术领域与“先进能力赋能器”领域的大力投资可以看出，美国正在将多种先进技术进行融合，实现军事技术的跳跃式提升。任何创新投资都可能带来不确定结果的风险，如何有选择的努力对于增强军事竞争优势至关重要。

参考文献：

[1] The White House. National Security Strategy of the United States of America [R/OL]. (2018 - 10 - 13) [2020 - 02 - 17]. https：//www. whitehouse. gov/wp - content/uploads/2017/12/NSS - Final - 12 - 18 - 2017 - 0905. pdf.

[2] U. S. DoD. Summary of the 2018 National Defense Strategy [R/OL]. (2018 - 01 - 09) [2020 - 02 - 17]. https：//DoD. defense. gov/Portals/1/Documents/pubs/2018 - National - Defense - Strategy - Summary. pdf.

[3] U. S. DoD. Defense BudgetRequest [R/OL]. (2020 - 02 - 10) [2020 - 02 - 24]. https：//comptroller. defense. gov/Portals/45/Documents/defbudget/fy2021/fy2021_ Budget_ Request. pdf.

[4] U. S. DoD. Defense BudgetRequest Overview [R/OL]. (2020 - 02 - 10) [2020 - 02 - 24]. https：//comptroller. defense. gov/Portals/45/Documents/defbudget/fy2021/FY21_Budget_Request_Overview_Book. pdf.

[5] U. S. DoD. RDT&E Programs (R - 1) [R/OL]. (2020 - 02 - 10) [2020 - 02 - 24]. https：//comptroller. defense. gov/Portals/45/Documents/defbudget/fy2021/FY21_r1. pdf.

[6] Nathan Strout. “New Pentagon budget request invests in 4 advanced technologies” [R/OL]. (2020 - 02 - 10) [2020 - 03 - 02]. https：//www. c4isrnet. com/battlefield - tech/2020/02/10/new - pentagon - budget - request - invests - in - 4 - advanced - technologies/.

[7] The White House. “President Trump’s FY2021 Budget Commits to Double Investments in Key Industries of the Future” [R/OL]. (2020 - 02 - 10) [2020 - 03 - 02]. https：//www. whitehouse. gov/briefings - statements/president - trumps - fy - 2021 - budget - commits - double - invest ments - key - industries - future/.

[8] U. S. DoD. Department of Defense Fiscal Year (FY) 2021 Budget Estimates：Defense Advanced Research Projects Agency [R/OL]. (2019 - 07 - 12) [2020 - 02 - 24]. https：//comptroller. defense. gov/Portals/45/Documents/defbudget/fy2021/budget_justification/pdfs/03_RDT_and_E/RDTE_Vol1_DARPA_MasterJustificationBook_PB_2021. pdf.

[9] U. S. DoD. Department of Defense Fiscal Year (FY) 2021 Budget Estimates：Office of the Secretary of Defense [R/OL]. (2019 - 07 - 12) [2020 - 02 - 24]. https：//comptroller. defense. gov/Portals/45/Documents/defbudget/fy2021/budget_justification/pdfs/03_RDT_and_E/RDTE_Vol3_OSD_RDTE_PB21_Justification_Book. pdf.

[10] U. S. DoD. “DoD Releases Fiscal Year 2021 Budget Proposal” [R/OL]. (2020 - 02 - 10) [2020 - 03 - 04]. https：//www. defense. gov/Newsroom/Releases/Release/Article/2079489/DoD - releases - fiscal - year - 2021 - budget - proposal/.

[11] U. S. DoD. Department of Defense Fiscal Year（FY）2021 Budget Estimates：Chemical and Biological Defense Program [R/OL].（2019-07-12）[2020-02-24]. https：//comptroller. defense. gov/Portals/45/Documents/defbudget/fy2021/budget_ justification/pdfs/03_RDT_and_E/RDTE_Vol4_CBDP_RDTE_PB21_Justification_Book. pdf.

[12] U. S. DoD. "DoD Digital Modernization Strategy" [R/OL].（2019-07-12）[2020-02-24]. https：//media. defense. gov/2019/Jul/12/2002156622/-1/-1/1/DoD-DIGITAL-MODERNIZATION-STRATEGY-2019. PDF.

[13] U. S. DoD. Department of Defense Fiscal Year（FY）2021 Budget Estimates：Defense Advanced Research Projects Agency [R/OL].（2020-02-10）[2020-02-24]. https：//comptroller. defense. gov/Portals/45/Documents/defbudget/fy2021/budget_ justification/pdfs/03_RDT_and_E/RDTE_Vol1_DARPA_MasterJustificationBook_PB_2021. pdf.

原载《国防科技》2020 年第 4 期。

北约防务责任分担研究评述*

侯　娜　吕梦祺**

北大西洋公约组织（North Atlantic Treaty Organization，NATO，以下简称北约）自1949年8月24日成立以来，已从最初的12个成员国逐渐发展为包含29个成员国的国际军事集团组织①。在冷战格局下，北约的首要战略目标是防御华沙条约组织的大规模军事入侵。随着华沙条约组织的解散、苏联解体，北约各成员国享受和平红利，降低国防负担，将目光由集体防御逐渐转移到打击跨国恐怖主义、解决能源危机、缓解气候问题和阻止大规模杀伤性武器扩散等多元化国际问题上。

2016年，时为美国共和党总统候选人的特朗普曾公开发表“北约过时论”，指责盟国“搭便车”行为并要求其追加国防负担至2%（国防支出占GDP的比重）以上水平，否则将可能撤销美国对《北大西洋公约》（New Atlantic Treaty）第五条的承诺，引发美欧矛盾升级。尽管北约是世界上最典型的军事联盟，但其防务责任分担不平衡问题长期存在，且未得到妥善解决。责任分担是指“在实现一个共同目标的过程中，群体成员之间的成本和风险的分配”②。2019年12月3—4日，北约在伦敦召开成立七十周年峰会，北欧内部防务责任分摊问题再次引发学界强烈关注。

* **项目基金**：本文系北京高校高精尖学科“战略经济与军民融合”交叉学科（GJJ2019163）的支持项目，并获得中央财经大学双一流和特色发展引导学科专项（022959918005）的资助。

** **作者简介**：侯娜，中央财经大学国防经济与管理研究院副教授；吕梦祺，中央财经大学研究生。

① NATO Summit, “The Countries Meeting: The 2% Threshold”, https://www.forbes.com/sites/niallmccarthy/2019/12/03/nato-summit-the-countries-meeting-the-2-threshold-infographic/#42a5108f1f2c.（上网时间：2020年2月11日）。

② S. J. Cimbala, P. Forster, *The US, NATO and Military Burden-sharing*, Routledge, 2003, p. 1.

一、联盟防务分担经济理论

在北约军事联盟责任分担的经典文献中，学者利用经济学理论和模型对责任分担进行分析。绝大多数学者沿用了西方经济学中“理性经济人”的基本假设，即联盟成员国追求自身利益最大化。

（一）纯公共产品模型

奥尔森和扎克豪瑟率先构建了北约军事联盟分担的国防纯公共产品模型[①]，以应对苏联领导的华沙条约组织的威胁，随后更多学者在此基础上丰富和发展了联盟公共产品模型[②]。基于纯公共产品模型可以得到以下三个假说：首先，较大的工业化国家往往在军事联盟中承担了不成比例的负担份额。其次，联盟的国防开支被认为是次优的，因为盟国并未考虑其国防开支为其他盟友提供的利益。最后，随着更多盟国的加入，理想状态下不会产生成本，则没有理由限制联盟规模的扩张。因此，尽管美国在北约中承担了主要的防务责任，但是从长远来看，美国试图说服其盟国承担“合理”的联盟份额很困难，且很可能会损害美国的利益。在纯公共产品模型下，可以通过机构改革和改变激励方式来解决国际组织中的不成比例和次优问题。

富裕国家在军事联盟中承担更高比例的国防负担的假说也被称为剥削假说[③]。但是，后来的学者通过实证研究发现仅部分年度的数据支持该假说，即国防支出占GDP的比例与GDP呈显著的正相关关系[④]，而在20世纪六七十年代，北约的MC14/3战略政策发生改变，奥尔森和扎克豪瑟国防负担分担的假说不再适用于北约，此时北约成员国承担的防务负担与其所获得的联盟利益更加匹配[⑤]。此外，约翰奥尼尔和马克艾洛德利用集体行动理论分析了美国和欧洲防务分担不成比例的原

① M. Olson, Z R. Zeckhauser, “An Economic Theory of Alliances”, *Review of Economics and Statistics*, Volume 48 Number 3, 1966, pp. 266 - 279.

② T. Sandler, “Impurity of Defense: An Application to the Economics of Alliances”, *Kyklos*, 1977, Volume 30, Number 3, pp. 443 - 460.

③ T. Sandler, Forbes J F., “Burden Sharing, Strategyand the Design of NATO”, *Economic Inquiry*, Volume 18, Number3, 1980, pp. 425 - 444.

④ J. R. Oneal, “The Theory of Collective Action and Burden Sharing in NATO”, *International Organization*, 1990, Volume 44, Number 3, pp. 379 - 402.

⑤ M. Olson, Z R. Zeckhauser, “An Economic Theory of Alliances”, *Review of Economics and Statistics*, Volume 48, Number 3, 1966, pp. 266 - 279.

因，认为美国的美元货币霸主地位、美国的经济实力与经济增长等优势条件促成了美国在北约军事联盟中的过度分担[①]。桑德勒和哈特利认为联盟会产生集体行动的弊端，北约防务责任分摊不均与战略理论、武器技术、感知威胁和成员构成等因素有关[②]。根据上述分析，无论是基于集体行动理论还是纯公共产品模型，都认为欧洲盟国的搭便车行为引发了北约防务责任分摊的不均。

（二）联合产品模型

纯公共产品模型的假设限制了防务产品（威慑/防御等）属于纯公共产品（pure public goods），但现实中联盟产生的威慑产品还有非纯公共产品（impure public goods），此类产品具有部分竞争性和部分排他性。因此，学者们逐渐放宽了该假设，并设计了联合产品模型（a joint product model），即联盟产出既包含纯公共产品也包含非纯公共产品甚至私人物品。基于联合产品模型可以得到以下假说：首先，成员国承担的国防负担将根据所获得的利益而分担，不仅仅依靠其经济实力；其次，当联盟产出为联合产品时，防务水平更接近帕累托最优状态；再次，联盟成员数量不再无限扩张；最后，盟国对国防战略的需求取决于与纯公共产品无关的因素。

（三）纯公共产品模型与联合产品模型的防务分担对比

纯公共产品模型与联合产品模型在联盟防务分担方面的结论存在显著差异。纯公共产品模型认为富裕国家将承担更高的负担分担（不代表军费支出的绝对值，而是军费支出占 GDP 的比重）；联合产品模型认为即使是小国也会承担与联盟利益产出相符的防务负担，不均衡分担问题几乎不会发生。在纯公共产品模型与联合产品模型都被提出之后，很多学者利用北约以及其他军事联盟中现实的防务分担数据进行验证，得到以下几点结论：首先，成员国之间的防务分担取决于联盟产品的类型。当联盟产出趋向于公共产品时，更容易出现不均衡分担现象，反之亦然。其次，联盟成员国之间的军力替代性越高，联盟产生的威慑和防御越趋向于纯公共产品，而军力替代性取决于成员国的地缘政治、交通网络和武器装备等诸多因素。最后，联盟的产出性质取决于联盟的类型和目的[③]。以防御型联盟为例，在军事替代

① J. R. Oneal, M A. Elrod, "NATO Burden Sharing and the Forces of Change", *International Studies Quarterly*, Volume 33, 1989, Numer 4, pp. 435 – 456.

② T. Sandler, K. Hartley, "Economics of Alliances: The Lessons for Collective Action", *Journal cf Economic Literature*, Volume 39, Number 3, 2001, pp. 869 – 896.

③ 陈波："军事联盟按战略目的可以分为进攻型联盟、防御型联盟、中立型联盟、互不侵犯联盟和友好协商联盟五种"，《国防经济学》，经济科学出版社 2016 年版，第 378 页。

性低时，小国更愿意主动增加防务责任承担的份额，从而降低不均衡负担分担[①]。

二、北约防务分担的争论

自北约1949年成立以来，北约军事联盟的防务责任分担以及如何在联盟中实现分配公平等问题的争论就持续不断。美国表示承担了过多的防务负担，而欧盟则认为其需要时间从战争中恢复经济，北约采取年度部队审查（Annual Force Review），进行北约威尔士国防投资承诺（Wales Pledge On Defense Investment）等多边沟通与谈判，试图在联盟防务分担安排中兼顾公平和效力，缓解防务分担分歧，取得了一定的成效[②]，但该问题至今仍未得到彻底解决[③]。

（一）不同阶段北约防务分担研究特点

很多学者和研究机构结合历史背景，对北约成员国的防务数据进行纵向对比分析，划分出北约防务分担的不同阶段[④]。冷战结束成为最显著和公认的分界点，冷战结束前的研究视角和方法较为单一，主要基于纯公共产品模型和联合产品模型，围绕军事主题进行联盟防务分担的分析。冷战结束后，随着北约战略目标的演变和扩展、军事任务的增多以及联盟成员数量的不断增加，北约防务分担问题复杂性激增。首先，防务负担的研究方法超越了既定的公共产品或联合产品经济理论[⑤]，提出了补充的俱乐部产品框架（supplemental club - goods framework）[⑥]。该框架可以展现区域外活动与对非传统的、排他性的联盟商品（尤其是领土防御）的担忧密切相

---

① Thies, W. J., "Alliances and Collective Goods: A Reappraisal", *Journal of Conflict Resolution*, Volume 31, Number 2, 1987, pp. 298 - 332.

② Carnegie Europe, "Burden Sharing and NATO's 2 Percent Goal: As the Cold War Ended, European NATO Member States Committed themselves to Spending at Least the Equivalent of 2 Percent of their Gross Domestic Product (GDP) on Defense. For its Part, the United States Agreed to Devote an Amount Equal to at Least 3 Percent of its GDP to Defense. It Was Thought this Formula would Result in Equitable Burden Sharing for Allies on both Sides of the Atlantic", https://carnegieeurope.eu/strategiceurope/? fa = 59767.（上网时间：2020年2月11日）。

③ J. Ringsmose, "NATO: APublic Goods Provider", in A. Hyde - Price and M. Webber, eds. *Theorising NATO: New Perspectives on the Atlantic Alliance*, London: Routledge, 2016, pp. 201 - 222.

④ GAO (United States General Accounting Office), "US - NATO Burden Sharing: Allies' Contribution to Common Defense", http://www.dianepublishing.net/Product Details.asp? Product Code = 0788103121.（上网时间：2020年2月11日）。

⑤ S. J. Cimbala, P. K. Forster, *Multinational Military Intervention: NATO Policy, Strategy and Burden Sharing*, Routledge, Ashgate Publishing, Ltd., 2016, pp. 236 - 238.

⑥ T. Sandler, *On Financing Global and International PublicGoods*, The World Bank, 2001.

关的途径。其次，防务分担的衡量标准涉及基于国家专业化和比较优势的、基本逻辑的、更复杂的投入和产出组合。最后，在这个期间，不仅相关研究数量持续增长①，而且呈现出研究学科交叉性强、研究视角层次感多和研究方法更丰富等特点②。

（二）北约防务分担研究的不同方法

在防务分担的公共产品模型和联合产品模型等经典理论基础上，学者基于现实数据和案例运用实证研究、案例研究法以及折衷/混合方法（mixed - method or eclectic approach）等对理论模型进行验证和补充。

北约防务分担的实证研究。很多学者运用实证研究对北约防务分担问题进行分析。通过对近十年主要的实证研究进行梳理，他们发现相关研究大多选取近十年北约或欧盟国家的面板数据对欧盟“搭便车”的现象进行检验。总体上来看，其中部分年份（早期）欧盟承担均衡的份额，部分年份（近期）搭便车现象明显，北约成员国的防务负担趋于降低，联盟的紧密性和积极性呈现出消极态势。一些学者创新性地从北约联盟中等强国的角度切入，发现这些国家不仅没有“搭便车”，反而承担了更高的防务负担，而传统的核心国家则存在“搭便车”行为（见表1）。

表1　　近十年主要北约防务分担实证研究

作者	年份	主要结论
Wukki Kim & Todd Sandler	2019	2011—2017年，北约防务负担的分担不成比例，因为联盟产出更偏向于公共产品（俄罗斯民族主义引发的威胁、日益加剧的跨国恐怖主义担忧以及持续的地区冲突）。
S. Weber, Y. Weber & W. Hans	2019	通过建立一种由成员国出资的军事同盟的模式，发现各成员国在人均GDP、人口、联盟意识、联盟地位四个维度上存在差异，并用北约的数据进行了验证。
Johannes Blum & Niklas Potrafke	2019	2010—2018年，北约成员国中相较于政权稳定的成员国，经历过政府更替的成员国则更难达到联盟2%的防务分担要求。
Jo Jakobsen	2018	1989—2016年，欧盟普遍削减了军费开支（相对于GDP）、废除了征兵制、缩减了军队规模，尤其是存有美国军事基地的国家。但2014年克里米亚事件之后，许多新成员国加强了防务分担。

① J. Ringsmose, “NATO Burden - Sharing Redux: Continuity and Change after the Cold War”, *Contemporary Security Policy*, Volume 31, Number, 2, 2010, pp. 319 - 338.

② J. Becker, E. Malesky, “The Continent or the ‘Grand Large’? Strategic Culture and Operational Burden - sharing in NATO”, *International Studies Quarterly*, Volume 61, Number 1, 2017, pp. 163 - 180.

续表

作者	年份	主要结论
Robert Beeres	2017	2001—2013 年，欧盟防务支出在降低，可以用信贷紧缩、恐怖主义和难民危机造成的全球衰退的影响来解释。
Benjamin Zyla	2016	1995—2001 年，北约中等强国不仅没有"搭便车"，反而在北约的负担中所占比例过高，它们对北约集体和平行动的贡献比传统大国（如法国、德国）更多。
Robert Beeres	2015	1949—2013 年，北约联盟中美国负有最重的防务负担，欧盟在搭便车的同时也允许美国在很大范围内管理包括欧洲国家在内的跨大西洋领域的安全和国防事务。
Jakub Odehnal	2015	2002—2013 年，北约成员国并非同质经济组织，"传统"北约核心成员国没有达到占 2% 的国防负担水平，这些国家很可能存在"搭便车"行为。
Todd Sandler & Hirofumi Shimizu	2014	1999—2010 年，在 2005 年和 2010 年显著符合"剥削假说"现象，北约盟国从防务中获得的排他性利益不再驱动北约分担负担的行为，表明北约的凝聚力正在逐渐下降。

资料来源：作者整理所得。

北约防务分担的案例研究。在冷战结束后，北约行动范围扩展至在海外执行高风险任务，且联盟规模不断扩大，但盟国之间同质化程度较低，缺乏共同的威胁意识，极大地增加了联盟公平分担防务负担的挑战。一些学者认为随着北约防务分担问题日益复杂，应针对具体案例对防务分担问题进行具体分析。

2011 年，北约在利比亚进行了为期 7 个月的军事联合保护行动，联军空袭在保护利比亚平民和推翻卡扎菲政权方面发挥了重要作用。英国、法国等欧盟国家在此次行动中承担了最重要的责任，与以往美国主导的行动大相径庭，因此利比亚行动被称为北约防务分担的里程碑，促进了北约防务分担模式的转型，甚至可能催生以欧盟为主导的新型安排。2013 年，博格斯和比瑞斯定量分析了北约军事联盟在阿富汗行动中的防务分担，从军事贡献（部署人数）的角度来看，美国最高，且超过了北约和非北约国家的贡献总额，但是从相对数额来看英国最高。如果计算英国、丹麦和加拿大的相对伤亡人数，也超过了美国承担的防务负担。2017 年，海斯布鲁克运用定性方法比较分析了利比亚案例与 2014 年对伊拉克和叙利亚"伊斯兰国"（I-SIS）干预行动中北约盟国的防务分担情况，发现党派之间政治作用对防务分担产生了重要影响①。此外，2018 年，马西出于联盟价值和地位追求的考虑认为，加拿

① T. Haesebrouck，"NATO Burden Sharing in Libya：A Fuzzy Set Qualitative Comparative Analysis"，*Journal of Conflict Resolution*，Volume 61，number 10，2017，pp. 2235 – 2261.

大在阿富汗行动中贡献了相当大的比例①。

北约防务分担的混合方法。随着北约防务分担问题日益复杂，传统的实证研究（定量）与案例研究（定性）有时无法满足需要，学者又运用混合方法对该问题进行研究②。2018 年兹拉率先构建了北约盟国防务分担的混合方法分析框架，运用该框架可以超越以往负担分担的静态观点，有助于人们更好地理解北约成员国防务分担的动机③。但是，该方法在访谈中权限的获取和对社会建构意义和理解上仍然存在一定的困难和局限性。2018 年乔丹·贝克对北约黑海沿岸国家（保加利亚、罗马尼亚和土耳其）的分担负担行为进行了混合方法分析，发现国家和区域政治经济比地理战略更能推动北约联盟防务分担的选择，并认为超国家财政规则、国家战略和政治经济决定了北约联盟防务分担负担的选择④。

三、北约防务分担的衡量

学者关于北约成员国防务分担问题产生分歧的重要原因是衡量各成员国防务分担的方式不尽相同，缺乏统一全面的评价指标体系，因为各国在进行衡量时都倾向于高估本国防务支出而低估盟友对于联盟的贡献。美国学者的研究倾向于论证无论在哪种衡量标准下，美国都承担了不均衡的防务分摊。欧洲学者的研究分为两类：一类是肯定美国承担了过高的防务负担，但认为其也获得了相应的欧洲安全支配权力和国际领导地位及其所带来的商业价值等回报；另一类则认为北约防务分担的衡量方法过于片面和单一，没有考虑到欧盟对北约产出方面所作的贡献，实际上欧盟承担了均衡的份额⑤。

---

① Massie, Justin and Benjamin Zyla, "Alliance Value and Status Enhancement: Canada's Disproportionate Military Burden Sharing in Afghanistan", *Politics & Policy*, Volume 46, Number 2, 2018, pp. 320 – 344.

② "混合方法研究（Mixed Methods Research, MMR）是将定量研究与定性研究这两大主要研究范式有机结合的第三种研究范式。这种方法可以帮助研究者解决一些单用定性或定量无法完整、合理、全面解释的问题。"参见：塔沙克里，特莱德著：《混合方法论：定性方法和定量方法的结合》，重庆大学出版社 2010 年版，第 13 页。

③ B. Zyla, "Transatlantic Burden Sharing: Suggesting a New Research Agenda", *European Security*, Volume 27, Number 4, 2018, pp. 515 – 535.

④ J. Becker, "Burden – Sharing, Geopolitics, and Strategy in NATO' s Black Sea Littoral States", https://ssrn.com/abstract=3343523 or http://dx.doi.org/10.2139/ssrn.3343523/.（上网时间：2020 年 3 月 11 日）。

⑤ K. Hartley, T. Sandler, "NATO Burden – Sharing: Past and Future", *Journal of Peace Research*, Volume 36, Number 6, 1999, pp. 665 – 680.

（一）关于量化比较的争论

自奥尔森和扎克豪瑟开创性地将公共产品等经济学理论引入北约防务分担问题的分析之后，定量的方式成为分析成员国防务分担的主流方法。但是，北约各成员国之间防务责任分担涉及多环节、多领域和多维度，定量比较面临多重障碍。

2017年，库内托娃等将联盟防务负担类比为税收，认为一种简单的数字量化方法难以提供公平且有效的标准①。其主要基于以下两点考虑：一方面很多指标难以实现量化。如欧盟部署在阿富汗、伊拉克、马里等国家有利于北约安全任务中的军队数量和质量，提供给美国的政治拥护和军事便利等都难以转化为数值进行比较。另一方面由于防务分担衡量的标准尚无统一界定，在量化分析时存在可行性障碍。北约是世界上最大的军事联盟，其成员国数量众多，国家之间的社会制度、地缘政治、人口规模、金融汇率和关税贸易等方面都存在较大差异，不仅计算程序复杂繁琐，而且可能因为口径不一致而无法对比。

目前，北约防务规划部门共设计了大约11种评估指标，从3个维度对成员国防务分担情况进行衡量：（1）投入角度：国防支出占国内生产总值的比重（2%）、主要装备和研发支出占国防支出总量的比重（20%）等。（2）产出角度：每个成员国在多大程度上实现了北约防务规划过程中指定的国家能力目标（不得超过50%）。（3）实际防务贡献的绝对值：在作战中有效部署的陆地部队、飞机和船只的百分比，成员国填补北约指挥部和北约部队总部指定工作人员职位的程度，以及为满足北约应急部队的要求作出的贡献等②。

（二）关于国防负担指标的争论

由于国防负担（国防支出占国内生产总值的比重）数据可获得性强、计算简便、易于理解，并能表达一国主观的政治意愿等优势，被北约防务规划部门设定为官方的衡量指标。美国的国防支出占GDP的比重位于世界前列，美国以此指责其他成员国对于北约联盟防务投入过低，引发联盟成员国防务分担不平衡的争论。国防负担指标存在的主要问题包括：（1）国防负担作为投入性指标无法反映资金的利用效率、投资质量与产出。一国军事支出占GDP的比重很高，可以说明该国对国防军事的重视程度很高，但如果在资金的划拨、分配和使用过程中没有做到有效的计划和控制，可能会在落实层面产生人员贪腐、资金浪费、配置无效和风险收益等

① D. Kunertova, "One Measure Cannot Trump it All: Lessons from NATO's Early Burden - Sharing Debates", *European Security*, Volume 26, Number 4, 2017, pp. 552 - 574.

② A. Mattelaer, "Revisiting the Principles of NATO Burden - Sharing", *Parameters*, Volume 46, Number 1, 2016, pp. 26 - 27.

问题，导致无法达到预期产出效果。同时，该指标无法反映成员国对北约项目的间接投资贡献 。（2）国防负担作为单一指标无法与战略目的或区域进行精确匹配。美国作为世界霸主，其国防支出并非全部投向于北约的军事防务建设，而是辐射全球，简单地将美国与其他成员国的国防负担进行比较缺乏公平性。同时，欧盟内部部分国家（如希腊与土耳其）在军备竞赛过程中相互追加国防支出，也不能全部划归为联盟的贡献。（3）在北约各国 GDP 的实际规模存在巨大差异情况下，这种一刀切的方法并不现实，对许多北约成员国来说，国防支出占国内生产总值 2% 的比重可能是其目前国防开支的两倍甚至几倍，短期难以达到。（4）一味要求提高国防负担可能会适得其反。如北约成员国政府官员可能会以此为借口大肆要求增加国防预算而谋求私人利益[①]，因此，欧盟认为再高的国防负担也不能保持北约的永久稳固，更愿意在有限国防开支下提升资金的利用效率[②]。

（三）关于防务负担衡量的创新

由于国防负担指标具有诸多缺陷，很多学者对防务负担的衡量方法进行了创新。2001 年查默斯注意到 21 世纪国际安全局势复杂多变，设计了系列军民混合指标，将经济、社会和环境等要素融入防务分担的评估中[③]。2010 年辛巴拉和福斯特在前人的基础上增加了政治和军事要素，在兼顾成本与收益的同时还考虑了可能承担的风险。近期的研究侧重于在投入的基础上重视对产出的衡量。2014 年桑德勒和西米兹在衡量中加入了成员国对联合国人道主义行动、援助行动，以及对其他国际组织的贡献[④]。2016 年兹拉提出“相对力”份额指数，从投入和产出的角度进行防务分担的衡量并不断完善。2017 年库内托娃试图从税收模式出发，探寻一种简单、公平和有效的衡量北约负担分担方式[⑤]。

① K. Rudzīte – Stejskala，“2% of GDP for Defence”，http：//www. lai. lv/viedokli/2 – of – gdp – for – defence – 414.（上网时间：2017 年 1 月 31 日）。

② T. Sauer，“Deep Cooperation by Belgian Defence：Absorbing the Impact of Declining Defence Budgets on National Capabilities”，*Defence Studies*，Volume 15，Number 1，2015，pp. 46 – 62.

③ M. Chalmers，“The Atlantic Burden – Sharing Debate – Widening or Fragmenting?” *International Affairs*，Volume 77，Number 3，2001，pp. 569 – 585.

④ T. Sandler，Shimizu H.，“NATO Burden Sharing 1999 – 2010：An Altered Alliance”，*Foreign Policy Analysis*，2014，10（1），pp. 43 – 60.

⑤ D. Kunertova，“One Measure Cannot Trump it All：Lessons from NATO's early Burden – Sharing Debates”，*European Security*，Volume 26，Volume 4，2017，pp. 552 – 574.

四、北约防务负担影响因素的分析

关于北约防务分担均衡的讨论仍在持续，部分学者透过欧盟“搭便车”现象剖析北约成员国防务分担不均衡的深层次原因。一国的防务支出不仅受到其所在军事联盟的环境影响，更取决于国家内部的政治、经济、社会和文化因素。在北约这个寻求“积极和平”的安全共同体中，其成员国对威胁的感知各不相同，国内变量也分别扮演着重要角色[①]。

（一）政治因素

2006 年哈特利率先强调国防工业政策在联盟政治中的作用。欧盟在一体化进程中对政策独立性的需要越来越强烈，为实现战略自主，就需要资源自主和国防工业自主。2019 年贝克发现国防工业政策的战略影响超出了国防用品的生产，在政治层面对北约防务负担分担产生了深刻影响[②]。此外，北约成员国政权更替也会对防务分担产生一定影响，经历过政府大换届的国家不太可能实现 2% 的目标[③]。总体上来看，目前的研究对联盟政治与合作方面的研究相对较少。然而，北约防务分担问题不仅仅是一个军事问题，更是一场关于政治谈判与协商的结果，是基于所有北约成员国政治体制、政治利益和政治目标博弈下的均衡。

（二）经济因素

在资源稀缺的情况下，“大炮与黄油”的争论在任何年代都不会过时，分析欧盟层面的财政和经济变量，有助于解决北约军事联盟中长期存在的集体行动难题。尽管北约盟国相互承诺，不仅要在国防上增加开支，而且要把更多的国防资源用于装备现代化。但是，北约军事联盟中各国政府对财政支出的规定都日益严格，总体

① Gleditsch，NilsPetter，Jonas Nordkvelle & Hāvard Strand，“Peace Research – Just the Study of War?” *Journal of Peace Research*，Volume 51，Number 2，2014，pp. 145 – 158.

② J. Becker，“Armswithout Influence? Spatial Distribution of Defense Industrial Activity，Transatlantic Burden Sharing，and Strategy”，https：//ssrn. com/abstract = 3343493 or http：//dx. doi. org/10. 2139/ssrn. 3343493.（上网时间：2020 年 2 月 21 日）。

③ J. Blum，N. Potrafke，“Does a Change of Government Influence Compliance with International Agreements? Empirical Evidence for the NATO Two Percent Target”，*Defence and Peace Economics*，February，5 2019，pp. 1 – 19.

趋势是减少国防开支[①]，同时将现有的国防资源从装备和行动开支转移到军事人员上[②]。经济因素制约着欧盟与北约之间的关系，具体表现为：欧洲各国在欧盟与北约存在对稀缺财政资源的竞争，导致防务分担的优先级顺序不同[③]；欧洲的经济复苏可能在承担北约防务分担方面带来一定的积极影响。此外，欧盟国家正在经历的日益增长的民族主义和民粹主义也将影响其防务分担积极性。

（三）社会因素

国际关系文献研究往往强调北约分担问题中社会公众所起到的作用，认为公众在国家和集体防卫中承担了无形的责任和风险，因此公众偏好会在很大程度上影响盟国愿意在国际行动中承担多少份额的防务分担。后来学者发现公众的偏好并不是静态的、固定的，会随着政府和精英阶层的引导、国家战略文化的影响和时间的推移而发生改变。关于社会公众对北约防务负担影响的作用机制，学者也给出了不同的答案。2006 年、2007 年摩根索和克劳塞维茨先后提出“国民性格”和“民族士气”是支撑国家力量的关键因素，也是国际行动能够达到威慑目的和取得战争胜利的前提和保障。2012 年布热津斯基发现部分欧洲国家的公众过于依赖美国保护下的欧洲，2014 年布偌恩认为公众意愿中含有个人为国家而战的强烈意愿，这些无形因素都将通过不同的传导机制作用到北约盟国防务负担上。

（四）文化因素

战略文化通常是指决策者在参与责任分担实践时所依赖的规范、思想、习惯行动模式和象征性的表征工具[④]。战略文化从社会建构国家利益的角度解释了某些处于相同安全环境或拥有类似国内机构的国家在防务分担方面仍存在显著差异。如丹麦受到战略文化的影响，在冷战之后依然增加军费；爱尔兰的“中立文化”（neutrality）使其在全球安全危机中较少发挥主动作用；德国受到其“克制文化”（culture of restraint）的制约，对武力的使用充满禁忌，无法满足北约的防务分担要求。法国的战略文化表现为“人权国家的自我理解”与“自力更生和独立”，因此法国

---

① Mattelaer, Alexander, “The NATO Warsaw Summit: How to Strengthen Alliance Cohesion”, https://www.ies.be/files/The%20NATO%20Warsaw%20Summit_How%20to%20Strengthen%20Alliance%20Cohesion.pd.（f 上网时间：2020 年 2 月 21 日）。

② J. M. Becker, “Accidental Rivals? EU Fiscal Rules, NATO, and Transatlantic Burden - Sharing”, *Journal of Peace Research*, Volume 56, Number 3, 2016, pp. 23 - 33.

③ J. M. Becker, “Burden Sharing, Burden Shifting, and Strategy in the Nordic States”, *Burden Shifting, and Strategy in the Nordic States*, April 20, 2018, pp. 78 - 85.

④ F. Mérand, A. Rayroux, “Strategic Culture Is the Tool Kit of Norms, Ideas, Patterns of Habitual Action and Symbolic Representations that Decision - Makers Rely on When Engaging in Burden - Sharing Practices, The Practice of Burden Sharing in European Crisis Management Operations”, *European Security*, Volume 25, Number 4, 2016, pp. 442 - 460.

在国际行动中积极捐款，表达了对受害国家和民族更多的同情与怜悯。部分学者还从定量的角度研究战略文化与北约防务分担之间的关系，如 2017 年贝克和玛勒斯特基于 2000—2012 年北约 24 个成员国的数据，从战略文化的角度解释防务负担分担差异，大西洋主义盟友倾向于在军事行动上投入更多，而欧洲主义盟友在防务人员上投入更多。

五、几点思考

北约作为世界上规模最大、历时最长且最成功的军事联盟之一，受到国际政界和学界的广泛关注。冷战结束后，北约非但没有解散，反而进行积极的战略转型，并不断吸收更多的国家，主导更多的国际援助与维和行动。尽管北约防务分担不均衡问题受到美国的强烈指责，但是以特朗普为首的美国政府依然认为北约是美国与中国和俄罗斯竞争的重要筹码①，北约也通过国际沟通与谈判不断缓解美欧之间防务分担不均衡的难题。中国国防经济领域研究起步较晚，研究者对北约防务分担的研究数量较少、研究深度较浅。从北约防务分担经济理论、美欧不均衡争论、衡量方法和防务动机等方面对国外文献进行系统评述，将为在中国关于北约军事分担甚至军事联盟的研究方面提供新的方法与思路。

（一）从北约防务分担的纯公共产品模型与联合产品模型来看，北约成立之初属于典型的防御型联盟，旨在应对华沙条约组织大规模军事侵袭，当前的形势则发生了显著变化

一方面，随着苏联解体、华沙条约组织解散，北约共同的防御目标威胁逐渐下降，欧盟政策独立性需求加强又导致北约联盟内部出现信任危机，引发北约的战略目标转型 。北约目前从事地区外的维和行动，服务于促进全球稳定、遏制难民流动、鼓励贸易和支持外国直接投资。此外，伊斯兰极端主义恐怖组织网络对北约盟国构成的跨国恐怖主义威胁有所增强，为北约盟国提供了非竞争性和非排他性的产出。另一方面，乌克兰危机成为继冷战后的又一个转折点。在北约看来，俄罗斯民族主义崛起，对邻近的北约盟国构成领土威胁，重新成为北约共同的防御对象。随着欧盟一体化进程推进，北约联盟内部交通网络和军事作战系统得到了快速发展，

① The White House, "National Security Strategyofthe United Statesof America", http: //whitehouse. gov/wp - content/uoloads/2017/12/NSSFinal - 12 - 18 - 2017 - 0905 - 2. pdf. （上网时间：2020 年 2 月 11 日）。

军事替代性不断加强。但是，由于核武器的出现和发展使联盟形成威慑的可能性提升，更趋向于公共产品模型。同时，美国与欧盟的关系错综复杂、瞬息万变。以往欧盟国家通过“搭便车”行为更多地依赖美国的军事保护，但日益壮大的欧盟倾向于获得更高的话语权与独立性，有更强的动机建立独立于北约的军事防务。

（二）北约防务责任分担问题的研究方法已经不局限于理论模型的推导和基于现实的数据和案例运用实证研究和案例研究法，更是发展出定量分析与定性分析相结合的折衷/混合方法

相比之下，中国在军事联盟防务分担领域的研究方法则较为单一，主要是应用实证研究法和文献研究法，在国外学者研究的基础上进行总结和验证。但是，实证研究具有一定的局限性，即使研究结果显示了显著的相关性，也不能证明其内在必然的因果关系。因此，未来中国也应该借鉴国外最新开发的折衷/混合主义方法，有效地发挥定性研究与定量研究的优点，并形成相互印证、互为补充的可靠性结论。

（三）从北约防务责任分担的衡量上来看，爱尔兰峰会上提出的2%水平的国防负担遭受各方批评，国际学者争相设计搭建全新的防务分担评价体系，预计不久的将来可能得到改进

仅用国防负担这样的单一的投入标准进行衡量，无法反映国防支出的利用效率、投资质量与产出，无法与北约成员国不同的战略目标或区域进行精确匹配，无法考虑成员国实际经济规模的巨大差异。因此，更应该关注产出，也就是北约防务责任分担应衡量部署在有利于欧洲和美国安全的任务中，例如，部署在阿富汗、伊拉克、马里等国的军队规模以及这些任务的贡献与质量。系统地衡量北约防务责任分担的指标不仅应包括投入、产出与实际防务贡献，更应该增加对后两个维度的重视与科学衡量。

（四）北约作为世界上最大的军事联盟之一，其成员国之间的防务责任分担不仅受制于彼此之间国际关系和地位等综合因素，还受到它们各自的政治、经济、社会和文化的影响

从成员国个体的角度出发，不同国内特征对北约成员国承担防务责任分担的影响存在差异。除此之外，北约成员国之间还存在着错综复杂的地缘政治关系和历史渊源纠葛，北约整体还面对着瞬息万变的外部环境威胁和世界竞争格局变化，这些都将对北约防务责任分担产生显著的冲击和影响。然而，这些问题难以进行单一的分类，需要因时因地进行具体问题具体分析，也是研究北约未来防务责任分担问题的重要考量。

原载《国际研究参考》2020 年第 3 期。

外国直接投资（FDI）对冲突的影响研究述评*

侯　娜　车丽娟**

摘　要： 通过对外国直接投资是否影响冲突的相关文献进行综述发现，学术界普遍支持外国直接投资加强了东道国国内生产、资本分配和再分配的效率，加速了经济增长，并最终为全体人口创造了福利外部性，从而消减了发生国家间冲突或国内冲突的动机的观点。但依然需要注意的问题是，在研究中选取发达国家、发展中国家或冲突后国家等不同经济体作为研究对象、或者使用不同的数据来源均会对结果产生或多或少的差异，因此在研究过程中需要对此进行详细的界定和说明。另外，国内在这方面的研究有很大的缺口，依然亟须开展多角度、原创性、规范深入的理论研究和经验研究。

关键词： 外国直接投资　国际冲突　国内冲突　消减冲突　文献综述

外国直接投资（FDI）是全球化最明显的特征之一，同时也是国际资本流动的主要方式之一，以其改善资本配置和提高效率的独特优势而蓬勃发展，一直以来都是国际发展领域中学者研究的主要话题。它不仅提供了在经济实体间建立直接、稳定和持久联系的方法，还能促进东道国贸易、就业、环境、国民收入、经济增长以及全球价值链地位的升级。同时，越来越多的学者开始关注外国直接投资对国际或国内冲突的影响，探讨通过有效利用经济手段避免冲突的可能性，从而营造良好的多边环境，实现经济的平稳有序发展和地区和平，这是各国都重点关注和面对的问题。所以本文对外国直接投资是否影响冲突的理论研究和实证研究分不同的角度和不同的研究对象进行了综述和总结，其中主要包括外国直接投资消减冲突的理论观点与典型的实证研究、外国直接投资对发展中国家冲突的影响、外国直接投资对冲

* **项目基金：** 北京高校高精尖学科“战略经济与军民融合”交叉学科支持项目（GJJ2019163）；中央财经大学双一流和特色发展引导学科专项（022959918005）。

** **作者简介：** 侯娜，中央财经大学国防经济与管理研究院副教授，博士，研究方向：国家安全、国防预算与国防科技工业；车丽娟，中央财经大学国防经济与管理研究院硕士研究生，研究方向：国家安全与国防科技工业。

突后国家再次发生冲突的影响、分部门的外国直接投资与冲突关系的研究以及认为外国直接投资对冲突影响不大的文献的评述和总结，以期准确把握当前的研究状况及后续的研究发展方向。

关于外国直接投资是否影响冲突的研究，从研究结果来看，并没有统一的答案，但大部分学者认为外国直接投资会对冲突产生影响，且净效应为负，即外国直接投资在一定程度上可以起到消减冲突的作用，并在提出一些理论观点的基础上进行了大量的实证研究来证明这个观点，但还有部分学者认为外国直接投资会引发冲突或者对冲突的影响不大。从研究对象来看，越来越多的学者开始关注外国直接投资对发展中国家冲突的影响以及对冲突后国家再发生冲突的影响。从研究部门来看，不少学者发现对不同部门进行的外国直接投资会对冲突产生不一致的影响。

一、外国直接投资的定义

国际上对于外国直接投资定义的界定有着不同的版本，但每个版本的定义都可以反映出外国直接投资最基本的特征，即一国投资者将获得另一国经济实体的经营管理权作为投资目标，并通过直接参与另一国经济实体的经营管理活动而获取企业利润。通常情况下，学者们在相关研究中沿用经济合作与发展组织（OECD）（以下简称经合组织）以及国际货币基金组织（IMF）的定义，即外国直接投资（FDI）是总部在一个国家的经济实体对另一个国家的经济实体进行的控股所有权形式的投资，其与证券投资的主要区别在于直接控制。经济合作与发展组织（OECD）将控制权定义为拥有企业10%或以上的股份。投资者可以通过创建一个新的国外企业来进行直接投资，也可以通过收购一家国外企业来进行直接投资。外国直接投资有流量和存量两个概念，流量反映的是当期发生的直接投资规模，而存量反映的是到本期为止积累形成的投资规模。

二、外国直接投资消减冲突的理论观点

学术界关于外国直接投资对冲突的影响研究并没有得出统一的答案，但大部分学者均认为外国直接投资会对冲突产生影响，且净效应为负，即外国直接投资在一定程度上可以起到消减冲突的作用，并在提出一些理论观点的基础上进行了大量的

实证研究来证明这个观点。认为外国直接投资消减冲突的学者主要分为以下三种观点。

1. 外国直接投资给国家提供了有关其对手能力和决心的更多信息，可以通过信息的交流共享阻止冲突的发生。如 Gartzke et al.（2001）认为对外直接投资增加了跨境经济联系，增加了一国在保持联系方面的利益，相互依存要求各国达成协议，通过这种相互作用，各国建立了一套广泛的相互有利的社会经济联系。虽然这些联系可能阻止非常轻微的冲突，但其主要影响是作为解决冲突的替代方法，相互依存国家的威胁比自给自足国家的威胁更有分量[1]。Gartzke et al.（2003）的研究进一步指出，随着两国融入全球资本市场程度的加深，它们之间因相互争斗而发生冲突的风险会降低[2]。

2. 外国直接投资增加了冲突的机会成本，促进各国进行合作。这与自由主义者的观点一致，自由主义者认为通过自由国际市场建立起来的经济联系使冲突代价更高，从而减少了冲突的动机。如 Souva（2002）认为增加外国直接投资增加了发生冲突的机会成本，这鼓励各国采取更和平的外交政策，提高国家间的合作水平，从而减少双方军事化冲突的机会[3]。Souva & Prins（2006）进一步指出，在世界市场上更多的经济参与会导致更和平的外交政策，外国直接投资的经济依赖通过增加冲突的机会成本来促进和平，从而阻止各国进行军事扩张。一个国家内部的商业利益倾向于采用和平解决冲突的战略，以防止其全球商业交易中的损失，经济上的依赖大大降低了一个国家发动致命的军事化争端的可能性[4]。

3. 外国直接投资提供了一种国家和平地从他国获取财富的机制，而不是通过冲突。如 Brooks（1999）指出外国直接投资的增加降低了国家参与征服的意愿，随着参与外国投资越来越容易、许多发达国家越来越容易通过不付出任何代价，诸如战争费用来达到同样的政府目的[5]。正如 20 世纪 80 年代，美国可以很容易地征服加拿大，但美国没有这样做，因为美国跨国公司已经控制了加拿大大部分的经济资源。到 1989 年，加拿大最大的 500 家公司中足足有四分之一是美国投资者的子公司。

关于外国直接投资与国家间冲突的理论研究较为完整的是 Hoon Lee & Sara McLaughlin（2012）的文章，文章评估了外国直接投资与国家间冲突之间的关系，重点研究了四种显著的因果机制：领土征服收益下降、偏好相似度增加、暴力机会成本增加和信息的改善[6]。实证分析表明，随着全球外国直接投资水平的提高，新的领土问题不太可能出现，两个争端方之间双边外国直接投资的增加，大大减少了在问题上升级为高度暴力的机会，并提高了和平管理的机会。全球外国直接投资水平的提高也降低了发生严重军事化冲突的可能性。机会成本是联系 FDI 与国家冲突管理实践的重要机制，双边和一元 FDI 对军事化冲突的安抚作用在具有军事化历史的二元冲突中表现得更为明显。

三、外国直接投资消减冲突的典型实证研究

1. 与其他渠道的比较研究。一些学者将贸易、证券投资以及外国直接投资对冲突的影响进行了比较研究，进一步得出了外国直接投资对冲突的消减作用。如Rosecrance & Thompson（2003）比较了贸易、证券投资以及外国直接投资对和平的作用，结果表明外国直接投资比贸易和证券投资更能促进和平，通过外国直接投资联系在一起的国家之间的安全关系比基于证券投资的国家之间的安全关系更有利[7]。为了检验这种关系，作者利用1950—1992年期间美国外国直接投资和与其他国家冲突的数据进行了检验，总的来说，双向FDI关系比单向FDI关系两者都能减少冲突，但是双向FDI关系比单向FDI关系更能限制冲突。Gartzke et al.（2001）也指出证券投资与冲突之间不存在关系。Polachek et al.（2007）用外国直接投资的数据以及与战争有关数据库（COW）的数据做实证研究，扩展了贸易—冲突关系的分析，结果发现FDI对国际冲突的影响与贸易相似，而且由于直接投资具有贸易所不具备的特质，跨国公司的直接投资与其投资国的对外政策间通常会存在某种联系，因此它能比贸易更有效地减少国家间冲突，因此主张在减少资本流动障碍方面的进一步国际合作可以促进一个更和平的世界[8]。之后，Buss-mann（2010）又进行了进一步研究，研究了外国直接投资对军事化争端爆发可能性的影响，结果表明外国直接投资流入高和外国直接投资存量高的国家或国家对之间不太可能发生军事争端。同贸易一样，外国直接投资可以成为促进和平的一个重要因素，各国可能会避免暴力冲突，以免阻碍外国投资者的资金流入[9]。

2. 双边外国直接投资与二元军事冲突。一些学者将研究的范围进一步缩小，重点探讨了双边外国直接投资与二元军事冲突之间的关系。其中主要有Hoon Lee（2005）用1970—2000年的70930个双边事件，通过离散因变量模型探讨了外国直接投资对引发国家间军事化冲突的影响，结果表明外国直接投资对冲突的爆发有显著的负面影响，并提供了两种因果机制：一种是外国直接投资为国家克服相对收益问题提供了强有力的激励；另一种是外国直接投资作为强有力的政治参与者在国内政治中发挥作用[10]。Li，Quan（2008）进一步指出，外国直接投资为东道国经济带来了所需的资本和管理知识，创造了技术外溢，有助于促进东道国经济增长，随着外国直接投资对许多东道国的经济变得更有价值，安全的外部性也变得更有价值[11]。并利用29个经合组织国家之间以及这些国家与29个非经合组织国家之间的

外国直接投资流动数据研究双边外国直接投资流量和二元军事冲突之间的关系，结果表明，双边直接投资流量与军事化争端呈负相关关系。

3. 重点关注国家内部冲突。除了研究外国直接投资对国际冲突的影响外，还有学者研究了外国直接投资对国家内战或国内冲突的影响，但并没有得出一致的结论，这种影响在长期、短期都是不一样的，对内部冲突是否有影响方面学者也得出了不同的结论。

这方面的研究主要有 Bussmann & Schneider（2007）使用 UCDP - PRIO 数据集测试了外国直接投资的流入与国内战争或冲突爆发之间的关联，发现外国直接投资的流入率越高，冲突爆发的风险越低[12]。但他们也指出，总体来看，这种经济依存可以通过促进经济收益和增加冲突的机会成本来减少冲突，但在短期内，有可能会激起保护主义联盟的愤怒而引发不确定，正如 Havard Hegre et al. （2003）[13]指出的那样。Havard Hegre et al. （2019）通过比较全球化可能影响内战的两种模式——自由主义模式和结构主义模式，研究了全球化与国家内部冲突之间的关系，得出的结论是自由主义比结构主义的观点更能得到支持，全球化似乎有能力增加国内和平，但不是直接的，而是通过贸易增长和政治稳定的有利影响间接地促进和平[14]。贸易和外国投资的有益影响超过了不平等加剧可能产生的任何暴力，经济开放会导致政治制度的更大稳定性并提高平均收入，从而间接减少冲突的发生。

从这些实证研究中发现，总的来说，学术界普遍承认外国直接投资对冲突的消减作用，外国直接投资的流入减少了冲突的程度并增强了合作，同时，由于冲突的减少，壁垒的降低，国际资本流动也会大量增加，世界经济一体化的发展使各国之间的经贸合作日益兴盛。

四、外国直接投资与发展中国家的冲突

依赖理论强调国际贸易和投资是国际资本主义秩序扭曲发展中国家经济的机制。对外国资本的依赖使发展中国家在世界体系中处于较低的地位，这将导致核心国家和边缘国家之间的冲突。人们也普遍认为，与发达国家相比，发展中国家更容易受到全球化带来的社会和经济冲击。发展中国家在全球化方面的话语权要低得多，它们的国内产业更容易受到外国直接投资的干扰，而外国直接投资往往是它们无法与之竞争的。基于此，部分学者以发展中国家为对象，研究了外国直接投资对冲突的影响。

1. 消减冲突。Li，Quan（2006）指出，治理薄弱的发展中国家经常为外国公

司降低税率以吸引投资[15]。随着全球外国直接投资供应的增加，发展中国家进行了更激烈的竞争，以赚取它们在总投资中的份额，同时，发展中国家吸引和保护外国直接投资的愿望也可能产生一种次要的影响，因为更高程度的相互依存和经济一体化可能在外国直接投资的捐助国和受援国之间创造共同的利益，从而减少冲突的产生。Blanton and Apodaca（2007）以1990—1996年世界银行定义的所有发展中国家为对象，采用两阶段Heckman模型发现，作为衡量全球化变量之一的外国直接投资对内战冲突的爆发有很大的影响且存在负相关关系，这种影响的幅度是巨大的，接受外国投资的国家有意抑制国内冲突的发生，这一方面可能是由于投资关系可以迅速从一个市场转移到另一个，潜在的投资伙伴很容易发现外国直接的机会，因此，投资关系的建立需要更多的投资者和东道国的承诺，这种承诺增加了所有相关行动者寻求和平的动机；另一方面，国家融入全球经济的程度越高，因冲突而发生的切断贸易联系、撤资等活动的预期成本就会越大，这些预期成本的增加有助于促进国内和平与稳定[16]。总而言之，外国直接投资是促进和平的一股强有力的力量。这与Souva（2002）和Souva & Prins（2006）的研究出发点及结论一致，而与依赖理论相反。

2. 引发冲突。不过，有少数学者从劳资冲突的角度出发证明了这个观点。如Havard Hegre et al.（2003）认为投资者可能会向东道国政府施压，要求其压制劳工组织和抗议活动，以保持低工资和高利润，这会加剧不平等，而不平等本身就会激发革命热情和国内冲突，这也可能导致削弱国家自主权和社会混乱。国内学者李向民和任宇石（2007）从东道国的角度出发，认为跨国公司的管理者和当地的劳动者之间目标存在差异，对外国直接投资会在一定程度上加剧东道国尤其是一些发展中国家的劳资关系，导致劳资冲突的发生[17]。Robertson和Tietelbaum（2011）从独特的视角切入，将外国直接投资与全球劳工动荡的上升联系起来，认为外国直接投资导致了工业罢工和抗议活动的增加，原因有可能是外国直接投资的区域不平衡问题，一般集中在城市中心或经济区，从而产生农村人口向城市迁移的浪潮，这种现象的结果是工人与“传统社交网络”隔绝，更易受到伤害，因而更倾向于发生劳工冲突[18]。

可以看出，对研究对象和冲突类型不同，得出的结论也会有所不同。

五、外国直接投资对冲突影响不大

有部分学者的实证研究表明外国直接投资对冲突影响不大，并进行了相关解释。其中主要有 Sorens，J.，& Ruger，W. P.（2014）利用 UCDP－PRIO 武装冲突数据集中各个国家 1970—2010 年的数据，将外国直接投资作为主要的自变量来研究其对内战爆发的影响，实证结果表明，外国投资存量没有接近显著性，几乎没有统计学意义，这说明国家不会为了吸引外国投资者和为整个社会带来经济利益而牺牲基本的安全利益[19]。Tsarouhas et al.（2018）重点研究了贸易和外国直接投资（2003—2016 年的数据）对土耳其和希腊二元经济关系的影响，除了几项大型投资交易外，希腊和土耳其之间的外国直接投资还包括从制造业、零售业到旅游业的中小型投资，但是这种经济联系并未导致冲突的解决，无法转化为全面的政治和解和和平。两国关系缺乏制度化，边界争端缺乏政治解决，使两国关系容易受到频繁的政治风暴的影响[20]。

一些学者并没有单纯地研究外国直接投资对冲突的影响，而是将其作为全球化或开放程度的主要指标来考量全球化或经济开放程度对冲突的影响，但从理论影响机制以及实证分析的结果中依然不难搜寻到学者对外国直接投资是否影响冲突的观点。如 Barbieri & Reuveny（2005）以 1970—1999 年可获得数据的国家为研究对象，将外国直接投资作为衡量全球化的一个主要指标，其中外国直接投资涉及两项活动，即设立子公司和购买至少 10% 的有投票权的外国公司股票，并用一个国家外国直接投资净流入除以国内生产总值的总和进行衡量，实证结果表明外国直接投资更开放的国家发生内战的可能性越小[21]。Magee & Massoud（2011）研究了开放程度对经济的影响，将外国直接投资占国内生产总值作为衡量开放程度的一个变量纳入模型，实证结果表明当外国直接投资被视为外生因素时，获得较大份额外国直接投资的国家明显更稳定，然而，与贸易流动的结果不同，外国直接投资较多的国家发生内战的可能性并没有显著降低。如果模型中包括国家固定效应，则外国直接投资对任何内部冲突都没有显著影响[22]。

六、外国直接投资与冲突的分部门研究

一个国家的经济结构和市场活动会对社会和金融环境产生影响，而这个环境有可能支持和平，也有可能加剧冲突，在第一产业，如果自然资源财富为叛乱组织和国家提供诱人的融资机会，那么利用外资开发的自然资源有可能是诱发冲突的导火索，对第一产业投资的地方收入很容易被地区和国家精英以租金的形式获取，政府为了维护自身利益不受自然资源的影响，有可能会不惜一切代价，包括暴力冲突。而第二产业和第三产业由于上下游部门联系的紧密性，在冲突期间，当市场中断、

运输困难、上游工业无法持续提供投入时，它们的经济效益会大大减少或完全消失，在这种情况下，以暴力方式解决政治竞争对政府和反对派来说都是一种代价高昂的选择。

如 Menzel，Anne（2015）探讨了与塞拉利昂矿业和农业综合企业的外国投资相关的影响、冲突和安全问题，这些投资往往涉及当地大规模的土地交易，结果发现人民没有很好地得到失去土地的补偿，受影响的人民和社区的日常生活和生存更加困难[23]。冲突在矿业领域比在农业领域更普遍，但令工人们更为愤怒的是地方和国家政客以及传统权威机构与这些跨国公司的腐败关系，因为这些交易是由政府官员、当地政客和最高领袖促成和撮合的，这进一步激发了工人们的不满和社会的不安情绪。Gearoid Millar（2016）也探讨了外国直接投资项目对塞拉利昂农村的不稳定和可能引起冲突的影响，理论上这些项目通过纳税、重建国家能力以及雇佣失业的劳动力来对东道国产生影响，但作者发现，在当地民众中，这些项目可能会造成严重破坏，并可能引发冲突，诸如就业者对公司的薪水不满产生的罢工和抗议以及失业的本地青年与就业的非本地青年之间产生的冲突，这些都进一步加剧了社会的紧张局势[24]。Andreea S. mihalacheo Keef（2018）探讨了外国直接投资对国内冲突发生的影响概率，将跨部门投资的异质性纳入有关外国直接投资的社会经济外部性分析，利用 1980—2013 年发展中国家特定部门外国直接投资存量的数据，区分了外国直接投资渗透到三个产业部门的影响[25]。得出的结论是第一产业的外国直接投资（PFDI）渗透增加了国内冲突发生的可能性，而第三产业的外国直接投资（TFDI）降低了这种可能性，第二产业外国直接投资（SFDI）对国内冲突的影响在理论上是不确定的，分析没有显示 SFDI 对冲突的显著影响。但 FDI 总存量对冲突没有显著的影响，这跟 Sorens，J.，& Ruger，W. P.（2014）等的结论一致。

七、外国直接投资与冲突后国家

冷战后发展中国家内战频繁，为了遏制暴力的蔓延，建立一个抵制冲突重新爆发的国家，外国直接投资作为一种积极的经济政策进入了冲突后的经济，这在理论上应该会给东道国产生积极的溢出效应。鉴于此，一些学者以冲突后国家为研究对象，研究对这些国家的直接投资会不会抑制冲突的再度发生。

部分学者证明了这一点，其观点是外国直接投资除了为东道国注入新的“血液”之外，还会直接和间接地对东道国产生积极的溢出效应，包括但不限于提高东道国的人力资本、建立地区商业联系网络以及约束东道国政府的经济政策等。如果东道国有能力利用外国直接投资产生的溢出效应，并将其合理地分布在社会各个部门，该国的发展轨迹将有很大的机会抵制冲突的再度发生（Kumar，2007[26]；Liu，2008[27]；Collier et al.，2008[28]；et al.）。Bardy et al.（2012）进一步指出，外国直接投资提高了东道国人力资本的门槛，提高了人们的生活水平，从而对东道国的发展和和平产生了极大的潜在影响[29]。但 Brayden Anthony（2016）[30]认为和平在冲突后国家总是脆弱的，长期暴露于跨国公司的掠夺性行为，加上国内政府对冲突后社会的需要没有做出反应，这会对国家的持久和平造成挑战，并通过对柬埔寨情况的具体分析证明了这个观点。

八、国内相关研究

国内学者关于国际直接投资对冲突的影响研究寥寥无几，庄宗明和蔡洁（2008）通过利用亚洲和 OECD 国家的相关数据进行实证研究得出，在没有任何限制条件下，国际贸易和国际投资都能显著地减少国家间的冲突、促进进一步合作，在有条件限制的情况下，这种消减作用会更加明显[31]。蔡洁和周世民（2008）还通过 OECD 中 27 个国家及中国、新加坡 29 个国家 1991—2000 年的数据，构建两国模型（投资国和东道国）实证分析国际直接投资对冲突的影响，结果进一步表明 FDI 对冲突的减少有显著影响，通过联立方程组模型检验发现这种消减作用依然存在，进一步明确了国际资本流动对促进世界和平的作用[32]。

总而言之，通过前文综述可以看出，学术界普遍支持外国直接投资加强了东道国国内生产、资本分配和再分配的效率，加速了经济增长，并最终为全体人口创造了福利外部性，这些发展消除了发生冲突的动机的观点。但依然需要注意的问题是，在研究中选取不同的研究对象、不同的研究数据会对结果产生差异，如 Sorens，J. & Ruger，W. P.（2014）和 Andreea S. mihalacheo Keef（2018）等利用外国直接投资的存量数据发现对冲突是没有影响的。研究对象选择发展中国家或后冲突国家等也会得出不同的结论，另外，外国直接投资对各个行业的影响不同，从而产生不同的社会安全效应，但总效应有可能相互抵消或者表现得并不那么明显，如 Tsarouhas et al.（2018）和 Andreea S. mihalacheo Keef（2018）的研究结果，因此在研究过程中需进行详细的界定。另外，国内在这方面的研究有很大的缺口，依然亟须开展多角度、原创性、规范深入的理论研究和经验研究。

参考文献：

[1]Gartzke E, Li Q, Boehmer C. Investing in the Peace: Eco – nomic Interdependence and International Conflict [J]. *International Organization*, 2001, 55 (2): 391 – 438.

[2]Gartzke Li Q. War, Peace, and the Invisible Hand: Positive Po – litical Externalities of Economic Globalization [J]. *International Studies Quarterly*, 2003, 47 (4): 561 – 586.

[3]Souva, Mark. (2002). Essays on interdependence, institutions, and international conflict/. Thesis (Ph. D.) ——Michigan State Universi – ty. Dept. of Political Science, Includes bibliographical references (leaves157 – 165).

[4]Souva M, Prins B C. The Liberal Peace Revisited: The Role of Democracy, Dependence, and Development in Militarized Interstate Dispute Initiation, 1950 – 1999 [J]. *International Interactions*, 2006, 32 (2): 183 – 200. (EBSCO).

[5]Brooks S G. The Globalization of Production and the Chang – ing Benefits of Conquest [J]. *The Journal of Conflict Resolution*, 1999, 43 (5): 646 – 670.

[6]Mitchell, Mc Laughlin. (2012). "Foreign Direct Investment and Territorial Disputes." The Journal of Conflict Resolution 56 (4): 675 – 703.

[7]Rosecrance, Richard, and Peter Thompson. (2003). "Trade, For – eign Investment, and Security." Annual Review of Political Science 6 (1): 377 – 98.

[8]Polachek, Solomon, Carlos Seiglie, and Jun Xiang. (2007). "The Impact of Foreign Direct Investment on International Conflict." Defense and Peace Economics 18 (5): 415 – 29.

[9]Bussmann, M. (2010). Foreign Direct Investment and Milita – rized International Conflict. Journal of Peace Research, 47 (2), 143 – 153.

[10]Hoon Lee. (2005). Foreign Direct Investment and Militarized Interstate Conflict. Department of Political Science The University of Iowa.

[11]Li, Quan. (2008). Foreign direct investment and interstate mili – tary conflict. Journal of International Affairs. 62. 53 – 66.

[12]Bussmann, M. and Schneider, G. (2007). When Globalization Discontent Turns Violent: Foreign Economic Liberalization and Internal War, International Studies Quarterly, 51 (1): 79 – 9.

[13]Havard Hegre, Ranveig Gissinger, and Nils Petter Gleditsch, Globalization and Internal Conflict', in Gerald Schneider, Katherine Barbieri, and Nils Petter Gleditsch (eds) Globalization and Armed Con – flict Lanham, MD: Rowman & Littlefield (2003) pp. 251 – 276.

[14]Hegre, Hãvard & Gissinger, R. & Gleditsch, N. P. (2019). Globalization and internal conflict. In Global ization and Confl ict.

[15]Li, Quan. (2006). "Political Violence and Foreign Direct Invest – ment", In Research in Global Strategic Management, edited by Michele Fratianni and Alan M. Rugman, 123 – 40. New York: Elsevier.

[16]Robert G. Blanton and Clair Apodaca. "Economic Globaliza – tion and Violent Civil Conflict: Is Openness a Pathway to Peace?" The Social Science Journal 44 (2007) pp. 599 – 619.

[17]李向民，任宇石．FDI 自由流动条件下的劳资关系冲突与战略分析[J]. 世界经济与政治论坛，2007 (1)：47 – 52.

[18]Robertson, G. B. & Teitelbaum, E. (2011). Foreign Direct In - vestment, Regime Type, and Labor Protest in Developing Countries. American Journal of Political Science, 55 (3): 665 - 667.

[19]Sorens, J., & Ruger, W. P. (2014). Globalisation and intrastate conflict: An empirical analysis. Civil Wars, 16 (4), 381 - 401.

[20]Tsarouhas D, Yazgan, Nüve. Trade, non - state actors and conflict: evidence from Greece and Turkey [J]. *Cambridge Review of International Affairs*, 2018: 1 - 23.

[21]Barbieri, K. and Reuveny, R. (2005). Economic Globalization and Civil War, Journal of Politics, 67 (4): 1228 - 1247.

[22]Magee C S P, Massoud T G. Openness and internal conflict [J]. *Journal of Peace Research*, 2011, 48 (1): 59 - 72.

[23]Menzel, Anne (2015). Foreign investment, large - scale land deals, and uncertain 'development' in Sierra Leone: Impacts, con - flicts, and security concerns. CCS Working Paper No. 18.

[24]Gearoid Millar (2016). Local experiences of liberal peace: Mar - ketization and emergent conflict dynamics in Sierra Leone. Journal of Peace Research, 53 (4) 569 - 581.

[25]Andreea S. mihalacheo Keef (2018). Whose greed, whose grievance, and whose opportunity? Effects of foreign direct investments (FDI) on internal conflict [J]. *World Development*, 106: 187 - 206.

[26]Kumar, A. (2007). Does Foreign Investment Help Emerging Economies? Economic Letter: Insights from the Federal Reserve Bank of Dallas, 2 (1), 1 - 7.

[27]Liu, Z. (2008). Foreign Direct Investment and Technology Spillovers: Theory and Evidence. Journal of Development Economics, 85: 176 - 193.

[28]Collier, P., Hoeffler, A., & Soederbom, M. (2008). Post - Con - flict Risks. Journal of Peace Research, 45 (4), 461 - 478.

[29]Bardy, R., Tumenta, K. F., & Rubens, A. (2012). Economic Growth and Welfare: How Foreign Direct Investment Contributes to Improving Social Order in Less Developed Countries. Journal of Orga - nizational Transformation & Social Change, 9 (2).

[30]Kuhre, Brayden Anthony (2016). Foreign Direct Investment in Post - Conflict Peacebuilding and Reconstruction Policy: Cambodian case study. University of Colorado Denver.

[31]庄宗明，蔡洁．国际贸易和国际直接投资能消减国际冲突吗？[J]．国际经济评论，2008 (3): 57 - 60.

[32]蔡洁，周世民．国际直接投资消减国际冲突的实证分析[J]．南开经济研究，2008 (3): 104 - 117.

原载《经济论坛》2020年第5期。

虚拟货币的恐怖融资风险及其监管应对*

车丽娟　侯　娜**

摘　要：虚拟货币具有的匿名性和跨国流动性等性质特征，导致对其监管难度较大，这给恐怖分子和组织利用虚拟货币进行恐怖融资提供了可乘之机，大大扩展了恐怖组织的资金融通渠道。切断恐怖组织的资金来源是打击恐怖主义最直接的方法，在遵守 FATF 和联合国关于虚拟货币反恐怖融资相关监管建议的基础上，借鉴美国先进的监管经验，结合本国的监管实践，建议我国应加强立法工作，完善虚拟货币反恐怖融资法律规制；明确相关主体的反恐怖融资义务，强化科技监管；运用风险为本的方法，对虚拟货币进行分级监管；同时加强虚拟货币反恐怖融资的跨机构、跨区域监管合作，进一步促进和完善我国虚拟货币的反恐怖融资监管体系。

关键词：虚拟货币　恐怖融资风险　反恐怖融资　监管应对　风险管理

中图分类号：D996.2　　**文献标识码：**

在全球化背景下恐怖主义已经成为一个国际性议题，是世界各国面临的主要威胁之一。《2018 年恐怖主义形势国别报告》指出，国际恐怖主义形势依然复杂，伊斯兰国和基地组织虽受到大力打击但仍然威胁巨大，本土恐怖主义威胁上升。《2019 年全球恐怖主义报告》进一步指出，目前恐怖主义造成的总死亡人数与 2014 年的峰值相比下降了 52% 以上，恐怖主义活动的强度有所减弱，但活动的范围广度并没有减弱。我国相继出现的新疆暴恐和昆明火车站事件等表明国内也受到恐怖主义的严重威胁。恐怖组织不论规模大小，共同的需要是通过财政手段将阴谋转变为恐怖主义行为。2018 年 10 月，美国政府在发布的《国家反恐战略》中强调，各国应该积极应对面临的各种恐怖主义威胁，指出切断恐怖组织获取资金支持的渠道是

---

* **项目基金：**北京高校高精尖学科“战略经济与军民融合”交叉学科支持项目（GJJ2019163）；中央财经大学双一流和特色发展引导学科专项（022959918005）。

** **作者简介：**车丽娟，中央财经大学国防经济与管理研究院，2515851891@qq.com；侯娜，中央财经大学国防经济与管理研究院。

反恐的重点工作之一。恐怖融资的渠道主要包括银行等正规的金融系统、地下钱庄等非正规组织、虚假贸易转移体系以及新兴的虚拟货币和网络支付等[1]。伴随着银行等金融机构反恐怖融资监管体系的日益完善，恐怖组织开始开辟新的融资渠道，其中，利用虚拟货币进行恐怖融资日益引发国际社会的关注。

在信息技术和网络计算机技术的快速发展下，以比特币为代表的虚拟货币开始进入公众视野，在给社会带来更便捷高效的交易方式的同时，由于其本身运作范围无国界以及运作过程缺乏透明度等特性，容易被恐怖分子或组织利用而成为他们进行恐怖融资的重要工具，给全球金融秩序带来一定的冲击与挑战。金融行动特别工作组（FATF）在2014年6月发布的《虚拟货币：关键定义和潜在的反洗钱、反恐怖融资风险》和2019年6月发布的《基于风险的虚拟资产和虚拟资产服务提供商方法指南》等一系列文件中都详细揭示了虚拟货币的反恐怖融资风险，建议各国秉持以风险为本的观念，加大对虚拟货币的监管。本文试图在遵循FATF建议的基础上，借鉴美国先进的虚拟货币监管经验，同时结合中国自身的情况，对完善虚拟货币反恐怖融资监管体系提供一些建议。

一、虚拟货币的概念界定

对于虚拟货币（virtual currency）的概念，国际上已经给出了比较清楚的官方界定，而国内尚处于学术争鸣阶段。FATF认为虚拟货币可以通过数字形式进行交易，具有交易媒介或价值存储等功能，但不具有法定货币地位的数字形式的价值。并根据是否有集中的管理机构将虚拟货币分为集中式和去中心化2种[2]。欧洲中央银行（ECB）将虚拟货币界定为一种由非中央银行、信贷机构或电子货币机构发行的数字形式的价值，认为虚拟货币可以当作货币的替代品进行使用[3]。其共同点都认为虚拟货币是价值的一种数字化体现。

国内学者吴晓光[4]（2012）认为虚拟货币有广义和狭义之分，广义上的虚拟货币泛指一种没有实物形态的数字化交易价值，而狭义上的虚拟货币仅指游戏运营商所发行的一种货币。如杨鹏[5]（2017）指出虚拟货币是通过非银行机构发行，与货币的功能类似，也可以进行虚拟商品和服务的买卖，只不过是一种电子货币，在网络系统里以数字化形式储存。2017年9月，央行等七部委发布的《关于防范代币发行融资风险的公告》指出，虚拟货币并非真正意义上的货币，不享受与货币等同的法律地位。

通过对以上定义的梳理，本文认为虚拟货币是价值的一种数字化体现，可以作为支付手段，同时也拥有货币的部分职能，但并不是法定货币。根据 FATF 的分类，本文着重研究的是没有集中管理机构的以比特币为代表的去中心化虚拟货币。

二、虚拟货币的恐怖融资风险和路径

由于虚拟货币本身的匿名性和跨国流动性强等性质特征导致其监管比较困难，加上监管能力的提高一般都滞后于金融科技创新的发生，这为恐怖分子和组织利用虚拟货币进行恐怖融资提供了可乘之机，越来越多的恐怖组织开始通过虚拟货币的交易或黑客攻击行为为其组织的运行提供大量的资金支持，虚拟货币日益成为恐怖组织青睐的融资工具。

（一）虚拟货币的恐怖融资风险

1. 交易的匿名和隐蔽性容易被恐怖分子利用。虚拟货币的交易是在网络这个虚拟环境下进行的，由于网络的非面对面性，给客户的身份识别带来困难，无法追溯到交易双方的真实身份。在这种情况下，恐怖分子有可能利用丢失的身份证和银行卡等信息伪造身份，或者盗用他人的详细身份材料进行交易[6]，完成恐怖融资行为。

2. 高效便捷的跨国交易使可疑交易难追踪。虚拟货币交易的完成需要多个主体的参与，其发行方、交易服务方以及用户可以不受地域的限制在交易平台进行交易，且交易在几分钟之内就可以完成。由于跨国交易的客户身份和交易记录会被存储在不同的地域，使单一主权国家无法完成整个交易过程的监管。恐怖分子有可能会利用监管比较薄弱的地区进行大量资金周转操作，加大可疑交易的追踪调查难度。

3. 虚拟交易平台可能遭黑客破解导致交易记录的丢失。虚拟交易的平台采取了一定的加密技术，但是仍然存在被黑客识别出漏洞而遭到破解的可能性。由于交易记录和客户的身份信息都被保存在平台中，信息的泄露使数据的完整性遭到挑战，可疑交易或恐怖融资行为的后续追踪调查难以有效进行，从而使犯罪分子逍遥法外。

2015 年 10 月，FATF 在其发布的《新兴的恐怖主义融资风险》报告中也揭示了虚拟货币的恐怖融资风险，认为比特币等虚拟货币虽然代表着巨大的金融创新机会，但也引起了包括恐怖组织在内的各犯罪集团的关注，报告指出有人利用与恐怖组织有关联的网站来宣传收集比特币进行捐款，并确定了极端分子之间有关于用虚拟货币购买武器的网上讨论以及对非技术性极端分子进行虚拟货币使用的教育[7]。

2017 年 5 月，美国智库新美国安全中心（CNAS）发布的《恐怖分子利用虚拟货币：管控潜在威胁》报告中进一步指出，由于虚拟货币的匿名性、去中心化等特点，通过虚拟货币进行犯罪的行为很难被监管机构监测和追踪到，虚拟货币的可兑换性等特点更是为犯罪分子将虚拟货币兑换成现实货币提供了便利，全球范围内包括恐怖组织在内的犯罪集团正在寻找更多的机会利用虚拟货币进行融资，美国、伊拉克以及叙利亚等地的恐怖分子从事恐怖融资以及赎金勒索等的行径更是越来越多，甚至把虚拟货币用作恐怖组织的运行经费[8]。

（二）虚拟货币的恐怖融资路径

1. 从交易的环节来看，在虚拟货币的发行环节、交易环节以及使用环节都有可能存在恐怖融资风险。在发行环节，虚拟货币发行方有可能主动参与恐怖融资或者被动利用而参与恐怖融资。早在 2017 年 7 月就发生了相关案例，当时美国金融犯罪执法局对一个名为 BTC - e 的知名虚拟货币发行交易商处以 1.1 亿美元的罚款，并称该发行方有贩卖毒品的黑钱洗白的嫌疑[9]，虚拟货币发行方的行为一旦涉及恐怖融资，将会产生非常严重的后果。在交易环节，因为交易包含货币交易平台、钱包支付平台、信息服务平台以及技术服务平台等多个主体，加上资金池庞杂以及监管困难等原因，导致平台对于客户的准入并没有设定严格的限制，从而为恐怖分子或组织伪造身份进入平台进行交易提供了可趁之机。在使用环节，恐怖组织有可能通过入侵虚拟货币账户而达到恐怖融资的目的，因为虚拟货币交易账户是以合法用户的名义持有的，当非法分子入侵之后当然可以作为其向第三方账户注入资金的往来账户。在这种情况下，虚拟货币交易平台是监测不到任何可疑交易的，从而使恐怖融资行为成功进行。

2. 从融资的途径来看，一方面，一些个人或组织公开在虚拟货币相关平台为恐怖组织捐赠。早在 2015 年 8 月，美国少年阿里（Ali Shukri Amin）因在自己的推特账号上公开支持“伊斯兰国”而判处 11 年监禁，具体来说，阿里用这个账户讨论如何使用比特币等在线货币为“伊斯兰国”提供资金支持，以及如何为“伊斯兰国”建立一个安全的捐赠系统或基金[10]。2015 年末，一个名为 Ghost Secur - ity Group 的民间反恐黑客组织提及他们锁定了 ISIS 恐怖组织进行资金融通的一个重要的比特币账户，并透露 ISIS 恐怖组织持有的虚拟货币金额最高可达到 1500 万美元左右。另一方面，恐怖组织还会通过黑客行为进行筹资[11]，这主要是黑客通过虚拟货币敲诈勒索病毒进行的，如 2017 年袭击全球的 WannaCry 勒索病毒，该病毒致使多个国家的多台电脑受到感染，中招的电脑用户为解密被加密文件需要支付 300 美元比特币，与之前已经出现过的 CTB - Locker 比特币敲诈病毒如出一辙，若不支付这些货币则加密文件将会被全部销毁，因此一些勒索软件平台通过用户赎金获取了巨额利润，2017 年 7 月谷歌的一项研究表明，过去 2 年间，仅 BTC－e 支付平台就达成了超过 2500 万美元的勒索赎金交易[12]。越来越多的恐怖组织开始花高价聘请黑客，像 ISIS 等的大型恐怖组织甚至都拥有自己独立的黑客技术部门。

三、虚拟货币的反恐怖融资监管

虚拟货币作为近年来新兴的一种支付方式，不仅引领着金融创新的潮流，同时也受到恐怖组织的青睐，成为恐怖组织进行融资的工具，大大扩展了恐怖组织的资金融通渠道；但由于虚拟货币难以监管，恐怖组织有时候可以毫无障碍地躲过执法部门的监督而成功地进行资金交易和转移，这进一步加大了国际反恐怖融资的难度。下面主要阐述 FATF、联合国以及美国在虚拟货币反恐怖融资方面的监管策略，以作为借鉴。

（一）FATF 和联合国对虚拟货币的反恐怖融资监管

国际层面，为了应对虚拟货币带来的恐怖融资挑战，FATF 和联合国主动出击，出台了一系列文件，有力地指导了全球虚拟货币的反恐怖融资实践。

1. FATF 对虚拟货币的反恐怖融资监管。FATF 在 2014 年 6 月发布的《虚拟货币：关键定义和潜在的反洗钱？反恐怖融资风险》中揭示了虚拟货币交易过程中存在的恐怖融资风险，提出制定一套反映虚拟货币运作方式的通用术语供政府部门、执法官员等认识有效防范这种风险的重要性。2015 年 6 月，FATF 在《基于风险的虚拟货币方法指南》中详细列举了基于风险的前提下防范虚拟货币恐怖融资风险的方法，指出各国应该在结合 FATF 方法建议的基础上对虚拟货币实施反洗钱和反恐怖融资的监管，加强客户的尽职调查、可疑交易的披露，加强对风险的识别、理解和评估，从而做到有效防范。2018 年 10 月，FATF 又修订了之前的《FATF 建议》，明确指出各国应该将虚拟资产视为财产、收益、基金或其他资产的相应价值，各国应该将 FATF 建议中的相关反洗钱和反恐怖融资措施应用于虚拟资产和虚拟资产服务提供商，评估和了解虚拟资产活动和虚拟资产服务提供商的活动或业务所产生的洗钱和恐怖主义融资风险，并采取有效行动来减轻这种风险。2019 年 6 月，FATF

又进一步发布了《基于风险的虚拟资产和虚拟资产服务提供商方法指南》，指出应该建立与国家和虚拟资产服务提供商等实体相关的约束性措施，以便在整个虚拟资产生态系统中建立更公平的竞争环境，各国应该在基于风险的方法下指导虚拟资产和虚拟资产服务提供者，其核心理念是像监管银行一样监管虚拟货币服务商，并警告犯罪和恐怖分子滥用虚拟资产的威胁是严重和紧迫的，希望各国严格执行 FATF 的建议。

2. 联合国对虚拟货币的反恐怖融资监管。在联合国方面，2019 年 3 月联合国安理会通过的《联合国安理会第 2462 号决议》，再次强调了恐怖主义是国际和平与安全面临的最严重的威胁之一，要密切关注恐怖分子或组织可能的资金转移和流通渠道，包括新出现的虚拟货币支付等途径。同时肯定了 FATF 在防范虚拟货币恐怖融资方面的努力，从国际法上进一步明确了 FATF 关于虚拟货币的管理建议，指出各国应该加强评估和处理与虚拟资产有关的潜在风险，采取步骤确保此类资产的提供者遵守反洗钱和反恐怖融资行为的义务，鼓励各国采取基于风险的反洗钱和反恐怖融资条例，加强风险的监督和监测。在机构合作方面，该决议指出，金融情报机构等主管部门应该与金融技术创新行业以及互联网公司的合作，从而便于掌握到更多的有效信息，促进反恐融资行为的顺利进行；并表示将会进一步支持联合国反恐机构和 FATF 的工作，改善全球反恐怖融资的监管框架，尽最大可能截断恐怖组织获取资金和金融服务的渠道。

（二）美国对虚拟货币的反恐怖融资监管

虚拟货币的发展引发国际社会普遍隐忧。美国作为世界经济金融中心，一直以来都是金融创新和发展的领头羊，自然而然成为全球虚拟货币交易的主要市场之一。美国对虚拟货币的监管起步较早，从联邦层面和州层面对虚拟货币施行联合监管，有着较为规范的监管框架，所以在美国从事虚拟货币经营业务要同时满足联邦立法和州立法的要求，从各机构发布的立法文件以及重要通知来看，美国针对虚拟货币面临的恐怖融资风险提出了一系列具体的举措。

1. 制定虚拟货币反恐怖融资监管相关法规，强化风险提示和指引。在联邦立法方面，美国金融犯罪执法网络（FinCEN）在 2013 年 3 月发布的《银行保密法》（BSA）中提出，虚拟货币的兑换人员以及管理人员实质上从事的是传递现金的业务，因此应该将其视为资金服务商纳入现有的监管框架，不仅要求对超过 1 万美元的大额虚拟货币交易实行严格的报告披露制度，同时要求相关的金融机构对相应的交易记录进行保存，其目的就是为了防止非法交易、网络洗钱以及恐怖融资等行为的发生。这意味着虚拟货币服务商在进行相关服务时必须向 FinCEN 注册，根据相关要求建立风险评估体系，严格遵守评估程序，在此基础上其行为还要受到《银行保密法》（BSA）的约束。

在州立法层面，据统计，截至2019年上半年，美国已经有约70%的州颁布了虚拟货币相关法案[13]。如2015年3月，加州宣布施行的AB1326法案，对虚拟货币从业者从法律角度提供了指引。不仅要求从事虚拟货币兑换、存储以及管理等业务的人员必须取得相关许可证，还要求应该制定内部合规与风险控制，防范欺诈、恐怖融资等行为的规章制度[14]。2015年6月，纽约州通过了《虚拟货币监管法案》，法案涉及虚拟货币监管的各个方面，包括对从业者的经营门槛、交易记录保存、可疑信息的报告与披露、反恐怖融资等方面作出的详细监管说明[15]。

此外，美国各州还通过了一些虚拟货币监管示范框架，以期更好地指引虚拟货币的发展。如2015年9月美国州银行监管者联席会通过的《美国州银行监管者联席会监管示范框架》和2017年7月美国统一州法全国委员会通过的《虚拟货币商业统一监管法》，均对虚拟货币的定义、适用范围以及监管应该遵循的原则等方面作出了全面指引，具体涉及虚拟货币业务准入中的牌照及管理要求、网络信息的安全、交易的账簿与记录以及防范恐怖融资风险等方面给出的指引[16]。这些虚拟货币相关立法以及框架指引对美国虚拟货币的监管历程和发展产生了重大影响。

2. 加强跨区域跨机构监管合作，加大虚拟货币恐怖融资犯罪的监控和打击力度。虚拟货币恐怖融资风险的监管是一个全国性的问题，因此，美国在监管的过程中也特别重视与国际机构以及国外执法部门的信息交流，例如，美国金融犯罪执法网络（FinCEN）与美国证券交易委员会（SEC）曾就虚拟货币相关问题邀请业界代表以及一些专业人士进行讨论，以期更好地制定虚拟货币相关立法，做好监管工作[17]。除此之外，美国各监管机构也积极进行虚拟货币监管的协调合作。例如，美国联邦调查局（FBI）与FinCEN等监管机构共同成立虚拟货币监管工作组，反洗钱工作组主要负责反洗钱和反恐怖融资相关立法及手册的修订工作；电子犯罪工作组主要通过对虚拟货币交易的调查，将进行诈骗、洗钱以及恐怖融资等行为的犯罪分子绳之以法。

另外，美国政府加大对可能涉及虚拟货币恐怖融资犯罪的打击力度，打击对象包括主动或被动参与恐怖融资、诈骗等犯罪活动的交易平台和交易人员，重点采取关停、罚没、逮捕等方式进行打击[18]。同时加大对恐怖融资等犯罪行为的监控力度，要求监管机构在以风险为本的基础上，创设虚拟货币交易的全套监控系统，并不断地对系统进行升级和创新，以应对犯罪分子不断开创的犯罪新途径，在可疑交易的监控方面发挥重要作用[19]。通过上面的分析可以看出，美国对虚拟货币采取比较包容的态度，对其的监管既有联邦层面立法也有州层面立法；既有统一性监管也有独立性监管；机构之间既联合监管又各有侧重点，方式灵活机动，值得借鉴。

四、我国虚拟货币反恐怖融资监管体系的完善

目前，我国在《关于防范比特币风险的通知》、《关于防范代币发行融资风险的公告》等相关文件中认为，虚拟货币并非真正意义上的货币，不享受与货币等同的法律地位。在虚拟货币监管方面，重点强调对虚拟货币交易平台的监管，以加强金融安全和消费者合法权益的维护，在虚拟货币反恐怖融资的监管方面较为薄弱，对比 FATF、联合国的建议以及美国的做法发现，我国在虚拟货币反恐怖融资监管方面还存在很大的拓展空间，因此，我国有必要在立足本国国情的基础上，结合国际上虚拟货币反恐怖融资监管的先进理念和我国的监管实践，进一步完善虚拟货币的监管对策和相关立法。

1. 加强立法工作，完善虚拟货币反恐怖融资法律规制。FATF 在 2019 年 6 月的《基于风险的虚拟资产和虚拟资产服务提供商方法指南》中明确指出建立一套适用虚拟货币运作方式的通用术语的重 要性，术语的统一有利于司法认知和处理，这样才能更好地对虚拟货币予以各种监管。关于立法路径的选择，目前，学术界充斥着 2 种声音，一种声音认为应该将虚拟货币的监管纳入现有的反恐怖融资法律体系中，并将监管内容予以具体化，如师秀霞[20]认为应该制定虚拟货币反恐怖融资管理办法，详细规定涉及内部管控、客户身份识别以及交易报告和披露等反恐怖融资义务；另一种声音则认为应该针对虚拟货币制定出单独的法律，如刘向民（2016）则认为应该制定专门的数字货币法，对所有问题实行一揽子管理。鉴于后一种方法成本高、难度大，根据现行的法律制定相关部门规章进行管理是比较可行的办法，建议我国制定专门的规章，详细规定与虚拟货币的性质和定义、与虚拟货币交易相关的风险管理、市场准入、客户身份识别、可疑交易的报告和披露以及法律责任等制度。

2. 明确相关主体的反恐怖融资义务，强化科技监管。虚拟货币的交易涉及众多参与者和多个环节，任何一个环节都有可能发生恐怖融资行为，所以加大对虚拟货币发行方、虚拟货币服务提供商以及用户等行为主体的进入门槛和审查力度，履行客户身份识别，严格执行反恐怖融资等犯罪行为义务，对可疑交易实行严格的报告程序以及规范参与者行为尤为重要。比如在市场准入方面，应该对申请单位的经营规模、信用评级、身份识别等各种资料进行严格的审核和把握。另外，借鉴美国对虚拟货币可疑交易的严格监控制度，我国应该加大对虚拟货币进行科技监管的投入力度，将大数据以及人工智能等技术用于虚拟货币的监管中，一旦发现与虚拟货

币有关的违法犯罪活动，尤其是疑似恐怖融资的行为时，应及时向相关执法机构或主管部门进行报告，在反恐怖融资的监管方面更好地发挥合力的作用。

3. 实施风险为本的方法，进行分级监管。分级管理主要是对虚拟货币进行风险评估，通过识别、了解和评估虚拟货币产品和服务面临的恐怖融资风险，按照风险的高低程度决定是采取强监管措施还是弱监管措施，从而在一定程度上确保采取的反恐怖融资措施与识别到的恐怖融资风险相对应，这样既保证了监管资源得到最大化的利用，同时也可以实现虚拟货币在可控范围内进行良性发展，带动金融创新的步伐。国务院办公厅 2017 年 9 月发布的《关于完善反洗钱、反恐怖融资反逃税监管体制机制的意见》中也明确指出，应该建立健全恐怖融资风险自评估制度，动态监测和持续评估新技术、新渠道产生的恐怖融资风险，这也体现了《FATF 建议》中以风险为本的原则。例如，对于虚拟资产服务提供商来说，防范恐怖融资风险就必须对其进行严格的审批和注册，同时建立严格的风险管控措施，以确保虚拟资产服务提供商按照《FATF 建议》以及相关规定进行虚拟资产相关服务。

4. 加强跨机构、跨区域监管合作。美国各金融机构之间的协调合作对虚拟货币的反恐怖融资监管起到了重大作用，并取得了一定的成效，这是我国需要借鉴的地方。因为虚拟货币的发行与交易、在市场上的流通并不仅仅涉及一个部门，除了金融行业，诸如工信部、国家市场监督管理总局以及商务部等非金融行业主管部门也会参与其中，所以加强各部门之间在政策的制定和实施以及反恐怖融资方面的沟通合作，便于各部门及时了解虚拟货币的恐怖融资风险并对症下药，防患于未然。虽然目前我们限制虚拟货币的发展，但是境外交易市场依然巨大，中国作为全球经济强国，理应有大国的担当，不仅要积极响应 FATF 关于虚拟货币反恐怖融资监管应对的相关建议，还要在恐怖融资等犯罪行为方面做好与联合国以及国际刑警组织的协调配合，可以通过建立促进情报共享和信息交流方面的相关政策或最有利于配合调查的相关争端解决程序[20]，与各国一起为虚拟货币反恐怖融资的国际合作监管机制出谋划策。

五、结　语

虚拟货币因其本身去中心化、匿名性等特征，导致对其的监管存在一定的挑战，从而为一些恐怖分子或组织利用虚拟货币进行融资提供了可乘之机。虚拟货币虽然存在恐怖融资等各种风险，但金融创新是社会发展之必然，在这种浪潮的驱动下，我们要做的是正视虚拟货币的发展，对其进行合理的引导和监管，在不断的探索中努力加强虚拟货币交易的安全性，有效防范恐怖融资等犯罪行为的发生，维护社会金融秩序的稳定。在全球化背景下，没有任何一个国家可以在全球金融科技创新的浪潮中置身事外，我国更应当加快建立起一套相对完整的虚拟货币反恐怖融资监管框架，从而有效防范恐怖分子或组织利用虚拟货币进行恐怖融资的风险。我国在立法形式、制度创新以及监管机制等方面还存在很大的拓展空间，有必要在立足本国国情的基础上，吸取国际上的宝贵经验，继续完善对虚拟货币反恐怖融资的相关监管对策和相关立法。

参考文献：

[1]刘磊．经济全球化背景下的恐怖融资与反恐怖融资研究[D]．北京：中共中央党校，2019.

[2]FATF. Virtual currencies：Key definitions and potential AML/CFT risks [OL]．[2020-03-05]. http：//www. fatf-gafi. org/publications/methodsandtrends/documents/virtual-currency-definitions-aml-cft-risk. html.

[3]ECB. Virtual currency schemes-a further analysis [OL]．[2020-03-05]. http：//www. ecb. europa. eu/pub/pubbydate/2015/html/index. en. html.

[4]吴晓光，董海刚，李良．论加强对虚拟货币市场的监管[J]．南方金融，2012（1）：30-33.

[5]杨鹏．虚拟货币洗钱风险探析及监管对策——基于FATF监管指引视角[J]．华北金融，2017（6）：47-52.

[6]朱晓菲．虚拟货币洗钱风险分析及监管建议[J]．金融经济，2018（12）：72-73.

[7]FATF. Emerging terrorist financing risks [OL]．[2020-03-05]. http：//www. fatf-gafi. org/media/fatf/documents/reports/Emerging-Terrorist-Financing-Risks. pdf.

[8]CNAS. Terrorist use of virtual currencies：Containing the potential threat [OL]．[2020-03-05]. https：//www. cnas. org/publications/reports/terrorist-use-of-virtual-currencies.

[9]玄立平，李函晟，王佳．浅议虚拟货币反洗钱[J]．知识经济，2017（24）：50-51.

[10]FATF. Emerging terrorist financing risks [OL]．[2020-03-05]. http：//www. fatf-gafi. org/media/fatf/documents/reports/Emerging-Terrorist-Financing-Risks. pdf.

[11]汪川．恐怖组织网络空间活动威胁分析[J]．中国信息安全，2017（9）：64-67.

[12]Google. 自2014年以来，勒索软件受害者已经支付了超过2500万美元[OL]．[2020-03-05]. https：//www. cnbeta. com/articles/tech/635181. htm.

[13]余丰慧．加密货币在美普及程度令人吃惊[N]．中华工商时报，2019-07-16（003）.

[14]管燕婕，欧阳琛．从反洗钱角度看美国虚拟货币监管制度[OL]．[2020-03-05]. http：//www. bitcoin86. com/news/15374. html.

[15]New York State Department of Financial Service. 23 NYCRR 200 [OL]．[2020-03-05]. https：//www. dfs. ny. gov/docs/legal/regulations/adoptions/dfsp200t. pdf.

[16]CSBS. CSBS-Model-Regulatory-Framework [OL]．[2020-03-05]. https：//www. csbs. org/sites/default/files/2017-11/CSBS-Model-Regulatory-Framework%28September%2015%202015%29. pdf.

[17]贺立．美国虚拟货币监管经验及对我国的启示[J]．武汉金融，2018（7）：54－58.

[18]李伟，叶威．加密货币洗钱风险的法律规制[J]．江西警察学院学报，2019（6）：5－12.

[19]米晓文．美国反洗钱监管经验及其借鉴[J]．河北金融，2018（6）：29－33.

[20]师秀霞．利用虚拟货币洗钱犯罪研究[J]．中国人民公安大学学报：社会科学版，2017，33（2）：32－41.

原载《信息安全研究》2020年第6期。